BAEDEKER

R

ROM

»

Rom ist ein Karussell von Erinnerungen, wirklichen Ereignissen und Träumen

«

Federico Fellini

baedeker.com

★★

TOP 23

Die Top-Sehenswürdigkeiten von Rom

★★
CAMPIDOGLIO
Zentrum der Macht, heute wie früher. Nebenan geht es zur Kapitolinischen Wölfin. **S. 46**

★★
COLOSSEO
Der sprichwörtliche Ort für »Brot und Spiele« und noch heute gewaltig, beeindruckend, einfach kolossal. **S. 64**

★★
DOMUS AUREA
Wo sich Kaiser Nero dem puren Luxus hingab.
S. 72

★★
FONTANA DI TREVI
Der beliebteste und bekannteste Brunnen der Stadt. Werfen Sie eine Münze! **S. 77**

★★
FORI IMPERIALI
Hier zeigten die römischen Kaiser ihre Macht und ihre Taten. **S. 80**

★★
FORO ROMANO
Bald ein Jahrtausend lang der Nabel der antiken Welt. Hier bestimmten Senat und Kaiser die Geschicke Europas.
S. 86

★★
GALLERIA DORIA PAMPHILJ
Die großen Meister dicht an dicht in der einstigen Privatsammlung zweier mächtiger Familen.
S. 100

★★
GALLERIE NAZIONALI BARBERINI CORSINI
Was den Doria und Pamphilj recht war, konnte den Barberini und Corsini nur billig sein.
S. 103

★★
MUSEO NAZIONALE ETRUSCO DI VILLA GIULIA
Die Hochkultur schon vor den Römern. **S. 130**

★★
MUSEO NAZIONALE ROMANO
Schwelgen in antiker Kunst gleich an vier Standorten. **S. 131**

★★
OSTIA ANTICA
Stille Ruinenstadt mit Amphitheater im Schatten von Pinien. **S. 137**

★★
PALATINO
Wo alles begann: Der Tiber spülte am Fuß des Hügels Romulus und Remus an. **S. 142**

★★
PANTHEON
Geniale Proportionen schaffen perfekte Harmonie. **S. 155**

★★
PIAZZA NAVONA
Treffpunkt der Römer vor barocker Kulisse **S. 163**

★★
PIAZZA DI SPAGNA
Die bekannteste Freitreppe der Welt? **S. 175**

★★
SAN CLEMENTE AL LATERANO
Herrliche Mosaiken in der Kirche und archäologische Schätze im Untergrund. **S. 182**

★★
SAN GIOVANNI IN LATERANO
Die »Mutter aller Kirchen« war 1000 Jahre lang Sitz des Papsttums. **S. 116**

★★
SAN PIETRO IN VINCOLI
Die Ketten Petri, das Grabmal für Papst Julius II. und Michelangelos überlebensgroßer Moses – mit Hörnern. **S. 189**

★★
SANTA MARIA MAGGIORE
In der größten Marienkirche Roms wird seit über 1500 Jahren täglich die Messe gelesen. **S. 193**

★★
TIVOLI
Prächtige Villen vor den Toren der Stadt **S. 202**

★★
VATIKAN
Das Zentrum der katholischen Kirche ist der kleinste Staat der Welt und eine Schatzkammer ohnegleichen. **S. 210**

★★
VATIKANISCHE MUSEEN
Die Päpste trugen eine der bedeutendsten Kunstsammlungen der Welt zusammen. **S. 231**

★★
VILLA / GALLERIA BORGHESE
Erst die Kunst, dann das Flanieren: Antiken- und Gemäldesammlung inmitten des herrlichen Parks Villa Borghese. **S. 256**

DAS IST … ROM

TOUREN

LEGENDE

Baedeker Wissen

● Textspecial, Infografik & 3D

Baedeker-Sterneziele

★★ Top-Sehenswürdgkeiten

★ Herausragende Sehenswürdgkeiten

SEHENSWERTES VON A BIS Z

HINTERGRUND

ERLEBEN UND GENIESSEN

PREISKATEGORIEN

Restaurants
Preiskategorien
für ein Hauptgericht

€€€€	ab 40 €
€€€	ab 28 €
€€	ab 20 €
€	ab 12 €

Hotels
Preiskategorien
für ein Doppelzimmer

€€€€	über 300 €
€€€	200 – 300 €
€€	120 – 200 €
€	unter 120 €

PRAKTISCHE INFORMATIONEN

ANHANG

MAGISCHE MOMENTE

ÜBERRASCHENDES

D
DAS IST ...

Rom

Die großen Themen
rund um die Ewige Stadt.
Lassen Sie sich inspirieren!

Kaum ein Rom-Besucher lässt den Petersdom aus. ►

ES

ANTIKES WIMMELBILD

Ein Haufen alter Steine – so stellt sich das Herz Roms heute dar. Doch Schritt für Schritt können Sie hier regelrecht eintauchen in die Geschichte Roms, ja: Europas. Die antiken Foren waren das Zentrum des Römischen Reichs, und mittendrin ist noch heute der Umbilicus Urbis zu finden, ein Rundsockel, der Nabel Roms und damit der Welt.

Am Forum Romanum schlug das Herz des Weltreichs. ►

DAS antike Rom war eine Weltstadt – und eine ständige Großbaustelle: Immer neue Repräsentationsbauten, Tempel, Basiliken, Thermen und Wohnhäuser wurden gebaut. Wasser hergeführt und wieder aus der Stadt hinaus. In Schichten wuchs Rom immer weiter. Rom zählte in der Spätantike **1,5 Millionen Einwohner**. Außer einer Stadt in China hatte zu der Zeit kein Ort auch nur annähernd diese Bevölkerungszahl. Tauchen Sie ein in den Glanz der Antike, nehmen Sie sich Zeit für den Spaziergang durch die Senke zwischen Campidoglio, Palatino und Viminal mit den aufragenden und den umgestürzten Säulen, den verfallenen Basiliken und Triumphbögen, den frühen Kirchen und den Mauerresten. Senatoren und Konsuln, Caesar und später die Kaiser wetteiferten darum, das Zentrum des Reichs zu vervollkommnen. Am Ende der Kaiserzeit war das Forum Romanum ein **dicht bebauter Komplex**. Geordnetes und zufällig Entstandenes behaupteten sich nebeneinander. Wenn Sie hier spazierengehen, können Sie sich fühlen wie in einem Wimmelbild, getragen von Menschenmassen: Genau so muss es auch in der Antike hier zugegangen sein.

Glanz und Niedergang

Doch ab dem 3. Jahrhundert ging es mit der Herrlichkeit bergab. Bürgerkriege, Invasionen germanischer Stämme und auch die Dekadenz der Führungsschichten führten zum Niedergang. Offiziell beendet war Roms antike Geschichte, als am **28. August 476** der germanische König Odoaker den jungen Kaiser Romulus Augustus absetzte. Innerhalb von 250 Jahren schrumpfte die Einwohnerzahl auf 30 000 zusammen. Auf dem Forum Romanum, das heute so verkehrsumtost inmitten der modernen Weltstadt liegt, weideten Schafe. Die sinnenfrohe Antike endete, das Mittelalter brach an. Rom zerfiel. Das Forum wurde anderweitig genutzt, Kirchen und Festungen hineingebaut: **Es diente als Steinbruch** und eben als Weide. Erst im 18. und 19. Jahrhundert förderten systematische Ausgrabungen unter der 10 bis 15 m tiefen Schuttschicht die antiken Ruinen zutage.

Ohne Sponsor geht fast nichts

Die antiken Schätze zu erhalten erfordert immer wieder viel Geld. So wurde die Fassade des Kolosseums vor ein paar Jahren von Grund auf renoviert, derzeit wird die Arena des Bauwerks restauriert. Auf rund 25 Millionen Euro werden sich die Kosten belaufen, ermöglicht durch die Finanzspritze eines italienischen Luxus-Schuhherstellers, der sich so für 15 Jahre die Bildrechte am antiken Bauwerk gesichert hat.

BAEDEKER DAS IST ...

EINTAUCHEN

Spazieren Sie im Forum Romanum zum Belvedere oberhalb der Kirche Santa Maria Antiqua. Dort zeigen 3D-Schaubilder Roms Aufstieg und die Bauphasen. Noch besser: Buchen Sie eine Führung bei Roma Culta. Die deutschsprachigen Kunsthistoriker bringen einem die Antike so nah, als hätten sie damals gelebt (www.romaculta.com).

ITALY

ARM, ABER GEHALT-VOLL: ROMS KÜCHE

Sie werden sich manchmal wünschen, wie die alten Römer zu speisen: hingegossen auf dem Triclinum, der berühmten Liege. Denn so wären dem Genuss keine Grenzen gesetzt – die Toga fällt locker, nichts kneift oder zwickt.

Für Pasta cacio e pepe braucht es nur drei Zutaten.

EVODETTO

DIE »mediterrane Diät«, eine leichte Küche mit Fisch, Tomaten und Olivenöl, können Sie in Rom natürlich finden, aber typisch römisch ist das nicht. Zucchini aus dem Umland, Käse aus den Bergen, Innereien vom Schlachthof und Frittiertes aus dem Getto, so sah die traditionelle römische Küche früher aus, eine arme, aber mächtige Küche. Auf der Speisekarte einer traditionsbewussten Trattoria finden sich animella, arzilla, trippa und reni. Sie gehören zum **»quinto quarto«:** Das »fünfte Viertel«, die Innereien, wurden billig verkauft, weil sie schnell verdarben. Nieren, Leber, Zunge, Kutteln, Hirn und mehr servierten Restaurants im **Testaccio-Viertel,** gleich hinter dem größten Schlachthof Roms. Animella etwa bedeutet Bries, ein zartes Organ von Lämmern und Kälbern. Vielleicht beginnen Sie erst mit einer Vorspeise. Nur Mut!

Alles nur vom Markt

Die Küche Roms ist außer durch frische Zutaten aus dem Umland durch die **jüdische Tradition** geprägt. Seit 2000 Jahren leben Juden in Rom; sie brachten orientalische Zutaten wie Pinienkerne, Kichererbsen und Sultaninen aus dem östlichen Mittelmeerraum mit.

Gemüse kauft die Römerin von heute noch immer am liebsten auf dem Markt, den es in jedem Viertel und meistens an jedem Wochentag gibt. Da kennt man die Marktfrau seit Jahren und natürlich wird am liebsten saisonal eingekauft. Früher brachten Schäfer Lammfleisch, Pecorino und Ricotta in die Stadt. Bauern belieferten Rom mit Gemüse. Kurze Wege, »km zero« genannt, ist auch heute das Mantra der regionalen Küche. Um dies zu betonen, haben Restaurants und Läden das **Markenzeichen D.O.L.** ersonnen, »di origine laziale«, also aus dem Latium stammend (www.diorigine laziale.it).

Klassische Pasta gibt es natürlich auch

Natürlich spielt die Pasta eine wichtige Rolle. Ein Klassiker stammt von den Schäfern aus den Abruzzen, die **»Spaghetti all'amatriciana«,** Nudeln mit

(AUS)PROBIEREN!

Gehen Sie so oft wie möglich essen, um die römische Küche kennenzulernen (▶ S. 326)! Typisch römische Gericht servieren das »Pecorino« und noch deftiger das »Da Oio a Casa Mia«, beide in Testaccio. Wer nicht nur genießen, sondern es genauer wissen möchte, meldet sich in der **»Città del Gusto«** an; die »Stadt des Genusses« ist ein Kochinstitut des Gambero Rosso. Hier können Sie in eintägigen Kursen alles zum Thema »Amatriciana« lernen, Brot backen oder Nachspeisen rühren (Via Ottavio Gasparri, 13/17, www.gamberorosso.it/academy).

Speck und Käse, benannt nach dem Dorf Amatrice, das 2016 von einem Erdbeben schwer getroffen wurde. Für **»Pasta cacio e pepe«** braucht es nur drei einfache Zutaten: Nudeln, Käse, Pfeffer. Die Nudeln werden mit reifem Pecorino-Käse gemischt, dazu kommt frisch gemahlener Pfeffer. Der Trick, um es zu Hause – oder in Ihrer Ferienwohnung in Rom – perfekt nachzukochen: Geben Sie etwas Nudelwasser dazu, wenn Sie Käse und Pasta mischen.
Ein Klassiker ungewöhnlicher Herkunft sind die allseits bekannten »Spaghetti alla carbonara«. Lange hieß es, das Rezept nach »Köhlerart« hätten Köhler im Apennin erfunden. Tatsächlich stammt es aus dem Zweiten Weltkrieg. Amerikanische Soldaten, die ab 1944 in Rom ankamen, rührten ihr gewohntes Frühstück – Eier mit Speck – unter die allgegenwärtigen Spaghetti. In den Küchen Roms mischte sich eben zu allen Zeiten alles, die Ewige Stadt ist **ein kulinarischer Melting Pot.**

RECHTS: Höchste Konzentration ist gefordert, wenn der Chef der »Città del Gusto« zuschaut.
UNTEN: Was gibt es heute Frisches?

MACHT UND PRACHT: PALAZZI

Palazzo Barberini, Palazzo Colonna, Palazzo Pamphilj, Palazzo Farnese ... Die Liste der Adelspaläste, die Roms Stadtbild prägen, ist lang, und jedes der Bauwerke würde, wenn Mauern sprechen könnten, eine spannende Geschichte erzählen – von ehrgeizigen Familien, großen Karrieren, strategischen Hochzeiten und päpstlicher Macht.

Das Treppenhaus des Palazzo Barberini kommt noch schlicht daher. ►

DIE Barberini und die Farnese, die Colonna, die Chigi, Pamphilj und Della Rovere – etliche Familien ließen sich im Herzen Roms Paläste errichten, in denen sie ihren Status zur Schau stellen konnten. Fast alle diese Bauherren gehörten dem **»päpstlichen Adel«** an, der sozialen Schicht, aus der über Jahrhunderte das Personal für alle hohen Ämter im Kirchenstaat – vom Feldherrn bis zum Papst – rekrutiert wurde. Die Ursprünge dieser gesellschaftlichen Elite reichen teilweise weit ins Mittelalter zurück. Die Ahnherren besaßen Ländereien in ganz Italien, die durch Schenkungen weltlicher Herrscher in den Besitz der römischen Kirchenherren kamen und aus denen ab dem 9. Jahrhundert allmählich der Kirchenstaat entstand.

Vetternwirtschaft in Perfektion ...

Als Heerführer, Bischöfe und Kardinäle machten die Sprösslinge dieser Familien Karriere. Am meisten aber profitierte der Clan, wenn es einer der Ihren ins allerhöchste Amt geschafft hatte. Als Papst konnte er Familienmitglieder in den Hochadel erheben, Brüder oder Neffen – und manchmal als Neffen deklarierte Söhne – zu Herzögen ernennen, ihnen wichtige und einflussreiche Posten zuschanzen. **Nepotismus** nennt sich diese maximierende Vetternwirtschaft, die ausgiebig etwa von Papst Urban VIII. betrieben wurde. Seine Neffen (lat. nepote) machte der geborene **Barberini** zu Kardinälen und für die Familie ließ er den Palazzo Barberini bauen, ein barockes Manifest der Macht.
Nahe dem Campo de' Fiori bauten wiederum die **Farnese** ihren Palast, eines der schönsten Renaissancebauwerke der Stadt. Alessandro Farnese, der 1534 zum Papst gewählt wurde und fortan als Paul III. die Jesuiten förderte und die Inquisition auf Hochtouren laufen ließ, hatte seinen Aufstieg auf der kirchlichen Karriereleiter Alexander VI. zu verdanken, einem Papst aus der **Borgia**-Familie. Dieser hatte einst ein Liebesverhältnis mit Alessandros Schwester Giulia Farnese unterhalten, Grund genug, sich als Förderer des Quasi-Schwagers erkenntlich zu zeigen.

... oder erbitterte Konkurrenz

Erbitterte Konkurrenz und blutig ausgelebte Feindschaften gab es zwischen den Familien des »päpstlichen Adels« natürlich auch. So kämpften **die Orsini und die Colonna** jahrhundertelang um die Kontrolle von römischen Zufahrtstraßen und Quartieren, also um ihren wirtschaftlichen und politischen Einfluss in der Stadt. Dieser Zwist reichte zurück bis zur Auseinandersetzung zwischen Kaiser- und Papsttum im 12. Jahrhundert: Die Colonna standen auf der Seite der kaisertreuen Ghibellinen, die Orsini unterstützten die päpstlichen Guelfen. Erst durch das Eingreifen von Papst Julius II., einem Della Rovere, wurde der verheerende Streit anno 1511 beigelegt: Julius berief die Familien zu sich. Deren Oberhäupter Fabrizio I. Colonna und Giulio Orsini schworen, von allen Feindseligkeiten abzulassen, und entschuldigten sich für alle je ausgesprochenen Beleidigungen. Kurz darauf besiegelte man den jungen Frieden zwischen den Familien durch die Hochzeit von Marcantonio II. Colonna und Felice Orsini. Obwohl sie als strategisches Zweckbündnis geschmiedet wurde, soll die Ehe recht glücklich gewesen sein.

BAEDEKER DAS IST ...

FAMILIENGESCHICHTE(N)

Besuchen Sie doch Marcantonio und Felice in ihrem Heim: Immer samstags öffnet der bis heute von der Familie bewohnte **Palazzo Colonna** seine Tore, wo die beiden ihre gemeinsamen Lebensjahre verbrachten. Auf der Führung erfahren sie nicht nur viel über die bemerkenswerte Kunstsammlung der Colonna, sondern hören auch einige Episoden aus der bewegten Familiengeschichte (▶ S. 148, www.galleriacolonna.it).

MUTTER KIRCHE

Egal von welcher Anhöhe Sie auf die Stadt am Tiber schauen – Kirchenkuppeln dominieren das Bild. Mehr als 900 christliche Gotteshäuser gibt es in Rom. Dazu kommen an die 100 Klöster. Auf Schritt und Tritt wird deutlich: Rom ist nicht nur die Hauptstadt Italiens, Rom ist auch die »Kapitale« der katholischen Kirche.

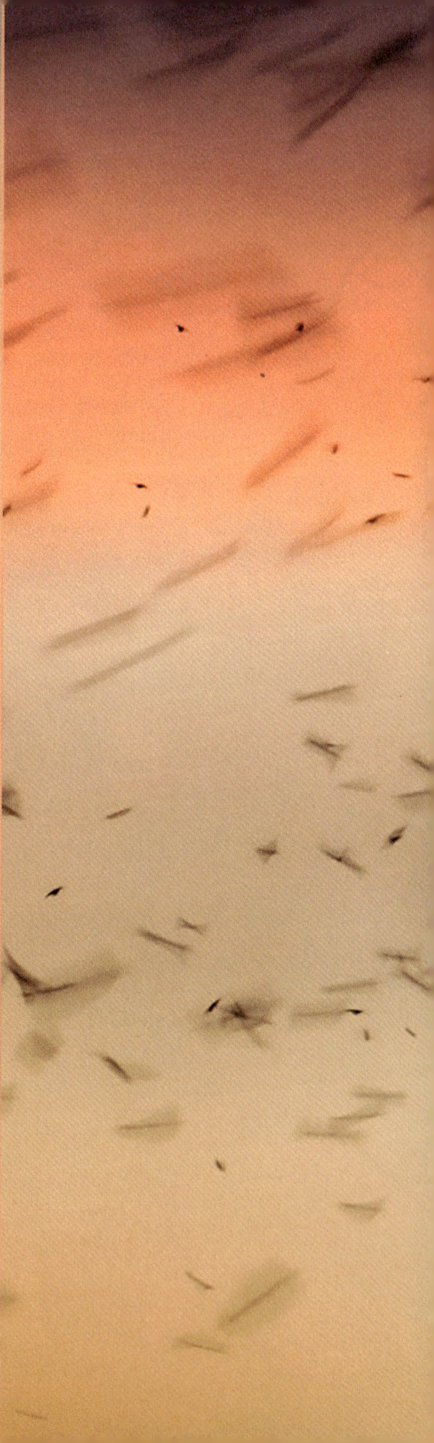

Der Petersdom, das Zentrum des Katholizismus ►

OBEN: Ordensfrauen müssen auf den Straßen Roms außer kirchlichen auch weltliche Regeln beachten. UNTEN: Inbrünstiger Glaube ist allgegenwärtig in der katholischen Kapitale.

BAEDEKER DAS IST ...

BEIM HEILIGEN VATER

Der charismatische Papst Franziskus ist sehr beliebt. Möchten Sie ihn auch einmal treffen? Eine **Generalaudienz** ist die beste Gelegenheit. Die findet immer mittwochs statt. Dann spricht der Heilige Vater in der Audienzhalle, spart auch wirtschaftliche und politische Themen nicht aus, nimmt ein Bad in der Menge, schüttelt Hände, küsst Kinder, wendet sich besonders Menschen mit Gebrechen zu. Eine (kostenlose) Eintrittskarte bekommt man beim deutschen Pilgerzentrum (www.pilgerzentrum.net, ▶ S. 216).

NONNEN im Habit und Mönche in der Kutte gehören auch im 21. Jahrhundert ganz selbstverständlich zum römischen Straßenbild, ebenso wie die vielen Priester auch aus fernen Ländern, die in den Straßen und Gassen an den Touristen vorübereilen. Als unverkennbare Zeichen lugen steife weiße Kollare unter den feinen Jacketts und den schlichten schwarzen Pullis hervor. Durch etliche Ladenfenster kann man die Herren auch beobachten, wie sie sich Kelche zeigen lassen, Rosenkränze, Kreuze, Kerzen und Opferstöcke auswählen. Etliche Ordensgemeinschaften, wie die Benediktiner, die Franziskaner, die Jesuiten und die Dominikaner, unterhalten in Rom eigene Universitäten, die Päpstliche Lateranuniversität ist die Ausbildungsstätte für den klerikalen Nachwuchs des Bistums Rom und die Päpstliche Diplomatenakademie hat im Palazzo Severoli an der Piazza Minerva ihren Sitz. Hier werden die Diplomaten des Vatikans auf ihre berufliche Zukunft vorbereitet.

Nachfolger Petri

Rom, das sieht und spürt man an allen Ecken und Enden der Stadt, ist das Zuhause der römisch-katholischen Kirche. Hier steht man auf dem **Fundament der Religion,** der heute weltweit 1,4 Milliarden Menschen angehören. Zwar wirkte Jesus von Nazareth in Galiläa, auf der anderen Seite des Mittelmeers. Doch die Kunde vom gekreuzigten und auferstandenen Gottessohn erreichte schon wenige Jahrzehnte nach dessen Tod Rom, die Hauptstadt der antiken Supermacht. In den ersten nachchristlichen Jahrhunderten mussten Roms Christen ihre Religion noch im Verborgenen praktizieren. Im 4. Jahrhundert aber lief der Christus den antiken Göttern den Rang ab; unter Kaiser Theodosius stieg das Christentum schließlich im Jahr 391 zur Staatsreligion auf. Der Bischof von Rom reklamierte bald eine besondere Stellung für sich. Indem er sich auf **Petrus** berief, den Jünger Christi, der im Auftrag seines Herrn in Rom gepredigt und bis zu seinem Märtyrertod als erster Bischof von Rom die christliche Heilslehre verbreitet haben soll, verstand sich jeder Nachfolger in diesem Amt schlicht als richtungsweisendes Oberhaupt der Christenheit.

Sammler und Mäzene

Nach dem Zerfall des antiken römischen Imperiums füllte die Kirche das entstandene Machtvakuum. Rom wurde als Wirkungsstätte des Heiligen Vaters zum **Zentrum des Kirchenstaats,** der sich bis ins 19. Jahrhundert über weite Teile Mittelitaliens ausdehnte. Nach der nationalen Einigung Italiens verschwand der Kirchenstaat von der politischen Landkarte. Was dem Papst blieb, ist der Vatikan, eine 0,44 km^2 kleine Enklave, umgeben von römischem Stadtgebiet. Der winzige Staat verfügt nicht nur über Gerichtshöfe und Militär, er hat auch einiges politisches Gewicht; zudem kann er enorme Reichtümer sein Eigen nennen, darunter Kunstschätze von unermesslichem Wert. Denn jahrhundertelang waren die Päpste Sammler und Mäzene, beschäftigten jeweils die größten Künstler ihrer Zeit. Die Kunst im Vatikan und die großen Kirchen der Stadt, allen voran der Petersdom, sind jedes Jahr das Ziel von Millionen mehr oder weniger gläubiger Touristen. Im Heiligen Jahr 2000 pilgerten rund 25 Mio. Menschen aus aller Welt nach Rom. 2025 werden es wohl doppelt so viele sein.

STRASSEN-THEATER

Geben Sie es ruhig zu: Natürlich freuen Sie sich darauf, Roms Kunstschätze zu entdecken – aber insgeheim möchten Sie auch einfach mal im Café sitzen und Leute beobachten. Keine Bange: Das ist so italienisch wie sonst kaum etwas.

Wer etwas auf sich hält, fährt mit der Vespa vor. ►

Mal schauen, was am Campo de' Fiori heute Abend geboten wird ...

BAEDEKER DAS IST ...

GANZ EINFACH

Der beste Tipp für eine Aktivität ist – keine! Kein Museum, keine Kirche, sondern die Stadt als Bühne nehmen, das Straßentheater, die Plätze mit dem brodelnden Leben betrachten. Und dabei plötzlich feststellen, dass **Caravaggio** das alles auch schon gemalt hat. Herrlich geeignet dafür: Piazza Navona und Piazza di Spagna (►S. 163 bzw. 175).

»KUNST ist schön, macht aber viel Arbeit« hat Karl Valentin richtig erkannt. Das gilt ebenso für die Kunstbetrachtung. Nach dem Besuch der Vatikanischen Museen oder der Galleria Borghese ist der Kopf voll und das Hirn müde, sind die Augen erschöpft und die Füße auch. Sich ins Hotel zurückzuziehen ist eine Möglichkeit. Aber immer befällt einen da die Angst, etwas zu verpassen. Zu Recht! Entspannender und anregender ist es dagegen, sich in der Stadt irgendwo niederzulassen.

Sitzen und schauen

Vielleicht haben Sie Lust auf ein Eis, etwa an der **Piazza Navona?** Vor der Eisdiele stehen ein paar Bänke und Sie können so nicht nur Ihr Gelato, sondern gleich das ganze italienische Straßenleben genießen. In den Restaurants rundum gerieren sich die Kellner als Menschenfischer, versuchen Gäste unter ihre Pergola zu locken. Touristengruppen schieben sich an den Brunnen vorbei, den Selfie-Stick ausgefahren, die Smartphones gezückt. Jugendliche, zur Bildungsreise mitgeschleppt, ertappen Sie dabei, wie sie doch interessiert auf die barocken Brunnenfiguren blicken. Und wie eh und je schauen die »ragazzi« den Mädchen hinterher.

Am Tag ...

Brot und Spiele – panem et circenses – war schon ein Markenzeichen im alten Rom, wie heute dazu gedacht, die Menschen davon abzuhalten, sich zu sehr für Politik zu interessieren. Auch auf der Piazza Navona fanden Spiele statt, meist wohl unblutige Leichtathletik-Wettbewerbe. Statt organisierter Massenunterhaltung unterhalten sich die Massen hier inzwischen selbst, die **Demokratisierung des Lebens** spiegelt sich kaum irgendwo so deutlich: Jeder darf hier nach seiner Fasson selig werden. Frauen stöckeln oder schlendern in abenteuerlich hohen Schuhen oder Turnschuhen übers Pflaster, Männer eilen scheinbar geschäftig vorbei, betagtere Semester bleiben für ein Schwätzchen stehen und jeder knipst jeden.

... und am Abend

Abends geht es gerade so weiter. In den **Trendvierteln** besteht der Großteil des Vergnügens im Sehen und Gesehenwerden. Im studentischen Pigneto steht man eher mit dem Wegebier in der Hand vor einer Mauer mit Graffiti und schaut, wer noch so unterwegs ist; auf dem Campo de' Fiori mischen sich englische Easyjetter mit italienischen Schönen und Reichen. Und im Ausgehviertel Trastevere ist das Schlendern von Bar zu Bar mindestens so wichtig wie die Bar als solche. Die Suche ist das Ziel.

T
TOUREN

Durchdacht, inspirierend, entspannt

Mit unseren Tourenvorschlägen lernen Sie Roms beste Seiten kennen.

Ausnahmsweise fast freie Fahrt in der Via Sistina ▶

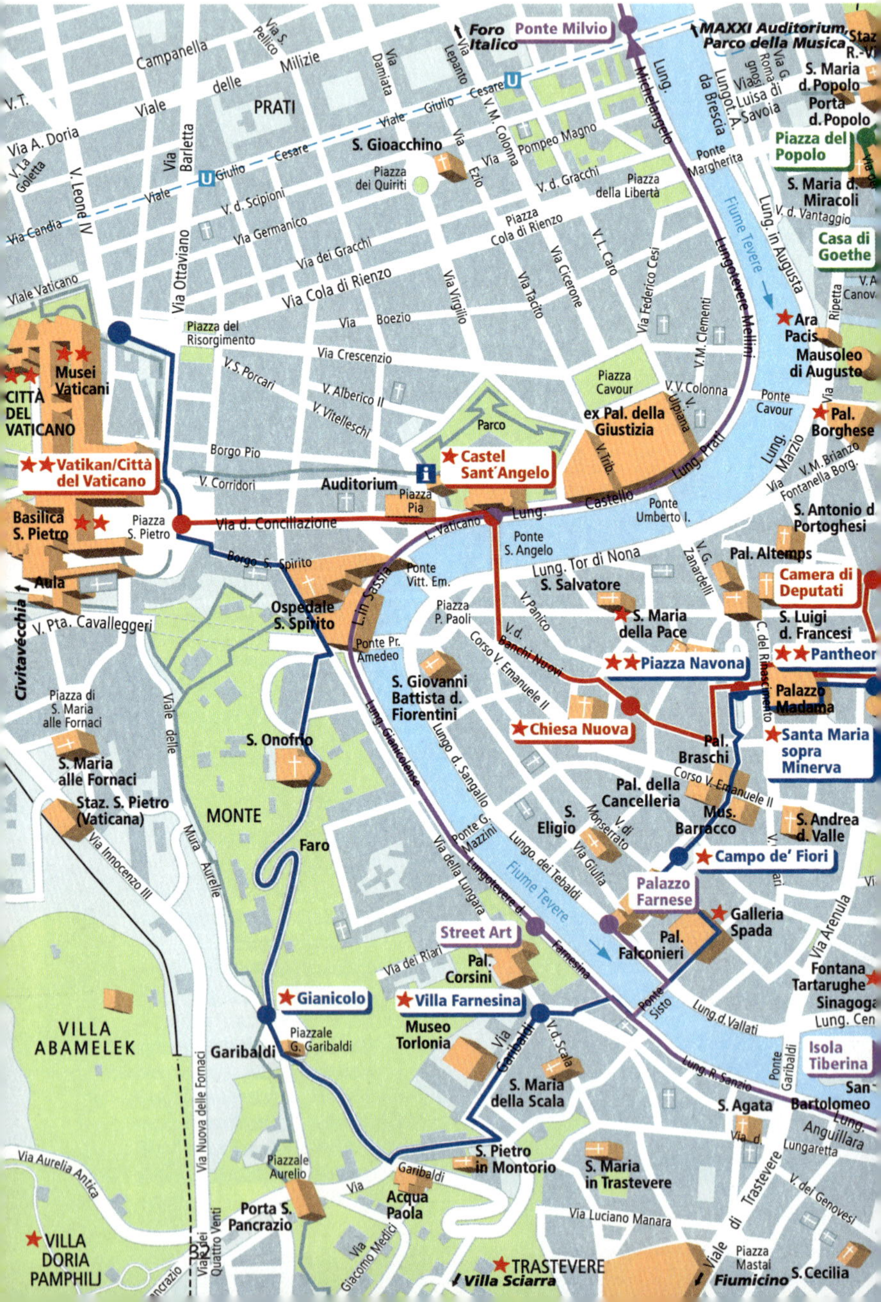
Foro Italico
Ponte Milvio
MAXXI Auditorium, Parco della Musica
PRATI
S. Gioacchino
Piazza dei Quiriti
S. Maria d. Popolo
Porta d. Popolo
Piazza del Popolo
S. Maria d. Miracoli
Casa di Goethe
Piazza della Libertà
Piazza Cola di Rienzo
Via Cola di Rienzo
Piazza del Risorgimento
Viale Vaticano
Musei Vaticani
CITTÀ DEL VATICANO
Vatikan/Città del Vaticano
Basilica S. Pietro
Piazza S. Pietro
Aula
Via d. Conciliazione
Borgo S. Spirito
Borgo Pio
V. Corridori
Auditorium
Piazza Pia
Parco
Castel Sant'Angelo
Piazza Cavour
ex Pal. della Giustizia
Ara Pacis
Mausoleo di Augusto
Pal. Borghese
Ponte Cavour
Ponte Umberto I.
Ponte S. Angelo
S. Antonio d. Portoghesi
Pal. Altemps
Camera di Deputati
S. Luigi d. Francesi
Pantheon
Palazzo Madama
Santa Maria sopra Minerva
S. Salvatore
S. Maria della Pace
Piazza Navona
Chiesa Nuova
Pal. Braschi
Pal. della Cancelleria
Corso V. Emanuele II
Mus. Barracco
S. Andrea d. Valle
Campo de' Fiori
Palazzo Farnese
Galleria Spada
Pal. Falconieri
Fontana Tartarughe
Sinagoga
Isola Tiberina
San Bartolomeo
S. Agata
Ponte Vitt. Em.
Piazza P. Paoli
Ospedale S. Spirito
Ponte Pr. Amedeo
S. Giovanni Battista d. Fiorentini
V. Pta. Cavalleggeri
Civitavecchia
Piazza di S. Maria alle Fornaci
S. Maria alle Fornaci
Staz. S. Pietro (Vaticana)
S. Onofrio
MONTE
Faro
S. Eligio
Street Art
Pal. Corsini
Gianicolo
Villa Farnesina
Museo Torlonia
Garibaldi
Piazzale G. Garibaldi
VILLA ABAMELEK
S. Maria della Scala
S. Pietro in Montorio
S. Maria in Trastevere
Piazzale Aurelio
Porta S. Pancrazio
Acqua Paola
Via Aurelia Antica
VILLA DORIA PAMPHILJ
TRASTEVERE
Villa Sciarra
Fiumicino
S. Cecilia
Fiume Tevere
Lungotevere Mellini
Lung. Michelangelo
Via Ottaviano
Via Crescenzio
Viale Giulio Cesare
Viale delle Milizie
Via Germanico
Via dei Gracchi
Via Giulia
Via della Lungara
Via Luciano Manara
Viale di Trastevere

300 m
©BAEDEKER
Museo d. Villa Giulia
Gall. Naz. d'Arte Moderna
Galleria Borghese
VILLA BORGHESE
Pincio
Galoppatoio
Porta Pinciana
Via Pinciana
Corso d' Italia
C. d'Italia
Porta Salaria
Via Salaria
Via Tevere
Isonzo
S. Agnese Fuori le Mura
Min. Lavori Pubblici
Piazzale di Porta Pia
Maria d. Montesanto
Viale della Trinità dei Monti
Viale del Muro Torto
Casa Goethe
Villa Medici
Ch. Luterana
V. Vitt. Veneto
Via Piemonte
V. Romagna
Sicilia
Boncompagni
V. Quintino Sella
Piazza Sallustio
V. Collina
Via Piave
Settembre
Via Palestro
Via Cernaia
Goito
Piazza di Spagna
Trinità d. Monti
V. Lombardia
Via Ludovisi
S. Isidoro
Min. Industria
Min. Agricoltura e Foreste
XX
Via L. Bissolati
Via Condotti
Via Sistina
S. Maria d. Vittoria
Terme di Diocleziano
Piazza Indipendenza
Lorenzo in Lucina
Via Frattina
Via Due Macelli
Piazza Barberini
V. Barberini
S. Maria degli Angeli
Museo Nazionale Romano
S. Andrea d. Fratte
Piazza S. Silvestro
Gall. Barberini-Corsini
Via del Tritone
V. Rasella
S. Carlo alle Quattro Fontane
Min. della Difesa
Piazza Repubblica
Piazza dei Cinquecento
Via Marsala
Piazza Parlamento
Piazza S. Claudio
Fontana di Trevi
Giardini
Palazzo del Quirinale
Via Quirinale
Teatro dell'Opera
Pal. Massimo
Staz. Termini
Pal. Chigi
Via del Corso
Piazza Colonna
V. d. Muratte
S. Andrea al Quirinale
San Vitale
Nazionale
V. A. de Pretis
Via Cavour
Via F. Turati
Via G. Giolitti
S. Ignazio
Pal. Sciarra
Piazza d. Quirinale
Via Piacenza
Via d. Consulta
Pal. Espos.
V. Palermo
Min.dell' Interno
Piazza d. Esquilino
Via Principe Amadeo
Collegio Romano
SS. Apostoli
Via 24 Maggio
Pal. Rospigliosi
Via Milano
V. C. Balbo
S. Pudenziana
S. Maria Maggiore
Galleria Doria Pamphilj
Pal. Colonna
Banca d'Italia
V. d. Serpenti
Piazza S. M. Maggiore
Piazza Venezia
Via 4 Novembre
Via Panisperna
V. Urbana
di S. M. Maggiore
V. 4 Cantoni
S. Prassede
Via C. Alberto
Il Gesù
Piazza Venezia
Foro di Traiano
S. Agata
Botteghe Oscure
Mon. a Vitt. Emanuele II
Foro di Augusto
V. Zingari
Via G. Lanza
V. Statuto
V. Baccina
Cavour
Campidoglio
Fori Imperiali
Via dei Fori Imperiali
V. d. Annibaldi
V. d. Sette Sale
Monte Oppio
Museo N. d'Arte Orientale
Teatro di Marcello
V. d. Teatro
Arco di Sett. Sev.
V. d. Colosseo
S. Pietro in Vincoli
MONTE ESQUILINO
Musei Capitolini
Domus Aurea di Nerone
Merulana
Palazzo dei Conservatori
SS. Cosma e Damiano
S. Francesca Romana
Colosseo
Parco Traiano
Via Mecenate
Piazza Monte Savello
COLLE OPPIO
S. Giovanni Decollato
S. Teodoro
Viale Domus Aurea
Via R. Bonghi
Foro Romano
Colosseo
Tivoli, Colli Albani, San Giovanni in Laterano
Lung. Pierleoni
S. Giorgio in Velabro
Palatino
Piazza del Colosseo
Via S. Clemente
Labicana
Arco di Costantino
Via di S. Giovanni in Laterano
Ponte Palatino
Piazza Bocca della Verità
V. Capo d'Africa
Forum Boarium
Via di S. Gregorio
Tempio di Claudio
V. dei Cerchi
S. Anastasia
Via Claudia
S. Maria in Cosmedin
Lung. Aventino
Terme di Caracalla
V. Annia
©BAEDEKER
Circo Massimo
Museo Montemartini, E. U. R., Ostia Antica, S. Paolo fuori le Mura
Via Appia Antica
SS. Giov. e Paolo
Via d. S. Stefano Rotondo
Ponte Sublicio

UNTERWEGS IN ROM

Wo anfangen? Die Vielfalt der Sehenswürdigkeiten und Museen in Rom kann verwirren. Für einen ersten Überblick finden Sie hier drei Spaziergänge, eine Radtour und eine Vielzahl von Sehenswürdigkeiten, die Sie dabei streifen oder denen Sie einen ausführlichen Besuch abstatten können. Wir geben Ihnen zudem ein paar Tipps für kleine Pausen mit auf den Weg.

Am besten zu Fuß

In Rom Auto zu fahren ist – Humbug. In den Innenstadtbereich können Sie damit ohnehin nur, wenn Sie dort wohnen. Für die großen Strecken steigen Sie, sofern es in Ihrer Wunschrichtung liegt, in die Metro. Auch die Tram bringt Sie rasch voran. Die Busse müssen sich durch den Verkehr kämpfen, funktionieren aber grundsätzlich auch gut. Dank Google-Maps und anderer Apps ist es nun auch leicht, sich einen Überblick über die Buslinien zu verschaffen. Am besten gehen Sie in der Innenstadt einfach zu Fuß. Das hat außerdem den Vorteil, durch die hübschen kleinen Gassen schlendern zu können, in denen an jeder Ecke Bars und Trattorien einladen.

Stimmungsvoller Abschluss einer Tour kann ein abendlicher Bummel durch Trastevere sein, dem – zumindest nach Ansicht seiner Bewohner – ältesten Bezirk Roms. In den Gässchen und Straßen um die Kirche Santa Maria in Trastevere bieten einfache Trattorien wie exquisite Gourmettempel ausgiebig Gelegenheit, die römische Küche zu probieren. Wer danach noch in die angesagten Szenetreffs weiterziehen möchte, fährt in die Trendviertel San Lorenzo und Testaccio.

WO ALLES BEGANN

Start und Ziel: Kolosseum – Spanische Treppe | **Dauer:** Am besten verteilen Sie die Tour etappenweise auf mehrere Tage.

Tour 1

Verschaffen Sie sich mit dieser Tour einen Überblick über die prägenden historischen und kulturellen Einflüsse. Sie führt vom Zentrum der Antike zum Mittelpunkt des heutigen Rom.

Über 2500 Jahre Geschichte erlaufen

Den Anfang macht das gewaltige ❶ ★★**Colosseo,** wo sich einst bis zu 50 000 Zuschauer an blutigen Gladiatorenkämpfen und Tierhatzen ergötzten. Am Freilichtmuseum des gesamten Areals von ❷ ★★**Foro Romano** und ❸ ★★**Palatino** führt kein Weg vorbei, wenn Sie sich für den Anbeginn Roms interessieren, hier versammeln sich die eindrucksvollen Ruinen aus dem Rom der Republik- und Kaiserzeit. In

Porta d. Popolo
Piazza del Popolo
Museo d. Villa Giulia
Gall. Naz. d'Arte Moderna
Museo e Gall. Borghese
VILLA BORGHESE
Corso d' Italia
S. Maria d. Montesanto
Pincio
Galoppatoio
Porta Pinciana
Casa di Goethe
Viale della Trinità dei Monti
Viale del Muro Torto
Ch. Luterana
Via Piemonte
V. Romagna
Sicilia
Villa Medici
Via del Corso
Via d. Babuino
V. Vitt. Veneto
Via Boncompagni
V. Quintino Sella
V.A. Canova
V. d. Greci
V. d. Croce
Piazza di Spagna
V. Lombardia
V. Ludovisi
Ripetta
Ara Pacis
Mausoleo di Augusto
Trinità d. Monti
S. Isidoro
Min. Agricoltura e Foreste
Via L. Bissolati
Via d. Condotti
Via Due Macelli
Via Sistina
Min. Industria
V. S. Basilio
S. Maria d. Vittoria
Pal. Borghese
Via Frattina
S. Lorenzo in Lucina
Piazza Barberini
V. Barberini
Via V. M. Brianzo
Fontanella Borg.
Piazza S. Silvestro
S. Andrea d. Fratte
Gall. Barberini-Corsini
Via del Tritone
S. Carlo alle Quattro Fontane
Min. della Difesa
Via Firenze
V. Rasella
Piazza Parlamento
Piazza S. Claudio
Fontana di Trevi
Giardini
Camera d. Deputati
Pal. Chigi
Palazzo del Quirinale
Via Quirinale
S. Andrea al Quirinale
Piazza Colonna
V. d. Muratte
V. A. de Pretis
Via Viminale
Piazza Rotonda
S. Ignazio
Pal. Sciarra
Piazza d. Quirinale
Via Piacenza
San Vitale
Via Nazionale
Via d. Consulta
Pal. Espos.
Palazzo Madama
Collegio Romano
SS. Apostoli
Via 24 Maggio
V. Palermo
Min. dell' Interno
Piazza d. Esquilino
Pantheon
S. Maria sopra Minerva
Galeria Doria Pamphilj
Pal. Colonna
Pal. Rospigliosi
Via Milano
V. C. Balbo
Via 4 Novembre
Banca d'Italia
V. d. Serpenti
Pal. Venezia
Piazza Venezia
Via Panisperna
V. Urbana
V. 4 Cantoni
Via Plebiscito
Il Gesù
Foro di Traiano
S. Agata
Mon. a Vitt. Emanuele II
Via Botteghe Oscure
Via Arenula
Via Marcello
V. Zingari
Foro di Augusto
V. Baccina
Via Cavour
S. Pietro in Vincoli
V. d. Sette Sale
Campidoglio
Via dei Fori Imperiali
Fori Imperiali
V. d. Annibaldi
Teatro di Marcello
V. d. Teatro
Arco di Sett. Sev.
V. d. Colosseo
Domus Aurea di Nerone
Sinagoga
Pal. dei Senatori
Musei Capitolini
Parco Traiano
Lung. Cenci
Isola Tiberina
Piazza Monte Savello
Palazzo dei Conservatori
SS. Cosma e Damiano
S. Francesca Romana
San Bartolomeo
Ponte Rotto
S. Giovanni Decollato
Foro Romano
Colosseo
Viale Domus Aurea
Lung. Pierleoni
Via S. Teodoro
Lung. Anguillara
S. Giorgio in Velabro
Palatino
Arco di Costantino
Piazza del Colosseo
Ponte Palatino
Piazza Bocca della Verità
MONTE PALATINO
Tempio di Claudio
Via Claudia
Via d. Lungaretta
Forum Boarium
Via di S. Gregorio
V. dei Genovesi
Ripa
S. Anastasia
Lung. Aventino
S. Maria in Cosmedin
Via dei Cerchi
S. Cecilia
Circo Massimo
Terme di Caracalla
Via Appia Antica
300 m
©BAEDEKER

dem mehrgeschossigen Trajansmarkt der angrenzenden 4 ★★**Fori Imperiali** waren im Altertum rund 150 Geschäfte eingerichtet. Hier konnte man von frischem Fisch und Gemüse bis zu teuren Seidenstoffen alles kaufen. Heute bietet ein Museum einen guten Überblick über diese Epoche. Die Kaiserforen stellen die Verbindung zum 5 ★★**Campidoglio** her, seit mehr als 2500 Jahren Herzstück und politische Mitte der Stadt. Zu den Schätzen der 6 ★★**Musei Capitolini** gehört auch die »Kapitolinische Wölfin« aus dem 5. Jh. v. Chr., das Wahrzeichen Roms. An der Nordflanke des Hügels erhebt sich das riesige Monumento Nazionale a Vittorio Emanuele II, das die vom Verkehr überflutete **Piazza Venezia** beherrscht. Gegenüber zeigt die 7 ★★**Galleria Doria Pamphilj** eine exquisite Gemäldesammlung europäischer Meister des 15. bis 18. Jahrhunderts. Der nächste Halt ist Roms prachtvollster Brunnen, die barocke 8 ★★**Fontana di Trevi,** in die man – so der Glaube – drei Münzen werfen muss, um sich die Rückkehr in die Ewige Stadt zu sichern. In der geschäftigen Via del Corso wohnte Johann Wolfgang von Goethe anno 1786 im Haus Nr. 18, das kleine, sehenswerte Museum 9 **Casa di Goethe** lohnt einen Blick. Die Straße ist großteils Fußgängerzone und führt hinauf zur 10 **Piazza del Popolo.** Hier kann man im Caffè Rosati oder im Canova eine wohlverdiente Pause einlegen. Wer einen ersten Blick über die Dächer der Tibermetropole werfen möchte, sollte den Aufstieg zum 11 **Pincio** nicht scheuen. Die restliche Zeit gehört dem bunten Treiben auf der Spanischen Treppe an der 12 ★★**Piazza di Spagna**.

DAS KLEINSTE LAND DER WELT

Start und Ziel: Vatikan – Kolosseum | **Dauer:** Tagestour

Ausgangspunkt der Tour ist der Vatikan am frühen Morgen, bevor der Petersplatz überfüllt ist mit Menschen aus aller Welt. Von dort geht es weiter über zahlreiche schöne Plätze und zu berühmten Kirchen mit prächtigen Schätzen bis zum Kolosseum.

Tour 2

Von Kirchen und Tempeln

Für die Besichtigung des ★★**Vatikans** sollten Sie viel Zeit einplanen. Nicht nur der Petersdom mit Michelangelos Pietà, auch die Vatikanischen Museen suchen weltweit ihresgleichen. Seien Sie morgens die

Die Via Appia lief von Rom 580 km lang bis Brindisi, wenn auch ein wenig holprig.

Ersten hier, dann haben Sie am meisten davon! Nach diesem ausgiebigen Kunstprogramm können Sie bei einem Spaziergang über den ❶ ★**Gianicolo** Luft holen und dabei die herrliche Aussicht auf Rom genießen. Am Fuß des Hügels liegt die ❷ ★**Villa Farnesina,** ein Renaissancepalast mit entzückendem Garten. Überqueren Sie den Tiber und schlendern Sie durch die Altstadtgassen zum ❸ ★**Campo de' Fiori.** Ein bunter Markt erwartet Sie; zwischen Krimskrams gibt es auch frisches Obst und Gemüse. Folgen Sie nun dem Strom der Flaneure, zwangsläufig landen Sie so auf der weitläufigen ❹ ★★**Piazza Navona** mit Berninis barockem Vierströmebrunnen, eine bevorzugte Kulisse für Kleinkunst und schnelle Porträtisten. So einfach wie genial wirkt wenige Schritte entfernt das 114 – 119 n. Chr. auf den Ruinen zweier abgebrannter Tempel von Trajan und Hadrian erbaute ❺ ★★**Pantheon.** Am Brunnen davor können Sie auf den Stufen etwas rasten. Es bedürfe eines »robusten Geistes, um eine solide Weisheit zu tragen«, besagt sinngemäß die Inschrift am Elefantenobelisken vor ❻ ★**Santa Maria sopra Minerva.** Sie liegt etwa auf halber Strecke zur verkehrsreichen ❼ **Piazza Venezia,** wo die Via dei

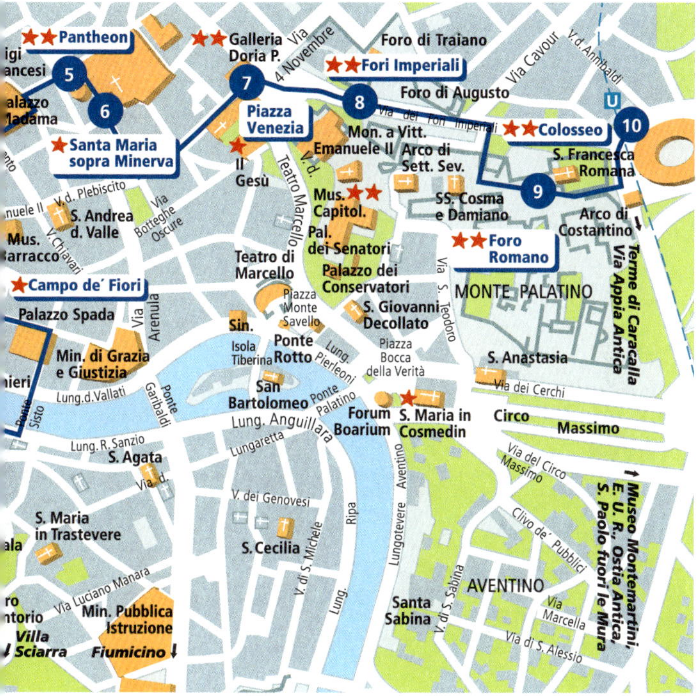

❽ ★★**Fori Imperiali** mit den Kaiserforen beginnt und sich als krönendes Highlight die antiken Ruinen von ❾ ★★**Foro Romano** und ❿ ★★**Colosseo** anschließen.

NATUR UND KUNST

Start und Ziel: Villa Borghese – Petersdom | **Dauer:** Tagestour

Ob auf Inlineskates, dem Fahrrad oder zu Fuß, im Park der Villa Borghese kann man erst einmal flanieren, bevor es zu den Kunstschätzen der Galleria Borghese und zum Petersdom geht. Tour 3

In der ★★**Galleria Borghese** mit ihrer exquisiten Skulpturensammlung ist die Kartenvorbestellung obligatorisch! Versäumen Sie das nicht, Sie werden begeistert sein von der Fülle der ausgestellten Wer- Park und Kultur für Genießer

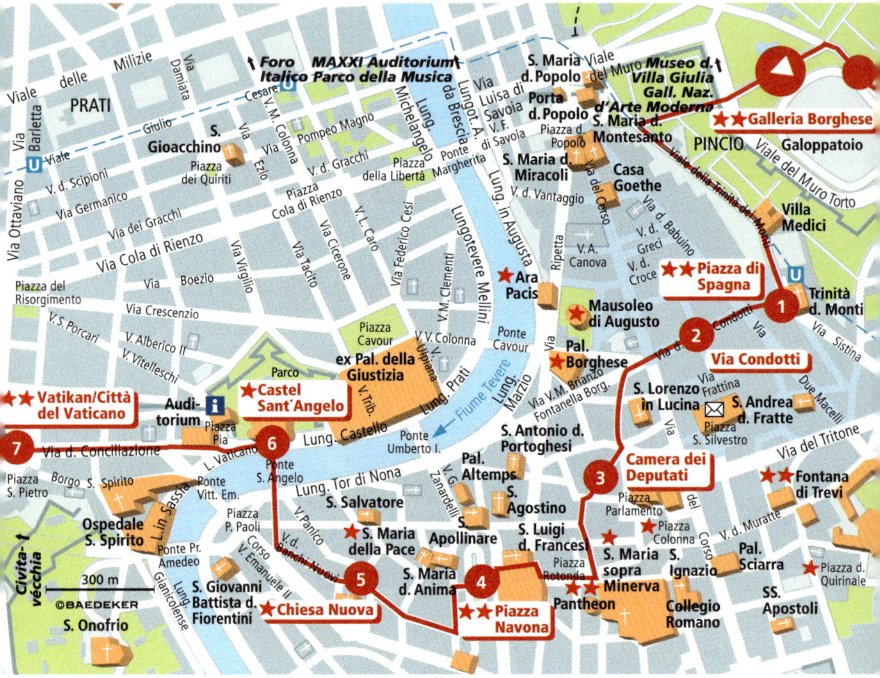

ke. Danach bummeln Sie zur stets bevölkerten ❶ ★★**Piazza di Spagna** am Fuß der Spanischen Treppe und weiter durch die noble ❷ **Via Condotti,** in deren Umkreis alle illustren Modemarken zu finden sind, zur Via del Corso. Die aktuelle Geschichte Roms wird von Abgeordneten in der nahen ❸ **Camera dei Deputati** an der Piazza di Montecitorio geschrieben. Durch verwinkelte Sträßchen mit Zwischenstopp – und vielleicht einem Eis? – an der ❹ ★★**Piazza Navona** erreicht man die altehrwürdige ❺ ★**Chiesa Nuova** nahe dem Tiber. Von dort schlendern Sie über die Engelsbrücke und bewundern die Barockstatuen, die Bernini im hohen Alter von 70 Jahren schuf. Die Brücke führt zum ❻ ★**Castel Sant'Angelo** hinüber, dem Mausoleum des Kaisers Hadrian. Nach Westen öffnet sich ein toller Blick auf den einzigartigen Staat ❼ ★★**Vatikan.** Die breit angelegte Via della Conciliazione führt direkt zum Petersdom. Gehen Sie hinauf auf die Kuppel! Schon auf halber Höhe sehen Sie in den Innenraum des Petersdoms, erfassen seine unglaubliche Größe. Und oben angelangt – der phantastische Blick auf das herrliche Rom: caput mundi, die Hauptstadt der Welt.

RADTOUR GEGEN DEN STROM

Start und Ziel: Ponte Sublicio – Ponte Milvio | **Dauer:** ca. 4 Stunden

Tour 4

Zugegeben, diese wunderbare Sightseeing-Tour durch die Millionenmetropole ist wirklich etwas ungewöhnlich, aber es ist eben auch ein besonderes Vergnügen, die Stadt aus einer neuen Perspektive zu entdecken. Allein schon das Fortbewegungsmittel mutet für das hektische Rom völlig fremd an: ein Fahrrad! Und das inmitten des chaotischen Durcheinanders von Autos, Mopeds, Motorrädern und Bussen? Nein, wir weichen aus …

Rom mal anders

Der Ausflug führt auf dem gut ausgebauten, ca. 45 km langen Fahrradweg (»pista ciclabile«) den Tiber entlang, vom nördlichen bis zum südlichen Stadtrand, vom Castel Giubileo bis zum Ponte Mezzacammino. Es ist praktisch überall auf der Strecke möglich, die Tour zu starten oder zu beenden. Der hier beschriebene und sicherlich schönste mittlere Abschnitt führt durch Roms Zentrum und ist 15 km lang. Da ohne Steigung, ist die Strecke sogar familienfreundlich – wenn nicht gerade Baustellen die Zufahrten versperren.

Räder verleiht z. B. Bici&Baci, Via del Viminale 5 (und andere Filialen (u. a. Via Cavour am Kolosseum), https://bicibaci.com/de/fahrrad-und-scooter-verleih; detaillierte Infos: https://www.piste-ciclabili.com/itinerari/5422-roma-gita-sul-lungotevere-e-villa-pamphili

Verblüffend beschaulich und ruhig

Gestartet wird am ❶ **Ponte Sublicio** in Trastevere. Eine breite Rampe führt bequem zum Tiber hinunter. Hier tut sich eine völlig andere Welt auf! Es ist ruhig und beschaulich. Weder Lärm noch tosender Verkehr beeinträchtigen die angenehme Stille, und es bieten sich traumhafte Aus- und Einsichten. Aus flachem Blickwinkel ziehen Kirchenkuppeln, Palazzi und Brücken vorüber, flussaufwärts in Richtung Tiberinsel. Beidseits des Tevere erheben sich wuchtige Steinmauern, die König Vittorio Emanuele II. als Antwort auf ein verheerendes Hochwasser 1870 errichten ließ. Der Weg führt zur ersten Brücke, dem eisernen Ponte Palatino, von den Einheimischen auch Ponte Inglese getauft, da an dieser Stelle der gesamte Straßenverkehr linksseitig erfolgt! Die große Öffnung unterhalb des Brückenkopfs diente bereits im antiken Rom als Abwasserkanal (»cloaca maxima«), der bis heute in Betrieb ist. Die beschauliche kleine ❷ **Isola Tiberina** (Tiberinsel) ist über den Ponte Cestio mit dem quirligen Stadtteil Trastevere verbunden und einen kurzen Stopp wert. Auf dem winzigen Eiland wurde im 3. Jh. v. Chr. ein Tempel zu Ehren von Äskulap, dem griechischen Gott der Heilkunde, errichtet und ihm geweiht. Kaiser

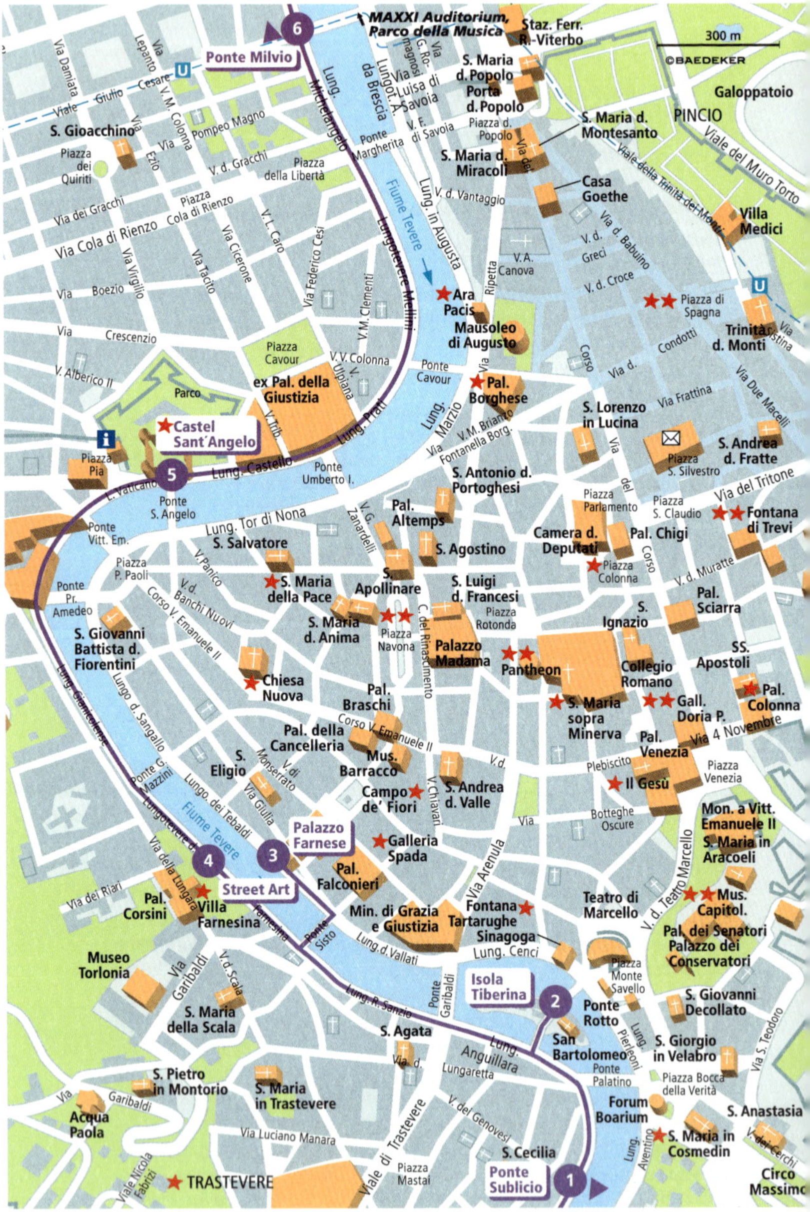
MAXXI Auditorium, Parco della Musica
Staz. Ferr. R.-Viterbo
300 m
©BAEDEKER
6
Ponte Milvio
Via Damiata
Via Lepanto
Viale Giulio Cesare
V. M. Colonna
Via Pompeo Magno
S. Gioacchino
Via Ezio
Piazza dei Quiriti
V. d. Gracchi
Piazza della Libertà
Lung. Michelangelo
Lungot. da Brescia
Lungot. A. da Brescia
Via G. Romagnosi
Via Luisa di Savoia
V. F. di Savoia
Ponte Margherita
S. Maria d. Popolo
Porta d. Popolo
Piazza d. Popolo
S. Maria d. Miracoli
S. Maria d. Montesanto
PINCIO
Galoppatoio
Viale del Muro Torto
Viale della Trinità dei Monti
Villa Medici
Casa Goethe
Via dei Gracchi
Piazza Cola di Rienzo
Via Cola di Rienzo
Via Virgilio
Via Cicerone
V. L. Caro
Via Federico Cesi
Via Tacito
Lungotevere Mellini
Fiume Tevere
Lung. in Augusta
V. d. Vantaggio
Ripetta
V.A. Canova
Via d. Babuino
V. d. Greci
V. d. Croce
Piazza di Spagna
Trinità d. Monti
Via Sistina
Via Boezio
V. M. Clementi
Via Crescenzio
Ara Pacis
Mausoleo di Augusto
Piazza Cavour
V. V. Colonna
V. Ulpiana
V. Alberico II
Ponte Cavour
Corso
Via Condotti
Via Frattina
Via Due Macelli
Parco
ex Pal. della Giustizia
Pal. Borghese
Lung. Marzio
V. M. Brianzo
Via Fontanella Borg.
S. Lorenzo in Lucina
Castel Sant'Angelo
V. Trib.
Lung. Prati
Piazza Pia
5
L. Vaticano
Lung. Castello
Ponte Umberto I.
Ponte S. Angelo
S. Antonio d. Portoghesi
Piazza S. Silvestro
S. Andrea d. Fratte
Via del Tritone
Via del Corso
Piazza Parlamento
Piazza S. Claudio
Fontana di Trevi
Ponte Vitt. Em.
Lung. Tor di Nona
V. G. Zanardelli
Pal. Altemps
Camera d. Deputati
Pal. Chigi
S. Salvatore
S. Agostino
Piazza Colonna
V. d. Muratte
Piazza P. Paoli
V. Panico
V. d. Banchi Nuovi
S. Maria della Pace
S. Apollinare
S. Luigi d. Francesi
Pal. Sciarra
Ponte Pr. Amedeo
Corso V. Emanuele II
C. del Rinascimento
Piazza Rotonda
S. Ignazio
S. Giovanni Battista d. Fiorentini
S. Maria d. Anima
Piazza Navona
Palazzo Madama
Pantheon
SS. Apostoli
Collegio Romano
Lung. Gianicolense
Lungo d. Sangallo
Chiesa Nuova
Pal. Braschi
S. Maria sopra Minerva
Gall. Doria P.
Pal. Colonna
Via 4 Novembre
Pal. della Cancelleria
Corso V. Emanuele II
Pal. Venezia
Via d. Plebiscito
Piazza Venezia
Ponte G. Mazzini
S. Eligio
V. di Monserrato
Mus. Barracco
Campo de' Fiori
V. Chiavari
S. Andrea d. Valle
Il Gesù
Via Giulia
Lungo. dei Tebaldi
Via Botteghe Oscure
Mon. a Vitt. Emanuele II
S. Maria in Aracoeli
Lungotevere d.
Via della Lungara
4
3
Palazzo Farnese
Galleria Spada
Pal. Falconieri
Via Arenula
V. d. Teatro Marcello
Via dei Riari
Pal. Corsini
Street Art
Villa Farnesina
Via Farnesina
Min. di Grazia e Giustizia
Fontana Tartarughe
Sinagoga
Teatro di Marcello
Mus. Capitol.
Pal. dei Senatori
Palazzo dei Conservatori
Ponte Sisto
Lung. d. Vallati
Lung. Cenci
Museo Torlonia
Via Garibaldi
V. d. Scala
Isola Tiberina
Ponte Garibaldi
Piazza Monte Savello
2
S. Giovanni Decollato
S. Maria della Scala
Lung. R. Sanzio
S. Agata
Ponte Rotto
San Bartolomeo
Lung. Pierleoni
S. Giorgio in Velabro
Via S. Teodoro
Via d. Lungaretta
Lung. Anguillara
Ponte Palatino
Piazza Bocca della Verità
S. Pietro in Montorio
S. Maria in Trastevere
Via Garibaldi
Acqua Paola
Forum Boarium
S. Anastasia
Viale di Trastevere
V. dei Genovesi
Via Luciano Manara
Lung. Aventino
S. Maria in Cosmedin
Via dei Cerchi
S. Cecilia
Viale Nicola Fabrizi
TRASTEVERE
Piazza Mastai
Ponte Sublicio
1
Circo Massimo

Otto III. erteilte um 1000 n. Chr. den Auftrag, auf den Resten dieses Tempels die Kirche San Bartolomeo mit ihrem hübschen Vorplatz zu errichten. Vor allem an lauen Sommerabenden, wenn die Tiberina bunt beleuchtet ist, laden Verkaufsstände und Bars mit Liegestühlen direkt am Wasser zum Ausruhen und Freunde-Treffen ein. Wer hungrig wird, findet verschiedene Stärkungsmöglichkeiten. Die Insel-Gelateria verwöhnt mit leckerem Eis, und für den größeren Hunger empfiehlt sich der Besuch des nicht ganz preisgünstigen, dafür aber exzellenten Restaurants »Sora Lella«, ebenfalls auf der Insel gelegen. Kühle Getränke und schmackhafte kleinere Snacks bietet der hübsche Kiosk »La Grattachecca« an. Noch original erhalten und schon deshalb sehenswert, steht er seit 1915 am Brückenzugang an dem stark befahrenen Lungotevere degli Anguillara. Er ist eine der wenigen Stellen in ganz Rom, in der man noch die originale Grattachecca bekommt (▶ S. 337). Nach diesem Aufenthalt gelangen Sie gestärkt auf der Pista Tiberina unter dem Ponte Garibaldi zum Ponte Sisto. Ein Sprung von der Brücke galt früher bei jungen Römern als Mutprobe; lassen Sie es lieber bleiben, und sei es noch so heiß. Gleich in der Nähe befindet sich der Palazzo Farnesina. Eisern hält sich das Gerücht, dass während der Renaissance der Hausherr des ❸ **Palazzo Farnese,** der Papst-Finanzier Agostino Chigi, bei großen Festlichkeiten – vermutlich nicht mehr ganz nüchtern – gerne sein Tafelsilber und edles Geschirr aus dem Fenster in den Fluss geworfen hat. Gefunden wurde allerdings noch nichts. Richten Sie Ihr Augenmerk lieber auf die Wand, denn hier ist höchst ungewöhnliche ❹ **Street-Art** zu sehen. Eine viele Meter hohe Prozession von Schatten und fantastischen Figuren erzählt von Roms Siegen und Niederlagen – in Schwarz-Weiß. Der Südafrikaner William Kentridge hat sie mit dem Dampfstrahler geschaffen. Er entfernte teilweise schwarzes Moos und die Stadt-Patina aus Smog an den Hochwasser-Mauern, übrig blieben die fantastischen Gestalten zwischen den Brücken Ponte Sisto und Ponte Mazzini.

Per Boot wieder zurück

Nach weiteren Brücken rücken die zehn Engel auf der Engelsbrücke näher – ein erhebender Anblick! Einfach kurz anhalten und genießen! Gleich danach radelt man unter der Brücke hindurch und erblickt das trutzig-monumentale ❺ ★**Castel Sant'Angelo** mit seiner wechselvollen Geschichte. Dahinter lugt die auch aus der Froschperspektive beeindruckende Kuppel des Petersdoms hervor. Nun öffnet sich der Radweg zu einer Promenade, die gerne zum Flanieren genutzt wird. Der Weg führt vorbei an einigen Ruderclubs mit schmalen Booten. Einige davon ziehen fast lautlos durch den Fluss. Der ❻ **Ponte Milvio** ist schon der Endpunkt dieser wunderbaren Tour. Ganz Sportliche können noch weitere ca. 25 km bis zum Castel Giubileo radeln. Wer möchte, kann die Strecke mit einem der Ausflugsboote, diesmal nicht am, sondern auf dem Wasser zurückfahren und die vielen Impressionen der Tour noch einmal Revue passieren lassen.

S

SEHENS-WERTES

Magisch, aufregend, einfach schön

Alle Sehenswürdigkeiten sind alphabetisch geordnet. Sie haben die Freiheit der Reiseplanung.

Spaziergang auf den Dächern des Vatikans ►

★★ CAMPIDOGLIO · KAPITOL

Lage: Piazza del Campidoglio | **Innenstadtplan:** e/f IV | **Metro:** B (Colosseo), C (Fori Imp. bzw. Venezia ab 2026)

Bereits in der Antike führten die Triumphzüge der siegreichen römischen Feldherren hinauf aufs Kapitol. Im Mittelalter wurden hier Dichter gekrönt, Volkstribunen bejubelt, 1957 die »Römischen Verträge« zur Gründung der Europäischen Wirtschaftsgemeinschaft, der Keimzelle der EU, unterzeichnet. Heute hat die römische Stadtregierung ihren Sitz im Senatorenpalast auf dem Kapitol. Bürgermeister oder Bürgermeisterin empfangen hier Gäste aus aller Welt.

Erklimmen Sie das Haupt des Olus

Ein Besuch auf dem Kapitol ist bei jedem Rom-Besuch ein absolutes Muss. Der Hügel gehört zu den klassischen sieben Siedlungshügeln der Stadt. »Caput Oli« (»Schädel des Olus«) nannten ihn die Römer, weil sie hier eine Begräbnisstätte einer früheren Zivilisation entdeckt hatten, vermutlich das Grab eines Königs, das sie Olus, einem König der Etrusker, zuordneten. Ab dem 6. Jh. v. Chr. nahmen die Römer das Capitolium (ital. »Campidoglio«) für ihre Zwecke in Anspruch. Auf dem Hügel mit den beiden knapp 50 m hohen Kuppen errichteten sie bedeutende Heiligtümer – den Tempel der Juno Moneta, dem die Münze angegliedert war, und den Tempel für ihre wichtigsten Götter – Jupiter, Juno und Minerva. Um 80 v. Chr. ließ man hier auch das **Tabularium** errichten, ein Gebäude zur Aufbewahrung von Gesetzestafeln. Auf den Fundamenten des antiken Tabulariums steht der heutige Senatorenpalast.

Aufstieg zum Zentrum der Macht damals wie heute

Prächtiger Zugang

In der Antike stiegen die Menschen vom Forum Romanum aus zum Kapitol hinauf. Das können Sie auch heute noch tun. Allerdings wurde der Kapitolsplatz in der Neuzeit völlig umgestaltet und nach Nordwesten hin – in Richtung Vatikan – ausgerichtet, sodass sich sein »Haupteingang« heute auf der dem Forum Romanum gegenüberliegenden Seite befindet. Wer die Grandezza des Platzes voll auf sich wirken lassen will, steigt daher von der Via di Teatro di Marcello über die **»Cordonata«,** die breite, von Michelangelo entworfene und von Giacomo della Porta 1581 vollendete Rampentreppe hinauf. Die beiden Löwen aus Basalt, die die Cordonata am unteren Ende flankieren, sind Statuen aus dem alten Ägypten. Am oberen Ende der Treppe stehen die Dioskuren **Kastor und Pollux** Spalier. Diese Statuen stammen aus einem römischen Tempel und wurden nach der Fertig-

Fast noch wie zu Michelangelos Zeiten präsentiert sich die Piazza del Campidoglio.

stellung der Treppe hierher gebracht. Die Figuren am Geländer stellen Kaiser Konstantin, den ersten Kaiser Roms, der das Christentum tolerierte, und seinen Sohn, Konstantin II., dar.

Piazza del Campidoglio

Prächtiger Rahmen für eine berühmte Kunstsammlung

Gesamtbild des Platzes

Nach dem »Sacco di Roma«, der verheerenden Plünderung durch Söldnerheere im Jahr 1527, war auch der Platz auf dem Kapitolshügel ein Trümmerhaufen. Wenige Jahre später wurde **Michelangelo** mit der Neugestaltung des Platzes beauftragt, und noch heute hat die Piazza del Campidoglio im Wesentlichen das Erscheinungsbild, das ihm der großartige Architekt und Bildhauer ab 1536 gab. Drei elegante Gebäude rahmen die Piazza ein: in der Mitte der Senatorenpalast (Palazzo dei Senatori) mit dem Glockenturm – heute das Rathaus Roms, rechts davon der manieristisch und frühbarock ausgeschmückte Konservatorenpalast (Palazzo dei Conservatori), gebaut für die Konservatoren, eine römische Verwaltungsbehörde. Gegenüber steht sein Spiegelbild, der Palazzo Nuovo (Neuer Palast). Alle Gebäude sind unterirdisch miteinander verbunden und beherbergen die Kapitolinischen Museen, eine der ältesten öffentlich zugänglichen

Kunstsammlungen der Welt. In der Platzmitte grüßt Kaiser Marcus Aurelius (121 – 180 n. Chr.) in Form eines majestätischen **Reiterstandbilds** aus vergoldeter Bronze. Bis 1979 schmückte die antike Originalplastik den Platz. Seither wird sie auf dem Platz durch eine Kopie vertreten, während man das Original gleich nebenan in den Kapitolinischen Museen bewundern kann.

Das antike Rom liegt zu Ihren Füßen

Ausblick auf Forum Romanum und Palatin

Die Paläste stehen so, dass sich der Platz davor als Trapezfläche präsentiert, die sich an den Flanken des Senatorenpalasts zum ►Forum Romanum hin öffnet. Gehen Sie über die Piazza, die mit ihrem hübschen **Fußbodenmuster,** einem ornamental verschlungenen Stern, beeindruckt, zum Senatorenpalast. Für seine elegante Doppeltreppe zeichnet ebenfalls Michelangelo verantwortlich. Ihre Mitte wird von einem **Brunnen** mit antiken Figuren geschmückt – die eine stellt den Tiber dar, die andere ist der personifizierte Nil, in ihrer Mitte steht eine Minerva-Statue. Die Mitglieder der Stadtregierung gehen durch den linken Seiteneingang ein und aus, weshalb er mehrmals pro Woche von Fotografen und Journalisten belagert wird. Wenn Sie an diesem Eingang vorbeigehen, sind es nur noch ein paar Schritte, dann liegt Ihnen mit dem Forum Romanum und dem ►Palatin das Zentrum der antiken Welt zu Füßen – ein Anblick, der einem den Atem stocken lässt.

★★ Musei Capitolini

Piazza del Campidoglio 1 | tgl. 9.30 – 19.30 Uhr | Eintritt: 13 € (mit Sonderausstellung), Capitolini Card (mit Centrale Montemartini): 13,50 € | Audio- und Video-Guide (sechs Sprachen inkl. Deutsch): 7 €
www.museicapitolini.org

Der Papst suchte einen Platz für heidnische Kunst

Museumskomplex in mehreren Gebäuden

Der Grundstein für die Sammlung der Kapitolinischen Museen wurde im 15. Jh. von Papst Sixtus IV. gelegt. Wohin mit den vielen antiken Statuen heidnischer Gottheiten? Diese Frage trieb den Heiligen Vater damals offenbar um. Die Kunstwerke weiterhin im Vatikan auszustellen hielt er für unpassend, und so schenkte er 1471 der Stadt Rom eine Reihe von griechischen und römischen Götterstatuen und auch die **berühmte Wölfin** sowie den bronzenen Kopf der kolossalen Konstantinstatue, die zunächst im ►Lateran aufbewahrt wurden. Die Stadtverwaltung stellte die antiken Schätze anfangs im Innenhof des Palazzo dei Conservatori auf. Als 1654 der Palazzo Nuovo fertiggestellt war, brachte man einen Teil der antiken Kunstwerke dort unter. Im Laufe der Zeit wurde die Sammlung durch antike und neuzeitliche Kunstwerke beträchtlich ergänzt. Heute dehnt sich der Ausstellungsbereich auf dem Kapitol über mehrere unterirdisch miteinander ver-

BAEDEKER MAGISCHE MOMENTE

NÄCHTLICHE ANTIKE

Ziehen Sie nach dem Abendessen los in die Innenstadt. Schön – und ruhig – liegt da der Campidoglio, aber wenn Sie noch ein paar Schritte weitergehen, stehen Sie oberhalb des Forum Romanum. Die reine Magie. Der Septimiusbogen ist hell angestrahlt, die Säulen des Saturntempels leuchten überirdisch in der Schwärze der Nacht.

bundene Gebäude aus – Palazzo Nuovo, Palazzo dei Conservatori und das Tabularium, die antiken Fundamente des Senatspalasts. Auch der benachbarte Palazzo Cafarelli, der für wechselnde Ausstellungen genutzt wird, gehört zum Museumskomplex.
Für die Allgemeinheit sind die Musei Capitolini seit 1734 zugänglich. Ein Teil der antiken Schätze wird heute auch spektakulär im ▶**Museo Centrale Montemartini,** einem ehemaligen Elektrizitätswerk, präsentiert.

Repräsentativer Aufgang und eine Famillienfehde

Palazzo dei Conservatori

Betreten Sie die Museen durch den Eingang des 1575 fertiggestellten Palazzo dei Conservatori. Im Treppenhaus sind die großen **Marmorreliefs** vom Triumphbogen des Marc Aurel bemerkenswert. Sie zeigen den Kaiser beim Empfang besiegter Barbaren, im Triumphwagen und beim Opfer vor dem Jupitertempel. Die Treppe führt zunächst in die Etage mit den Repräsentationssälen des Palasts, das sogenannte Appartamento mit Fresken aus dem 16. Jh., die teilweise restauriert wurden, zum Teil aber seit Michelangelos Zeiten nicht berührt wurden. Legenden zur frühen Stadtgeschichte erzählen die Fresken in der **Sala degli Orazi e Curiazi** (Saal der Horatier und Curatier). Demnach waren Horatier und Coratier verwandtschaftlich verbandelte Familien, die eine in Italien, die andere in Albanien ansässig. Um einen zwischen ihnen entflammten Konflikt beizulegen, ließen sie ihre Söhne – Drillinge auf beiden Seiten – gegeneinander kämpfen. Zunächst waren die Curatier überlegen. Doch der letzte der römischen Horatier-Brüder besiegte seine albanischen Cousins mit einer List. Derselbe Künstler, Cavalier d'Arpino, brachte auch das Fresko mit der »Lupa«, der legendären Wölfin aus dem römischen Gründungsmythos, auf die Wand.
Die riesigen Wandbilder in der **Sala di Annibale** zeigen Szenen aus den Punischen Kriegen – mittendrin der auf einem Elefanten reitende Hannibal.

Die Zwillinge wurden der Wölfin erst später untergejubelt

Sala dei Trionfi und Sala della Lupa

In der Sala dei Trionfi mit Darstellungen des Feldzugs gegen die Cimber beeindrucken der realistischer Brutus genannte Bronzeporträtkopf mit eingelegten Augen (4./3. Jh. v. Chr.) und der **Dornauszieher,** eine höchst lebendige Bewegungsstudie als römische Bronzekopie (1. Jh. v. Chr.), die nach einem älteren griechischen Original gefertigt wurde.
In der Sala della Lupa steht der Publikumsliebling der kapitolinischen Sammlung – die Romulus und Remus säugende **»Kapitolinische Wölfin«.** Die Bronze gehört zu den Kunstwerken, die Papst Sixtus IV. 1471 der Stadt Rom schenkte. Ihr Alter ist allerdings umstritten. Lange Zeit führte man das Kunstwerk auf das 5. Jh. v. Chr. und eine etruskische Bronzewerkstatt zurück. C-14-Untersuchungen in jüngster Zeit deuten indes auf eine wesentlich spätere Entstehung hin. Demnach muss die Bronze zwischen dem 9. und dem 13. Jh. n. Chr. gefertigt worden sein. Die Wölfin, ein heiliges Tier des Gottes Mars, ist als Muttertier mit Zitzen, zähnebleckend und mit gekräuseltem Fell im Augenblick der Witterung äußerst naturalistisch dargestellt. Mit dem Stadtgründungskult hatte das Kunstwerk ursprünglich nichts zu tun. Die Zwillingsfiguren **Romulus und Remus** wurden erst von Antonio Pollaiuolo Ende des 15. Jh.s hinzugefügt.

Gänsegeschnatter und Bildteppiche

Sala delle Oche und Sala degli Arazzi

Die folgende Sala delle Oche ist nach jenen Gänsen benannt, die mit ihrem Geschnatter Rom 387 v. Chr. vor der Eroberung durch die Gallier gerettet haben sollen. Bewundernswert ist auch der doppelhenklige Bronzekrater, laut Inschrift aus der Regierungszeit des Königs Mithridates VI. von Pontus (ca. 120 – 63 v. Chr.). Etwas weiter gelangt man in die Sala degli Arazzi, benannt nach den Bildteppichen, wo sich die **Büste des Kaisers Commodus** (161 – 192) als Herkules befindet, ein Meisterwerk der Steinmetzkunst in der kontrastreichen Herausarbeitung der Glätte der Haut und der stark gelockten Bart- und Kopfhaare, die einst vergoldet waren.

Das Urbild aller Reiterstatuen

Anbau

Zu den Höhepunkten eines Museumsrundgangs gehört der moderne Anbau mit der **Reiterstatue Marc Aurels** aus vergoldeter Bronze (2. Jh.). Der ursprüngliche Platz dieses Urbilds aller Reiterstatuen war der ►Lateran. Von dort wurde es auf päpstlichen Wunsch 1538 entfernt und auf dem Kapitolsplatz aufgestellt, wo es für weitere viereinhalb Jahrhunderte Wind und Wetter ausgesetzt war. Im gleichen großen, lichtdurchfluteten Raum wie Marc Aurel auf dem Pferd haben auch die verbliebenen Einzelteile einer einst 12 m hohen **Riesenstatue** (um 315) **des Kaisers Konstantin** aus der Konstantinsbasilika und eine vergoldete antike Bronzefigur des Herkules Platz gefunden.

OBEN: Kaiser und Philosoph: Das Urbild aller Reiterstatuen zeigt Marc Aurel in Herrscherpose.

UNTEN: Die »Kapitolinische Wölfin«, Roms Gründungsmythos, in Bronze gegossen – dieses Exemplar allerdings wohl erst mindestens 1600 Jahre nach der Gründung der Stadt.

Meisterwerke, wohin man blickt

Pinacoteca Capitolina

Die Kapitolinische Pinakothek im zweiten Stock umfasst neun Säle mit Gemälden vom 14. bis 17. Jh., unter denen die folgenden herausragen: »Die heilige Familie« (1527/28) mit lesender Madonna und das Christuskind haltendem Joseph von Dosso Dossi aus Ferrara in Saal II, die fein kolorierte »Taufe Christi im Jordan« (1511/12) als Jugendwerk Tizians sowie die festlich inszenierte Geschichte vom **»Raub der Europa«** durch den stiergestaltigen Zeus von Veronese in Saal III (1615/16). In Saal VI ist »Der hl. Sebastian« (um 1615) als verklärter Halbakt eines Jünglings von Guido Reni zu bewundern, in Saal VII »Johannes der Täufer« (1602/03) in der Version eines Erosknaben mit Widder von Caravaggio sowie das als Natur- und Schäferidyll gestaltete Thema der »Wölfin mit Romulus und Remus« (1612) von Peter Paul Rubens und die dramatische »Grablegung der hl. Petronilla« (1621 – 1623) von Guercino. Der bewegungsreiche **»Raub der Sabinerinnen«** (1630) von Pietro da Cortona hängt in Saal VIII, ebenso das nachdenkliche »Selbstporträt« von Velázquez.

Was vom Staatsarchiv der römischen Republik blieb

Tabularium (Palazzo Senatorio)

Durch den Verbindungsgang zwischen den Untergeschossen des Palazzo dei Conservatori und des Palazzo Nuovo gelangt man unterhalb des heutigen Palazzo Senatorio zu den Resten des im Jahr 78 v. Chr. vom Konsul Q. Lutatius Catulus errichteten Staatsarchivs der römischen Republik. Die zum ►Forum Romanum hin **offene Arkadenzone** ist mit dorischen Halbsäulen geschmückt und gewährt einen panoramahaften Blick auf Forum und ►Palatin. In der Halle des Tabulariums sind Gebälkreste vom Concordia- sowie vom Vespasiantempel untergebracht, außerdem sind an der Südwestecke des Gebäudes Teile eines Tempels des Veiovis zu sehen mit einer Kolossalstatue des jugendlichen Jupiter (Veiovis).

Die nackte Venus und der sterbende Gallier

Palazzo Nuovo

Der Palazzo Nuovo, das 1654 fertiggestellte Pendant zum Konservatorenpalast, ist über und über mit Marmorbüsten bestückt. In der Sala Egizia (Ägyptensaal) sind größtenteils Statuen ägyptischer Gottheiten versammelt, die die Römer der Antike von ihren Eroberungszügen mitbrachten und auf dem Marsfeld verehrten. Zu den ältesten gehört die Sphinx des Pharaos Amasis II. aus dem 6. Jh. v. Chr. Gleich nach dem Treppenaufgang rechts im Obergeschoss befindet sich in der Sala delle Colombe das **Taubenmosaik,** das wegen seiner perfekten illusionistischen Wirkung viel gepriesene, als Opus vermiculatum mit winzigen Steinchen gearbeitete Mosaik aus der Hadriansvilla in ►Tivoli: Tauben, die aus einer Schale trinken. Die wohl bemerkenswerteste Statue im Palazzo Nuovo ist die **»Kapitolinische Venus«.** Ihr ist ein eigenes Kabinett gewidmet. Es handelt sich um eine römische Marmorkopie aus dem 1. Jh. v. Chr. in Anlehnung

an die Knidische Aphrodite des griechischen Bildhauers Praxiteles (4. Jh. v. Chr.), der die erste Darstellung einer nackten Göttin in der antiken Kunst schuf. Die »Venus pudica« genannte Figur zeigt zugleich Scham und Erotik bei der Vorbereitung auf ein Bad.
Gegenüber dem Venuskabinett liegt die Sala degli Imperatori mit den Porträtköpfen der römischen Kaiser: Augustus, Nero, Marc Aurel – hier stehen sie in schönster Eintracht auf den Sockeln. In der Sala dei Filosofi können Sie so berühmten Denkern wie Cicero, Homer, Pythagoras, Sokrates und Euripides in die steinernen Gesichter schauen. Zum Schluss bleibt noch die **Sala del Gladiatore** mit dem Sterbenden Gallier. Die römische Marmorkopie geht auf ein Bronzeoriginal des Epigonos um 220 v. Chr. zurück, der einen sterbenden Krieger für das Siegesdenkmal von König Attalos I. von Pergamon schuf, der die im 3. Jh. v. Chr. nach Kleinasien einfallenden keltischen Galater, von den Römern als »Gallier« bezeichnet, schlug.

Kaffeegenuss mit toller Aussicht

Caffetteria Capitolino

Vor oder nach dem Museumsbesuch bietet sich die Caffetteria Capitolino auf der Terrasse des Palazzo Caffarelli für eine Pause mit Aussicht an. Hier trinkt man seinen Cappuccino mit tollem Blick über Dächer und Kuppel. Ein Museumsticket braucht es dafür nicht.
Eingang Piazzale Caffarelli 4 | tgl. 9.30 – 19 Uhr | www.terrazzacaffarelli.it

★ CAMPO DE' FIORI

Innenstadtplan: c III | **Metro:** C (ab 2025/2026) Argentina

Heute ist der schöne Altstadtplatz bekannt für seinen bunten, vor allem bei Touristen beliebten Wochenmarkt und für die vielen Restaurants und Kneipen drum herum – ein Hotspot des römischen Nachtlebens. Um 1600 war der Campo de' Fiori noch ein Ort des Schreckens: Hier ließ die Kirche Ketzer verbrennen.

Erst buntes Gemüse, dann bunte Blumen

Tiefgrüner Spinat türmt sich hier morgens neben dunkelroten Tomaten, die auf der Zunge halten, was sie dem Auge versprechen. Daneben bieten Fischhändler riesige Thunfische, Langusten und Muscheln feil, kann man frische Hühner und respektable Truthähne erstehen. Am frühen Nachmittag fährt die Generalreinigung über den Platz, der nun wieder ganz den Blumenhändlern und bummelnden Besuchern gehört. Auch wenn man auf dem Campo de' Fiori keine bunten Sträuße kaufen will, lohnt es sich, sich in eines der allerdings teuren Straßencafés zu setzen und nur die Stimmung zu genießen: die warmen, mediterranen Farben der alten Palazzi mit originellen Dachgärten, dazu das Licht und die Fülle der frischen Südfrüchte und Gemüsesorten aus dem römischen Umland.

Die dunkle Geschichte des Platzes

Denkmal für Giordano Bruno

In der Platzmitte erinnert das 1889 vom Bildhauer und Freimaurer Ettore Ferrari geschaffene Denkmal für Giordano Bruno an die einstige Hinrichtungsstätte. Der Dominikanermönch war von der Inquisition **der Ketzerei für schuldig befunden** worden, wollte seine Lehre jedoch nicht widerrufen und wurde deshalb nach sieben Jahren Kerker am 17. Februar 1600 bei lebendigem Leibe verbrannt. Wenige Jahre zuvor hatten der italienische Reformator Giovanni Mollio und einer seiner Schüler am selben Ort das gleiche Schicksal erlitten. Die Medaillons unter seiner Bronzestatue tragen die Namen anderer von der katholischen Kirche als Häretiker angesehenen Männer.

Ein Schwätzchen zwischen Blumen auf dem Campo de' Fiori

Gleich drei berühmte Baumeister

Palazzo Farnese

In der Nähe des Campo de' Fiori steht an der hübschen, ruhigen Piazza Farnese der Palazzo Farnese, einer der schönsten Renaissancepaläste Roms. Bauherr war Kardinal Alessandro Farnese, der spätere Papst Paul III. Er beauftragte 1534 Antonio da Sangallo d. J. damit. Nach dessen Tod übernahm Michelangelo 1546 – 1549 das Projekt, von Giacomo della Porta wurde es 1589 vollendet. Der Palast mit seinen großartigen Kunstschätzen – Gemälde und Wandteppiche nach Vorlagen von Raffael – ist **Sitz der französischen Botschaft.** Im November 2024 entdeckten Handwerker in einem verborgenen Zwischengeschoss weitere herrliche Renaissance-Fresken. Für eine Besichtigung muss man sich mind. 4 Wochen im Voraus anmelden.

https://visite-palazzofarnese.it, Führungen in engl., ital. u. frz. Sprache

★ CASTEL SANT'ANGELO

Lage: Lungotevere Castello 50 | **Innenstadtplan:** b I/II | **Metro:** A (Ottaviano-San Pietro oder Lepanto) | Di.– So. 9 – 19.30 Uhr | **Eintritt:** 16 €, für Besuche am Wochenende müssen Tickets online reserviert werden: **https://www.gebart.it/musei/museo-nazionale-di-castel-santangelo/**; mit einer kostenlosen App kann man sich in sieben Sprachen (auch auf Deutsch) durch die Engelsburg führen lassen
www.castelsantangelo.com

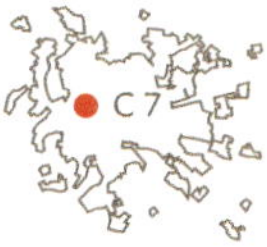

Vom Mausoleum zum Museum – die trutzige Engelsburg gehört zu den markantesten Wahrzeichen Roms. Hinter dem mächtigen Bau würde man eher keine Grabstätte vermuten, denn später wurde er zur Burg, zum Castel Sant'Angelo. Ein Engel – angelo – thront auf dem Dach, die Gräber gibt es aber auch noch.

Ein Engel wacht über die Toten

Kaiser Hadrian (76 – 138) ließ das Grabmonument für sich und seine Nachfolger errichten. Vollendet wurde es 139 n. Chr. Sofort beim Eingang von der Tiberseite her baut sich das **Mausoleum** wie ein monolithischer Block auf. Der Zylinder aus Travertin- und Tuffquadern mit einem Durchmesser von 64 m und einer Höhe von 20 m wirkt wie aus einem Guss. Hinauf kommen Sie auf zwei Wegen: Die ursprüngliche Rampe aus römischer Zeit führt spiralförmig um den Block herum, im 14. Jh. eingefügt wurde eine schräge Rampe mitten hindurch, hinauf bis zur Grabkammer.

Römische Kaiser und Kirchenschätze

Papst-gemächer

Dort wurden neben Hadrian und seiner Gattin Sabina auch Antoninus Pius und Gattin Faustina, die Kaiser Lucius Verus, Marc Aurel, Commodus, Septimius Severus und zuletzt Caracalla beigesetzt. Werfen Sie einen Blick in die Papstgemächer, insbesondere in die mit Grotesken verzierte Sala Pauls III., die mit Fries und Kassettendecke ausgestatteten Säle Clemens' VII. und das mit Fresken von Pierin del Vaga ausgeschmückte Papstapartment. Die gewaltigen Truhen der **Sala del Tesoro** enthielten das Kostbarste des Kirchenschatzes. Zudem erwarten den Besucher Modelle zur Baugeschichte der Burg und Skulpturen und Bilder vornehmlich aus der Zeit Pauls III.

Vom Grabmal zur Festung

Strategisch günstige Lage

Ganz oben auf dem Gesims standen vermutlich Statuen, auf dem höchsten Punkt eine Bronzequadriga mit Hadrian als Sonnengott. Doch schon früh wurde die strategisch günstige Lage des Mausoleums wichtiger, denn die Germanen rückten von Norden an! Gegen Ende des 3. Jh.s ließ Kaiser Aurelian daher eine neue Stadtmauer (▶Mura Aureliane) bauen, bezog das Mausoleum in die Befestigungsanlagen ein und baute es zur **stärksten Festung Roms** aus.

Wie kam der Engel auf die Burg?

Geschichte der Statue

Papst Gregor der Große hatte im Jahr 590 eine Vision: Ihm erschien über dem Mausoleum der Erzengel Michael. Der steckte sein Schwert in die Scheide und kündigte so das **Ende der Pest** an. Schon seit dieser frühchristlichen Zeit thronte eine Engelsfigur auf der Spitze des Kastells, die jetzige barocke Bronzestatue schuf 1752 Piet van Verschaffelt.

Neben der Engelsstatue gibt es noch etwas ganz oben auf der Engelsburg – ein Café! Steuern Sie am besten gleich einen freien Tisch an. Dann sitzen Sie im Schatten unter einer weinbewachsenen Pergola und mit einem phänomenalen Blick: Man sieht direkt zur Kuppel des Petersdoms.

Zufluchtsort der einen ...

»Passetto« zum Vatikan

Die wehrhaft ausgebaute Burg gefiel auch den Päpsten, sie erkoren sie zur Fluchtburg. So erteilte 1277 Papst Nikolaus III. den Auftrag, die Burg mit den Palästen des Vatikans zu verbinden – der noch heute bestehende »Passetto« (derzeit nicht zugänglich) ist eine Mauer mit einem gedeckten Gang, ein **perfekter Fluchtweg.** Der Borgiapapst Alexander VI. fügte vorsichtshalber an das Kastell vier Eckbastionen an. In bedrohlichen Situationen suchten wiederholt Päpste Zuflucht in der Engelsburg. So brachte sich Papst Gregor VII. 1080 vor Heinrich IV. in Sicherheit, Papst Clemens VII. während des »Sacco di Roma« 1527 vor den Landsknechten Kaiser Karls V. und Papst Pius VII. vor den Truppen Napoleons.

Mausoleum der Kaiser, Festung, Papstwohnung, Zufluchtsort und nun auch mit Café auf dem Dach: die Engelsburg

... unentrinnbarer Kerker für die anderen

Gefängnis bis 1901

Keine Möglichkeit zur Flucht hatten hingegen die Gefangenen in den Kerkern der Engelsburg, ob Verbrecher oder unbequeme Kardinäle. Im einstigen Mausoleum fanden legendäre Prozesse statt, etwa der gegen Beatrice Cenci, die ihren gewalttätigen Vater ermorden ließ. Sie wurde 1599 vor der Engelsburg enthauptet. Sieben Jahre siechte Giordano Bruno in den Kerkerverliesen der Burg dahin. Als Ketzer verurteilt, wurde er ein Jahr nach der Hinrichtung der Cenci auf dem Scheiterhaufen verbrannt. Bis 1901 diente die Burg als Gefängnis, 1906 wurde das Museum eröffnet.

Zehn Engel und zwei Apostel stehen Spalier

Ponte Sant'Angelo

Die 134 von Kaiser Hadrian eingeweihte, ursprünglich nach ihm (Publius Aelius Hadrianus) benannte Pons Aelius und heutige Engelsbrücke führt direkt auf das Mausoleum zu. Sie galt in der Antike als schönste Brücke überhaupt. Wenn ihre Schönheit noch steigerbar war, dann hat der **Bildhauer Bernini** dazu beigetragen. Der Auftrag für die zehn Engelsstatuen der Brücke ging an den damals bereits siebzigjährigen Bernini. Er entwarf die Zeichnungen, seine Schüler führten 1660 – 1667 die Barockskulpturen aus. Zwei Engel – der mit dem Kreuzestitel und der mit der Dornenkrone – stammen von Bernini selbst. Mahnend halten seine Himmelsboten die Leidenswerkzeuge Christi vor den freien Himmel – unverkennbar das Werk eines Meisters spektakulärer Inszenierungen. Die drei mittleren Arkaden der Brücke sind original erhalten. Den Zugang zur Fußgängerbrücke bewachen **zwei Apostelstatuen**: Petrus, geschaffen von Lorenzetto (um 1530) und Paulus von Paolo Romano (1463). Sie wurden Mitte des 16. Jh.s aufgestellt.

★ CATACOMBE

www.romasotterranea.it/catacombe.html

Unterirdische Labyrinthe, düster und gruselig, so sind Katakomben in unserer Vorstellungswelt verankert. Tatsächlich sind sie weniger geheimnisvoll. Die seit dem 3. Jh. ausgeübte Bestattungsart in den Katakomben war schlicht eine platz- und kostensparende Lösung für Christen, Heiden und Juden. Die christliche Religion verbot die Feuerbestattung, wodurch sich der Platzbedarf noch erhöhte.

Begeben Sie sich in den Untergrund

Die frühchristlichen Katakomben waren nicht etwa geheime Orte, sondern gesetzlich anerkannte **Begräbnisstätten,** die man mit griechischem Namen als Coemeteria (Ruhestätten) bezeichnete. Bis zum Anfang des 9. Jh.s genossen die Coemeterien mit den Märtyrergräbern allgemeine Verehrung, wobei Gebeine auch als Reliquien in andere Kirchen überführt wurden. Dann verfielen die Grabstätten und sogar der alte Name wurde vergessen. Ihre jetzige Bezeichnung geht auf eine Grabstätte in der Catacomba genannten Gegend bei San Sebastiano zurück. Die wissenschaftliche Erforschung begann bereits Ende des 16. Jh.s und wurde Aufgabe der Kirche. Das ist bis heute so: Grabungen dürfen nicht von der italienischen Denkmalbehörde ausgeführt werden, sondern obliegen allein der **Päpstlichen Kommission für Sakrale Archäologie.** Wie neuere Forschungen ergaben, dienten die Katakomben lediglich als Begräbnisstätte und für Totenmessen, nicht jedoch als Zufluchtsort der Christen oder für gewöhnliche Gottesdienste. Die Anlage ist einfach: schmale Gänge, in deren Wänden übereinander mehrere Längsnischen zur Aufnahme der Leichen eingelassen waren; bei Nichtchristen dienten Wandnischen zur Aufnahme von Aschenurnen; Marmor- und Terrakottatafeln schlossen die Nischen. Die Ausschmückung mit Malereien und wenigen Skulpturen lehnt sich im Stil an die gleichzeitig vorherrschende heidnische Kunst an, dem Inhalt nach überwiegen symbolische Darstellungen: das Opferlamm, der Fisch, griechisch »Ichthys«, gleichzeitig die griechischen Anfangsbuchstaben von »Jesus Christus, Gottes Sohn, der Erlöser«. Eindrucksvoll sind ferner frühe Darstellungen des Abendmahls und der Jungfrau Maria. Strenggenommen ließen sich die Christen schlicht bestatten – doch außer Christen waren sie auch Römer, Städter, im Jetzt verhaftet. So gab es auch wertvolle Grabbeigaben, was zu **Plünderungen** der Gräber führte.

Catacombe di Domitilla

Der größte unterirdische Friedhof Roms

12 km auf vier Etagen

Die Domitillakatakombe ist mit einem Stollennetz von gut 12 km und vier Etagen der größte unterirdische Friedhof Roms. Hier fanden zunächst heidnische und christliche Römer ihre letzte Ruhestätte, wenn sie es nicht vorzogen, sich an den großen Ausfallstraßen Roms begraben zu lassen. Die Namensgeberin Flavia Domitilla war die Nichte von Kaiser Domitian; dieser ließ 95 ihren Ehemann hinrichten und schickte seine Nichte unter Anklage der Gottlosigkeit und jüdischer Praktiken nach Ponza ins Exil. Hauptgrund für das Entstehen der großen Katakomben war die **Beisetzung der Märtyrer.** Nach der offiziellen Anerkennung des Christentums durch Kaiser Konstantin begann man im 4. Jh. ihre Gräber zu verehren, immer mehr Menschen wollten so nah wie möglich bei ihnen bestattet werden.

Eine Kirche halb im Untergrund

Basilika

So wurde Ende des 4. Jh.s über den Gräbern der Märtyrer Achilleus und Nereus eine dreischiffige, halb unterirdische Basilika errichtet. Die Reste der Basilika wurden 1874 entdeckt. Dieses **unterirdische Gotteshaus** für die beiden vermutlich 304 n. Chr. umgekommenen Märtyrer entstand 385 – 399 unter Papst Siricius: Es beeindruckt mit Säulen und Marmorfragmenten. Von der Basilika geht man in die Gänge mit den Grabkammern und Wandnischen, wo noch gut erhaltene Malereien mit christlichen Themen wie »Der Gute Hirte«, »Daniel in der Löwengrube« und »Christus und seine Jünger« zu bewundern sind.

Via delle Sette Chiese 280/282 | Metro B, Garbatella | Führungen: Mi. – Mo. 9 – 12 und 14 – 17 Uhr | Eintritt: 9 € | www.domitilla.info

Catacombe di Priscilla

Beeindruckende Fresken

Grabkammer der Velatio und griechische Kapelle

Die ältesten Katakomben Roms verdanken ihren Namen vermutlich der aus dem Hause Acilia stammenden Priscilla, die zum Christentum übergetreten war und deshalb auf Befehl Domitians, eines wütenden Christenverfolgers, getötet wurde. Die unterirdischen Grabkammern

liegen unmittelbar unter dem **Benediktinerkloster Priscilla** und bilden ein gewaltiges Gewirr aus Kammern, Familiengräbern und Nischen. In den Katakomben finden sich mehrere Wandgemälde mit Heiligen und frühchristlichen Symbolen. Die Grabkammer der Velatio birgt Fresken zu der »Schleiernahme«, dem »Opfer Abrahams« und der »Drei Jünglinge im Feuerofen von Babylon«. Besonders beachtenswert ist die aufwendig dekorierte griechische Kapelle, ein Geviert, gegliedert durch einen Bogen. Hier sind Fresken aus dem 2. Jh. mit biblischen Szenen zu sehen, darunter »Das Quellwunder des Moses«, »Die Heilung des Lahmen«, »Noah in der Arche«, »Die Auferstehung des Lazarus«, »Daniel in der Löwengrube« und über der Apsis eine Darstellung des Letzten Abendmahls.
In der Nähe zeigt ein Wandbild Maria mit dem Kind und dem Propheten Balaam, die **älteste Abbildung der Muttergottes** unabhängig vom Thema der Anbetung der Könige (Anfang 3. Jh.).
Via Salaria Nuova 430 | Metro B1, Libia | Di. – So. 9 – 12 und 14 – 17 Uhr | Eintritt: 12 € | www.catacombepriscilla.com

Hier können Sie ebenfalls abtauchen

Weitere Katakomben

Die bisher ältesten Apostelfresken (spätes 4. Jh.) entdeckten Archäologen 2008 in den **Catacombe di Santa Tecla,** die jedoch nicht besichtigt werden können.
Catacombe di San Callisto: ▶Via Appia Antica
Catacombe di San Ciriaca: ▶San Lorenzo fuori le Mura
Catacombe di San Sebastiano: ▶Via Appia Antica
Catacombe di Sant'Agnese: ▶Sant'Agnese fuori le Mura
Wer sich auf Katakombenführungen begeben möchte, ist bei **Roma Sotterranea** bestens aufgehoben (www.romasotterranea.it).

★ CHIESA NUOVA

Lage: Piazza della Chiesa Nuova (Corso Vittorio Emanuele II) | **Innenstadtplan:** c III | **Metro:** C (2025/26), Chiesa Nuova | tgl. 7.30 – 12 u. 16.30 – 19.30 Uhr; Führungen nur nach Anmeldung: vallicella.parrocchia@gmail.com | **Spende:** 2,50 € | **www.vallicella.org**

Jede Ordensgemeinschaft wollte in Rom mit einer eigenen Kirche vertreten sein, also auch die von Filippo Neri im 16. Jh. gegründeten Oratorianer. Sie konnten 1575 ein Grundstück am heutigen Corso Emmanuele II übernehmen. Die Kirche darauf fasziniert Kunstinteressierte heute mit Fresken von Pietro da Cortona und Frühwerken von Peter Paul Rubens.

Die Chiesa Nuova heißt offiziell **Chiesa Santa Maria in Vallicella.** Weil sie aber über den Ruinen einer Basilika aus dem 12. Jh. errichtet wurde, wurde sie von Anfang an nur »Neue Kirche« genannt. Die »Neue« ist ein typisches Barockbauwerk. Außen beeindruckt sie durch ihre 1605 von Fausto Rughesi harmonisch mit Säulen und Pilastern gestaltete Fassade. Das Innere der Pfeilerbasilika wurde ganz gegen den Willen des Ordensgründers **mit prachtvollem Goldstuck** ausgestattet. Die von Pietro da Cortona gemalten Fresken »Gottvater und Christus« in der Kuppel und »Himmelfahrt Mariens« in der Apsis ziehen die Blicke der Kirchenbesucher magisch an. Hier bestaunen Sie hochbarocke Kunst vom Feinsten. Das Madonnenbild mit Engelsglorie und zwei weitere Bilder am Hochaltar sind Frühwerke von Peter Paul Rubens (1577 – 1640), geschaffen zwischen 1606 und 1608, während der römischen Jahre des berühmtesten deutsch-flämischen Barockmalers.

Hochbarock vom Feinsten

Vorkämpfer für eine sittliche Erneuerung der Kirche

Kapelle des hl. Filippo Neri

Neben dem Chor liegt die Kapelle für den hl. Filippo Neri mit seinem in Marmor und Perlmutt gehaltenen Grab. Neri (1515 – 1595) war ein Akteur der Gegenreformation, einer, der die katholische Kirche zwar für reformbedürftig hielt, sie aber von innen heraus erneuern wollte. Als 16-Jähriger verzichtete Neri, Spross einer Florentiner Kaufmannsfamilie, auf ein reiches Erbe, begann ein Studium bei den Augustinern in Rom und widmete sich der **Fürsorge für Arme und Kranke.** 1552 gründete er eine Priestergemeinschaft, die sich die sittliche Erneuerung der römisch-katholischen Kirche und eine bessere Seelsorge zur Aufgabe machte. Kongregation des Oratoriums nannte sich die Gemeinschaft. Sie führte, in Anlehnung an die Gottesdienste der Protestanten, Gebete und Gesänge in der Volkssprache in ihre Messen ein. 1575 bekamen die Oratorianer die Anerkennung durch den Papst. Bis heute ist die Gemeinschaft in vielen Ländern der Erde tätig.

Meisterleistung des römischen Hochbarock

★ Oratorio dei Filippini

Direkt neben der Chiesa Nuova schließt sich das Oratorium für die Bruderschaft des hl. Filippo Neri an. Das Gebets- und Versammlungshaus wurde 1637 – 1650 von Borromini errichtet. Die fantasievollen Lösungen von Formen und Farben seiner Backsteinfassade sind ebenso harmonisch wie repräsentativ, eine Meisterleistung des römischen Hochbarock.

Das Obergeschoss des Oratoriums beherbergt die **Biblioteca Valliceliana,** 1581 die erste öffentliche Bibliothek Roms. Begründet wurde sie vom portugiesischen Humanisten und Schriftsteller Aquiles Estaço (Achille Stazio, 1524 bis 1581), der den Oratoriern seine Privatbibliothek vermachte. Zum Bestand zählen heute rund 10.000 Drucke des 16. Jahrhunderts.

Santa Maria della Pace

Ein etwas verstecktes Kleinod
Gleich in der Nähe, über die Via di Parione zu erreichen, steht leicht versteckt die hübsche Kirche Santa Maria della Pace. Sowohl der Kircheninnenraum mit berühmten Fresken als auch der **zweigeschossige Kreuzgang** neben dem Gotteshaus sind sehenswert. Papst Sixtus IV. wollte 1482 als Dank an die Madonna für den Frieden mit Mailand die hier bestehende Marienkirche umbauen. Vermutlich ging der erste Auftrag an den Architekten Baccio Pontelli. Der schuf einen rechteckigen Raum, an den Bramante einen achteckigen Zentralbau mit Kuppel und Kreuzgang anfügte. 1656 restaurierte Pietro da Cortona die Kirche und schloss sie mit der barocken Fassade und dem halbrunden Vorraum ab. Höhepunkt sind **Raffaels Fresken der weissagenden Sibylle** (1514). Ihnen wurden später Propheten und Heilige von anderen Malern hinzugefügt. Den Kreuzgang schuf Bramante 1500 – 1504 im Auftrag von Kardinal Caraffa. Zudem finden im Kreuzgang Ausstellungen moderner Kunst statt (www.chiostrodelbramante.it).
Ein hübscher Ort zum Ausruhen ist die dem Kreuzgang angegliederte **Caffetteria** Chiostro del Bramante (tgl. 10 – 20 Uhr). Hier kann man auch richtig gut frühstücken und ab mittags gibt's leckere Suppen und Risotti.
Arco della Pace 5 | tgl. 8.30 – 20 Uhr | **Chiostro del Bramante:** Mo. – Fr. 10 – 20, Sa., So. bis 21 Uhr | www.chiostrodelbramante.it

CIRCO MASSIMO

Lage: Via del Circo Massimo | **Metro:** B (Circo Massimo) | **Tram:** 3
www.sovraintendenzaroma.it

Die Trompete ertönt, das weiße Tuch fällt und die Tore öffnen sich: Das Spektakel beginnt! Die Wagen rasen aus den Boxen, die Fans toben frenetisch auf den Zuschauerrängen und hoffen, auf den Richtigen gesetzt zu haben. Es geht nicht gerade fair zu: Die Fahrer versuchen, sich gegenseitig von der Strecke zu drängen oder vom Wagen zu stoßen, schreckliche Unfälle und spektakuläre Überholmanöver sorgen für Nervenkitzel. So gestaltete sich ein Renntag im antiken Rom – heute hingegen zeigt sich der Circus Maximus als riesige freie Fläche inmitten der dicht bebauten Stadt, Luxus des leeren Raums.

Der für **Wagenrennen** mit Vierergespannen konzipierte Circus wurde erstmals 329 v. Chr. erwähnt. Seine Rennbahn war 550 m lang und

80 m breit. Rund 150 000 Zuschauer konnten die Rennen verfolgen (►Baedeker Wissen, S. 68). Die Überreste stammen aus der Zeit von Kaiser Nero bis Kaiser Trajan. Am Rand kann man heute in aller Ruhe im Schatten unter Pinien und Steineichen sitzen, mit großartigem Blick auf den Palatinhügel. 1931 wurde das **Mithräum** entdeckt, ein unterirdischer Tempel des Mithraskults.

Heute: im Schatten entspannen

Piazza della Bocca della Verità 16/a, Eingang: Via S. Maria in Cosmedin | Besichtigung des Mithräums nur n. V. (Tel. 06 06 08 www.mitreodelcircomassimo.it) | Eintritt: 4 €

Eines der ältesten Gotteshäuser der Stadt

★ Basilica Santa Sabina

Südwestlich davon führt ein wundervoller Spazierweg auf den Aventin, einen der klassischen sieben Hügel Roms: Es geht durch den **Rosengarten** der Stadt! Der Durchgang ist immer geöffnet, der Rosengarten selber nur im April und Mai. Oberhalb steht ein Tor des Camaldulenser-Klosters offen, denn hier gibt es eine Armenspeisung. Bald steht man vor der Basilika Santa Sabina am Piazza Pietro d'Illiria 1. Das Gotteshaus, etwas fernab der üblichen Touristenströme gelegen, zählt zu den ältesten der Stadt. 422 – 432 n. Chr. wurde der Bau an der Stelle errichtet, an dem das Haus der **Märtyrerin Sabina** gestanden haben soll. Im 9., 13. und 16. Jh. fanden zahlreiche Umbauten statt. Von den ursprünglich 28 aus Zypressenholz geschnitzten Bildern der Porta Linea mit biblischen Motiven aus dem Jahr 432 kann man lediglich noch 18 bewundern – das allerdings lohnt sich.

So./Mo. 12–19 Uhr, Di.–Sa. 8–19 Uhr

BAEDEKER MAGISCHE MOMENTE

WO DIE ORANGEN BLÜHEN

Pst, nicht weitersagen. Bei der Kirche Santa Sabina auf dem Aventin gibt es einen geheimen Orangengarten. Er ist öffentlich zugänglich und es kostet keinen Eintritt. Sie treten einfach ein und spazieren unter Orangenbäumen, die das ganze Jahr über Früchte tragen. Eine Oase! Aber das Beste im Giardino degli Aranci ist der Blick vorne am Mäuerchen: Sie sehen den Tiber, den Petersdom und zahlreiche weitere Kuppeln der Stadt.

Grimmige »Gladiatoren« und Legionäre treffen heute in den Ruinen des Circus Maximus aufeinander – aber nur beim Stadtgründungsfest.

★★ COLOSSEO

Lage: Piazza del Colosseo | **Innenstadtplan:** g V | **Tram:** 3 | **Metro:** B (Colosseo) | tgl. ab 8.30 Uhr, Schließzeiten je nach Jahreszeit zwischen 16.30 u. 19.15 Uhr | **Eintritt:** 18 € (Kombiticket mit Forum Romanum u. Palatin, 24 Stunden gültig; mit Besichtigung der Arena: 24 €); Super-Ticket 24 € (plus Zutritt zum Romulustempel, Haus des Augustus, Haus der Livia und anderen Orten auf dem Palatin); Vorbestellung: plus 2 € (4 € bei Kombiticket); Inhaber des Roma-Passes müssen sich anmelden und eine Eintrittszeit wählen | **Führung:** mit drittem Zuschauerring (terzo anello) plus 5 €; Audio Guide: kostenlos mit der App MyColosseum
www.coopculture.it | **https://parcocolosseo.it**

Im Jahr 80, nach nur acht Jahren Bauzeit, war das größte Amphitheater der Antike fertig. Kaiser Vespasian gab es in Auftrag, sein Sohn und Nachfolger Titus ließ den dreistöckigen Monumentalbau mit hunderttägigen »Spielen zur Vergnügung des Volkes« einweihen. Bis zu 73 000 Zuschauer verfolgten die Megaspektakel. Heute dürfen maximal 3000 Besucher gleichzeitig hinein.

Mit dem Kolosseum wollten die Kaiser den Römern ihren Wunsch nach Unterhaltung erfüllen. Kaiser Vespasian ließ den Riesenbau 72 an der Stelle beginnen, wo im Bezirk der ▶Domus Aurea die Kolossalstatue Neros stand – daher auch der Name Colosseo. 1935 wurde das Fundament der einst wohl vergoldeten, verloren gegangenen Riesenstatue entdeckt und entfernt. Vespasians Sohn Titus vergrößerte das Theater um das vierte Geschoss und feierte die Eröffnung, wie durch antike Chroniken belegt ist, mit einem rauschenden Fest.

Brot und Spiele

»
Solange das Kolosseum steht, steht auch Rom, wenn das Kolosseum fällt, fällt auch Rom; wenn Rom untergeht, vergeht auch die Welt.
«
Benediktinermönch Beda Venerabilis

Ein zeitloses Meisterwerk der Ingenieurskunst

Bis zu 73 000 Zuschauer

Die beste Sicht auf das flavische Amphitheater, ein zeitloses Meisterwerk der Ingenieurskunst, haben Sie von der Via dei Fori Imperiali, von hier ist es in seiner ganzen Pracht zu erfassen. Die Arena war wie geschaffen für **panem et circenses,** es gab Theateraufführungen, Festspiele, Zirkusdarbietungen und sportliche Veranstaltungen. Der Boden war mit Sand – lateinisch: arena – ausgelegt, daher der Name, der sich bis heute allgemein gehalten hat. Der Bau selber war 188 m lang und 156 m breit, also ein Oval und kein Rund. Der Zuschauerraum konnte 50 000 Menschen fassen, einschließlich der Stehplätze in den obersten Rängen sogar bis zu 73 000 Menschen. Der technische Aufwand für die Vorführungen war immens. Die Zuschauerränge wurden so geschickt angelegt, dass die Menschenmassen in nur wenigen Minuten zu ihren Plätzen gelangen oder das Theater verlassen konnten. Von der Mauer des obersten Stockwerkes konnten Mitglieder der kaiserlichen Marine von 240 Masten aus **Sonnenschutzsegel** setzen. Die Verwendung verschiedener Techniken und Materialien machte den Bau leichter und steigerte seine Elastizität, alles zusammen eine großartige technische und architektonische Leistung.

Travertin, Terracotta und ganz viel Marmor

Ausschmückung und Einrichtung

Die Gewölbe bestanden aus – **antikem Beton.** Tatsächlich hatten bereits die Römer das Zementmischen perfektioniert, wie bei Vitruv nachzulesen ist. Der römische Bautheoretiker schrieb zehn Bücher über Architektur und gibt darin auch Anleitungen zur Herstellung des sogenannten opus caementitium. Die Mauern waren verputzt und rot-weiß bemalt. Die erhaltenen **Fußböden** bestehen aus Travertinblöcken und Marmor, in den oberen Geschossen wurden Terrakottafliesen in Fischgrätmuster (opus spicatum) verwendet. Der Zuschauerraum war vollständig mit Marmor ausgekleidet. Leider sind

DAS KOLOSSEUM

Das größte je gebaute Amphitheater ist so gut erhalten, dass es eindrucksvoll die ursprüngliche Form veranschaulicht, doch zugleich so beschädigt, dass es auch seine Wunden zeigt: u. a. verursacht durch Brände, Erdbeben, Vernachlässigung und Abgase.

1 Fassade
Außen treten aus den Mauern Halbsäulen hervor, im ersten Geschoss in dorischer, im zweiten in ionischer und im dritten in korinthischer Ordnung. Das vierte Geschoss hat rechteckige Fenster.

2 Arkaden
Durch die 80 Arkaden gelangt man in ein ausgeklügeltes System von Treppen und Gängen, das die Menschenmassen leitete. Die Ziffern über den Eingängen entsprachen denen auf den Eintrittskarten.

3 Oval
Im Zentrum befindet sich die eigentliche Arena, das innere ausgehobene Oval (86 auf 54 m). Hier fanden die Gladiatorenkämpfe, Hetzjagden und Theateraufführungen statt.

4 Cavea
Der Bau besteht aus zwei gegenüberliegenden Halb-Ovalen mit fünf Sitzrängen (insg. 57 m). Die Platzwahl in der Cavea hing vom sozialen Status ab. Die breiten Stufen mit Sitzen auf dem ersten Rang waren dem kaiserlichen Hof und Senatoren vorbehalten, auf dem zweiten Rang mit acht

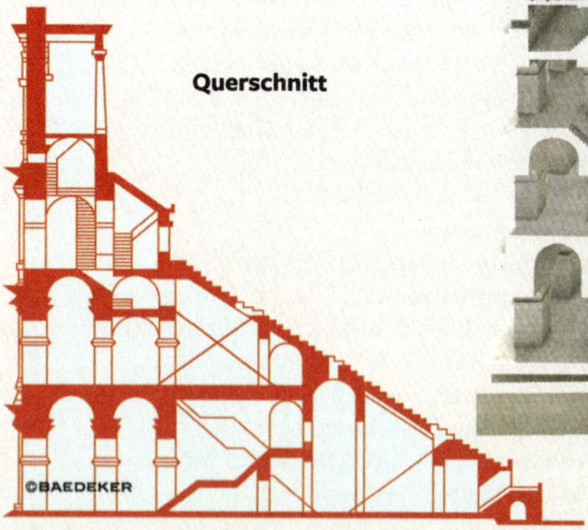

Querschnitt

marmornen Stufen nahmen vornehme Familien Platz, im dritten und vierten Rang mit Holzsitzstufen saß das gemeine Volk. Der Eintritt war frei.

5 Innenausstattung
Der größte Teil der Innenausstattung ist nicht mehr erhalten, doch der Aufbau der unter dem Oval liegenden Räume lässt sich noch gut erkennen.

6 Velaria
Der Zuschauerraum konnte mit Sonnensegeln überdacht werden, sodass die Sonne dem Vergnügen nichts anhaben konnte. Die Stäbe hierfür waren auf dem obersten Stockwerk angebracht.

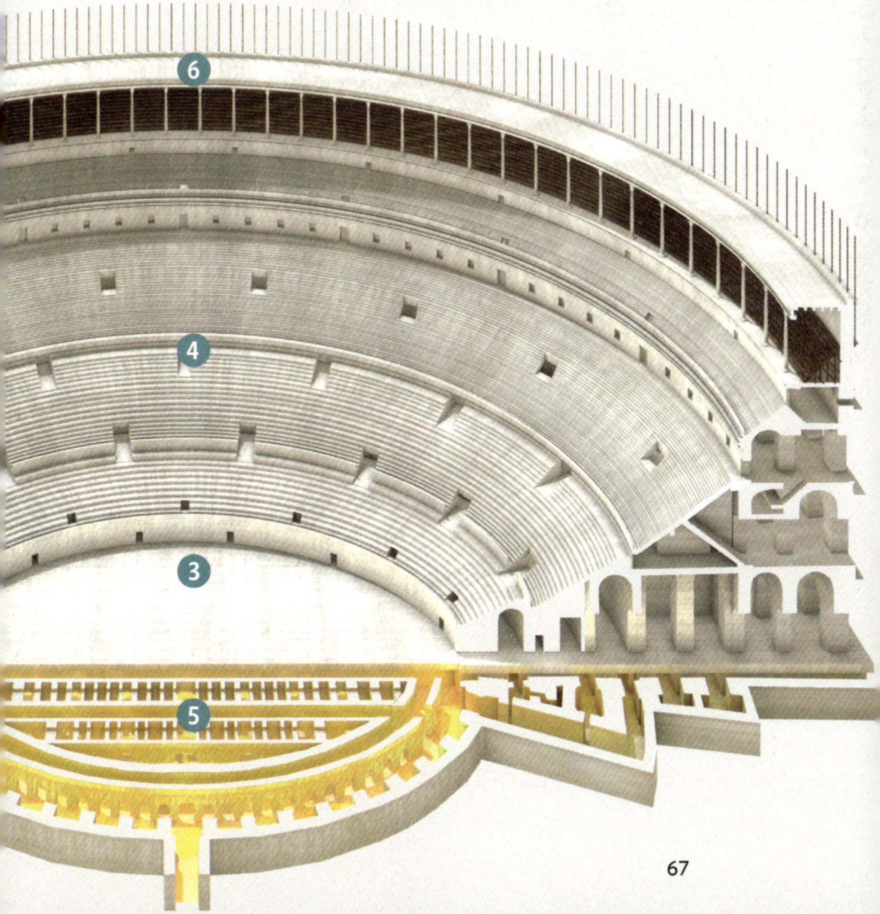

BROT UND SPIELE

Was dem Publikum in der Arena zur Unterhaltung geboten wurde, bedeutete für die Gladiatoren oft eine Entscheidung zwischen Leben und Tod. Derartige Spiele gehen wohl auf ein etruskisches Begräbnisritual zurück. In Rom ließ erstmals im Jahr 264 v.Chr. Decimus Junius Brutus bei einer Trauerfeier für seinen kurz zuvor verstorbenen Vater sechs Sklaven zum Kampf gegeneinander antreten.

▶ **Gladiatorentypen**
Es entwickelten sich mit der Zeit mehrere unterschiedlich bewaffnete Kämpfertypen:

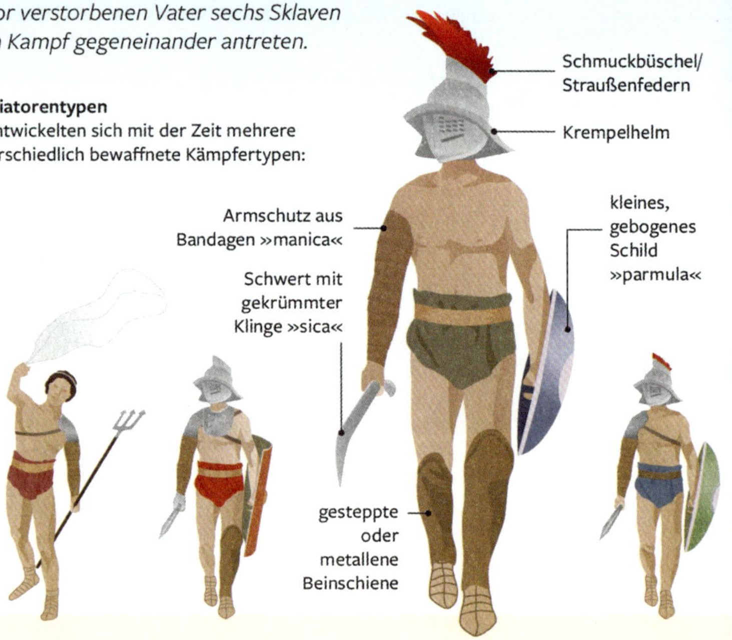

RETIARIUS
Netzkämpfer
war nur leicht bewaffnet.

SAMNIT
Nahkämpfer
gehört zu den ältesten Gladiatorentypen.

THRAKER
Nahkämpfer
sehr häufige Gladiatorenart

MURMILLO
Nahkämpfer
kämpfte gegen Thra

▶ **Unterhaltung und Sport im alten Rom**
Für jedes Spektakel gab es den passenden Veranstaltungsort:

Amphitheater
Gladiatoren-kämpfe

▶ **Wer waren die Gladiatoren?**
Gladiatoren waren zuvor Sklaven, Kriegsgefangene, Gefangene oder Verurteilte. Es gab aber auch Freiwillige, meist Freigelassene.

▶ **»Ludus« Schule der Gladiatoren**
Nach Schätzungen gab es etwa 100 Gladiatorer schulen. Die »Ludus Magnus« war die größte i Rom direkt neben dem Kolosseum. Hier konnten bis zu 2000 Gladiatoren pro Jahr ausgebildet werden.

Der Aufstand des Spartakus
Spartakus floh 73 v. Chr. mit 78 anderen Gladiatoren aus einer Gladiatorenschule in Capua. Zahlreiche entflohene Sklaven schlossen sich ihm an, sodass er schließlich mit einem 200 000 Mann starken Heer durch Italien zog. In Süditalien kam es zur entscheidenden Schlacht, bei der Spartakus und 60 000 seiner Gefolgsleute getötet wurden.

SPARTAKUSAUFSTAND
Der dritte Sklavenkrieg (73 – 71 v. Chr.)

- 1. Zug
- 2. Zug
- 3. Zug
- vom Sklavenheer besetzter Ort
- Niederlage, Untergang isolierter Gruppen des Sklavenheeres
- siegreiche Schlacht des Sklavenheeres unter Spartakus

EQUES
Reiter
eröffnete die Gladiatorenspiele.

SECUTOR
Verfolger
kämpfte gegen Retiarius.

DIMACHAEUS
Dolchkämpfer
kämpfte mit zwei Dolchen.

ANDABATES
Blinder Kämpfer
kämpfte gegen seinesgleichen.

Circus
Wagenrennen

Stadion
Athletische Wettbewerbe

Theater
Dramen- und Musikstücke

Der Kampftag
Bevor die Gladiatoren kämpften, gab es einiges zu sehen: Tierkämpfe, Zirkusnummern, öffentliche Hinrichtungen von Verbrechern und Schaukämpfe mit hölzernen Waffen.

▶ **Lebenserwartung**
Die meisten Gladiatoren starben ihren gewaltsamen Tod im Alter zwischen 18 und 25 Jahren.

die prachtvolle Ausschmückung und die Einrichtung verloren gegangen oder wurden anderweitig verwendet: Noch die Peterskirche ist zum Teil aus Travertinblöcken des Kolosseums erbaut worden. Erst Pius VII. ließ zu Beginn des 19. Jh.s die einzigartigen Ruinen unter Denkmalschutz stellen. Unter der Arena lagen die Umkleide- und Trainingsräume für die Gladiatoren, Käfige für die wilden Tiere und die Magazinsäle; ihre Mauern sind gut sichtbar, weil der Fußboden der Arena eingestürzt ist. Der Zusammenbruch des Untergeschosses bedeutete das Ende der Gladiatorenkämpfe und leitete den Zerfall des gesamten Gebäudes ein.

Leuchtende Mahnung gegen die Todesstrafe

Gladiatoren und Märtyrer

Schwer zu sagen, ob die blutrünstigen Gladiatorenkämpfe jedermanns Geschmack waren. Ein Bronzekreuz in der Arena soll daran erinnern, dass dort während der Kaiserzeit christliches Märtyrerblut vergossen wurde. Obwohl heutige Historiker bezweifeln, dass hier viele Christen sterben mussten, schreitet der Papst noch jedes Jahr den im 19. Jh. um die Arena angelegten **Kreuzweg** ab. Seit 1999 ist das Kolosseum ein Mahnmal gegen die Todesstrafe. Alljährlich am 30.11. wird es zum Internationalen Tag gegen die Todesstrafe illuminiert. 48 Stunden leuchtet es, wenn irgendwo auf der Welt ein Todesurteil ausgesetzt oder sogar die Todesstrafe abgeschafft wird.

An der Oberfläche strahlt es wieder wie früher

Restaurierungsarbeiten

Aber auch zweitausend Jahre alter Beton kann nicht ewig halten, wenn er den Umwelteinflüssen einer modernen Großstadt ausgesetzt ist. 2016 wurden umfangreiche Restaurierungsarbeiten abgeschlossen, vor allem strahlt die Kalksteinfassade wieder so weiß wie früher. Die Arbeiten haben 6,5 Millionen Euro gekostet, und es wird noch teurer werden: Der Untergrund, also sozusagen die Katakomben des Kolosseums, sollen auch renoviert werden. Dafür musste ein Sponsor gefunden werden: Schuhhersteller Diego Della Valle, Inhaber des Luxuskonzerns Tod's, sprang ein.

Der größte erhaltene Siegesbogen

Arco di Costantino

Gleich neben dem Amphitheater steht dominant der Konstantinsbogen. Nicht Kaiser Konstantin (272/74 – 337) ließ seinen Bau beginnen, sondern wahrscheinlich Kaiser Hadrian (76 – 138). Mit einer Höhe von nahezu 21 m, einer Breite von 25,7 m und einer Tiefe von 7,4 m ist er der größte und besterhaltene römische Siegesbogen. Da zu seiner Ausschmückung vornehmlich **Reliefs von älteren Denkmälern** benutzt wurden, haben die Darstellungen wenig mit Kaiser Konstantin zu tun: Auf der Nordseite in Richtung Kolosseum sind u. a. eine Eberhatz und eine Löwenjagd zu sehen, ein Opfer für Herkules

In Rom führen viele Wege zunächst zum Kolosseum.

sowie für Apollo von einem Jagdmonument Hadrians, Flussgottheiten und Viktorien. Die Südseite schmücken eine Bärenjagd, Flussgottheiten und Kriegsszenen aus der Herrschaftszeit Kaiser Konstantins – die Eroberung von Susa und die Schlacht an der Milvischen Brücke – und Kaiser Marc Aurels, hinzu kommen Opferfeiern für Diana und Sylvanus. Den Triumph des Konstantin zeigt schließlich die Ostseite. Das mittlere Feld der Attika auf der Seite zum Kolosseum trägt die **Inschrift:** »Dem Imperator Caesar Flavius Constantinus Maximus, dem frommen und glücklichen Augustus, widmen der Senat und das Volk von Rom diesen Bogen als ein Zeichen des Triumphes, denn durch göttliche Eingebung und durch Großmut hat er mit seinem Heer den Staat mithilfe eines gerechten Krieges gleichzeitig vom Tyrannen und von allem Aufruhr befreit.«

Jahrelanges hartes Training für den großen Auftritt

Antike Gladiatorenschule

An der nahen Via Labicana sind die Reste der Hauptgladiatorenschule im alten Rom, der **Ludus Magnus,** zu bestaunen. Sie bestand aus einer Übungsarena und einer Kaserne, von der noch 14 Gladiatorenzellen erhalten sind. Hier wurden Sklaven, Kriegsgefangene und Freiwillige jahrelang mit härtestem Training ausgebildet. Ein unterirdischer Gang verband Schule und Kolosseum.

Besichtigung nur für Gruppen nach Reservierung unter Tel. 06 06 08. Die Anlage ist auch von der Straße aus gut zu sehen.
www.turismoroma.it/de/places/ludus-magnus

★★ DOMUS AUREA

Lage: Viale della Domus Aurea 1 | **Innenstadtplan:** g IV | **Tram:** 3
Metro: Linie B (Colosseo) | Fr./ Sa./So. 9.15–17.15 Uhr
Besichtigung: ohne Führung erst ab 13 Uhr, 18 €; mit Führung u. VR-Tour: 26 €, Reservierung: Tel. 06 399 67 700 oder
https://colosseo.it/biglietti/domus-aurea

Ein Flammenmeer, so weit das Auge reicht: Rom brennt. Und was macht Nero? Er steht auf einer Dachterrasse und singt »Burn on, Rome!« Jedenfalls tat das Peter Ustinov als römischer Kaiser im Hollywoodspektakel »Quo Vadis?« von 1951. Doch der große Brand im Sommer 64, den Nero möglicherweise anfachte, ist historisch belegt und er wütete grausam: Von 14 Stadtbezirken wurden drei völlig zerstört. Danach konnte Nero neu bauen und so schuf er Domus Aurea, das Goldene Haus, eher eine Residenz als ein Palast, ein gigantischer Landsitz mitten in der Stadt.

Der Brand Roms im Jahr 64 kam Kaiser Nero (▶Interessante Menschen, S. 311)also zumindest sehr gelegen. In dem frei gewordenen ausgedehnten Bezirk sollte eine vom Palatin bis zum Esquilin reichende, mit Malerei und Plastik, Gold, Edelsteinen und Elfenbein prachtvoll ausgestattete Residenz einschließlich großer Gärten entstehen, eben der Goldene Palast.

Steingewordener Größenwahn

Er wurde nie fertig. Doch was Nero schuf, muss gigantisch gewesen sein. Es gab einen künstlichen See, der so groß war, dass auf der Fläche später das ▶Kolosseum gebaut wurde. An die Stelle der 104 abgebrannten Palastbauten traten die Thermen des Trajan. Nero ließ **die ausgefeiltesten Techniken** einbauen, davon berichten zeitgenössische Schreiber. Die Speisezimmer hatten Decken aus beweglichen, durchlöcherten Elfenbeinplatten, sodass man von oben herab über die Gäste Blumen streuen oder Parfüm sprengen konnte. Welcher Luxus allein in dem großen Palast mit den 150 Räumen herrschte, belegt der Kaiserbiograf Sueton (um 70 – 130):

»
Der Hauptspeisesaal war rund, und seine Decke drehte sich Tag und Nacht, wie das Weltall ...
«

Der Sonnengott ließ revolutionär konstruieren

Herzstück – der achteckige Saal

Herzstück des Palasts war ein achteckiger Saal. Zu diesem gelangte man durch ein Gangsystem aus Korridor und Kryptoportikus mit angrenzenden Räumen, die teils freskiert und stuckiert waren mit Girlanden, Ranken, Vögeln, spielenden Putti, mythologischen Szenen und Landschaftsprospekten. Der Saal selber war eine konstruktionstechnische Revolution. Um das **halbkugelförmige Gewölbe** von 14 m Durchmesser in Gussmörteltechnik tragen zu können, genügten anstelle von Rundbögen einfache Pfeiler an den Ecken des Oktogons. Die rechteckigen Öffnungen zwischen den Stützen dienten als Nischen und Zugänge, sind aber lediglich durch waagerechte Türstürze abgeschlossen zur weiteren Stabilisierung der Halbkuppel, die im Scheitel von einem Sonnenlicht spendenden Oculus durchbrochen wird. Ob es sich hier um einen zentralen Wohn- und Speiseraum oder um einen Raum zur Kontemplation vor den ausgestellten Kunstwerken handelte, ist unter Archäologen umstritten. Die **astronomische Ausrichtung** des Gebäudes bestätigt die These, dass Nero sich als Sonnengott sah und daher die Gestirns- und Sonnensymbolik häufig verwenden ließ. Auch das Haupt seiner Kolossalstatute war von einem Strahlenkranz umgeben.

Auslöser für die Rückbesinnung auf die Antike

Laokoongruppe

In den Jahrhunderten nach Neros Tod wurde das Goldene Haus vergessen oder zum Steinbruch, ein Schicksal, das die meisten Gebäude der

Antike teilten. Doch in der Renaissancezeit wurden Teile der Erdgeschossräume des neronischen Palasts freigelegt und eine Vielzahl antiker Kunstwerke wiederentdeckt, darunter die Laokoongruppe im Jahr 1506. Die Marmorplastik steht heute in den Vatikanischen Museen und gilt als das bedeutendste Kunstwerk für die **beginnende Renaissance,** wenn nicht gar als Auslöser für diese Rückbesinnung auf die Antike.

Ein kleiner Einblick ist möglich

Führungen

Die Renaissancemaler studierten eingehend die feinlinigen, fantasievollen Fresken aus der Zeit Neros in den unterirdischen Kammern, die sie Grotten nannten und daraus ihren neuen Stil der **Groteskenmalerei** ableiteten. Viel zu sehen ist davon leider nicht mehr. Nur noch im Nymphäum sind Teile erhalten. Hier sieht man im Gewölbe ein Mosaik, das Odysseus und den Zyklopen Polyphem darstellt. Bereits restaurierte Abschnitte der unterirdischen Palastanlage sind im Rahmen von Führungen (festes Schuhwerk, Pullover und Windjacke nicht vergessen) zu besichtigen. Zusätzlich gibt es eine Virtual-Reality-Tour, die man mit dem Eintritt buchen kann.

Ein klein wenig Fantasie, und man kann sich vorstellen, wie Blüten auf die Gäste in der Domus Aurea herabregneten.

★ E.U.R. – ESPOSIZIONE UNIVERSALE DI ROMA

Lage: südlich des Zentrums, rund um die Piazza Marconi | **Metro:** B (EUR-Palasport und EUR-Fermi)

Die »Esposizione Universale di Roma«, eine riesige Trabantenstadt im Süden Roms, ist mit ihren Wohnquartieren, Museen und dem ultramodernen Kongresszentrum insbesondere für Architekturfans interessant – aber vielleicht auch ein spannendes Kontrastprogramm für von der Antike erschöpfte Augen. Die Beine werden allerdings auch hier in Anspruch genommen.

Ein Quartier, in dem es sich genüsslich bummeln lässt, ist das E.U.R. wirklich nicht. Die Häuser sind hoch, die Straßen breit, die Fußwege zum Teil in desolatem Zustand. Für Architekturfans lohnt sich der Ausflug trotzdem. Hier trifft die Monumentalarchitektur aus der Ära Mussolinis auf die transparente Leichtigkeit, die der zeitgenössische Architekt Massimiliano Fuksas seinen Gebäuden angedeihen lässt.

Für Architekturfans

Das Kolosseum als Quadrat

Palazzo della Civiltà Italiana

1942, zum 20. Jahrestag der Machtübernahme durch den faschistischen Diktator Mussolini, sollte in Rom die Internationale Weltausstellung stattfinden. Doch dann brach der Zweite Weltkrieg aus, die Ausstellungspläne wurden begraben. Nichtsdestotrotz wurde das neue Wohnviertel rund um das geplante Ausstellungsgebäude weitergebaut und 1951 fertiggestellt. Markantestes Zeugnis der faschistischen Architektur, die gerne Anleihen bei der Antike machte, ist, welche Ironie des Namens!, der Palazzo della Civiltà Italiana (Palast der italienischen Zivilisation). Mit 216 Rundbogenarkaden erinnert er an das ►Kolosseum und wird daher auch »Colosseo Quadrato« (quadratisches Kolosseum) genannt. Das sechsstöckige, 68 m hohe Gebäude wurde vom Architektentrio La Padula, Guerrini und Romano als »Arbeiterpalast« für Kulturveranstaltungen geplant. Die Dauerausstellung im Erdgeschoss zeigt, wie der Palazzo Einzug hielt in die italienische Kunst, wie Maler, Schriftsteller und Regisseure ihn in Szene gesetzt haben. In den oberen Stockwerken residiert seit einigen Jahren das Modelabel Fendi mit seinem Hauptquartier.

Quadrato della Concordia | tgl. 10 – 20 Uhr | Eintritt: frei

Messen und Museen

Palazzo dei Congresi, Piazza Marconi

Unweit davon, an der Piazza Kennedy, findet sich der von Adalberto Liberas entworfene Palazzo dei Congressi. Der 1938 begonnene und 1954 fertiggestellte Kubus mit Kuppel wurde 1960 im Rahmen der

BAEDEKER MAGISCHE MOMENTE

LEUCHTENDE AUGEN

Da leuchten die Augen von Jung und Alt: Wer im E.U.R. mit Kind und Kegel unterwegs ist, sollte Zeit für das bezaubernde Marionettentheater Mongiovino einplanen.
Via Giovanni Genocchi 15 | www.accettellateatro.it

Olympischen Spiele für Zeremonien und als Wettkampfstätte für Fechtturniere genutzt. Heute finden hier Kongresse, Messen und wechselnde Ausstellungen statt. Auf der Piazza Marconi erhebt sich ein 45 m hoher Obelisk, von Mussolinis Stadtplanern eigens für diesen Platz, der ursprünglich »Piazza Imperiale« heißen sollte, entworfen. Das Monument wurde aus schneeweißem Carraramarmor geschaffen und – wie heute der ganze Platz – dem Wissenschaftler Guglielmo Marconi gewidmet. Die Gebäude an der Piazza stammen ebenfalls aus der Mussolini-Zeit und beherbergen diverse Museen, u. a. einen Teil der vier Standorte des neuen **Museo delle Civiltà**.
Di. – So. 8 – 19 Uhr | Eintritt: 10 € | https://museocivilta.cultura.gov.it

Der schwebende Raum

Roma Convention Center

An der Via Cristofero Colombo findet sich mit der neuen Kongresshalle nach Plänen des italienischen Architekten Massimiliano Fuksas (geb. 1944) ein spektakulärer Neuzugang. Mit seinem Entwurf eines rund 40 m hohen Quaders aus Glas und Stahl und einer biomorphen, scheinbar schwebenden Kuppel im Inneren – einem Ausstellungsraum, der Besucher emotional in eine andere Sphäre versetzten will – hatte sich Fuksas gegen internationale Wettbewerber durchgesetzt. Durch finanzielle Engpässe und Baustopps gerieten die Arbeiten an dem 2008 begonnenen Projekt immer wieder ins Stocken. 2016 konnte das **»La Nuvola«** (die Wolke) genannte Kongresszentrum fertiggestellt werden. Gemeinsam mit anderen spektakulären Neubauten wie dem ▶ MAXXI von Zaha Hadid und Renzo Pianos Parco della Musica sollen sie das Gesicht der Ewigen Stadt architektonisch verjüngen.
www.eurspa.it

Sport und Musik

Palazzo dello Sport

Ein weiteres markantes Bauwerk auf dem E.U.R.-Gelände ist der Palazzo dello Sport, zwischenzeitlich auch **PalaLottomatica** genannt, ein von Marcello Piacentini und Pier Luigi Nervi zwischen 1958 und 1960 realisierter Rundbau, der ursprünglich als Austragungsort für

die Olympischen Spiele von 1960 gebaut wurde. Hier fanden die olympischen Box- und Basketball-Turniere statt. Seither ist das Pala-Lottomatica auch eine Pilgerstätte für Pop- und Rockfans. Tina Turner, Elton John, Bob Dylan und viele andere der ganz Großen standen hier schon auf der Bühne.
www.palazzodellosportroma.it

★★ FONTANA DI TREVI

Lage: Piazza di Trevi | **Innenstadtplan:** e/f II
Metro: A (Barberini-Fontana Trevi)

Anita Ekberg, die vollbusige Schönheit, steigt im schwarzen Abendkleid ins Becken, räkelt sich sinnlich vor der Kaskade der Fontana di Trevi und nimmt damit nicht nur Marcello Mastroianni den Atem. Die Badeszene in Federico Fellinis Film »La Dolce Vita« (1960) hat die blonde Schwedin unsterblich gemacht – und den spätbarocken Brunnen im Herzen der ewigen Stadt weltberühmt.

Eine legendäre Filmszene

Mit einem großformatigen Bild über dem Trevi-Brunnen huldigten die Römer der schwedischen Schauspielerin, der Dolce-Vita-Ikone und Fellini-Muse **Anita Ekberg,** als sie 2015 im Alter von 83 Jahren in der Nähe von Rom gestorben war. Die Fontana di Trevi und die schöne Schwedin, Sexsymbol der 60er-Jahre – in den Köpfen unzähliger Cineasten sind sie zu einer untrennbaren Einheit verschmolzen. Gebaut wurde Roms größter Brunnen ab 1732 nach den Plänen von Nicola Salvi (1697 – 1751). Der hatte als unbekannter Außenseiter den von Papst Clemens XII. ausgelobten Architekturwettbewerb gewonnen. Nach Salvis Tod vollendete Giuseppe Pannini bis 1762 das plätschernde Meisterwerk. Das Wasser ergießt sich über Haupt- und Nebenkaskaden in das rund 50 Meter breite Becken.

Oceanus beherrscht das bewegte Bild

Travertin und Marmor

Die Brunnenfassade mit dem Triumphbogen lehnt sich direkt an die Rückseite des Palasts der Grafen von Poli an. **Naturgewalten** sind das zentrale Thema, von Architekt Salvi hier mit Travertin aus Tivoli und Marmor aus Carrara imposant in Szene gesetzt. Im Zentrum steht der Meeresgott Oceanus. Die Nischen neben ihm werden von allegorischen Figuren ausgefüllt: rechts die »Gesundheit« und links die »Fruchtbarkeit«, mit ähnlich barocker Figur wie die Ekberg ausgestattet. Zu Füßen des Meeresherrschers tummeln sich Rösser, Muscheln und Tritonen.

Vorübergehend auf dem Trockenen

Geld für den guten Zweck

Immer wieder muss der Trevi-Brunnen aufwendig saniert werden. Und seit 2024 läuft auf unbestimmte Zeit eine Generalsanierung. So ist der Brunnen nur noch über Stege zugänglich, die Anzahl der Besucher limitiert. Für die Sanierung wurde auch das Wasser abgepumpt – und das hat weitreichende Folgen. Für die Stadt ist das berühmte Wasserspiel inzwischen auch eine nicht versiegende Geldquelle. Denn: Eine Münze mit der rechten Hand über die linke Schulter ins Wasserbecken zu werfen, soll nach altem Brauch dabei helfen, die **Rückkehr in die Ewige Stadt** zu versichern. So landet jährlich rund eine Million Euro in dem berühmten Brunnen. Das Geld kommt karitativen Zwecken zugute. Aber ohne Wasser: kein Münzwurf. Als Zwischenlösung wurde eine Art Pool aufgestellt. So steht der Rückkehr nach Rom auch weiterhin nichts im Weg.

Rückkehr nach Rom garantiert? Man kann es ja versuchen: die Münze in die rechte Hand und über die linke Schulter ab in den Brunnen.

Piazza Colonna

Der Apostel ersetzt den Kaiser

Palazzo Chigi

Die Piazza Colonna, unweit der Piazza di Trevi, mit dem Palazzo Chigi – heute Sitz des italienischen Ministerpräsidenten – wird beherrscht von der **Ehrensäule des Kaisers Marc Aurel** (▶ Interessante Menschen, S. 309). Der römische Senat ließ nach dem Sieg Marc Aurels über die Markomannen, Quaden und Sarmaten diese Ehrensäule zwischen den Tempeln für die Kaiser Hadrian und Marc Aurel errichten. Die Inschrift am Fuß der Säule schreibt sie irrtümlich Kaiser Antoninus Pius zu; daher wird sie manchmal auch so genannt.

Die 29,62 m hohe Säule wird von 27 Marmortrommeln aus Carrara gebildet. Auf einem spiralförmig steigenden Relief sind Szenen aus den Germanischen (171 – 173) und den Sarmatischen (174 – 175) Kriegen dargestellt. Die Figuren der Soldaten und Pferde treten hier stärker aus dem Marmorgrund hervor als diejenigen der Trajanssäule; sie geben Aufschluss über Waffen und Uniformen, Techniken und Sitten der damaligen Zeit. Im Inneren der Säule führt eine Treppe hinauf zur Spitze, auf der früher ein Denkmal des Kaisers stand, wo seit 1589 jedoch die Bronzestatue des Apostels Paulus von Domenico Fontana ihren Platz hat.

★ FONTANA DEL TRITONE

Lage: Piazza Barberini | **Innenstadtplan:** f/g I | **Metro:** A (Barberini)

Die Piazza Barberini ist eine piekfeine Adresse, benannt nach dem Adelsgeschlecht der Barberini, das im 17. Jh. auf dem Gipfel seiner Macht angekommen war. Ein Spross der Familie wurde zum Papst gewählt und stand als Urban VIII. an der Spitze der katholischen Kirche. Urban VIII. gab den Tritonenbrunnen in Auftrag – ein Meisterstück des Hochbarock.

Spuren eines umtriebigen Papstes

Vier Delfine halten mit ihren Schwanzflossen die zwei Hälften einer Muschel, aus deren Mitte ein muskulöser Triton emporsteigt. Der Meeresgott hält ein Tritonshorn, aus dem wiederum die Fontäne sprudelt. Unterhalb der Muschelschale sind die Tiara, die Krone des Papstes, und der Schlüssel Petri aus dem römischen Travertin gehauen. Die Leiber der Fische halten ein Wappen mit drei Bienen, das Wappen der Barberini. Dass man es im römischen Stadtbild öfter findet – an Palästen, in Kirchen und an Brunnen –, liegt an den vielen Bauaufträgen, die unter Papst Urban VIII. vergeben wurden – der Heilige Vater wurde als Maffeo Barberini geboren und verschaffte seinen männlichen Verwandten hohe Posten im Kirchenstaat.

Barocke Glanzstücke

Palazzo Barberini und Fontana delle Api

Francesco und Taddeo Barberini, die Neffen des Papstes, ließen sich 1625 – 1638 an der Piazza **einen der ersten Barockpaläste Europas** bauen. Mit dem Brunnen vor dem stattlichen neuen Haus der Familie beauftragte der Papst Gian Lorenzo Bernini, einen der bedeutendsten Bildhauer des Barock. Der gebürtige Neapolitaner, der im Laufe seines Lebens für acht Päpste und den französischen »Sonnenkönig« Ludwig XIV. gearbeitet hat, begann den Tritonenbrunnen 1642, im Jahr darauf vollendete er das Werk.
1644 schuf Bernini auch noch den kleinen »**Bienen-Brunnen**« (Fontana delle Api) an der Nordseite des Platzes, am Anfang der Via Veneto. Der war ursprünglich als Pferdetränke gedacht und wurde 1865 entfernt. Als man ihn 1915 wieder aufstellen wollte, war nur noch ein Teil erhalten. So ist heute lediglich das Mittelstück das von Bernini erschaffene Original – die fehlenden Teile wurden rekonstruiert.

★★ FORI IMPERIALI

Lage: Via dei Fori Imperiali, **Eingang:** Via IV Novembre 94 | **Innenstadtplan:** f III/IV | **Metro:** B (Colosseo), C (ab 2025/2026) tgl. 9.30 – 19.30 Uhr | **Eintritt:** 13 € (Museum mit Ausstellungen), Video Guide 6 € | **www.mercatiditraiano.it**
Die Ausgrabungen (Trajanforum, Caesarforum, Nervaforum) können derzeit und bis auf Weiteres aufgrund von Bauarbeiten nicht besichtigt werden.

Rom platzt aus allen Nähten: Fast eine Million Menschen lebt mittlerweile am Tiber. Wohnraum gibt es kaum, von freien Grundstücken für repräsentative Bauten gar nicht zu reden. Also zieht Caesar im Jahr 54 v. Chr. raus aus der Stadt und beginnt nebenan mit den Bauarbeiten für ein neues Forum. Seine Nachfolger Augustus, Nerva und schließlich Trajan erweiterten die Anlage. Zu besichtigen ist jedoch nur ein kleiner Teil dieser Kaiserforen, denn im Laufe der Jahrhunderte dehnte sich die Stadt immer weiter aus, sodass sie erneut ins Zentrum Roms rückten und überbaut wurden.

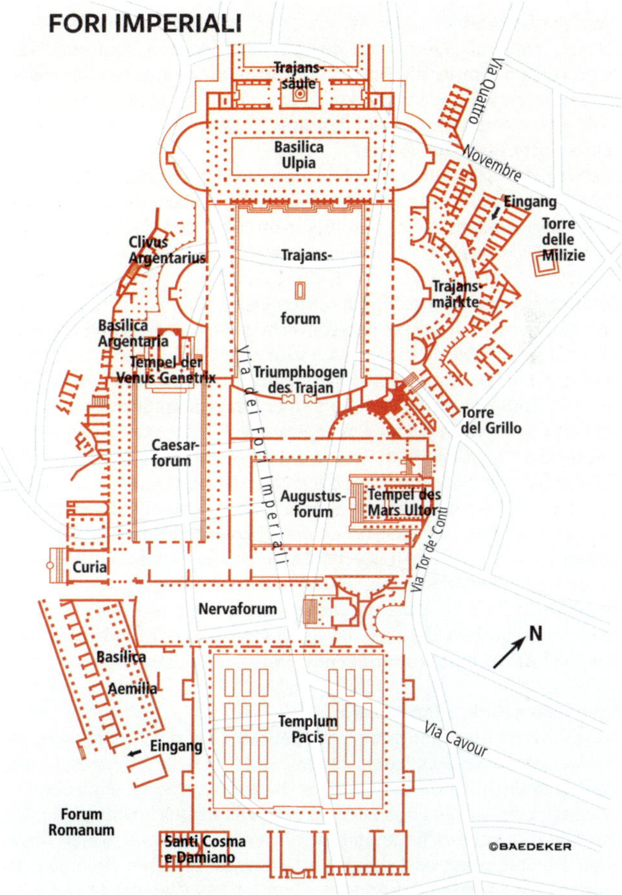

Was nicht überbaut wurde, wurde geplündert. Die Antike war für Rom über Jahrhunderte ein billiger Steinbruch, man nahm zum Bauen einfach, was man vorfand. Der größte Eingriff fand allerdings erst in den 1920er-Jahren statt: Mussolini rammte die protzige Prachtstraße Via dell'Impero, die heutige **Via dei Fori Imperiali,** quer über die Kaiserforen. Daraus ergibt sich immerhin der Vorteil, dass große Teile des Ausgrabungsstätte gratis einfach von der Straße aus betrachtet werden können. Seit 2013 ist die breite Straße für den privaten Autoverkehr gesperrt, Taxis und Busse verkehren zwar noch, aber das Umfeld ist deutlich entspannter geworden.

Die Kaiser zeigen ihre Macht

Weniger ist mehr

Museo dei Fori Imperiali

Starten Sie Ihren Besuch am besten im modernen, multimedialen Museo dei Fori Imperiali. Dort bekommen Sie einen guten Überblick, im übertragenen und im direkten Sinn, denn das Museum ist in die erhöht gelegenen **Mercati di Traiano** eingezogen, so etwas wie ein überdachter Basar der Römer.

Der Bau der Metrolinie C sowie das Augustus-Jubiläum brachten 2014 spektakuläre Funde zutage. Der große Vorteil des Museums ist seine Begrenztheit: Von den über 40 000 Fundstücken aus den Kaiserforen werden nur wenige ausgewählte gezeigt.

Kolossaler Kopf und goldglänzender Fuß

Ausgewählte Austellungsstücke

Begrüßt werden Sie von einem stattlichen Herrn – dass ihm die Nase fehlt, tut seiner eindrucksvollen Ausstrahlung keinen Abbruch. Er muss wohl drei Meter groß gewesen sein, das vermittelt schon der Umfang des 2005 entdeckten Marmorkopfs einer Statue Kaiser Konstantins des Großen. Zarter wirkt da der rechte Bronzefuß einer Statue der Siegesgöttin Nike (2 v. Chr.) vom Forum des Augustus, auch wenn handelsübliche Schuhgrößen für die goldglänzende Fessel nicht ausreichen würden. Das Obergeschoss ist dem Augustus-Forum und dem Forum Caesars gewidmet. Anrührend ist die **Rekonstruktion eines Amorgottes** aus dem Venustempel des Cäsarforums – kaum mehr als eine Marmorplatte mit einem Bauchnabel diente als Ausgangsbasis. Treten Sie hinaus auf die Balkone der verschiedenen Ebenen, das verschafft Ihnen einen guten Überblick. Im Erdgeschoss sind im Innenhalbrund **Wechselausstellungen moderner Bildhauer** zu sehen.

Ein antikes Einkaufszentrum

Markthallen

Das moderne Museum drängt die Bausubstanz der mehrgeschossigen Markthallen etwas in den Hintergrund, doch die Ruinen aus roten Ziegelsteinen mit hohen Gewölben begrenzen heute eindrucksvoll den Bezirk der Foren gegen den aufsteigenden Quirinalhügel hin. Mit den Märkten suchte Trajan die Möglichkeit, durch preiswerte Angebote die Steuerlast und durch Verteilung kaiserlicher Spenden die sozialen Spannungen zu mindern. Mehr als **150 Einzelläden** enthielt der halbkreisförmige Gebäudekomplex: Hier wurde alles von teurem Schmuck und Parfüm bis zu Obst und Gemüse angeboten.

Foro di Traiano

Die goldene Urne mit der Asche des Kaisers

Trajanssäule

Im Forum des Kaisers Trajan, dem letzten, größten und am besten erhaltenen der Kaiserforen, ragt unverkennbar die 113 errichtete

Auf 200 m Länge ließ Trajan seinen Sieg über die Daker in den Marmor hauen.

Der Tag beginnt auf den Fori Imperiali.

Siegessäule des Trajan hervor. Sie sehen sie aus der Nähe, wenn Sie nach dem Besuch des Museums den Hügel hinunterspazieren. Das Gelände der gesamten Foren war Teil dieses Hügels, doch für die rechteckige Anlage wurde er abgetragen – gewaltige Erdbewegungen für die damalige Zeit. Nach zehnjährigen Vorarbeiten erbaute wohl Apollodor von Damaskus ab 107 den Komplex. Trajans Siegessäule ist ein großartiges Zeugnis kaiserlicher Macht und römischer Bildhauerkunst. Die 38 m hohe Säule ist aus Marmortrommeln von der griechischen Insel Paros zusammengesetzt. Sie zeigt auf einem 200 m langen, spiralförmig ansteigenden Relief in **mehr als 2500 Figuren** die von Trajan gegen die Daker geführten Kriege. Das Marmorrelief beinhaltet lebendige Darstellungen der kämpfenden Soldaten, der schnaubenden Rosse, des ganzen kriegerischen Apparats – man braucht ein Fernglas, um alle Details auszumachen. Der Sockel der Säule schloss eine goldene Urne mit der Asche des Kaisers ein. Auf der Säule erhob sich sein goldenes Standbild, das im Mittelalter verloren ging und von Papst Sixtus V. 1587 durch eine Statue des Apostels Petrus ersetzt wurde.

Basilica und Biblioteca Ulpia

Symbole kaiserlicher Größe und Macht
Die Ausgrabungen seit 1928 machen die Vierergliederung des Forums deutlich: Durch einen im Jahr 116 errichteten Triumphbogen

betrat man den freien Platz, in dessen Mitte dominierend das Reiterstandbild des Kaisers aufragte. Quer vor der Stirnwand dieses Platzes lag die der Rechtsprechung dienende Basilica Ulpia, die ihre Bezeichnung vom Familiennamen Trajans herleitete. Die fünfschiffige Basilika besaß mit 130 x 125 m gewaltige Ausmaße. An sie schlossen sich die beiden Gebäude der Biblioteca Ulpia an, angelegt für lateinische sowie griechische Literatur.

Tauchen Sie ein in das Leben der Antike

Palazzo Valentini

Ausgrabungen brachten im Palazzo Valentini römische Fußbodenmosaiken zutage. Darauf fußt eine lebhafte virtuelle Rekonstruktion. In einem multimedialen Spektakel mit Licht- und Soundeffekten und Videos tauchen Sie ein in das Leben im Haus einer noblen römischen Familie.

Via Foro Traiano 84 | Mi. – Mo. 10 – 19 Uhr, nur mit Führung (90 Min., max. 15 Pers.) auf Ital., Engl., Franz., Span. und Deutsch (13 Uhr) | 12 €, Vorbestellung: 1,50 € | www.palazzovalentini.it

Foro di Augusto

Reisen Sie multimedial durch die antike Welt

Marstempel

Der Großteil des Augustusforums liegt begraben unter der Via dei Fori Imperiali. Den Mittelpunkt des von Säulenhallen umgebenen Forums bildete der Tempel des rächenden Mars, den Augustus zum Gedenken an die Schlacht von Philippi (42 v. Chr.; Rache an den Mördern Caesars) im Jahr 2 v. Chr. weihte. Von diesem Podiumstempel ragen noch drei Säulen auf. Im Innern befanden sich die Standbilder von Mars und Venus, deren Sockel noch erhalten sind. In der **Aula del Colosso** stand eine 14 m hohe Kolossalstatue des Augustus; ihre Reste sind im Museum der Kaiserforen ausgestellt. Seit der 2000-Jahr-Feier der Regentschaft des Augustus 2014 werden hier spektakuläre multimediale Abendshows veranstaltet.

Haupteingang: Piazza del Grillo 1
Abendshow **»Viaggio nei Fori«** (»Reise durch die Foren«): Mitte April – Ende Sept. tgl. ab 21 Uhr | Eintritt: 15 € (Zugang Foro di Augusto über Eingang Via Alessandrina), Buchung: www.viaggioneifori.it

Weitere Sehenswürdigkeiten

Caesar war der Erste

Caesarforum

Das Caesarforum (Foro di Cesare oder Forum Julium) liegt zu Füßen des Kapitolinischen Hügels (Via del Carcere Tulliano). Caesar (►Interessante Menschen, S. 306) ließ es 54 – 46 v. Chr. anlegen. Werk-

stätten und Kaufläden am Clivus Argentarius, die Basilica Argentaria, in der sich Wechselstuben und die Börse befanden, und der **Tempel der Venus Genetrix** (der Gott gebärenden Venus) erhoben sich am Rand des Komplexes. Von der Ausstattung ist nichts übrig geblieben. Ein virtuelles Bild davon kann man sich ebenfalls bei einer abendlichen Multimediashow machen.
»Viaggio nei Fori« s. o.

Ein Tempel für die Göttin des Handwerks

Nervaforum

Im Zentrum des von Domitian begonnenen und von Kaiser Nerva 97 vollendeten lang gestreckten Nervaforums (Foro di Nerva oder Foro Transitorio), das als einziges einen prächtigen **Zugang zum Forum Romanum** hatte, stand ein Tempel der Minerva. Papst Paul V. ließ ihn 1606 abreißen. Erhalten sind von der rechten Säulenhalle zwei korinthische Säulen, Stücke eines Gebälkfrieses mit Szenen des Spinnens und Webens – Minerva war die Schutzpatronin des Handwerks – und Fragmente eines Bildreliefs.

★★ FORO ROMANO

Lage: Via dei Fori Imperiali | **Eingang:** Via dei Fori Imperiali oder Via Sacra | **Innenstadtplan:** f IV | **Metro:** B (Colosseo), C (ab 2025/2026)
tgl. ab 9 Uhr, Schließzeiten je nach Jahreszeit zwischen 16.30 und 19.15 Uhr | **Eintritt:** 18 € (Kombiticket mit Kolosseum und Palatin, 24 Stunden gültig)
https://parcocolosseo.it/en/area/the-roman-forum

Tauchen Sie ein in den Glanz der Antike, nehmen Sie sich ausreichend Zeit für den Spaziergang durch die Senke zwischen ▸Campidoglio, ▸Palatino und Viminal mit den aufragenden oder umgestürzten Säulen, den verfallenen Basiliken und Triumphbögen, den frühen Kirchen und Mauerresten. Ein Jahrtausend lang wurden hier die Geschicke Europas entschieden, kamen die Macht des Römischen Reichs und die Schönheit der Kunst, das römische Recht und der antike Götterglaube zu überwältigender Darstellung.

Der Glanz der Antike

Die angrenzenden Hügel waren schon bebaut, als die Senke noch ein Sumpfgelände war. Trockengelegt, nahm das Forum Romanum zuerst Tempelbauten für den religiösen Kult auf. Einer der ältesten Kultbauten ist der 498 v. Chr. geweihte Saturntempel. Bald kamen öffentliche Bauten hinzu mit Raum für politische Entscheidungsträger und Platz für Versammlungen zur Rechtsprechung, anhand derer das

Schicksal der Republik im Inneren und nach außen gelenkt wurde. Daran schlossen sich Markthallen an, in denen die Bürger ihren Geschäften nachgehen konnten.

Die chaotische Pracht schlummerte jahrhundertelang

Das Zentrum des Reichs

Politik, Wirtschaft und Religion gingen hier eine architektonische Verbindung ein, die umso prächtiger wurde, je mehr Rom an Macht gewann. Senatoren und Konsuln, Caesar und später die Kaiser wetteiferten darin, das Zentrum des Reichs zu schmücken und zu vervollkommnen. Am Ende der Kaiserzeit war das Forum Romanum ein **dicht bebauter Komplex.** Hier mischten sich Bauten aus vielen Jahrhunderten, behaupteten Geordnetes und zufällig Entstandenes sich nebeneinander, was die Identifizierung der Einzelheiten heute schwierig macht. Das letzte antike Bauwerk war die 608 für den byzantinischen Kaiser Phokas errichtete schmucklose Ehrensäule. Danach verfielen die Bauwerke. Das Forum wurde anderweitig benutzt, Kirchen und Festungen wurden hineingebaut. Es diente als Steinbruch und Kuhweide. Erst im 18. und 19. Jh. förderten **systematische Ausgrabungen** unter einer 10 – 15 m tiefen Schuttschicht die antiken Ruinen zutage.

Vorschlag für einen Rundgang

Starten Sie am **östlichen Eingang** beim Colosseo. Anhand der Nummern können Sie sich auf dem Plan (S. 90/91) orientieren.

Triumphzug des Titus

1: Arco di Tito

Der Feldherr Titus, Sohn des Kaisers Vespasian, eroberte im Jahr 70 Jerusalem, zerstörte dort den Tempel, richtete ein fürchterliches Blutbad an und leitete die Diaspora der judäischen Völker ein. Die Darstellungen auf dem einbogigen Titusbogen nehmen dieses Ereignis auf und stellen den Triumphzug des Titus zum Kapitol dar: den Feldherrn selber – erst 79 zum Kaiser gekrönt – im Kampfwagen, geführt von der Göttin Roma, begleitet von der Siegesgöttin mit dem Lorbeerkranz, dazu die Beute aus dem Judäischen Krieg. Laut Inschrift in der Attikazone, dem obersten Aufbau, wurde der Siegesbogen nach dem Tod des Kaisers Titus im Jahr 81 vom Senat und vom römischen Volk errichtet.

Auf heidnischen Fundamenten erbaut

2: Santa Francesca Romana

Weiter auf der Via Sacra sehen Sie schon die Kirche Santa Francesca Romana aus dem 10. Jh.; sie steht zum Teil über dem alten **Tempel der Venus und der Roma.** Dieser war Roms größter antiker Tempel, hier wurde der Venus und der römischen Stadtgöttin Roma gehuldigt. Angeblich von Kaiser Hadrian entworfen, besaß das 141 eingeweihte

Von hier aus wurde ein Weltreich regiert. Selbst die Ruinen des Forum Romanum strahlen machtbewusste Würde aus.

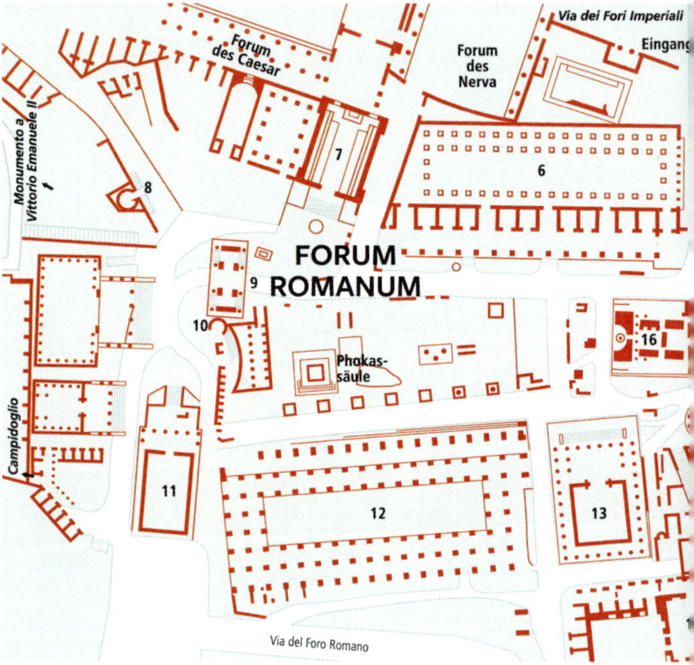

1 Titusbogen
2 Santa Francesca Romana
3 Basilika des Maxentius/Konstantin
4 Tempel des Romulus und SS. Cosma e Damiano
5 Tempel des Antonius' und der Faustina
6 Basilica Aemilia
7 Curia Iulia
8 Marmertinischer Kerker

Doppelheiligtum (145 x 100 m) einen Portikus aus 150 Säulen. Der Stadtgöttin Roma war der westliche Halbtempel geweiht. An dessen Cella mit Apsis und Kultbild schloss sich die halbrunde Kultnische für das Standbild der Venus an, die als Stammmutter der römischen Kaiser im östlichen Halbtempel verehrt wurde. Um den Tempel zu errichten, musste die Eingangshalle von Neros ▶Domus Aurea abgerissen werden; auch hier lagerten sich also immer wieder Schichten übereinander.

Schutzpatronin Roms

Glockenturm und Kirche

Den Glockenturm von Santa Francesca, ein Musterbeispiel für römische Campanili des Mittelalters, setzte man im 13. Jh. hinzu. Ihren Namen verdankt die Kirche der Römerin Francesca de' Ponziani. Sie gründete in dieser Marienkirche den Orden der karitativ tätigen Ob-

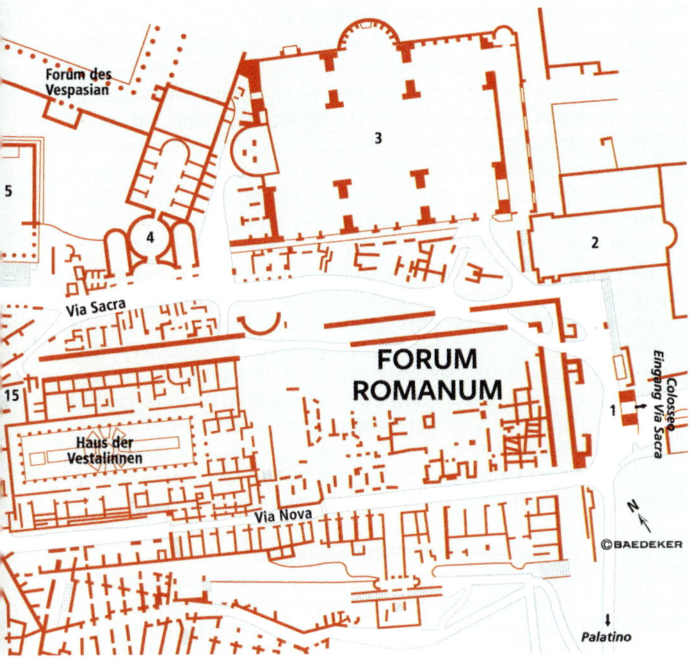

9 Triumphbogen des Septimius Severus
10 Umbilicus Urbis
Tempel der Concordia
11 Tempel des Saturn
12 Basilica Iulia
13 Tempel von Kastor und Pollux
14 Santa Maria Antiqua
15 Rundtempel der Vesta
16 Tempel des Caesar

late di Santa Francesca Romana (**Oblaten-Schwestern**). Die in der Kirche beigesetzte Ordensgründerin wurde 1608 heiliggesprochen, daraufhin wurde die Marienkirche zusätzlich ihr geweiht. Die hl. Francesca Romana gilt seit Anfang des 17. Jh.s neben St. Stephanus und St. Laurentius als weitere Schutzpatronin der Stadt Rom – sowie als Schutzpatronin der Autofahrer. Im Inneren der reich geschmückten Basilika sind das Apsismosaik und das Madonnenbild im Hochaltar aus dem 6. Jh. beachtenswert. Der hl. Lukas, einer der vier Evangelisten, soll unter Anleitung der Muttergottes ihr erstes Abbild gemalt haben. Darauf gründet sich auch die traditionelle Mitgliedschaft der Maler in der Lukasgilde.

Piazza di Santa Francesca Romana 4 | Mo.–Sa. 7.30–12 und 15.30–19, So. 7.30–13 und 15.30–19 Uhr

Nebenschauplatz kaiserlicher Streitigkeiten

3: Basilica di Massenzio o di Costantino

Gewaltige Ruinen zeugen von der Maxentius- oder Konstantinsbasilika, 308 – 312 unter Kaiser Maxentius als Gerichtsgebäude begonnen und 330 unter Konstantin nach erheblichen Umbauten eingeweiht. Interessant auch deshalb, weil beide Kaiser zur selben Zeit lebten und um die Macht stritten. Konstantin überschritt 312 mit 40 000 Mann von Norden kommend die Alpen, besiegte in mehreren Schlachten die in Norditalien stationierte Armee des Maxentius und marschierte nach Rom. Die Heere trafen am 28. Oktober 312 an der **Milvischen Brücke** aufeinander. Der Legende zufolge kämpfte Konstantin unter dem Zeichen des christlichen Kreuzes, das ihm in einem Traum erschienen war. Er besiegte Maxentius' Truppen, Maxentius ertrank im Tiber.
Die Basilika war riesig, davor prangten mächtige korinthische Säulen, von denen eine heute vor dem Haupteingang von ▶Santa Maria Maggiore steht. In der Westapsis erhob sich einst die Kolossalstatue Konstantins, deren Bruchstücke heute im Hof des Konservatorenpalasts auf dem ▶Campidoglio gezeigt werden. Der Verfall der Basilika wurde beschleunigt, als Papst Honorius I. im 7. Jh. die Bronzeziegel abnehmen und damit die alte Peterskirche decken ließ. Eindrucksvolle Gebäudereste bestimmen diesen Teil der Ausgrabungsstätte.

Der antike Tempel wird in die Kirche integriert

4: Tempio di Romolo, SS. Cosma e Damiano

Der gut erhaltene Tempel des Romulus, ein kleiner Ziegelrundbau, wurde im 6. Jh. in der Kirche SS. Cosma e Damiano als Vestibül integriert. Der Tempel ist durch die originale **antike Bronzetür** verschlossen, deren Schloss immer noch funktioniert! Die Kirche der orientalischen Märtyrerärzte Kosmas und Damian entstand im 6. Jh. auf dem Areal des von Vespasian gegründeten Forums mit dem Friedenstempel. Also dreihundert Jahre nach dem Tod der Zwillingsbrüder, die enthauptet wurden. Im 17. Jh. wurde das Innere barock ausgestaltet. Bemerkenswert sind die Holzdecke (1632), ein mittelalterlicher Osterleuchter in Kosmatenarbeit und vor allem die 526 – 530 entstandenen **Mosaiken** am Triumphbogen und in der Apsis. Am Triumphbogen finden sich Darstellungen aus dem biblischen Buch der Offenbarung, in der Apsis die »Übergabe des göttlichen Gesetzes«: Christus reicht die Schriftrolle den Aposteln Petrus und Paulus; zu ihren Seiten sind unter anderem Kosmas und Damian dargestellt. Die kunstvolle **Weihnachtskrippe** in einem angrenzenden Raum ist eine der größten Roms. Der Zugang liegt außerhalb des Forum Romanums.
Eingang: Via dei Fori Imperiali 1 | tgl. 10 – 13 und 15 – 18 Uhr
Eintritt frei | www.cosmadamiano.com

Vergöttlichte Kaiserinnen und Kaiser

5: Tempio di Antonio e Faustina

Unübersehbar führt von der Via Sacra, dem heiligen Weg, eine breite Ziegelsteintreppe hinauf zum Tempel des Kaisers Antoninus Pius und seiner Frau Faustina – im 11. Jh. wurde er Teil der **Kirche San Loren-**

zo in Miranda und ist deshalb so gut erhalten. Der Senat ließ den Tempel im Jahr 141 zu Ehren der vergöttlichten Kaiserin errichten; nach dem Tod des Antoninus Pius wurde er 161 auch dem Kaiser geweiht. Daher die Inschrift: »Divo Antonino et Divae Faustinae ex S(enatus) C(onsulto)« (auf Beschluss des Senats).

Von der »Königshalle« zum Gotteshaus schlechthin

6: Basilica Aemilia

Die Basilica Aemilia wurde 80 – 78 v. Chr. von Konsul Marcus Aemilius Lepidus auf einem Vorgängerbau auf 100 m Länge vergrößert und diente als **Börse oder Gerichtssaal.** Den Bautypus hatten die Römer von den Griechen übernommen – das griechische Wort Basilika bedeutet Königshalle – in Form von drei langrechteckigen, durch Säulen getrennten Raumteilen unter gemeinsamer Flachdecke mit einer Ausbuchtung (Apsis) an der Schmalseite für den Stuhl des Marktaufsehers oder Gerichtsvorsitzenden. In christlicher Zeit wurde mit einigen Veränderungen die dreischiffige Basilika zum Kirchentypus schlechthin.

Ort der großen Entscheidungen

7: Curia Iulia

Westlich der Basilika Aemilia passiert man die Kurie, den Versammlungsort des römischen Senats, eines der besterhaltenen antiken Gebäude des Forum Romanum. Schon während der Kaiserzeit wurde ein erster Bau errichtet. Durch Brände und Verwüstungen waren immer wieder Neubauten notwendig; schließlich wurde die Curia im 7. Jh. zur **Kirche Sant'Adriano** und blieb deshalb so gut erhalten. Der einfache Bau gab für einige Jahrhunderte den Rahmen ab, in dem über das Schicksal der damals bekannten Welt entschieden wurde. Vor der Kurie lag das Comitium, der wichtigste öffentliche Versammlungsplatz für die Bürger Roms bei politischen Entscheidungen. Ein eingezäuntes Areal mit schwarzer Pflasterung kennzeichnet den Fundort des **Lapis Niger,** einer beschrifteten Stele. Darunter befindet sich ein unterirdischer, nicht zugänglicher Raum, in dem während des Mittelalters das Grab von Romulus vermutet wurde. Daneben steht ein 1899 bei Ausgrabungen entdeckter Tuffsteinpfeiler mit der ältesten bekannten lateinischen Inschrift. Die **Bronzetore** der Curia verwendete – oder entwendete – Borromini im 17. Jh. für das Hauptportal der Basilika ▶San Giovanni in Laterano.

Einer der ältesten Kerker der Welt

8: Carcer Tullianum

Bereits seit dem 4. Jh. v. Chr. war am Fuß des Kapitolinischen Hügels zum Forum Romanum hin ein Staatsgefängnis eingerichtet. Der Mamertinische Kerker bestand aus zwei übereinanderliegenden Gewölbekomplexen, dessen unterer nach einem Wasserbehälter auch Tullianum genannt wurde. In den Verliesen waren, wie Historiker belegen, u. a. der numidische König Jugurtha (104 v. Chr.), der – historisch

DAS ZENTRUM DES REICHS

Das antike Zentrum von den Kaiserforen über das Kolosseum bis hin zur Via Appia ist heute ein riesiger archäologischer Park.

Die Nummern folgen dem Plan auf S. 90 / 91

❶ Arco di Tito
Der 14,5 m hohe, 13,5 m breite und 4,75 m tiefe Siegesbogen des Kaisers Titus ist der älteste der erhaltenen römischen Triumphbogen.

❸ Basilica di Massenzio
Imposant sind die Reste des auch Konstantinsbasilika oder Basilica Nova genannten Baus mit einer Fläche von 100 x 65 m. Das Mittelschiff war 35 m, die Seitenräume 24,5 m hoch.

❺ Tempio di Antonio e Faustina
Von dem Tempel sind die sechs korinthischen Säulen der Front und mehrere Säulen der Längsseite erhalten. Im 11. Jh. wandelte man den Tempel in die Kirche San Lorenzo in Miranda um. Anlässlich des Rombesuchs von Kaiser Karl V. 1536 wurden die Säulen von den umgebenden Mauern wieder befreit.

❼ Curia
Das Innere der 27 x 18 m großen und 21 m hohen Halle, die etwa 300 Senatoren Platz bot, bewahrt noch Fragmente eines farbigen Marmorfußbodens. Außerdem sind die Plutei Traiani zu sehen, zwei große Marmorreliefs mit Szenen aus dem politischen Leben des Kaisers: die Vernichtung der Steuerakten (links) und die Stiftung der Alimenta zur Unterstützung von Kindern hilfsbedürftiger Familien (rechts).

❾ Arco di Settimio Severo
Auf dem ca. 21 m hohen und 23 m breiten Bogen stellen Marmorreliefs Episoden aus den von Kaiser Septimius Severus geführten Kriegen dar.

❿ Tempio della Concordia
Nur Fundamente sind vom einst reich geschmückten Concordiatempel aus republikanischer Zeit erhalten.

⓫ Tempio di Saturno
Der mehrfach durch Feuer zerstörte Tempel wurde immer wieder aufgebaut. Von ihm blieben acht Säulen mit ionischen Kapitellen erhalten. Das Fest der ursprünglich nur am 17.12. gefeierten (und später bis zum 30.12. ausgeweiteten) Saturnalien begann hier.

⓬ Basilica Iulia
Von der einst 101 m langen und 49 m breiten Gerichtshalle sind nur noch die Fundamente und einige Säulenstümpfe erhalten.

⓭ Tempio di Castore e Polluce
Von dem im ersten nachchristlichen Jahrhundert unter Tiberius erneuerten Tempel stammen die drei 12 m hohen korinthischen Säulen mit Gebälk, auch die »Drei Schwestern« genannt.

⑮ Haus und Rundtempel der Vestalinnen
Das Atrium Vestae bestand aus einem großen Atrium, den Wohnungen der Hüterinnen des Heiligen Feuers und den Wirtschaftsräumen. Noch heute sind die Umrisse mit Unterbau und Sockeln für die Ehrenstatuen gut erkennbar – die erhaltenen Statuen sind in verschiedenen römischen Museen ausgestellt.

echte – Anführer der Gallier, Vercingetorix (46 v. Chr.), und die Mitverschwörer des Catilina inhaftiert. Angeblich auch die Apostel Petrus und Paulus; Petrus taufte Mitgefangene aus der Quelle des Tullianum. Später entstand hier die Kapelle San Pietro in Carcere, darüber die Josef dem Zimmermann geweihte Kirche **San Giuseppe dei Falegnami.** Die Kerker sind heute außerhalb des Forum Romanum samt aufwendiger Multimediapräsentation zu besichtigen.
Eingang über den Clivo Argentario (zw. Caesarforum und Kapitol) tgl. 9 – 17, letzter Einlass 16 Uhr | Eintritt: 10 € (mit Multimedia-rundgang) | www.romevaticancard.com/de/singletickets/carcer-tullianum

Dem siegreichen Kaiser und seinen Söhnen gewidmet

9: Arco di Settimio Severo

Siegreichen Kaisern und Feldherren stifteten der Senat und das Volk von Rom einen Triumphbogen. Dem Kaiser Septimius Severus und seinen beiden Söhnen Caracalla und Geta wurde 203 nach ihren Siegen über die Parther und Wüstenstämme ein besonders prächtiger errichtet, gegenüber der heutigen Kirche **Santi Luca e Martina.**

Hier wurden große Reden gehalten

Rostra

Direkt neben dem Triumphbogen des Septimius Severus stehen die unscheinbaren Ruinen der Rostra, der antiken Rednertribüne, die früher mit den Schnäbeln (»rostra«) der eroberten feindlichen Schiffe versehen war.
Vor der kaiserlichen Rednertribüne erhebt sich heute die **Phokassäule,** eine knapp 14 m hohe korinthische Säule, die 608 zur Ehrung des byzantinischen Kaisers Phokas aufgestellt wurde sowie zum Dank dafür, dass dieser Kaiser an Papst Bonifatius IV. das Pantheon zur Umwandlung in eine Kirche abtrat.

Die Erde tat sich auf – Zorn der Götter?

Lacus Curtius

Östlich dieser Säule tat sich die Erde auf – vermutlich durch geologische Verschiebungen. Hier befindet sich der legendenumrankte Lacus Curtius, jene Stelle, an der sich Marcus Curtius 362 v. Chr. in einen Erdspalt stürzte, um einen Orakelspruch zu erfüllen und Rom mit den Göttern zu versöhnen. Das dort 1553 gefundene **Reiterrelief** könnte aber auch den sabinischen General Mettius Curtius darstellen, der hier beim Raub der Sabinerinnen in ein Sumpfgebiet geriet, sich aber retten konnte. Das heutige Relief ist eine Kopie.

Der Nabel der Welt

10: Umbilicus Urbis, Tempio della Concordia

Hinter der Rostra sieht man Teile eines Rundsockels im Boden, nicht besonders auffällig, aber von zentraler Bedeutung. Er gibt den Mundus bzw. Umbilicus Urbis, den Nabel der Welt, als **symbolische Mitte Roms und des Imperiums** an. Plutarch schrieb in »Das Leben des Romulus«:

»
Nachdem Romulus den Remus und mit ihm seine Erzieher auf dem Platz Remoria begraben hatte, gründete er die Stadt, wozu er aus Etrurien Männer kommen ließ, die nach heiligen Satzungen und Aufzeichnungen zu allem die Anleitung gaben. Es wurde nämlich auf dem jetzigen Comitium eine Grube ausgehoben und Erstlinge von allem, was man der Sitte nach als gut oder der Natur nach notwendig in Gebrauch hatte, da hineingelegt. Zuletzt brachte jeder eine Handvoll Erde aus dem Lande, woher er gekommen war, und warf sie darauf, und dann vermischte, rührte man alles durcheinander. Diese Grube benennen sie mit demselben Wort wie das Weltall: mundus. Hierauf beschrieb man um sie wie um das Zentrum eines Kreises die Stadtgrenze.
«

Gegenüber liegt der Tempel der Concordia aus republikanischer Zeit. Er erinnert an den aufreibenden und langwierigen Ständekampf zwischen Patriziern und Plebejern, bis schließlich eine Gleichstellung erreicht wurde, die im Bau des Concordiatempels von 367 v. Chr. zum Ausdruck kam.

In diesem Tempel ruhte der Staatsschatz

11: Tempio di Saturno

Saturn, einem Gott wahrscheinlich etruskischen Ursprungs, den später auch die Römer zunächst als oberste Gottheit verehrten, wurde der **erste Tempel auf dem Forum Romanum** geweiht. Der bereits kurz nach der Vertreibung der Tarquinier um 498 v. Chr. errichtete Bau war in republikanischer Zeit eines der bedeutendsten und am meisten verehrten Heiligtümer. Zur Zeit der Republik wurde hier der Staatsschatz aufbewahrt. Sechs mächtige Säulen sind erhalten, auch dank einer Restaurierung aus dem Jahr 283.

Alle Wege führen nach Rom!

Der »Goldene Meilenstein«

Alle Wege führen nach Rom, das ist hier noch einmal dargestellt: Neben und etwas unterhalb des Saturntempels liegt, leicht zu übersehen, ein Bruchstück des »Goldenen Meilensteins«, an dem die Via Sacra und alle römischen Konsularstraßen begannen und endeten. Auf ihm waren seit 20 v. Chr. in goldenen Ziffern die Entfernungen von Rom zu den verschiedenen Provinzen des Reichs angegeben.

Langeweile macht erfinderisch

12: Basilica Iulia

Wir sind nun südlich der Hauptachse der Via Sacra. Hier stand die 101 m lange und 49 m breite fünfschiffige Halle, in deren Mittelteil das für Zivilangelegenheiten zuständige **Geschworenengericht** tagte. Die Basilica Iulia geht auf eine Baumaßnahme Caesars zurück.

Nach Bränden sorgten Augustus und Diokletian für den Wiederaufbau. Viel übrig geblieben ist nicht von dem Bau – doch Interessantes ist zu sehen, wenn Sie den Blick auf den Boden heften: In den Treppenstufen sind eingeritzte Spielbretter zu sehen. Da war es den Wachsoldaten wohl langweilig …

Die legendären Zwillinge tränkten hier ihre Pferde

13: Tempio di Castore e Polluce

Viele griechische und etruskische Mythen ranken sich um die Dioskuren Castor und Pollux. Die »Himmlischen Zwillinge« galten als Söhne des Königs von Sparta und Leda, später gar als Abkömmlinge von Zeus und Leda. Die Sagen des klassischen Altertums erzählen von Heilungen mit Gott Äskulap und der schönen Helena, der Tochter von Leda und Zeus und somit Schwester der Dioskuren. Der Sohn des Diktators Aulus Postumius stiftete den ersten Bau des Kastor-und-Pollux-Tempels 484 v. Chr. Damit dankte er für den **Sieg über die Tarquinier** (499 v. Chr.) in der Schlacht am See Regillus, 4 km nördlich des heutigen Frascati bei Rom. Kastor und Pollux wurde als Schutzgötter der Reiterei ein maßgeblicher Anteil am Erfolg zugeschrieben, sie überbrachten legendär gar die Siegesnachricht nach Rom und tränkten ihre Pferde an einer Quelle auf dem Forum. In diesem Quellheiligtum, dem nach der Wassernymphe Juturna benannten **Lacus Iuturnae,** wurden um 1900 tatsächlich Statuen der Dioskuren und des Äskulap entdeckt.

Ein absoluter Höhepunkt byzantinischer Kunst

14: Santa Maria Antiqua

Verpassen Sie auf keinen Fall die Kirche Santa Maria Antiqua! Sie liegt etwas versteckt an der Südseite des Areals am Fuß des Palatinischen Hügels und ist erst seit Kurzem für Besucher geöffnet. Sie ist das älteste und **wichtigste christliche Gebäude** auf dem Forum Romanum. Im 6. Jh. durch Teilumbau des Tiberius-Kaiserpalasts errichtet, im 8. Jh. von den Päpsten Johannes VII., Zacharias und Paul I. reich ausgestattet, dann verfallen, wurde die Kirche im 13. Jh. wieder hergestellt und verschwand dann buchstäblich im Erdboden, wurde zugeschüttet, vergessen. Darüber wurde eine barocke Kirche errichtet. Um 1900 bestand ein Archäologe darauf, dass hier ein Juwel zu finden sei, und ließ tatsächlich die Barockkirche abtragen. Zum Glück, denn darunter fand sich Santa Maria, nahezu im Originalzustand, ohne spätere Einbauten. Überwältigend ist der Bilderreichtum der **am besten erhaltenen und größten frühmittelalterlichen Freskenzyklen** Italiens. Ein Höhepunkt byzantinischer Kunst in Rom! Die Schätze werden modern und multimedial präsentiert, Strahler erhellen immer nur einzelne Abschnitte, um die Schönheit auch für spätere Generationen zu bewahren.
Von der Kirche führt eine Rampe mit hohen Deckengewölben zum Palatin. Man kommt zwar nicht ganz hinauf, erreicht aber einen schönen **Aussichtspunkt.** Dort liegt Ihnen das gesamte Forum Romanum zu Füßen, Schautaufeln liefern Erklärungen.

Sechs Jungfrauen hüteten das »Heilige Feuer«

15: Tempio di Vesta

Der Rundtempel der Vesta auf dem Forum Romanum bewahrte in altrömischer Zeit das »Heilige Feuer«, das von den Vestalinnen gehütet wurde. Sie waren Jungfrauen, die aus den vornehmsten Familien der Stadt erwählt, genauer gesagt: verschleppt, wurden. Nach der Vorschrift versahen die sechs Priesterinnen den Dienst von ihrem zehnten bis vierzigsten Lebensjahr. Dieses »ewige Feuer« war **den Römern sehr wichtig:** Am Neujahrstag, dem 1. März, löschten sie in ihren Häusern und Wohnungen das Feuer und holten sich ein neues an der Flamme im Vestatempel.
Dessen heutige Überreste stammen von 191, als Julia Domna, die zweite Gattin des Kaisers Septimius Severus, den Rundtempel mit 20 schlanken Säulen nach dem genauen Vorbild des Baus von 64 n. Chr. neu errichten ließ.

Großes Ansehen schützt nicht vor grausamen Gesetzen

Atrium Vestae

Julia Domna (gest. 227), Mutter Caracallas und Getas, errichtete auch das sich anschließende Haus der Vestalinnen. Lateinische Schriftsteller berichten, dass im Haus der Vestalinnen das **Palladium,** das Bild der Pallas Athene, aufbewahrt war – der Sage nach hatte es Aeneas aus Troja nach Latium mitgebracht. Die Vestalinnen, von

Sechs Priesterinnen hüteten das »Heilige Feuer« im Tempel der Vesta (links).
Die Säulen rechts sind die Reste des Tempels von Castor und Pollux.

hohem Ansehen, durften ihr Haus nur zu zeremoniellen Anlässen verlassen. Kreuzten sie den Weg eines zum Tode Verurteilten, so wurde dieser begnadigt. Grausam wurde mit den Priesterinnen selbst umgegangen: Sie wurden lebendig begraben, wenn sie das ihnen verordnete Keuschheitsgelübde verletzten.

Die Toten wurden Götter

16: Tempio del Divo Giulio

Verstorbene Familienmitglieder wurden traditionell als Divi, als Götter, von ihren Nachkommen verehrt. So auch Gaius Julius Cäsar, jener Herrscher, der die Römische Republik beendete und sich als Diktator etablierte. An der Stelle, an der der ermordete Cäsar verbrannt wurde, wurde wohl schon 42 v. Chr. ein Tempel zu Ehren des vergöttlichten Herrschers gegründet. Sein Adoptivsohn Oktavian (dann Augustus) ließ den Tempel am 18. August 29 v. Chr. offiziell weihen. Die spärlichen, etwas groben Reste deuten auf einen einfachen ionischen Prostylos hin, eine griechische Tempelart. Augustus vermischte jedoch erstmals mit dem Caesartempel Privatkult und Staatszeremoniell, sodass in der Folgezeit die Göttlichsprechung der kaiserlichen Familie durch den Senat die Regel wurde.

★★ GALLERIA DORIA PAMPHILJ

Lage: Via del Corso 305 | **Eingang:** Piazza del Coll. Romano 2 | **Innenstadtplan:** e III | **Metro:** A (Barberini-Fontana Trevi) | Mo.–Do. 9–19, Fr.–So. 10–20 Uhr | **Eintritt:** 16 € | **www.dopart.it**

Die Familien Doria und Pamphilj gehörten zu den berühmtesten und einflussreichsten Roms. Sie bekleideten höchste Ämter, die Pamphilj haben sogar einen Papst in ihrer Ahnengalerie. Große Kunstsammler waren sie auch. Ihre exquisit bestückte Galerie zeigt Werke aus der Zeit vom 15. bis 18. Jh., u. a. von Tizian, Tintoretto, Caravaggio und Velázquez.

Mehr ist mehr

Reich heiratet reich. So war es oft im Rom vergangener Jahrhunderte. Der riesige Palast an der Via del Corso, ursprünglich für die Familie della Rovere gebaut, kam im 17. Jh. in den Besitz der Pamphilj, später durch Heirat in den Besitz der aus Genua stammenden Doria. In der Galerie hängen die Bilder dicht an dicht an den Wänden, so wie sie in vergangenen Jahrhunderten von den Hausherren angeordnet wurden – »weniger ist mehr« war offensichtlich nicht das Motto, als

Grausig realistisch malte Tizian, wie sich Salome das Haupt Johannes des Täufers präsentieren lässt.

die Pamphilj und Doria im großen Stil Kunstwerke für ihre Wohn- und Repräsentationssalons kauften. Stattdessen galt: »Mehr ist mehr«.

Dicht an dicht: Raffael, Tizian, Caravaggio ...

Eine Fülle an Meisterwerken

So wie damals werden die Bilder auch heute präsentiert – ohne Nummern und ohne Beschriftung an den Wänden. Mit einem Audioguide oder mithilfe des Katalogs lassen sich die bedeutenden Werke jedoch leicht finden. Besonderes Augenmerk gebührt dem vielfigurigen Tafelbild von Hans Memling mit der ausdrucksvollen »Beweinung Christi« (1475 – 1485) und dem Doppelbildnis (1515) von Raffael, der vermutlich zwei seiner Mitarbeiter bei der Ausmalung der vatikanischen Stanzen porträtierte; ferner der rot gewandeten **»Salome mit dem Haupt des Täufers«** (1511 – 1515) von Tizian. Herausragend sind außerdem die ungemein realistische »Büßende Magdalena« und die in brillanter Helldunkelmalerei als Familienidyll gestaltete »Rast auf der

Flucht nach Ägypten« von Caravaggio, das 1649/1650 gemalte Bildnis des Papstes Innozenz X. (Giovan Battista Pamphilj) von Diego Velázquez. Velázques, der auch und vor allem am spanischen Hof porträtierte, zeigt den Papst mit groben Gesichtszügen und finsterem Blick, eine Anspielung darauf, dass das Papsttum am Ende des Dreißigjährigen Krieges (1618 – 1648) durch seine politischen Ränkespiele auch im katholischen Teil Europas eine umstrittene Macht darstellte.

★ GALLERIA NAZIONALE D'ARTE MODERNA (GNAM)

Lage: Viale delle Belle Arti 131 | **Metro:** A (Flaminio) | **Tram:** 3, 19 | Di. – So. 9 – 19 Uhr Uhr | **Eintritt:** 10 €
https://lagallerianazionale.com

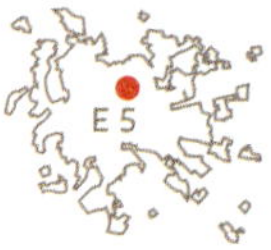

Direkt am herrlichen Park ▶Villa Borghese liegt die Nationalgalerie der modernen Kunst, die Skulpturen und Gemälde des 19. und 20. Jh.s unter ihrem Dach vereint. Im Mittelpunkt stehen die wichtigsten Kunstströmungen, die Italien Anfang des 20. Jh.s hervorgebracht hat.

Zur Abwechslung etwas Moderne

Die Liebe zur Gefahr, die Verherrlichung von Krieg und Patriotismus, der Rausch der Geschwindigkeit – das sind nur einige der Themen, mit denen die technik- und fortschrittsgläubigen Futuristen zu Beginn des 20. Jh.s in eine neue Zeit aufbrechen wollten. Der **Futurismo,** der Italiens Kunstszene revolutionierte, nimmt mit Werken von Carlo Carrà, Giacomo Balla, Umberto Boccioni u. a. viel Raum in der GNAM ein. Auch die **Pittura Metafisica,** die das Übersinnliche, einen von den Naturwissenschaften nicht greifbaren Teil der Welt, thematisierte, prägte Italiens Kunstlandschaft in dieser Epoche. Prominentester Vertreter dieser Kunstströmung war Giorgio de Chirico, dessen Werke in der GNAM ebenso vertreten sind wie im nahegelegenen **Museo Carlo Bilotti** (im Park). Das 19. Jh. wird vor allem durch klassizistische Arbeiten repräsentiert, aber auch durch die Gemälde der **»Macciaoli«,** einer Gruppe von Freilichtmalern. Werke von Cézanne, Monet, van Gogh, Klee, Max Ernst u. a. geben einen Überblick über die Kunst, die in der gleichen Epoche auch anderswo in Europa entstand. Zuletzt kam das Museum in Verruf, da es immer wieder zur Bühne ultrarechter Veranstaltungen wie Buchvorstellungen wurde.

★★ GALLERIE NAZIONALI BARBERINI CORSINI

Palazzo Barberini, Via delle Quattro Fontane 13 | **Innenstadtplan:** g I | **Metro:** A (Barberini) | **Palazzo Corsini**, Via della Lungara 10 | **Innenstadtplan:** b IV | **Metro:** C, Chiesa Nuova (ab 2025/2026) | Di. – So. 10 –19 Uhr | **Eintritt:** 15 €, ermäßigt: 2 € (Kombiticket für beide Palazzi, 20 Tage gültig) | Für den Besuch am Wochenende wird die online-Reservierung empfohlen | **www.barberinicorsini.org**

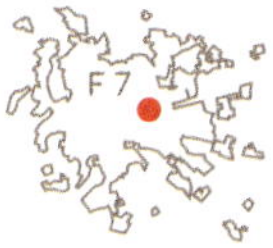

Caravaggio, Raffael, Antonis van Dyck und Hans Holbein – das sind nur einige der großen Namen, mit denen sich die Sammlung schmücken kann. Präsentiert wird der außerordentliche Kunstschatz im Palazzo Barberini, den sich Papst Urban VIII. – ein gebürtiger Barberini – bauen ließ. Eine Dependance der Nationalgalerie ist der Palazzo Corsini auf der anderen Seite des Tibers.

Aufmarsch aller großen Meister

In den Sälen des Palazzo Barberini reihen sich Gemälde aus fünf Jahrhunderten (14. – 18. Jh.) an den Wänden. Zu den Meisterwerken zählen Raffaels »Fornarina«, das Bildnis einer jungen Bäckerin, in der Kunsthistoriker die Geliebte und Muse des mit nur 37 Jahren verstorbenen Ausnahmemalers (1483 – 1520) erkennen, ebenso Hans Holbeins Porträt von »Heinrich VIII.«, das den König 1540 am Tage seiner Hochzeit mit Anna von Kleve, der vierten seiner sechs Frauen, zeigt. Hervorzuheben sind auch die anmutige »Madonna mit Kind« (um 1437) von Filippo Lippi, die Altarbilder El Grecos: die »Anbetung der Hirten« und die »Taufe Christi« (Ende 16. Jh.), und Caravaggios Gemälde »Narziss« und »Judith enthauptet Holofernes«. Im »piano nobile«, der hochherrschaftlichen Etage, liegt der »Salone«, der sich gleich über zwei Stockwerke erstreckt und dessen Decke Pietro da Cortona 1632 – 1639 mit dem »Triumph der göttlichen Vorsehung« ausschmückte.

Auch architektonisch ein echter »Hingucker«

Palazzo Barberini

Den barocken Palast auf dem Quirinalhügel ließ Maffeo Barberini (1568 – 1644) für seine Neffen errichten, nachdem er 1623 zum Papst (Urban VIII.) gewählt worden war. Der viel kleinere Palazzo der Vorbesitzer, der Familie Sforza, wurde nicht abgerissen, sondern als »Ala Sforza« (Sforza-Flügel) in das neue, von den Architekten Carlo Maderno, Gian Lorenzo Bernini und Francesco Borromini konzipierte Prachtgebäude integriert. Werfen Sie unbedingt einen Blick in die **Treppenhäuser** links und rechts des Hauptportals: Das linke wurde nach Berninis Plan quadratisch gebaut, für das rechte, spiralförmige zeichnet Borromini verantwortlich. Über dem Portal prangt das Bienen-Wappen der Barberini, auf das man in Rom immer wieder stößt.

Der pure Genuss des Schauens

Galleria Corsini

Unter dem Dach der Nationalgalerie firmiert heute auch die Galerie im Palazzo Corsini, der in Vatikannähe auf der anderen Seite des Tibers liegt. Der Palast wurde ursprünglich für einen Kardinal errichtet, später war er **Wohnsitz der schwedischen Königin Christina,** die nach Rom zog, nachdem sie 1655 zum römisch-katholischen Glauben übergetreten war und auf den schwedischen Thron verzichtet hatte. Als Lorenzo Corsini, Spross einer toskanischen Familie, 1736 zum Papst (Clemens XII.) gewählt worden war, erwarben die Corsini den Palast und schmückten ihn mit zeitgenössischer Kunst – Werke von Caravaggio, Reni, Guercino, Rubens. Interessant ist die Art der Präsentation. Die Gemälde hängen hier so wie einst in den Salons der Corsini – ohne Nummern und Namensschildchen. Infos zu Maler und Werk geben lediglich ausliegende Übersichtskarten.

Wie zu Zeiten der Corsini hängen die Gemälde in der Galleria Corsini – eng und ohne Erläuterung.

★ IL GESÙ

Lage: Piazza del Gesù 1 | **Innenstadtplan:** e III | **Metro:** B | **Tram:** 3 (Largo di Torre Argentina) | **Kirche:** tgl. 7.30 – 12.30 und 16.30 – 19.45 Uhr (vormittags finden an allen Wochentagen mehrere Gottesdienste statt, eine weitere Messe um 19 Uhr) | **Museum:** Sa., So. 16 – 18 Uhr | **www.chiesadelgesu.org**

»Gesù«, die Jesuskirche, wurde im 16. Jh. gebaut – als erste Jesuitenkirche der Welt. Der kurz zuvor gegründete Jesuitenorden galt als treibende Kraft der Gegenreformation. Der Baustil von »Gesù« war prägend für Jesuitenkirchen in ganz Europa. Viel spektakulärer als die architektonische Form ist das hochbarocke Innere – ein Gesamtkunstwerk von schwindelerregender Pracht.

Hier ist alles Gold, was glänzt

1540, als in Europa der Einfluss von Reformatoren wie Martin Luther schon stark zu spüren war, wurde der kurz zuvor von Ignatius von Loyola (1491 – 1556) gegründete Jesuitenorden durch Papst Paul III. anerkannt. Wenig später regte Ignatius den Bau einer Kirche an, Michelangelo machte die ersten Pläne. Doch es kam zu Unstimmigkeiten zwischen den Jesuiten und dem Papst, und der Bau verzögerte sich. Nach Loyolas Tod beauftragte der Orden Giacomo Barozzi da Vignola (1507 – 1573) damit. Der war der Lieblingsarchitekt des Kardinals Alessandro Farnese, eines großzügigen Gönners der Jesuiten. Vignola entwarf eine Kirche mit einschiffigem Langhaus, Tonnengewölbe, lichtdurchfluteter Vierungskuppel und niedrigen, an das Langhaus angegliederten Kapellen. Vollendet wurde das Bauwerk 1584 unter der Ägide von Giacomo della Porta, der die Bauleitung nach Vignolas Tod übernommen hatte. Della Porta zeichnet auch für die Gestaltung der zweigeschossigen Fassade verantwortlich, die neu entworfen werden musste, weil Vignolas Entwurf Kardinal Farnese nicht überzeugt hatte. Della Portas Fassade wird sowohl von barocken Elementen als auch von Renaissancemerkmalen geprägt. Vor allem aber huldigt der Namensschriftzug über dem Portal dem Geldgeber Alessandro Farnese.

Pompöse Prachtentfaltung und ein kleines Spektakel

Deckenfresko

Der Innenraum mit der zentralen Kuppel, dem verlängerten Hauptschiff, den Schildbögen, Fresken und Marmorskulpturen überrumpelt den Besucher geradezu mit seiner Pracht. Die Absicht derJesuiten war klar: Ihre Kirche, baulich ein Gegenpol zu den schlichten Gotteshäusern, die die Protestanten bevorzugten, sollte die Gläubigen nachhaltig beeindrucken und von der Strahlkraft der »richtigen«, also der römisch-katholischen Kirche überzeugen. Verstärkt wurde die Wirkung durch den verschwenderischen Einsatz von **»Kolumbusgold«**, das man seinerzeit aus der »neuen« Welt für Paläste und Sakralbauen in der »alten Welt« herbeischaffen ließ. Zentraler Blickfang ist das Deckenfresko der »Verherrlichung des Namens Jesu« im Mittelschiff von Giovan Battista Gaulli (1639 – 1709). Es erweckt den Eindruck, der Himmel bräche mit aller Macht und Pracht durch das Deckengewölbe herein. Durch einen im Kirchenschiff aufgestellten Spiegel können Besucher heute Details der Deckenmalerei bewundern. Jede einzelne Kapelle ist ebenfalls mit Fresken und Gemälden reich bestückt. Die größte (im linken Querschiff) beherbergt das **Grab des heiliggesprochenen Ordensgründers.** Eine große, silberne Statue des Heiligen ist eine Nachbildung. Das Original musste auf Befehl von Papst Pius VI. als Kriegsschuld an Napoleon eingeschmolzen werden. Täglich um 17.30 Uhr setzt am Altar über dem Ignatius-Grab ein theatralisches Spektakel ein: Wie von Geisterhand wird das Altarbild abgesenkt und eine Ignatius-Statue aus vergoldeter Bronze erscheint. Lichteffekte und meditative Kirchenmusik begleiten die kleine Zeremonie, die Gläubige schon im 17. Jh. in Erstaunen und Entzücken versetzte.

Förderer der Wissenschaften

Museum, Casa Professa del Gesù

Einen Abstecher lohnt das Museum, das Reliquien präsentiert und die positiven Kapitel der Ordensgeschichte beleuchtet – vor allem die Tatsache, dass sich die Jesuiten um die Entwicklung moderner Wissenschaften verdient gemacht haben. Haben Sie noch Lust, einen Blick in die **Cappella Farnesina** und die Zimmer (»Camere«) des Hl. Ignatius in der angrenzenden Casa Professa del Gesù zu werfen? Auch die stehen Besuchern offen.

Piazza del Gesù 45 | Mo. – Fr. 6.30 – 13.30, Sa. 6.30 – 17 Uhr

★ GIANICOLO

Innenstadtplan: b III-V | **Metro:** C, Chiesa Nuova (ab 2025/2026)

An schönen Tagen zieht es Römer auf den Gianicolo, den knapp 90 Meter hohen Hügel am rechten Tiberufer. Die Aussicht über die Ewige Stadt auf der einen und den Vatikan mit der mächtigen Petersdomkuppel auf der anderen Seite ist grandios. Auf dem Hügel huldigt Rom Garibaldi, dem Helden der Kämpfe um die nationale Einheit Italiens.

Man kann mit dem Bus hinauffahren oder den Hügel zu Fuß erklimmen, entweder beginnt man den Aufstieg in Trastevere oder man steigt ab der Piazza della Rovere die Salita di Sant' Onofrio hinauf und

Die Aussicht vom Gianicolo gehört zu den grandiosesten, die Rom zu bieten hat. Da mag man eine Weile sitzen bleiben.

folgt der Passeggiata del Gianicolo. Dieser Weg führt vorbei am Ospedale Pediatrico Bambino del Gesù, einem vom Vatikan betriebenen Kinderkrankenhaus mit internationalem Ruf. Nach einer guten halben Stunde hat man die Kuppe des Gianicolo erreicht, der seinen Namen dem Gott Janus (ital. Giano) verdankt. Für Janus hat es in der Antike vermutlich eine Kultstätte auf diesem Hügel gegeben.

Genießen Sie die grandiose Aussicht

Erinnerung an die schwierige Gründung Italiens

Garibaldi-Denkmäler

Lange Zeit lag die Anhöhe außerhalb der Stadt. Erst im 3. Jh. n. Chr. wurde sie im Zuge der Stadterweiterung unter Kaiser Aurelian in das römische Stadtgebiet einbezogen. Bei militärischen Auseinandersetzungen spielte der Gianicolo wiederholt eine **strategisch wichtige Rolle.** So auch 1849: Damals hatten die Anhänger der demokratischen Römischen Republik Papst Pius IX. entmachtet. Der Heilige Vater rief die französische Armee zu Hilfe. Beide Parteien lieferten sich auf dem Gianicolo heftige Kämpfe. Das Reiterstandbild zeigt Giuseppe Garibaldi, einen der populärsten Kämpfer aufseiten der Römischen Republik, der mit seinen Gefolgsleuten 1870 die Einigung Italiens errang. Etwas unterhalb des Garibaldi-Denkmals, an der **Passeggiata del Gianicolo,** findet sich das Denkmal für Garibaldis erste

Frau, Anita Garibaldi (1821 – 1849). Sie, die Gefährtin und Freiheitskämpferin in dramatischer Pose, hoch zu Ross, mit wehenden Haaren, Kind im Arm und Pistole in der Hand. Die gebürtige Brasilianerin hatte Garibaldi bei antimonarchistischen Kämpfen in Brasilien kennengelernt und war ihm nach Italien gefolgt. 1849 war sie auf der Flucht vor den französischen Truppen bei Ravenna an Malaria gestorben. Nachdem Garibaldis Bewegung erfolgreich die Gründung des italienischen Nationalstaats herbeigeführt hatte, wurde seine geliebte Gefährtin auf seinen Wunsch hin auf dem Gianicolo bestattet.

Geht Ihre Uhr richtig?

Kanonenschuss um 12 Uhr mittags

Erschrecken Sie nicht, wenn unterhalb der Aussichtsterrasse des Gianicolo ein Kanonenschuss abgefeuert wird. Das heißt: Es ist Punkt zwölf. Papst Pius IX. hatte 1847 angeordnet, um zwölf Uhr mittags eine Kanone blind abfeuern zu lassen. Damit wollte er bezwecken, dass sämtliche Glocken Roms gleichzeitig zu Mittag läuteten. Auch im digitalen Zeitalter hält man an dieser Tradition fest. Den **Manfredi-Leuchtturm** an der Passeggiata del Gianicolo machten italienische Auswanderer 1911 ihrer alten Hauptstadt zum Geschenk. Seither sendet er Lichtsignale in den Nationalfarben Grün, Weiß und Rot.

Puppentheater und Pflanzen

Botanischer Garten

Gleich neben dem Reiterstandbild im Park finden seit über 50 Jahren in dem kleinen Puppentheater samstags und sonntags unterhaltsame Aufführungen statt.

Unterhalb des Gianicolohügels liegt der von der Uni betriebene Orto Botanico mit über 8000 verschiedenen Pflanzen aus der ganzen Welt.

Largo Cristina di Svezia 24 (nahe Via Corsini) | Tram: 8 | Ende März – Ende Okt. Mo. – Sa. 9 – 18.30, sonst bis 17.30 Uhr
Eintritt: 5 €

Eine Kirche zu Ehren des Apostels Petrus

San Pietro in Montorio

Vom Piazzale Garibaldi führt ein kurzer Spaziergang über die Passeggiata del Gianicolo und die Via Garibaldi zur Kirche San Pietro in Montorio. Die Kirche des »hl. Petrus auf dem Goldberg« (15. Jh.) verdankt ihre Gründung der mittelalterlichen Legende, dass der Apostel Petrus an dieser Stelle die Kreuzigung erlitten habe. Im Auftrag des spanischen Königs Ferdinand IV. führte **Baccio Pontelli** nach 1481 die hallenartige Kirche aus. Die Kapellen der rechten Seite sind geschmückt mit der »Geißelung Christi« von Sebastiano del Piombo, der »Madonna mit dem Brief« von Pomarancio und der »Bekehrung des Paulus« von Giorgio Vasari. Die zweite Kapelle linker Hand entwarf Bernini um 1640. Die »Kreuzigung von Petrus« in der Apsis ist eine Kopie der Arbeit von Guido Reni – das Original hängt in der Pinacoteca der Vatikanischen Museen (▶Vatikan).

tgl. 8.30 – 12 und 15 – 16 Uhr | www.sanpietroinmontorio.it

Musterbeispiel der Hochrenaissance

★ Tempietto di Bramante

Auf der rechten Seite geht es zum Hof mit einem kleinen runden Säulentempel. Diese 1502 von Bramante entworfene Kapelle zum Gedenken an die Kreuzigung Petri gilt als Musterbeispiel der Hochrenaissance. Der Rückgriff auf die Antike, die Wiedergeburt der griechisch-römischen Architektur, wird hier deutlich. Die ausgewogene Symmetrie der Formen und die **Harmonie des gesamten Baukörpers** erheben den kleinen Tempel zu architektonischem Rang.

Di.-So. 10-18 Uhr | Eintritt: frei

Der größte Park der Stadt

★ Villa Doria Pamphilj

Westlich vom Gianicolohügel (Via Aurelia Antica) erstreckt sich das weite Gelände der Villa Doria Pamphilj, des mit 9 km² größten städtischen Parks in Rom, mit Schatten spendenden Pinienbeständen und weiten Grünflächen. Diese Villa wurde 1644 – 1652 von Alessandro Algardi für den Fürsten Camillo Pamphilj, den Neffen des Papstes Innozenz X., angelegt (►Galleria Doria Pamphilj). An der Via Aurelia Antica steht auf einer Terrasse das Casino dei Quattro Venti, die **Villa der vier Winde.** Sie ist mit beachtlichen Standbildern und Reliefs geschmückt.

ISOLA TIBERINA

Innenstadtplan: d/e V | **Tram:** 8

Es soll die Tiberinsel gewesen sein, auf der sich Aesculaps Schlange nach der Reise aus Griechenland ans Land wand. Ihre Anwesenheit führte zur Errettung der Römer vor der Pest, die zum Dank einen Tempel für die Gottheit bauten. So weit die Legende. Vermutlich war es aber etwas profaner: Die ältesten Brücken Roms führten zur Tiberinsel, es war schließlich der kürzeste Weg über den Fluss.

Eine Insel wie ein Schiff

Die 300 m lange Insel wirkt wie ein riesiges Schiff im Strom und war vermutlich in der Antike mit Marmor verkleidet, worauf Reste an der Ostspitze schließen lassen. In republikanischer Zeit stand noch ein Obelisk darauf, der wie ein Mast wirkte. Um 200 v. Chr. wurde hier der Kult des Heilgottes Äskulap und seiner heiligen Schlange gepflegt. Wie eine logische Fortführung wirkt es da, dass bis heute ein Krankenhaus auf der Insel liegt, betrieben vom Orden der Barmherzigen Brüder.

OPEN AIR AM TIBER

Auch wenn Sie kein Italienisch sprechen: Gönnen Sie sich das nächtliche Kinoereignis im Sommer, im Freien, auf der Tiberinsel. Zum einen ist die Atmosphäre unvergleichlich, zum anderen werden viele Filme auch im englischen Original gezeigt (www.isoladelcinema.com).

Die älteste Brücke der Stadt und die »zerstörte Brücke«

Ponte Fabricio, Ponte Cestio

Dank der Insel bot sich an dieser Stelle die bequemste Möglichkeit, Brücken über den Fluss zu schlagen. 62 v. Chr. ließ Konsul Fabricius die Verbindung zum rechten Tiberufer herstellen, heute die älteste erhaltene Brücke Roms. Sie trägt seinen Namen, wird aber auch »Brücke zu den vier Köpfen« genannt, nach den zwei Doppelhermesköpfen am Geländer. Nach Trastevere führt der Ponte Cestio hinüber, 46 v. Chr. von Lucius Cestius errichtet.

Ponte Rotto, »zerstörte Brücke«, heißen flussabwärts die Überreste einer 179 v. Chr. von den römischen Censoren Aemilius Lepidus – daher der alte Name Pons Aemilius – und Fulvius Nobilior in Holz begonnenen Brücke, die man 142 mit Steinbögen versah, als erste ihrer Art in Rom.

Ein reich verzierter Marmorbrunnen

San Bartolomeo

San Bartolomeo in der Mitte der Insel wurde Ende des 10. Jh.s auf den Ruinen des Äskulaptempels errichtet und nach einer Tiberüberschwemmung in der Barockzeit durch Martino Longhi d. J. restauriert. Beachtung verdienen der schöne **romanische Campanile** und ein reich verzierter Marmorbrunnen am Aufgang zur Apsis aus dem 12. Jh., der Christus, die Heiligen Adalbert von Gnesen und Bartholomäus sowie Otto III. zeigt.

JÜDISCHES VIERTEL

Lage: Lungotevere de' Cenci | **Innenstadtplan:** d/e IV | **Tram:** 8 (Arenula/Ministero delle Giustizia) | **Museo Ebraico:** Okt. – März So. – Do. 10 – 17, Fr. 9 – 14; April – Sept. So. – Do. 10 – 18, Fr. 10 – 16 Uhr (Besichtigung mit Audioguide) | **Eintritt:** 11 € | **https://museoebraico.roma.it**

Der »Tempio Maggiore« am Lungotevere Cenci ist eine der größten Synagogen Europas und liegt auf dem Gebiet des bis 1870 existierenden Ghettos. Rom hat eine nach wie vor vitale jüdische Gemeinde mit rund 16 000 Mitgliedern.

Auf den Spuren jüdischen Lebens

In der Gegend zwischen Lungotevere de' Cenci und Largo Argentina gehören Männer und Jungen mit Kippa zum Straßenbild. Auch die Kellner, die vor den Restaurants in der Via de San Bartolomeo de'Vacchinari die Menüs ihrer Lokale bewerben, tragen die jüdische Kopfbedeckung. Auf den Speisekarten stehen koschere Gerichte, z. B. frittierte Artischocken oder Fischsuppe, die ebenfalls typisch ist für die **römisch-jüdische Küche** – hier befinden Sie sich im Zentrum des jüdischen Lebens am Tiber, im ehemaligen Ghetto von Rom, wo vieles an die lange jüdische Geschichte in der Hauptstadt des katholischen Glaubens erinnert und wo sich gläubige Juden zum Gebet in der Großen Synagoge treffen.

Leben hinter Mauern

Ghetto

Schon das antike Rom hatte eine jüdische Gemeinde. In späteren Jahrhunderten zog es immer wieder Menschen aus der Levante in die Stadt an den Tiber. Eine größere jüdische Zuwanderungswelle brachte der Stadt im 16. Jh. viele neue Bewohner – Juden, die auf der Iberischen Halbinsel verfolgt wurden, fanden am Tiber eine neue Heimat. Aus Süditalien, das seinerzeit zur spanischen Machtsphäre gehörte, mussten Juden ebenfalls fliehen. Auch für sie wurde Rom zum rettenden Hafen. Ein eigener, umgrenzter Wohnbereich für die jüdischen Bewohner der Stadt wurde 1555 auf Anordnung von Papst Paul IV. angelegt. Das Areal war von hohen Mauern umgrenzt, und zunächst gab es nur zwei Tore, die nachts verschlossen blieben. Die Mauer begann am Ponte Fabrizio, der die Tiberinsel mit dem linken Ufer verbindet, führte weiter zum Portikus der Octavia über die Via del Portico d'Ottavia zur Piazza Giudea und von dort entlang des Vicolo Cenci wieder bis zum Tiber. Eine gute Wohnlage war das Ghetto wirklich nicht. Weil man das Hochwasser des Tibers damals noch nicht bändigen konnte, wurde die Gegend oft überflutet. Obendrein war sie hoffnungslos überbevölkert. Wegen der stetig steigenden Einwohnerzahl wurde das jüdische Viertel im Laufe der Jahrhunderte erweitert. Auf Anordnung von Papst Pius IX. wurden die Mauern 1848 schließlich abgerissen. Juden mussten aber auf dem ihnen zugewiesenen Terrain wohnen bleiben. Aufgelöst wurde das Ghetto erst 1870, als nach der Einigung Italiens die Truppen von König Vittorio Emanuele II. gegen den Kirchenstaat kämpften. Bei den Kämpfen wurden die alten Synagogen zerstört, an sie erinnert nur noch der Name des Platzes – **Piazza delle Cinque Scole** (»Platz der fünf Schulen«).

Schauplätze historischer Ereignisse

Synagoge/ Tempio Maggiore

Zwischen 1901 und 1904 wurde der »Tempio Maggiore«, die neue Große Synagoge, gegenüber der Tiberinsel gebaut. Ein historisches Ereignis war der Besuch von Papst Johannes Paul II. am 13. April 1986 – erstmals betrat ein Oberhaupt der katholischen Kirche ein jüdisches Gotteshaus. Die Synagoge beherbergt auch das **Museo Ebraico.** Es zeigt u. a. Thorarollen, Gold- und Silberschmiedekunst

Eng ist es immer noch im jüdischen Viertel.

(18. Jh.) und ein 3D-Modell des einstigen Ghettos. An ein finsteres Datum in der Geschichte erinnert eine Gedenktafel an einem Palazzo in der Via del Portico d'Ottavia (Nr. 13) – am 16. Oktober 1943 nahmen die deutschen Besatzer 2091 Juden vornehmlich in dieser Gegend fest und deportierten sie in Konzentrationslager, nur 16 kehrten zurück. An die Ermordeten erinnern auch mehr als 330 **»Stolpersteine«,** die der deutsche Künstler Gunter Demnig seit 2010 in Rom verlegt hat.

Erst Theater, dann Festung

Teatro di Marcello

Gegenüber der Synagoge liegt der Eingang zu einer kleinen Ausgrabungsstätte, in der u. a. das antike Teatro di Marcello zu bewundern ist. Augustus ließ das 15 000 Besucher fassende Theater bauen, seit 17 v. Chr. wurde es bespielt und zwischen 13 und 11 v. Chr. seinem früh verstorbenen Neffen Marcellus geweiht, den er zu seinem Nachfolger auserkoren hatte. Die mächtigen Bogen der Außenfassade wirken noch heute eindrucksvoll, obwohl das Theater im Mittelalter den Familien der Fabi, Savelli und Orsini als Festung und Wohnbau diente. Im 16. Jh. ließen die Savelli über den Theaterruinen einen neuen Palast anlegen, die Form des Baus aber blieb erhalten. Vor dem Marcellustheater stehen rechts auf einem hohen Podest drei korinthische Ecksäulen vom **Apollotempel des Sosianus.** Er wurde 431 v. Chr. geweiht, 179 v. Chr. restauriert und 32 v. Chr. vom Konsul Sosianus gänzlich neu gestaltet. Südöstlich schloss sich in der Antike ein Gemüsemarkt an, der die Verbindung zum Rindermarkt an der ►Piazza della Bocca della Verità herstellte.

★ Fontana delle Tartarughe

Ein Brunnen, der Eindruck schinden sollte

Schildkrötenbrunnen

Nahe dem Tiber, auf der winzigen Piazza Mattei, steht einer der schönsten Brunnen Roms, der Schildkrötenbrunnen aus dem 16. Jahrhundert. Um das sprudelnde Kunstwerk rankt sich eine **romantische Legende,** die mit historischen Fakten zwar unvereinbar ist, doch was soll's – die Römer lieben schöne Geschichten.

Ursprünglich sollte der Brunnen auf der nahen Piazza Giudea, wo auch ein Wochenmarkt stattfand, stehen, doch auf Drängen des Herzogs Mattei wurde der Wasserspender direkt vor dessen Palazzo gebaut. Der Legende nach hat Mattei den Brunnen in einer einzigen Nacht bauen lassen, um den Vater seiner Liebsten zu beeindrucken. Der nämlich war ihm nicht gerade wohlgesonnen, da es um Matteis Finanzen nicht zum Besten stand. Doch das Blatt wendete sich zum Guten, als der Herzog seine Herzensdame und den Schwiegervater in spe aus dem Palastfenster auf die Wasserspiele schauen ließ. Danach habe der Herzog das Fenster zumauern lassen, damit niemand sonst

Angeblich in einer einzigen Nacht ließ Herzog Mattei den Schildkrötenbrunnen bauen, um seiner Geliebten zu imponieren.

aus der gleichen Perspektive auf den Brunnen sehen konnte, erzählen sich die Römer. Ein zugemauertes Fenster hat der **Palazzo Mattei** heute noch. Der Haken an der Geschichte: Der Brunnen war 1588 vollendet, der neue Palazzo des Herzogs aber erst 1616 fertiggestellt.

Die Schildkröten kamen erst später

Harmonisches Ensemble

Aqua Virgo heißt einer der elf Aquädukte, der Rom in der Antike mit Wasser versorgte. Er ist der einzige, der bis in unsere Zeiten erhalten blieb, und er speist auch diesen Altstadtbrunnen – ein quadratisches Becken mit abgerundeten Ecken, in dessen Mitte sich ein mit vier großen Muscheln dekorierter Marmorsockel erhebt. Obenauf thront eine Schale, verziert mit Puttenköpfen, die das Wasser in das darunterliegende Becken speien. Rund um den Sockel sitzen vier bronzene Epheben, also wohlgeformte Jünglinge in anmutiger Pose, die jeweils einen Arm empor zur Schale recken. Das harmonische Ensemble wurde ab 1581 von dem Florentiner Bildhauer Taddeo Landini geschaffen. Der Entwurf stammt von Giacomo della Porta, einem Schüler Michelangelos. Die Schildkröten, die von den Jünglingen zur oberen Brunnenschale gehoben werden, wurden erst 1658, bei der Restaurierung des Brunnens, ergänzt. Ob sie von dem berühmten Barockbildhauer Bernini oder von seinem Kollegen Andrea Sacchi erschaffen wurden, weiß man nicht genau. Fest steht: 1970 wurde eine der Original-Kröten vom Brunnen gestohlen. Daraufhin hat man auch die restlichen drei entfernt und durch Kopien ersetzt.

LARGO DI TORRE ARGENTINA

Innenstadtplan: d III | **Tram:** 8 | **Eingang:** Via di San Nicola De' Cesarini 10, Tickets: Torre del Papito, Piazza dei Calcarari | Di.–So. 9.30–16, im Sommer bis 19 Uhr | **Eintritt:** 5 € | **www.turismoroma.it/de/places/largo-di-torre-argentina**

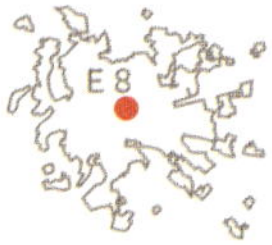

»... zwei, drei, vier, fünf« – die Kinder hören gar nicht mehr auf zu zählen. Ihnen geht es nicht um die zahlreichen Säulen der Ausgrabungsstätte, sie zählen Katzen! Hat man die erste entdeckt, sieht man bald viel mehr als Säulen.

Das Reich der Katzen

Der Tempelbezirk des Largo Argentina liegt einige Meter unterhalb des heutigen Straßenniveaus inmitten eines verkehrsreichen Platzes. Der Name Torre Argentina wird abgeleitet von einem Turm beim Haus von Burckhardt von Straßburg, lat. Argentoratum. Der päpstliche Zeremonienmeister wohnte Anfang des 16. Jh.s in der nahen Via del Sudario.

Sind es mehr Säulen oder mehr Katzen?

Tempelanlage aus republikanischer Zeit

Die vier Tempel, die bei Ausgrabungen 1926 – 1930 ans Licht kamen, bilden einen der wenigen Komplexe aus republikanischer, also vorkaiserlicher Zeit. Man unterscheidet einen rechteckigen Tempel bei den Bushaltestellen, von dem noch 15 Säulen zu sehen sind und in den im Mittelalter die heute zerstörte Kirche San Nicola dei Cesarini hineingebaut wurde; den sich anschließenden runden Tempel mit sechs erhaltenen Säulen, in dem sich einst die Statue der sitzenden Göttin Juno befand; den rechteckigen, kleinsten, zugleich ältesten und am tiefsten liegenden Tempel aus dem 4. oder 3. Jh v. Chr. und einen weiteren Tempel, über dem teilweise die Via Florida verläuft. Die Ausgrabungsstätte wird von Einheimischen einfach **»Katzenforum«** genannt, die »gatti di Roma« werden von den »gattare« (»Katzenpflegemüttern«) gefüttert und gepflegt.

★★ LATERANO · SAN GIOVANNI IN LATERANO

Lage: Piazza San Giovanni in Laterano 4 | **Metro:** A, C (San Giovanni) | **Tram:** 3 | tgl. 7.30 – 18.30, Sakristei tgl. 8 – 12 und 16 – 18, Kreuzgang: tgl. 9 – 18 Uhr | **Eintritt:** frei, Kreuzgang: 5 €
www.vatican.va

Rund 1000 Jahre lang lag hier im Lateran – und eben nicht im ▸Vatikan – das Zentrum des Papsttums. Die Kirche San Giovanni in Laterano hat ihre Wurzeln im 4. Jahrhundert. Sie ist die ranghöchste Kirche Roms und ein wichtiges Pilgerziel. Pilger zieht es auch zur Scala Santa (Heilige Treppe) in der päpstlichen Kapelle gleich gegenüber der Kirche. Auf ihren Stufen soll Christus zu Pontius Pilatus emporgestiegen sein.

1000 Jahre lang das Zentrum der Christenheit

San Giovanni in Laterano heißt die große Basilika. Der Zusatz »in Laterano« bezieht sich auf den Grund und Boden, auf dem das Gotteshaus steht. Im antiken Rom gehörte das Grundstück nahe beim Kolosseum (▸Colosseo) der Familie Laterani; im Jahr 65 n. Chr. ließ Kaiser Nero den Grundbesitz konfiszieren, weil sich der Hausherr an einer Verschwörung gegen ihn beteiligt haben soll. Neros Amtsnachfolger ließen die kaiserlichen Elitesoldaten, die Prätorianer, auf dem Areal stationieren.
313 n. Chr. ordnete **Kaiser Konstantin** den Abriss der Kaserne und den Bau einer Kirche und eines Baptisteriums für die christliche Gemeinde Roms an. Ein Meilenstein für das noch junge Christentum, denn die Christen konnten ihrem Gott bis dahin nur im Verborgenen huldigen. Wie war es dazu gekommen? Der römische Kaiser hatte 312 seinen Widersacher Maxentius bezwungen und ließ die Welt wissen, er habe den Sieg durch den Beistand des christlichen Gottes errungen. In der »Mailänder Vereinbarung« sicherte Konstantin den Christen Religionsfreiheit zu. Als sich das Christentum in den folgenden Jahrzehnten als römische Staatsreligion etablierte, entwickelte sich der Lateran zum Zentrum des Papsttums. Hier wurden Päpste gekrönt – und Kaiser. Das änderte sich erst durch das fast 70 Jahre währende päpstliche Exil in Avignon. Als Papst Gregor XI. 1377 den Heiligen Stuhl von der Rhône wieder an den Tiber verlegte, waren die Laterangebäude – die Kirche und der päpstliche Lateranpalast – in recht desolatem Zustand. Papst Gregor verlegte seine Residenz in den Vatikan, der den Lateran als Machtzentrum der Katholischen Kirche ablöste.

★★ San Giovanni in Laterano

Wichtiger als der Petersdom

Ranghöchste päpstliche Basilika

San Giovanni in Laterano ist die römische Bischofskirche und ranghöchste päpstliche Basilika, damit liegt sie in der kirchlichen Rangordnung noch vor dem Petersdom. An jedem Gründonnerstag zelebriert der Heilige Vater hier die **rituelle Fußwaschung.** Ihre lange Geschichte sieht man der aus weißem Travertin erbauten Kirche mit der klassizistischen Hauptfassade aus dem 18. Jh. heute nicht an. Ihre Ursprünge liegen jedoch im 4. Jahrhundert. Die ursprüngliche Basilika, unter Kaiser Konstantin ab 313 errichtet, wurde um 320 Christus dem Erlöser geweiht. In späteren Jahrhunderten wurde das Gotteshaus mehrfach geplündert und von Erdbeben zerstört, aber immer wieder aufgebaut. Im Jahr 905 wurde die Kirche dann noch einmal geweiht – nun Johannes dem Täufer (San Giovanni). Auch in den folgenden Jahrhunderten wurde an- und umgebaut. Die architektonische Grundstruktur, die schon in der ersten, konstantinischen Basilika angelegt war – ein fünfschiffiges Langhaus und ein Querschiff – wurde aber bei allen späteren Umbauten beibehalten.

Kontinuität der Macht

Fassade und Bronzetüren

Die 15 Statuen an der weitgespannten Hauptfassade (um 1735) nehmen Sie am Besten in Augenschein, bevor Sie das Zelt mit der Sicherheitskontrolle passieren. Denn nur mit etwas Abstand kann

SAN GIOVANNI IN LATERANO

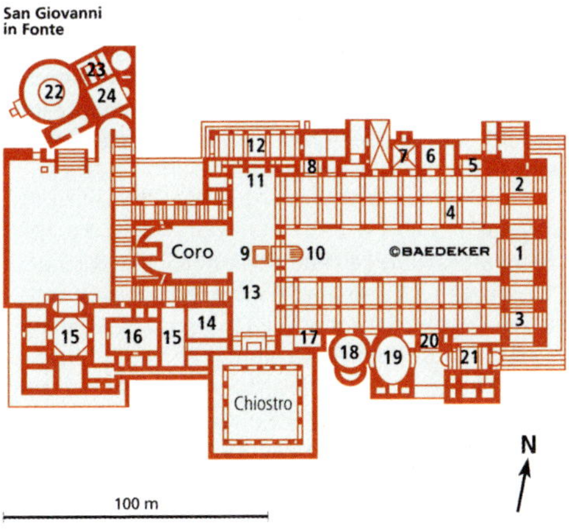

1 Römische Bronzetür
2 Heilige Pforte
3 Statue Konstantins d. Gr.
4 Giottofresko (14. Jh.)
5 Kapelle Orsini
6 Kapelle Torlonia
7 Kapelle Massimo
8 Kapelle des hl. Johannes
9 Papstaltar
10 Grab Martins V.
11 Barockorgel
12 Seitenportal
13 Denkmal Leos XIII. Eingang zum Leonianischen Portikus
14 Chorkapelle
15 Sakristeien
16 Kapitelsaal
17 Kapelle des hl. Hilarius Zugang zum Kreuzgang
18 Kapelle des hl. Franz von Assisi (Denkmal von 1927)
19 Kapelle Santorio
20 Kapelle Mariä Heimgang
21 Kapelle Corsini
22 Baptisterium
23 Kapelle des Johannes Ev.
24 Kapelle des hl. Venantius

man die etwa 7 m hohen **Figuren** gut sehen: Christus in der Mitte, berühmte Kirchenlehrer zu beiden Seiten. Vor dem Hauptportal nimmt der Papst am Gründonnerstag die rituelle Fußwaschung vor. Beachtung verdienen die Bronzetüren. Sie stammen noch aus der Kurie, dem Versammlungsgebäude des römischen Senats im ▶Forum Romanum. Die Weiterverwendung an dieser Stelle hat Symbolkraft: Damit wollte die katholische Kirche die Kontinuität von Rom als Machtzentrum der Welt zum Ausdruck bringen – erst Hauptstadt des antiken Riesenreichs, dann Sitz der Päpste.

Monumentale Apostel und eine goldene Decke

Hauptschiff

Innen wirkt San Giovanni ebenso prachtvoll wie kühl. Das Erscheinungsbild des Hauptschiffs mit den gemauerten Doppelpfeilern und den farbig abgesetzten Nischen wurde 1644 – 1655 von Barockbaumeister Borromini geprägt. Im 18. Jh. hat man die Nischen mit monumentalen Apostelfiguren bestückt. Darüber finden sich gemalte Propheten (frühes 18. Jh.) und Stuckreliefs (1650) mit Szenen aus dem Alten und Neuen Testament. Magisch zieht die vergoldete Holzdecke aus dem 16. Jh. die Blicke auf sich. Aber auch der **Fußboden** verdient Bewunderung – eine herrliche Kosmatenarbeit, eine Technik, für die die Handwerker den Marmor zertrümmerter antiker Säulen, Glas und Goldpasten verwendeten. Inspiration für die grafischen Muster hat auch die arabische Ornamentkunst, die einige Kirchen Süditaliens auszeichnet, gegeben.

Die Reliquien von Petrus und Paulus in Silber gefasst

Papstaltar

Den Mittelpunkt des Hauptschiffs bildet der Papstaltar mit einem gotischen Baldachin. Das Tabernakel mit den in Silberbüsten gefassten Reliquien von Petrus und Paulus stammt aus dem 14. Jahrhundert. In den Papstaltar wurde ein Holzaltar integriert, an dem schon die ersten römischen Bischöfe – von Paulus bis Silvester – die heilige Messe gefeiert haben sollen. Vor dem Altar befindet sich das **Grabmal von Papst Martin V.,** einem gebürtigen Colonna, 1443 von Donantello geschaffen. Eine Säule, das Wappen der Colonna-Familie, findet sich daher auch im Kosmatenfußboden des Hauptschiffs.

Herrliche Kosmatenkunst

Apsis

In der Apsis glänzen feine Mosaiken, getreue Kopien frühchristlicher Bilder, die schon im 13. Jh. von Jacopo Torriti erneuert worden waren: Christus inmitten von Engeln, darunter die Taube des hl. Geistes über einem Gemmenkreuz. Unter dem Kreuz sieht man bedeutungsperspektivisch diverse Heilige. Auch Franz von Assisi (ca. 1181 – 1226) und Antonius von Padua (1195 – 1231) wurden hier bereits in die Gemeinschaft der Heiligen eingereiht. Herrliche Kos-

Steinmetzkunst in höchster Perfektion im Kreuzgang von San Giovanni in Laterano

matenkunst kann man auch im **Kreuzgang** des angegliederten Klosters aus dem 13. Jh. bestaunen. Dorthin gelangt man – mit Eintrittsticket – über das linke Seitenschiff.

Weitere Gebäude und Kirchen

Die Hauskapelle der Päpste im Mittelalter

Cappella Sancta Sanctorum

Die Papstkapelle Sancta Sanctorum neben der Kirche San Giovanni ist ein Überbleibsel des mittelalterlichen Papstpalasts. 1309 wurde er durch einen Brand stark beschädigt. Als die Päpste noch auf dem Lateran residierten, war diese Kapelle ihre Hauskapelle und Aufbewahrungsort der wichtigsten Reliquien der Stadt. So befanden sich auch die Reliquien der Apostel Petrus und Paulus hier, bevor sie in die benachbarte Basilika San Giovanni überführt wurden.

Die Mühe der Pilger wird reich entlohnt

★★ Scala Santa

Ziel unzähliger Pilger ist bis heute die Scala Santa (Heilige Treppe) in der Papstkapelle. Gläubige erklimmen sie betend und auf Knien. Mit den Füßen darf man sie nicht betreten. Bei der Treppe soll es sich um die 28 Stufen handeln, die Jesus vor seiner Kreuzigung zum Palast des römischen Stadthalters in Jerusalem, Pontius Pilatus, hinaufstieg, der das Todesurteil sprach. Die über **2000 Jahre alten Marmorstufen,** auf die Jesus seine Füße gesetzt haben soll, sind heute mit Holz verkleidet. Helena, Kaiser Konstantins Mutter, soll die Treppe 326 nach Rom geholt haben. Für die Mühe der Pilger stellten die Päpste reiche Entlohnung in Aussicht: Pius VII. gewährte 1817 neun Jahre Fegefeuererlass pro Stufe, Pius X. sicherte 1908 denjenigen vollständigen Sündenerlass zu, die an einem Karfreitag kniend die Scala Santa erklimmen.

Piazza San Giovanni Laterano 14 | Scala Santa: tgl. 6 (So. 7) – 13.30 und 15 – 18.30, im Sommer bis 19 Uhr (Zutritt für Gebete auf Knien frei) | Cappella del Sancta Sanctorum: Mo. – Sa. 9.30 – 12.40 und 15 – 17.10, So. 15 – 17.15 Uhr | Eintritt: 3,50 €, Audio Guide: 5 €
www.scala-santa.com

Der Diktator und der Papst

Palazzo Laterano

Vom mittelalterlichen Lateranpalast, 1308 durch einen Brand beschädigt, ist nur die Papstkapelle erhalten. Der heutige Lateranpalast an der Piazza San Giovanni (mit dem Obelisken) wurde im 16. Jh. als päpstliche Sommerresidenz errichtet. Hier haben verschiedene vatikanische Behörden ihren Sitz. Ein letztes Mal auf die große Weltbühne rückte der Lateranpalast 1929, als Diktator Benito Mussolini und der Heilige Stuhl die »Lateranverträge« unterzeichneten, mit denen der Papst Rom als Hauptstadt des geeinten Italiens anerkannte und der italienische Staat dem Vatikan territoriale und politische Souveränität garantierte.

Ein Obelisk aus Theben und die Taufkapelle

Battistero San Giovanni in Fonte

Domenico Fontana wurde 1584 auch damit beauftragt, auf der Piazza San Giovanni in Laterano den 31 m hohen Obelisken aufzustellen. Der höchste und älteste Obelisk Roms stammt aus dem Amuntempel in Karnak. Mit einem großen Spezialschiff kam er 357 von der oberägyptischen Stadt Theben nach Rom, wo er im ▶Circo Massimo aufgestellt und 1587 unter Sixtus V. auf den Lateran gebracht wurde.
Am Platz liegt auch die Taufkapelle San Giovanni in Fonte. Sie wurde im 4. Jh. unter Konstantin erbaut und erhielt unter Papst Sixtus III. (432 – 440) im Innern, um das Immersionsbecken, Porphyrsäulen auf achteckigem Grundriss – die Acht steht für den achten Schöpfungstag, an dem der Mensch durch die Taufe neu erschaffen wurde.
tgl. 9–19 Uhr | Eintritt frei

Eine der sieben Pilgerkirchen Roms

Santa Croce in Gerusalemme

Von der Piazza San Giovanni in Laterano gelangt man über die Viale Carlo Felice nach einem guten Kilometer zur Kirche Santa Croce in Gerusalemme, einer der, vor allen im Heiligen Jahr wichtigen, sieben Pilgerkirchen Roms. Die anderen sind ▶San Giovanni in Laterano, San Pietro in ▶Vaticano, ▶San Paolo fuori le Mura, ▶Santa Maria Maggiore, San Sebastiano und ▶San Lorenzo fuori le Mura. Laut Überlieferung wurde das Gotteshaus im 4. Jh. im Atrium von Helenas Palast erbaut. Es sollte die von Konstantins Mutter aus dem Heiligen Land nach Rom gebrachten **Kreuzesreliquien** der Passion Christi aufnehmen. Archäologische Grabungen führten 1999 zur Eröffnung des angeschlossenen Museums. Sehenswert sind z. B. ein Reliquiar Gregors des Großen und eine Kreuzigung aus der Schule Giottos (14. Jh.).
tgl. 8 (So. 7.30) – 12.45 und 15.30 – 19.30 Uhr | www.santacroceroma.it

★ MAUSOLEO DI AUGUSTO

Lage: Piazza Augusto Imperatore | **Innenstadtplan:** d I | **Metro:** A (Spagna, Flaminio) | Di. – So. 9 – 17, im Sommer bis 19 Uhr
Eintritt: 5 € | **www.mausoleodiaugusto.it**

Beinahe übersieht man den von Zedern umstandenen runden Grabhügel, denn er wird umrahmt von massiven Bauten aus der faschistischen Zeit. Doch 2014 begann eine Renaissance des Augustus: 2000 Jahre nach dem Ende seiner Regentschaft rückten Roms erster Kaiser und die Relikte seiner Ära, die Pax Romana, wieder ins Zentrum des öffentlichen Bewusstseins. Das Augustusmausoleum wird nun restauriert.

Vom Grabhügel zum Weinberg

Einige Jahre vor seinem Tod ließ Kaiser Augustus für sich und seine Familie, die Julier-Claudier, ein Mausoleum errichten. Es hatte die Form eines riesigen Erdhügels von knapp 90 m Durchmesser, in der Art, wie seit der Vorzeit Könige und Fürsten im Mittelmeerraum bestattet worden waren. Vor dem Eingang des Grabhügels standen zwei ägyptische Obelisken, die heute an der Rückfront von ▶Santa Maria Maggiore und auf der ▶Piazza del Quirinale zu finden sind. Im Mittelalter wurde das Mausoleum von den Colonna als Festung benutzt. Papst Gregor IX. ließ das Bollwerk 1241 zerstören. Später diente das Mausoleum als Weinberg, Garten, Amphitheater und sogar als Konzertsaal, bevor es 1936 in seinen ursprünglichen Zustand zurückversetzt wurde.

★ Museo dell'Ara Pacis Augustae

Moderne Hülle für antike Schätze

Museumsbau

Unübersehbar strahlend weiß präsentiert sich gegenüber die 2006 vom US-amerikanischen Architekturbüro Richard Meier & Partners erbaute Konstruktion aus Glas, Stahl, Beton und Marmor als moderne Hülle des Ara Pacis Augustae. Der »Altar des Friedens des Augustus« wurde 13 v. Chr. vom römischen Senat in Auftrag gegeben und ist dem siegreichen Kaiser gewidmet. Er stand einst nahebei auf dem **Marsfeld,** versank aber im Laufe der Jahrhunderte buchstäblich im Erdboden. Im 16. Jh. wurde er bei Bauarbeiten wiederentdeckt. Zur

Moderne Architektur trifft Antike: Stararchitekt Richard Meier baute die Umhüllung für das Mausoleum des Augustus.

Zeit Mussolinis, als auch das Augustus-Mausoleum restauriert wurde, wurden in aller Welt verstreute Ausgrabungsteile des Friedensaltars zusammengeführt und an heutiger Stelle, näher beim Tiber, wieder aufgebaut. Mittlerweile hat sich der Museumsvorplatz mit den weißen Stufen am Tiberufer zum beliebten Treffpunkt entwickelt.

Meisterwerke der Reliefkunst

Altar des Augusteischen Friedens

Das Meisterwerk der Reliefkunst verewigt das römische Imperium mit seinen religiösen Wurzeln und Feiern, mit seinem alles beherrschenden Machtanspruch. Die äußere Umfassungsmauer des Altars aus toskanischem **Carraramarmor** trägt unten üppigen Ornamentschmuck mit Blattranken aus Akanthus, Efeu, Lorbeer und Wein, dazwischen tummeln sich Kriechtiere und Vögel. Den oberen Teil der Marmorbrüstung nehmen Bilderfriese ein. Die Reliefs an den Längsseiten erzählen von historischen Ereignissen, der Fries zur Via Ripetta hin zeigt illustre Mitglieder der Kaiserfamilie, darunter Augustus, Agrippa, die Kaisergattin Livia und Gaius Julius Caesar (▶ Interessante Menschen S. 308 bzw. S. 306). Zehn Stufen führen zum gewaltigen Sockel empor, in dessen Mitte der eigentliche Altar steht, bewacht von Löwensphingen.

Lungotevere in Augusta (Ecke Via Tomacelli) | tgl. 9.30 – 19.30 Uhr
Eintritt: 11 € | www.arapacis.it

MURA AURELIANE

Stadtmauer rund um die Altstadt, gut sichtbar z. B. an der Piazza Ostiense | **Metro:** B

Vor Gefahren aus den nördlichen Provinzen wollte Kaiser Aurelianus Rom schützen, dafür ließ er ab 270 die nach ihm benannte wehrhafte Stadtmauer bauen. Sie ist noch weitgehend erhalten – inklusive einiger prächtiger Tore.

Durch gewaltige Tore

Die Aurelianische Stadtmauer war rund 20 km lang, etwa 4 m breit und zunächst 7 m hoch; hundert Jahre später wurde sie auf fast 11 m erhöht und mit 380 Türmen im Abstand von etwa 30 m bewehrt. 16 Tore öffneten sich im Mauerring. Allerdings hat die Mauer wegen ihrer Länge selten ihren militärischen Zweck erfüllt. Obwohl sie als Steinbruch ausgebeutet wurde, blieben doch einige Mauerabschnitte erhalten. Von der wechselvollen Baugeschichte erzählt das **Museo delle Mura** in der Porta San Sebastiano.

Via di Porta San Sebastiano 18 | Di. – So. 9 – 16 Uhr | Eintritt: frei
www.museodellemuraroma.it

Ein ausgefallenes Grabmal

Piramide di Caio Cestio

Die auffällige Cestiuspyramide an der Piazza Ostiense wurde nicht etwa wie die vielen Obelisken aus Ägypten hergebracht. Das Grabmal wurde für Gaius Cestius nach ägyptischem Vorbild errichtet. Gaius Cestius Epulonius war Prätor, Volkstribun und Mitglied der Septemviri epulones, des Siebenerrats, der für die religiösen Festbankette verantwortlich war. Die 12 v. Chr. entstandene Pyramide aus Travertin ist 22 m lang und 27 m hoch und mit einst schneeweißem Carraramarmor verkleidet. Sie hatte eine vergoldete Spitze und Wandmalereien in der Grabkammer. Fast 300 Jahre später ließ Aurelius sie in seine Stadtmauer integrieren, zusammen mit der **Porta San Paolo** (der antiken Porta Ostiensis).

Metro: B (Piramide) | Nur von außen zu besichtigen.

Im Schatten alter Bäume ruhen Shelley und Keats

Cimitero Acattolico

Ab dem 18. Jh. lockte die Italiensehnsucht viele Ausländer nach Rom, man ging auf die Grand Tour, aber mancher schaffte es nicht bis zum »Neapel sehen und sterben«. Nichtkatholische Ausländer, die in Rom starben, wurde ab 1738 auf diesem protestantischen Friedhof bestattet. Im Schatten alter Bäume, umstrichen von Katzen, liegen und stehen hier die Grabsteine der englischen Romantiker Shelley und Keats, aber auch das Grab von August von Goethe, »Filius Goethe« – »Goethes Sohn«, wie es auf dem traurigen Grabstein steht.

Via Caio Cestio 6 | Metro: B (Piramide) | Mo. – Sa. 9 – 17, So. 9 – 13 Uhr | Eintritt: Spende (3 €) | www.cemeteryrome.it

Hauptzugang nach Rom und Ausgang in die Campagna

Porta San Sebastiano

Wegen der wachsenden Gefährdung Roms durch die Germanen wurde die alte Porta Appia an der ►Via Appia Antica Ende des 4. Jh.s wieder bewehrt und im 6. Jh. nochmals erneuert. Benannt nach der Kirche des hl. Sebastian, außen an der Via Appia gelegen, war sie der Hauptzugang nach Rom und Ausgang in die Campagna. Der im Innern vor der Porta San Sebastiano stehende sogenannte **Drususbogen** geht auf die Zeit Trajans zurück und wurde unter Caracalla als Stütze für einen Aquädukt der Aqua Marcia verwendet.

Eines der eindruckvollsten Bauwerke der Römer

Porta Maggiore

Die Porta Maggiore, heute am verkehrumtosten gleichnamigen Platz nahe dem Hauptbahnhof, war eines der eindrucksvollsten Bauwerke des Römischen Reiches. Kaiser Claudius errichtete sie 52 an der Gabelung der Via Prenestina nach Praeneste (heute Palestrina) und der Via Labicana (nun Via Casilina, SS 6) ins heutige Labico, als Durchgang unter zwei Aquädukten der Aqua Claudia und des Flusses Aniene. Unter Kaiser Aurelianus wurde der Bau in die Stadtmauer einbezogen.

Außerhalb der Stadt, an der Aurelianischen Mauer, wurden »nichtkatholische« Ausländer auf dem protestantischen Friedhof beerdigt, darunter Goethes Sohn August.

Hinaus nach Tivoli

Porta Tiburtina

Das Stadttor der Via Tiburtina hinaus nach ►Tivoli wurde als Bogen für die Wasserleitungen Marcia, Tepula und Julia unter Kaiser Augustus erbaut. Im 5. Jh. unter Honorius kam ein von Türmen flankiertes Tor dazu, heute Porta San Lorenzo oder Porta Taurina genannt.

Hier wohnten die Bodyguards der Kaiser

Castra Pretoria

Für die Prätorianer, die persönliche Garde der Kaiser, errichtete Seianus, ein Minister unter Tiberius, im Jahr 23 auf einem 460 x 300 m großen Grundstück an der heutigen Via Castro Pretorio eine Kaserne, die Castra Pretoria, die mit ihren Befestigungen von Aurelianus in die Stadtmauer einbezogen wurde und dem heutigen Stadtteil Castro Pretorio seinen Namen gab.

Das Tor der Patrioten

Porta Pia

Die Porta Pia, das Stadttor bei der alten Porta Nomentana, wurde von Michelangelo am Ende seines schöpferischen Lebens zwischen 1561 und 1564 gestaltet. Es liegt heute nördlich des Hauptbahnhofs. Italienischen Patrioten ist das Doppeltor besonders wertvoll, weil in der Nähe am 20. September 1870 italienische Truppen in die Ewige Stadt eindrangen. Zur Erinnerung wurde 1932 das **Museo Storico dei Bersaglieri** hierher umgesiedelt.

Via XX Settembre/Piazza Porta Pia 2 | Mo. – Fr. 9 – 15 Uhr | Eintritt frei | www.esercito.difesa.it, www.assobersaglieri.it/museo-storico-dei-bersaglieri

BAEDEKER ÜBERRASCHENDES

6X ERSTAUNLICHES

Hätten Sie das gewusst?

1. DIE SPINNEN …

… die Römer. Laut Asterix steht das auf jedem Gullydeckel: **SPQR** – **s**ono **p**azzi **q**uesti **r**omani. Tatsächlich bedeutet die Abkürzung Senatus Populusque Romanus – Senat und Volk von Rom.

2. KÄUFLICH

Den Segen des Papstes kann man nicht nur empfangen, sondern auch kaufen und mit nach Hause nehmen. Fragen Sie im vatikanischen Segensbüro **»Ufficio Benedizioni«** an der St.-Anna-Pforte beim Petersplatz.

3. ÄGYPTISCH?!

Acht altägyptische Obelisken stehen in Rom: Da verwundert es nicht, dass dort auch eine Pyramide zu finden ist. Doch die **Cestius-Pyramide** wurde nicht importiert, sondern 18. v. Chr. hier gebaut. (▶ **S. 124**)

4. JÜDISCH

Klar, Rom ist das Zentrum der Christenheit, aber das Judentum hat auch hier schon ältere Wurzeln. Im **Museum der Synagoge** kann man viel über die lange Geschichte der römischen Juden erfahren. (▶ **S. 112**)

5. EISKRATZER

Das ist in Rom fast ein Beruf! Eine **Grattachecca** ist eine römische Variante der Eisbude: Von einem großen Eisblock wird Eis von Hand in Gläser gekratzt, etwa im Sora Lella (Via di Porta Cavalleggeri, nicht weit vom Petersplatz). (▶ **S. 337**)

6. LEERGEFEGT

Am 15. August – Mariä Himmelfahrt und **»Ferragosto«** – ist Rom wie leergefegt. In der Hitze zieht es die Römer ans Meer.

★ MUSEO CENTRALE MONTEMARTINI

Lage: Via Ostiense 106 | **Metro:** B (Garbatella) | Di. - So. 9 - 19 Uhr
Eintritt: 11,50 € oder Kombiticket (mit Kapitol. Museen) 20 € (mit Sonderausstellung), sonst 14,50 € | **www.centralemontemartini.org**

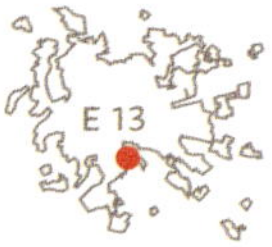

Die Centrale Montemartini an der Via Ostiense war das erste Elektrizitätswerk Roms. Das ging 1912 an den Start und wurde 1963, völlig veraltet, endgültig stillgelegt. Das neue Nutzungskonzept ist genial: Im Maschinen- und im Kesselraum der Zentrale haben Skulpturen, Mosaiken und andere Schätze der Antike ein spektakuläres Zuhause gefunden.

In der Nähe des Viertels ►Testaccio, des Tibers, der Eisenbahn und der Straße nach Ostia wurde zu Beginn des 20. Jh.s das erste römische **Elektrizitätskraftwerk** errichtet. Gut 50 Jahre später hatte die Centrale Montemartini ausgedient. Der Gebäudekomplex wurde zunächst für andere Zwecke genutzt. Dann aber entschloss sich die Betreibergesellschaft, das Hauptgebäude zu restaurieren und einen Teil der Originalmaschinen wieder an ihrem ursprünglichen Platz aufstellen zu lassen, mit dabei die großen Dieselmotoren der Firma Tosi und eine Dampfturbine aus dem Jahr 1917.

Spannende Kombination

Römische Statuen vor riesigen Dieselmotoren

Antike Kunst und museale Industriekultur

Als die Kapitolinischen Museen, die sich ebenfalls in städtischem Besitz befinden, 1997 wegen Umbauarbeiten schließen mussten, brachte man einen Teil ihrer antiken Statuen aus dem berühmten Museum auf dem Kapitol in die Centrale Montemartini, wo sie vor der Kulisse der Generatoren, Kompressoren und Kondensatoren besichtigt werden konnten. Die Besucher waren von der Kombination – antike Kunst und museale Industriekultur – so begeistert, dass die Stadt aus der zunächst als Provisorium gedachten Bleibe ein permanentes Museum machte. So findet sich z. B. der mit dem Giganten kämpfende Marmorsatyr, einst in einem römischen Domus beheimatet, im Heizungsraum des früheren E-Werks, der riesige Kopf einer Göttinnenstatue im Maschinenraum. Ein mit Blüten und Tieren dekoriertes Mosaik, vermutlich Ende des 2. Jh.s v. Chr. für eine Villa auf dem Gebiet der heutigen Via Panisperna gefertigt, ist in der **Sala Colonna** zu sehen, wo auch Schmuckstücke von filigraner Schönheit ausgestellt sind, darunter ein Fingerring mit einem winzigen Schlüssel, dessen Funktion die Fantasie des Betrachters beflügelt. In einem der Heizungsräume haben die pompösen Waggons des Zuges, mit dem Papst Pius IX. im 19. Jh. durch die Lande reiste, eine museale Bleibe gefunden.

Unverkennbar Zaha Hadid: schwebende Treppen und Rampen im MAXXI

★ MUSEO NAZIONALE DELLE ARTI DEL XXI SECOLO (MAXXI)

Lage: Via Guido Reni 6 | **Metro:** A (Flaminio) | **Tram:** 2 (Apollodoro)
Di. – So. 11 – 19 Uhr | **Eintritt:** 15 € | **www.maxxi.art**

Ein architektonisches Kunstwerk ist der von Zaha Hadid konzipierte Museumsbau, und ein Teil des MAXXI widmet sich eben der Architektur. Doch das Ausstellungsspektrum ist so vielseitig wie das Kunstschaffen der Gegenwart. Neben Gemälden werden hier Installationen, Videokunst, Skulpturen und Fotografien gezeigt – Kunst der Jetzt-Zeit, die als Dialog mit dem künstlerischen Schaffen seit den 1960er-Jahren verstanden werden will.

Das MAXXI ist Italiens erstes Nationalmuseum für zeitgenössische Kunst. Präsentiert werden im stetigen Wechsel Exponate aus der eigenen Sammlung, daneben laufen immer fünf bis sechs temporäre Ausstellungen. Mal steht das Schaffen eines einzelnen Künstlers im Vordergrund, mal ein Thema, zu dem Beiträge von Künstlerinnen und Künstlern aus aller Welt zusammengetragen werden. Weil sich das MAXXI nicht nur als Museum, sondern als großer Kulturcampus versteht, bereichern auch Filmpremieren sowie Theater- und Tanzperformances das Veranstaltungsprogramm.

Mehr Moderne geht nicht

Futuristisch, dynamisch, schwerelos

Unter dem Dach des MAXXI firmiert auch das MAXXI Architettura. Es hat sich dem Thema moderne und zeitgenössische Baukunst verschrieben und beleuchtet architektonisches Schaffen weltweit anhand von Zeichnungen, Fotografien und Modellen.

MAXXI Architettura

Für den **spektakulären Museumsbau** zeichnet die irakisch-britische Architektin Zaha Hadid (1950–2016) verantwortlich. Auf dem ehemaligen Kasernenareal im Stadtteil Flaminio entstand für 150 Mio. Euro ein Sichtbeton-Baukörper, der mit seinen scheinbar in- und übereinander fließenden Gebäudeteilen ganz und gar Hadids Handschrift trägt. Das Innere wird von Glas und Stahl geprägt, von geneigten Wänden sowie schwebenden Rampen und Treppen. Besuchen Sie auch das Café mit der herrlichen Sonnenterrasse.

Auditorium Parco della Musica

Musik und vieles mehr

Nicht weit entfernt vom MAXXI liegt das Auditorium Parco della Musica Ennio Morricone. Das Meisterwerk von Renzo Piano gehört ebenfalls zu den bedeutenden architektonischen Neuzugängen der Stadt und bietet auf 300 000 m² Platz für Konzerte, Theater, Tanz, Literatur, Ausstellungen und zwei Museen: ein kleines Museo Archeologico und das Museo Aristaios. Das Auditorium ist Spielstätte diverser Ensembles, u. a. des römischen Sinfonieorchesters der Accademia Nazionale di Santa Cecilia. Zudem findet im Auditorium das römische **Filmfest** statt.

Spielstätte des Sinfonieorchesters

Filmfest: www.romacinemafest.org | www.auditorium.com

Stradivaris Violine und Tecchlers Viola

Besonders sehenswert ist das Museo Aristaios mit Objekten aus dem Nachlass des italienischen Stardirigenten, Psychiaters, Komponisten und Archäologen Giuseppe Sinopoli (1946–2001), der minoische Keramik von 3200 v. Chr. ebenso umfasst wie Objekte aus der Zeit der Magna Graecia, hauptsächlich aus Apulien (bis 300 v. Chr.).

Museo Aristaios, MUSA

Kulinarisch abrunden lässt sich der Kulturgenuss im Restaurant und in der Cocktailbar.

Viale Pietro de Coubertin 30 | Ticketschalter tgl. 11 – 20 Uhr | Info-Tel. 06 802 41 281, Tickets für alle Konzerte: www.ticketone.it
Museo Archeologico und Museo Aristaios: April – Mitte Ok. tgl. 10 – 20, Mitte Okt. – März Mo. – Sa. 11 – 18, So. 10 – 18 Uhr
www.auditorium.com

★★ MUSEO NAZIONALE ETRUSCO DI VILLA GIULIA

Lage: Piazzale di Villa Giulia 9 | **Metro:** A (Flaminio) | **Tram:** 2, 3, 19
Di. – So. 8.30 – 19.30 Uhr, Villa Poniatowski: Fr./Sa./So. 15 – 18 Uhr |
Eintritt: 12 € | **www.museoetru.it**

Die Etrusker waren eine faszinierende Hochkultur, die im 1. Jahrtausend v. Chr. Mittelitalien besiedelte. Das Nationalmuseum zeigt etruskische Ausgrabungsfunde aus der Region Latium. Schon seit 1889 hat die Sammlung ihren Sitz in der Villa Giulia, einem schmucken Renaissancebau, den sich Papst Julius III. Mitte des 16. Jh.s von Vignola errichten ließ.

Auf den Spuren der Etrusker

Woher die etruskische Kultur stammt, ob sie mit Einwanderern aus Kleinasien auf die italienische Halbinsel kam oder ob sie sich aus einer älteren italischen Kultur entwickelt hat, das hat die Forschung lange Zeit kontrovers diskutiert. Heute geht man davon aus, dass sich das etruskische Volk durch eine **Vermischung verschiedener Ethnien** aus altmediterraner Bevölkerung, phönizischen Seefahrern und Einwanderern aus Kleinasien herausgebildet hat. Die Exponate des Museo Nazionale Etrusco stammen jedenfalls aus der Gegend zwischen Tiber und Tyrrhenischer Küste, also aus dem südlichen Etrurien, wo mit Vulci, Cerveteri und Veio einige der wichtigsten etruskischen Städte lagen.

Beeindruckende Zeugnisse einer frühen Hochkultur

Ausstellung

Im Erdgeschoss werden Besucher ins etruskische Vulci geführt, wo vor allem rekonstruierte Grabanlagen zu bestaunen sind. Ein paar Treppenstufen höher gelangt man nach Cervetri, besondere Beachtung gebührt hier dem berühmten Terrakottasarkophag eines Ehepaars aus Cerveteri (Saal 12). Die erste Etage (Saal 30) beherbergt u. a. einen etruskischen Kultwagen mit Räucherschale aus Bronze.

Ein Kleinod im Garten

Villa Poniatowski

Im Garten der Villa Giulia steht zwischen Nymphäum und dem rechten Flügel des Museums die Rekonstruktion des **Tempels von Alatri.** Die Villa Poniatowski, im 16. Jh. errichtet und um 1800 von Stanisław Poniatowski, Neffe des letzten Königs von Polen, perfekt restauriert, beherbergt weitere Zeugnisse aus dem antiken Latium und Umbrien.
MAi - Okt. Fr./Sa./So. 15 - 18 Uhr

★★ MUSEO NAZIONALE ROMANO

Lage: Piazza delle Repubblica | **Metro:** A, B (Repubblica, Termini)
Di. - So. 9.30 - 19 Uhr | **Eintritt:** 12 €, drei Tage gültiges Kombiticket für Palazzo Massimo, Palazzo Altemps und Terme di Diocleziano 16 €, bei Sonderausstellungen 3 € Aufschlag

Fresken mit zarten Blumenranken, ein betrunken lächelnder Dionysos, Köpfe, Körper, Säulen aus Marmor – nur Ton, Steine, Scherben? Im Römischen Nationalmuseum kann man versinken in der Schönheit der Antike, in der Gesamtheit der Bildhauerkunst. Ein Museum zum Schwelgen an vier Standorten.

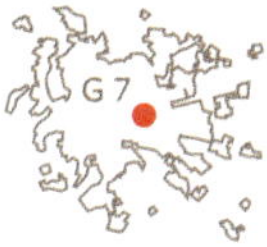

Römi-shes an 4 Standorten

Das Römische Nationalmuseum besteht aus den Terme di Diocleziano, dem Palazzo Massimo, dem Palazzo Altemps und der Crypta Balbi (derzeit geschlossen).

Terme di Diocleziano

Viale E. De Nicola 78 (am Hbf.)
https://museonazionaleromano.beniculturali.it/terme-di-diocleziano/

Anmutige Aphrodite und weinseliger Dionysos

Kreuzgang und Museumssäle

Im Museum der Diokletiansthermen sollten Sie gar nicht erst versuchen, jede Scherbe und jeden Marmortorso anschauen zu wollen, es sind einfach zu viele. Lassen Sie sich verführen von einzelnen Objekten, die Sie ansprechen. So wartet gleich am Eingang eine anmutige Aphroditestatue aus dem 2. Jh. nach Christus. Treten Sie ein in den vielleicht schönsten Kreuzgang der Stadt, immerhin von Michelangelo geschaffen. Der entwarf im 16. Jh. die Kirche **Santa Maria degli Angeli** (►S. 174) direkt auf den Ruinen der Thermen. Ein schattiger Wandelgang, rundum reihen sich römische Relikte auf. Körper, Köpfe, Inschriften, alles auf Marmorsäulen und Marmorblöcken. Ein Sarkophag hat bis heute zarte, dionysische Szenen bewahrt. Eine Ecke weiter tröten Putten in römische Tubas, jeder mächtige Marmorrumpf ist eine Studie in Körperhaltung, ein betrunkener Dionysos trägt ein seliges Lächeln, offenbar nach einem guten Wein. In modernen Museumssälen geht es weiter mit Ausstellungsstücken aus der frühen Kulturgeschichte der latinischen Stämme von den ersten Siedlungsspuren bis zur etruskischen Königsherrschaft des 7. Jh.s vor Christus. Besonders bemerkenswert: drei herrschaftliche Damen aus Ton. Ganz entspannt sitzen sie auf ihren Stühlen, ebenso selbstbewusst wie die moderne Römerin.

Therme der Superlative

Große Aula – die Thermen

Nun aber: Treten Sie ein in die große Aula, die Räume der Therme. Ein gigantischer Eindruck – 40 000 Sklaven sollen um 300 n. Chr. dieses römische Fitnesszentrum in Ziegelbauweise erschaffen haben. Es war wohl die größte Thermenanlage der damaligen Welt. 3000 Gäste konnten sich gleichzeitig vergnügen, zu sehen sind noch ein gigantisches Frigidarium (Wasserbecken) und riesige ehemalige Wasserspeicher. Auch hier gibt es außer den Räumen weitere Ausstellungsstücke zu bewundern.

Palazzo Massimo

Largo di Villa Peretti 1 (nahe Hbf.)
https://museonazionaleromano.beniculturali.it/en/palazzo-massimo/

Ein Garten im zweiten Stock?!

Fresken aus der Villa der Livia

Gehen Sie am besten gleich hinauf ins zweite Stockwerk, denn dort wartet ein zartes Wunder: ein Garten. Zumindest vermittelt der Speisesaal (Triklinium) der Villa der Livia, dessen Fresken nahezu komplett hierher gebracht wurden, dieses Bild. Zart, detailreich, lebhaft: Da flattern Vögel um einen Granatapfelbaum, dort leuchten Orangen im Grün, Blumen umrahmen alles. Nehmen Sie sich Zeit, diese 2000 Jahre alten Fresken zu bewundern. In weiteren Räumen bekommen Sie Einblick in luxuriöse Wohnräume der Kaiserzeit mit weiteren Wandmalereien, Stuckarbeiten und Mosaiken; dazu Freskenfragmente mit Meeresfauna und als seltener Schatz **Stuckdekorationen** aus dem Hypogäum von Aguzzano aus der hadrianischen Epoche mit der Darstellung der Geburt Helenas und der Dioskuren aus einem Ei sowie die »opus sectile« genannten Schnitt- und Einlagetechniken mit Marmor, Stein und Glas zur Dekoration von Wandbildern.

WUNDERBAR RASTEN

Plätze zum Sitzen, ohne etwas konsumieren zu müssen, sind rar in Rom. Hier aber können Sie zauberhaft rasten: Zu den Diokletiansthermen gelangen Sie durch einen hübschen Garten mit Rosenranken, Grabstelen, Sarkophagen und Reliefs. Lassen Sie sich auf einer der römischen Säulen nieder, die verstreut herumliegen, und fühlen Sie sich altrömisch, als würden Sie ausruhen von einer Wellnessbehandlung in der antiken Therme.

Republikanische Köpfe

Erdgeschoss, Galerie

Verteilt auf die weiteren Stockwerke des 1883 – 1887 für den Jesuiten Massimiliano Massimo erbauten Palasts sind hochrangige Werke der römischen Bildhauerei, der Mosaikkunst sowie ein Münzkabinett von der Republik des späten 2. Jh.s v. Chr. bis zur ausklingenden Kaiserzeit im 4. Jh. zu sehen. Gleich rechts vom Eingang betritt man im Erdgeschoss die Galerie mit Porträtköpfen aus republikanischer Zeit und einem fein ausgeführten Mosaik mit dem Mythos des von Nymphen entführten jungen Hylas.

Aug' in Aug' mit dem Pontifex Maximus

Erdgeschoss, Säle I – V

In Saal I ist der auf Putz gemalte Festtagskalender (84 – 55 v. Chr.)

bemerkenswert, ebenso die marmorne Porträtstatue des sog. Feldherrn von Tivoli (90 – 70 v. Chr.).
Saal III zeigt eine Auswahl von Münzen der Republik- und Kaiserzeit. In Saal V beeindruckt die Statue des Augustus von der Via Labicana. Der Princeps trägt eine Tunika mit einer nach italischer Tradition über den Kopf gezogenen, locker herabfallenden Toga, die ihn als Pontifex Maximus ausweisen. Dieses höchste religiöse Amt übernahm er 12 v. Christus. Der **Altar von Ostia** aus der Zeit Trajans ist vorne mit dem Relief der Vermählung des Mars, des Vaters von Romulus, mit Venus, der Schutzgöttin des julisch-claudischen Kaiserhauses, verziert, auf der Rückseite mit den von der Wölfin gesäugten Zwillingen Romulus und Remus im Beisein der Personifikationen von Tiber und Palatin.

Originale und Kopien

Erster Stock, Säle I – XIV

Ein Meisterwerk griechischer Bildhauerei um 440 v. Chr. ist die durch einen Pfeilschuss in die Knie gesunkene Tochter der Niobe in Saal VII. Im ersten Stock lernen Sie in den Sälen I – IV die Kaiser durch ausdrucksvoll-realistische oder idealisierte Porträtköpfe kennen.
In den Sälen V – X ist eine große Auswahl marmorner und bronzener Statuen versammelt, die kaiserzeitliche römische Bildhauer im Rahmen der Griechenlandbegeisterung als Kopien klassischer hellenistischer Skulpturen des 5. und 4. vorchristlichen Jahrhunderts schufen, darunter die Apollostatue nach Praxiteles aus Anzio, die kauernde Aphrodite aus der Hadriansvilla, der Diskuswerfer nach Myron aus der Sammlung Lancellotti, eine Bronzefigur des Dionysos oder die Marmorfigur eines schlafenden Hermaphroditen.
Die Säle XI – XIV präsentieren **Marmorreliefs** mit historischen Ereignissen, aufwendig gearbeitete Porträtbüsten des aus Nordafrika stammenden Kaisers Septimius Severus und seiner Dynastie sowie reich verzierte Sarkophage. Herausragend ist der Musensarkophag mit Masken und effektvoll gewandeten Frauenfiguren als Verkörperungen der neun antiken Musen.

Crypta Balbi

Via delle Botteghe Oscure 31 | derzeit geschlossen
https://museonazionaleromano.beniculturali.it/en/crypta-balbi/

Die (Ge)Schichten der Stadt erahnen

Krypta und Museum

Balbos Säulenhalle war nur der Anfang – darüber wurde jahrhundertelang weitergebaut, das zeigt dieses Museum anschaulich.
Erst 1981 zur Ausgrabung freigegeben, beherbergt die Crypta Balbi, also die Säulenhalle des Lucio Cornelio Balbi, heute ein Museum auf

Begegnung mit der Antike im Palazzo Massimo

drei Etagen. Tatsächlich reicht der zeitliche Bogen in diesem Museum von der Antike über das Mittelalter und die Renaissance bis hinein ins 20. Jahrhundert.
Im Untergeschoss treten die Veränderungen des Stadtbilds und die unterschiedlichen Funktionen der Gebäude besonders hervor: erst Teil des Marsfelds vor Augustus, dann Theater und Crypta von Balbo, ab dem 8. Jh. Kloster. Im Mittelalter entstanden hier Wohnhäuser von Händlern, und Ignatius von Loyola ließ im 16. Jh. gar ein Konservatorium errichten, in dem die Töchter römischer Prostituierter Schutz finden sollten. Gut vorstellbar also, dass unter fast jedem Haus im Zentrum so viele Schichten der Stadt liegen. In den beiden oberen Stockwerken kann man die Entwicklung der städtischen Kultur zwischen dem 5. und dem 10. Jh. nachvollziehen. Eindrucksvoll ist eine Vitrine im zweiten Stockwerk, die eine ganze Wand ausfüllt. **Keramikscherben aus tausend Jahren,** die alle hier gefunden wurden, sind zu sehen. Erstaunlich ist das Fortbestehen der Muster und Formen.

Palazzo Altemps

Piazza Sant' Apollinare 46
https://museonazionaleromano.beniculturali.it/en/palazzo-altemps/

Stürzen Sie sich ins Getümmel der Schlacht

Prächtiger Renaissancebau

Markus Sittikus von Hohenems (1533 – 1595), u. a. Bischof von Konstanz, Kardinal und Neffe von Papst Pius IV., kaufte 1568 diesen Palazzo und ließ ihn prächtig umbauen – eine passende Bühne für ausgewählte Exponate des römischen Nationalmuseums.
In 33 Sälen, teilweise mit meisterhaften Fresken ausgeschmückt, sind heute mehr als 150 Exponate zu bewundern, darunter die Sammlung Mattei und die berühmte Skulpturensammlung des früheren römischen Kardinals Ludovico Ludovisi (1595 – 1632). Als Hauptattraktion gilt der sog. **Ludovisische Thron** aus dem 5. Jh. v. Chr., der vermutlich die Geburt der Göttin Aphrodite aus dem Meer darstellt, eine der bedeutendsten Reliefkompositionen der frühen Klassik. Weitere Meisterwerke sind der Hera-Juno-Kopf, der Satyr aus der Schule des Praxiteles, eine Büste des Kaisers Marc Aurel, ein nachdenklicher Ares (Ares Ludovisi) sowie die Statuen von Orest und Elektra, griechische Originale aus dem ersten nachchristlichen Jahrhundert. Besonders detailreich ist an einem Sarkophag die Schlacht zwischen Römern und Barbaren dargestellt. Glücklicherweise stehen Stühle davor, so kann man die Grimassen, die ausschlagenden Pferdehufe, die Schwerter, Schilde und Gesichter in aller Ruhe betrachten.

★★ OSTIA

Lage: südöstlich von Rom, am Meer | **Metro:** B bis Station Piramide, dann mit der Bahn Roma-Lido (FC2) »Lido di Ostia« bis Ostia Antica, die normale Fahrkarte für 1,50 € gilt bis ans Meer. Am Bahnhof von Ostia Antica geht es über die Fußgängerbrücke über die mehrspurige Straße zu den Ausgrabungen.

Wenn es in der Stadt zu eng und zu heiß wird, fahren die Römer einfach raus ans Meer. Das Küstenstädtchen ist noch keine 100 Jahre alt, über 2000 Jahre hingegen zählt Ostia Antica, einst der Hafen Roms. Hier können Sie die Antike ganz entspannt auf sich wirken lassen, denn meistens ist nur wenig los.

Ans Meer!

23 km trennen Rom von Lido di Ostia, das in den 1950er- und 1960er-Jahren als schillernder Treff von Stars und Sternchen galt und nun wieder angesagt ist. Der kilometerlange Sandstrand mit Bars und Diskotheken ist der eine Grund, in Roms zehnten Stadtteil Municipio Roma X mit 200 000 Einwohnern zu fahren. Hier kann man in einem der »bagni«, der Strandbäder, einen Tag am Meer verbringen.

Von Häfen und Flughäfen

Der antike Hafen Roms

Der zweite Grund liegt heute weiter im Inland: Ostia Antica, einst ein Hafen Roms. Historisch begann wohl im 7. Jh. v. Chr. der Siedlungsbau an der Tibermündung ins Tyrrhenische Meer mit der Gewinnung von Salz, das entlang des linken Tiberufers landeinwärts transportiert und verkauft wurde. Mit der Ernennung des nach lat. »os« (Mündung) benannten Ostia zum Castrum wuchs die militärische Bedeutung des Hafens, dessen Ausbau aber durch Sandbänke vor der Mündung schwierig war. So legte Kaiser Claudius 4 km nördlich des antiken Ostia 42 – 64 einen neuen Hafen an, den Portus Ostiensis Augusti (auch Portus Romae). Doch auch er war aufgrund des zunehmenden Seehandels bald zu klein. Trajan ließ ab 103 ein zweites sechseckiges Becken auf 33 ha ausheben, das bis heute in unmittelbarer Nachbarschaft des internationalen Flughafens liegt. Zwei Stichkanäle verbanden die Häfen mit dem Tiber. Aus einem dieser Kanäle, Flumen micinum (kleiner Fluss) genannt, machten die Bewohner des nahen Dorfes ab 1825 **Fiumicino,** den heutigen Namen des Flughafens. Portus Romae wurde Bischofssitz und hatte wohl bis zu 40 000 Einwohner.

Die Stadt schrumpft ... und braucht keinen Hafen mehr

Castello di Giulio II

Als Rom – um das Jahr 300 noch eine Millionenstadt – zu schrumpfen begann, ging der Handel zurück und die Häfen verloren an Bedeutung. Das Erdbeben von 443 zerstörte weite Teile von Ostia

BAEDEKER ÜBERRASCHENDES

6X DURCHATMEN

Entspannen, wohlfühlen, runterkommen

1. FLANIEREN

Auf der großen Freifläche des **Circo Massimo** mitten im Zentrum leistet sich Rom den Mut zur Lücke. Wo früher Wagenrennen ausgetragen wurden, können Sie heute entspannt spazieren. (▶ **S. 62**)

2. RELAXEN

Schon die alten Römer wussten die Wohltaten von dampfendem Wasser und warmen Steinen zu schätzen. Heute relaxen Sie – nach alter Art, nur komfortabler – im schicken **AquaMadre Hammam.** (www.acquamadre.it)

3. ANS MEER

Mit der S-Bahn ans Meer! Welche Großstadt kann das schon bieten. Für 1,50 € fahren Sie praktisch direkt an den Strand von **Ostia:** Nahe dem Pflaster liegt der Sand … (▶ **S. 137**)

4. STILLE

Der **Camposanto Teutonico** (Deutscher Friedhof) – ein Kleinod, still und schattig. Sprechen Sie die Schweizergarde in der Via della Sagrestia an – auf Deutsch –, dann wird Ihnen Zutritt gewährt. (▶ **S. 230**)

5. ERHOLEN

Die **Villa Borghese** ist kein Gebäude, wie man meinen könnte, sondern eine ausgedehnte Parkanlage. Einst hat sich hier die Fürstenfamilie Borghese von der lauten, heißen Stadt erholt. Heute kann das jeder tun. (▶ **S. 256**)

6. AM TIBER

Gehen Sie auf der **Isola Tiberina** (Tiberinsel) einfach mal hinunter ans Wasser – an der Mauer lehnen Sonnensüchtige. Hinsetzen, Augen zu, durchatmen. (▶ **S. 109**)

Antica. Die Tibermündung verlandete, was zu Sümpfen mit Malariaplagen führte, und nach dem Ende der Völkerwanderungszeit war Ostia kaum noch bewohnt. Doch die Stadt überstand entgegen früherer Lehrmeinung auch Völkerwanderung und Gotenkriege und existierte bis ins 8./9. Jahrhundert. Erst im 17. Jh. versank Ostia endgültig in Bedeutungslosigkeit.
Im modernen Ortsteil Ostia Antica steht außerhalb der Ausgrabungsstätte das nach Papst Julius II. benannte **Castello di Giulio II,** von Kardinal Giuliano della Rovere 1483 – 1486 um einen Rundturm erbaut. Doch auch das verlor nach spanischer Belagerung 1556 und abrupter Verlagerung des Tiber-Mündungsarms durch Hochwasser 1557 seine strategische Bedeutung.
Castello: Piazza della Rocca | Di.–So., Nov.–Febr. 10.30–16.30, März–Mitte Juni 10.30–19.30, Mitte Juni–Okt. 13.30–19.30 Uhr | Eintritt: 6 €
https://parcoarcheologicostiantica.it

★★ Parco Archeologico Ostia Antica

Viale dei Romagnoli 717 | Areal Di. - So. ab 8.30, Schließzeiten je nach Jahreszeit zw. 16.30 und 19.15 Uhr; Museum 9.30–13.30 Uhr | Eintritt: 18 €, je nach Sonderausstellung mit Zuschlag
Einige Häuser mit Freskenschmuck (»case decorate«) können an manchen Sonntagen besichtigt werden. Das wird kurzfristig auf der Website angekündigt. Neu zugänglich sind Reste der alten Hafenanlagen, nördlich der Ausgrabungsstätte Ostia Antica: www.ostiaantica.beniculturali.it/it/aree-archeologiche-e-monumentali/porti-imperiali-di-claudio-e-traiano/

Es könnte sein, dass Sie alleine sind ...

Weitläufige Ausgrabungen

Freuen Sie sich auf die alte Hafenstadt Roms, die heute durch die Aufschüttungen des Tibers etwa 4 km von der Küste entfernt liegt: Sie ist nach Pompeji und Herkulaneum die ausgedehnteste und eindrucksvollste Grabungsstätte Italiens – aber wenig besucht. Sie können in dem weitläufigen Gelände unbeschwert spazieren, in manchen Gassen ist kein Mensch unterwegs, ein entspannter Ausflug aus der Enge der Stadt und nicht zu vergleichen mit dem viel kleineren, aber immer vollen ▶ Forum Romanum in Roms Innenstadt. Statt Verkehrslärm hören Sie Vogelgezwitscher, nur der Flugbetrieb des nahen Flughafen Fiumicino stört die Idylle.

Nach dem Erdbeben wurde wieder aufgebaut

Aktuelle Grabungen und Projekte

Die speziell auf das Forum des antiken Ostia angelegte, seit 2008 durchgeführte Grabungskampagne ergab, dass Ostia nach 443 wieder aufgebaut wurde, wenn auch meist nur mit zwei- statt der im 1. und 2. Jh. üblichen vier- oder fünfstöckigen »insulae« (Mietshäuser). Dafür wurde Baumaterial aus der Blütezeit wiederverwen-

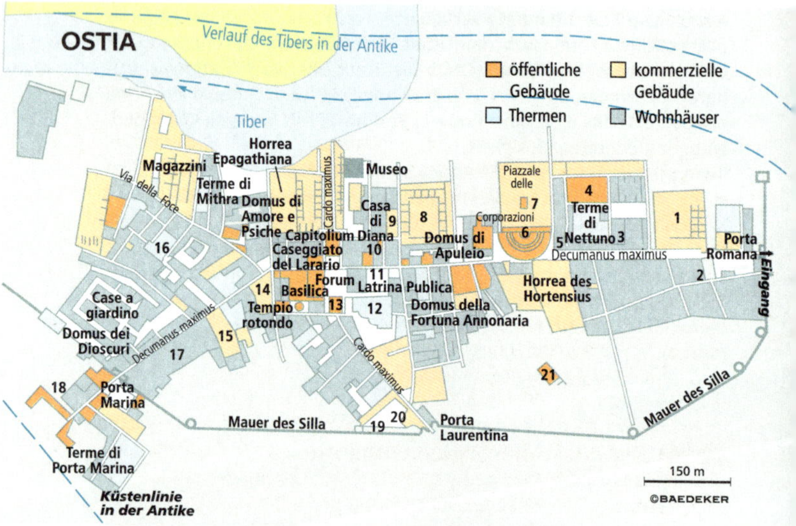

1 Magazzini Antoniniani (Lagerhaus)
2 Statue der Minerva Victoria
3 Mosaik (Hochzeit des Neptun und der Amphitrite)
4 Caserma dei Vigiles (Feuerwehrkaserne)
5 Caupona (Taverne) des Fortunatus
6 Theater
7 Tempel der Ceres
8 Grandi Horrea (Große Speicher)
9 Caseggiato dei Mulini (Häuserblock mit Mühlsteinen)
10 Caseggiato del Thermopolium (Häuserblock mit einer Garküche)
11 Statue der siegreichen Roma
12 Terme del Foro (Thermen des Forums)
13 Tempel der Roma und des Augustus
14 Macellum e botteghe dei pescivendoli (Fleisch- und Fischmarkt)
15 Schola del Traiano
16 Caseggiato del Serapide e Terme dei Sette Sapienti (Häuserblock der Serapis und Thermen der Sieben Weisen)
17 Häuserblock "della Fontana a Lucerna"
18 Mausoleum
19 Tempel der Magna Mater
20 Heiligtum des Attis
21 Basilika des Konstantin

det. 2012 gelang den Archäologen ein **Sensationsfund:** Man fand das Lager eines Kalkbrenners aus dem 5. Jh. – gefüllt mit Tempelresten! 2014/2015 konnte so sogar der Versuch gestartet werden, das Relief des Giebels des Roma-Augustus-Tempels zu rekonstruieren. Eine 3D-Animation mit den Hauptbauepochen von Ostia Antica (1. Jh. v. Chr. bis 6. Jh. n. Chr.) ist, in enger Zusammenarbeit mit der Berliner Humboldt-Universität, in Vorbereitung (www.ostiaforumproject.com). Am Ende des Cardo Maximus zeigt das **Museum** in einem Salzhaus (15. Jh.) Skulpturen, Reliefs, Fresken, Mosaiken aus Ostia und 400 Marmorfunde von der Fossa Traiani und der Isola Sacra.

Entlang der Hauptstraße

Decumanus maximus

Direkt nach dem Eingang liegen an der alten Via Ostiensis sowie an der südlichen Parallelstraße, der Via delle Tombe, ausgedehnte Reihen von Gräbern aus der Zeit der Republik. Hinter der Porta Romana, dem wichtigsten der drei Stadttore, beginnt die über 1 km lange Hauptstraße Decumanus maximus. Links der Piazzale della Vittoria, benannt nach einem Standbild der Minerva Victoria, sieht man Ruinen eines Speichers (Horrea) aus dem 1. Jh. vor Christus. Es folgen schließlich die **Terme di Nettuno** mit einem Mosaik des Meeresgotts am Eingang und Heizinstallationen in den Baderäumen an der Nordostecke.

Hier wurden Geschäfte gemacht

Theater, Piazzale delle Corporazioni

Am Decumanus folgt das Theater aus der Zeit des Augustus, das unter Septimius Severus erweitert wurde. Von den oberen Sitzstufen sieht man über die Ausgrabungen, v. a. auf den sich nördlich anschließenden Piazzale delle Corporazioni mit den Säulen des Cerestempels. Der Platz war das Handels- und Geschäftszentrum von Ostia; die Säulenhallen ringsum beherbergten **siebzig Kontore** (scholae) – jedes mit einem Mosaik, das meist die Art der Güter und die Destination darstellte – von Agenturen, die den Frachtverkehr mit den überseeischen Häfen vermittelten. Das nach pompeianischem Muster westlich gelegene **Mithrasheiligtum** (Mitreo delle Sette Cieli) gehört zum Haus des Marcus Apuleius Marcellus. An der Via della Casa di Diana steht links ein gut erhaltenes **Thermopolium,** eine Schenke mit gemauertem Schanktisch.

Religiöser und politischer Mittelpunkt

Forum Capitolium

An der Kreuzung von Decumanus maximus und Cardo maximus lag das Forum Capitolium, der religiöse und politische Mittelpunkt der Stadt. Seine Nordseite nimmt das mächtige Kapitol aus dem 2. Jh. ein, das einzige weitgehend erhaltene Bauwerk Ostias. An der Westseite des Forums entstanden unter Kaiser Trajan die **Curia** und ihr gegenüber die **Basilica,** in der das Gericht tagte. An der Südseite lag der **Roma-Augustus-Tempel** (1. Jh.) mit einer Statue der siegreichen Roma.

Zeugnisse des Alltagslebens und beachtliche Kunstwerke

Horrea Epagathiana

Westlich des Kapitols steht die Horrea Epagathiana, ein Speicherhaus mit zweistöckigem Arkadenhof. In derselben Gasse gegenüber ist im **Domus von Amor und Psyche,** einem typischen Wohnhaus mit Innenhof, ein schöner Marmorfußboden erhalten. Besonders hübsch: die sich küssenden Marmorstatuen von Amor/Cupido und Psyche. Unweit, an der Via della Foce, besitzen die **Thermen der Sieben Weisen** im Kuppelsaal ein kunstvolles Bodenmosaik mit Jägern und Tieren.

Es fehlte an nichts

Basilika und Synagoge

Am Decumanus maximus steht die **Schola del Traiano** (2./3. Jh.), das

Versammlungshaus der Schiffbauer. Dahinter folgt der 108 m lange Häuserblock »della Fontana a Lucerna« mit einer Ladenstraße im Erdgeschoss. Außerhalb des antiken Stadtgebiets und nahe den Thermen der Porta Marina wurde 1961 eine Synagoge (1. Jh.) entdeckt, eines der ältesten Bethäuser außerhalb Palästinas. Seit 2023 gibt es unter Federführung des Deutschen Archäologischen Instituts umfangreiche Ausgrabungen an der **konstantinischen Bischofskirche** von 330 außerhalb der Stadtmauer gegraben. Sie ist die einzige von Konstantin gestiftete Bischofskirche, die nicht später überbaut wurde.

★★ PALATINO

Lage: Piazza S. Maria Nova 53, weiterer Zugang: Via di San Gregorio 30 | **Innenstadtplan:** f/g V | **Metro:** B (Colosseo), C (ab 2025/2026) **Tram:** 3 | tgl. ab 9 Uhr, Schließzeiten je nach Jahreszeit zwischen 16.30 und 19.15 Uhr | **Eintritt:** 18 € (Kombiticket mit Kolosseum und Forum Romanum, 24 Stunden gültig), EU-BürgerInnen zwischen 18 und 25 Jahre: 2 € | **https://colosseo.it/biglietti/24h-only-arena**

Klar, dass die Römer hier oben ihre Stadt begannen: Vom Palatinhügel reicht der Blick weit über die Tiberebene, man kann entspannt flanieren und sich eine frische Brise um die Nase wehen lassen – bis heute. Laut Legende spülte der Tiber zu Füßen des Hügels die Zwillinge Romulus und Remus an. Auf dem Palatin beginnt mit der Gründung der sogenannten Roma quadrata im Jahr 753 v. Chr. durch Romulus die historische Zeit der Stadt.

Wandeln Sie dort, wo alles begann

Die nachgewiesene Besiedlung reicht sogar bis ins 10. Jh. v. Chr. zurück. Adlige und Kaiser bauten sich auf dem Palatin ihre Paläste – das Wort sagt es bereits. Politiker wie der Mäzen Agrippa und Schriftsteller wie Cicero wohnten hier. Kaiser Augustus wurde auf dem Palatin geboren. Unter Augustus und seinen Nachfolgern entstanden Wohnpaläste, Tempel und Staatsbauten. Im Mittelalter erlosch die Pracht des Palatin. Über den heidnischen Bauten wurden Klöster und Kirchen errichtet; das Adelsgeschlecht der Frangipani benutzte sie als Fundament seiner Festung. Im 16. Jh. legten wohlhabende Familien wie die Ronconi, Mattei, Spada, Magnani und Barberini üppige Weinberge und Gärten an, und Kardinal Alessandro Farnese beauftragte schließlich berühmte Architekten mit der endgültigen Gestaltung des **Palatinparks.** Seit dem 18. Jh. wandte sich das archäologische Interesse dem Palatin zu, von vielen Bauten wusste man aus den Mitteilungen der lateinischen Schriftsteller.

Forum Romanum
Clivus Victoriae
Via Nova
Orti Farnesiani
Tempel der Kybele (Magna Mater)
Haus des Romulus
Krypto-portikus
PALATINO
Eingang
Haus der Livia
Haus des Augustus
Clivus Palatinus
Apollo-Tempel
©BAEDEKER
Domus Flavia
Speise-saal
Sant' Anastasia
Anti-quarium
Domus Augustana
Biblio-theken
Päda-gogium
Stadio Palatino
Eingang
Thermen des Septimius Severus
Via dei Cerchi
N
Via di San Gregorio
Circus Maximus

Der Palatin oberhalb des Kolosseums ist der am längsten besiedelte der sieben

Auf den Palatin gelangen Sie von der Via San Gregorio Magno durch das Portal der Farnesischen Gärten oder vom ▶Forum Romanum über den Clivus Palatinus beim Titusbogen, die Treppe im Atrium der Vestalinnen oder durch den Gewölbegang bei Santa Maria Antiqua.

Fand Caligula hier den Tod?

Criptoportico

Wenn Sie vom Forum Romanum aufsteigen, fällt schnell nördlich des Liviahauses der sogenannte Kryptoportikus auf, ein 130 m langer, halb unterirdischer, **tonnengewölbter Korridor.** Er diente der Versorgung und verband die Räume der verschiedenen Kaiserpaläste von Tiberius, Livia und den Flaviern untereinander. Laut Überlieferung wurde in diesem Gang im Jahr 41 der berüchtigte Kaiser Caligula von Verschwörern ermordet.

Die oberste Schicht grünt und blüht

Orti Farnesiani

Dahinter liegen die Farnesischen Gärten, sie wurden Mitte des 16. Jh.s im Auftrag des Kardinals Alessandro Farnese von dem Architekten Vignola angelegt und Anfang des 17. Jh.s vollendet. Terrassen und kleine Bauten, Grasflächen und Blumenrabatten, Baumgruppen und Springbrunnen sollten ähnlich wie in der Villa d'Este von ▶Tivoli den bühnenartigen Rahmen für die Zusammenkünfte Gleichgesinnter ab-

Hügel Roms. Die Prominenz der antiken Stadt ließ sich hier nieder.

geben. Neben den Fontänen können Sie sich an schönen Stuckdekorationen erfreuen. Unter den Gärten befand sich einst der **Palast des Kaisers Tiberius**. Ausgrabungen haben Reste eines Atriums freigelegt. Seit 2023 kann die Domus Tiberiana wieder besichtigt werden.

Früheste Besiedlungsspuren

Tempio di Cibele (Magna Mater)

Der Tempel der Kybele, der »Großen Mutter«, an der Westseite der Farnesischen Gärten wurde zwischen 204 und 191 v. Chr. errichtet. Funde vor dem Tempel aus dem 9. und 8. Jh. v. Chr. werden als Fundamentreste des »Haus des Romulus« angesehen. In die Felsen gekratzte Löcher und Linien, die Behausungen der frühen Eisenzeit zuzuordnen sind, sind hier die ältesten Zeugnisse menschlicher Besiedlung.

Luxus und Komfort im alten Rom

Casa di Augusto, Casa di Livia

Südlich davon steht das Haus der Livia, der Gattin des Augustus und Mutter von Tiberius. Augustus hatte 36 v. Chr. einen Komplex von mehreren Häusern erworben und ließ ihn umbauen. In einem Raum fand man auf einer Bleiröhre die Inschrift »Livia Augusta«, der das Haus seinen Namen verdankt – vielleicht hat aber auch Augustus darin gelebt. Atrium und vier Zimmer vermitteln mit **eleganten Male-**

reien im pompejanischen Stil, darunter Scheinarchitekturen, aber auch Tonröhren für die **Zentralheizung,** einen Eindruck von Luxus und Komfort im kaiserzeitlichen Rom.

Di. – So. 9.30 – 18, im Winter bis 16.30 Uhr, kann nur nach Voranmeldung u. mit dem Kolosseum Super-Ticket (28 €) besichtigt werden

Zentrum der Macht

Domus Flavia

Weiter südlich, in der Mitte des Palatinhügels liegen die Ruinen des Palasts der Flavier, Domus Flavia, der gegen Ende des 1. Jh.s errichtet wurde. Hier lag das Machtzentrum des Römischen Reiches zur Kaiserzeit. Ein großer Säulenhof (Peristyl), im Innern nach Süden zu ein geräumiger Speisesaal (Triclinium), nach Norden die Thronhalle (Aula Regia), ein Rechteck von 30,5 x 38,7 m mit einer Apsis, dazu die Kapelle der Hausgötter (Lararium) und eine wahrscheinlich für Staatsgeschäfte bestimmte Basilika – all das zeigt die bedeutenden Verhältnisse des kaiserlichen Hofes. Unter dem Lararium wurde das **Haus des Greifen** (Casa dei Grifi) freigelegt. Es beeindruckt mit herrlichen Wandmalereien, kassettierter Stuckdecke und Mosaikfußböden (Mitte 1. Jh. v. Chr.).

Hier wohnte und wandelte der Kaiser

Domus Augustana

Inmitten des Geländes liegt das Domus Augustana, die Überreste der prächtigen Wohn- und Repräsentationsräume des Kaiserpalasts von Domitian (augustana = kaiserlich). Der Bau beeindruckt noch heute durch die Großartigkeit der monumentalen und zugleich harmonischen Anlage. Kaiser Domitian (81 – 96), der große Bauherr auf dem Palatin, sorgte auch für einen 160 m langen und 47 m breiten Hippodromgarten: das **»Stadio Palatino«,** noch etwas weiter südlich gelegen. Das Ganze war von einem zweigeschossigen Portikus mit Pilastern aus Ziegelsteinen umgeben. Auf der Mitte der Ostseite öffnete sich die halbrunde Kaiserloge, an deren Rückseite sich ein überwölbter, zweistöckiger Korridor mit stuckverzierter Kassettendecke befand. Hier ging man spazieren, andere ließen sich in der Sänfte tragen oder im Wagen fahren, wie Martial und Juvenal berichten.

Die Höhle der Wölfin?

Lupercal

Archäologen haben 2007 unter der Casa di Augusto eine 9 x 7,5 m große, mit Mosaiken, Muscheln und Marmor geschmückte Höhle entdeckt. Ins Auge sticht ein weißer Adler, Zeichen des Prinzipats des Augustus. Bisher wurde die Höhle nur mit Endoskop und Kamera dokumentiert. Manche glauben, es handle sich hier um das Lupercal, die Höhle, in der Romulus und Remus von der Wölfin gesäugt wurden.

Terme di Settimio Severo

Die gewaltigen Unterbauten sind beeindruckend

Die wohl eindrucksvollsten Ruinen des Palatin sind Überreste der Thermen des Kaisers Septimius Severus. Gewaltige Unterbauten, die in ihrer Mächtigkeit bis heute überdauert haben, stützten die Pfeiler und Bögen des Bauwerks. An manchen Stellen kann man noch Reste der antiken Heizungsanlage entdecken.

Multimediale Präsentation der Schätze

Museo Palatino

Schauen Sie unbedingt auch in das Museo Palatino im Antiquarium auf dem Gipfel des Hügels hinein. Es zeigt Ausgrabungsschätze, aber multimedial aufbereitet. Nicht ganz ohne Kitsch, aber doch unterhaltsam. Zu sehen sind etwa Funde aus einem Urnengrab des 9. Jh.s vor Christus. Einem attischen Bildhauer wird das schöne Porträt einer Tochter Marc Aurels zugeschrieben, das Porträt Neros im idealisierten Stil gehört zu den kunstvollsten Bildnissen des Kaisers.

Zur Erholung ins Café

Monti-Viertel

Betrüblicherweise gibt es kein Café auf dem Palatin – sondern eingeschweißte Panini aus dem Automaten. Tun Sie sich das nicht an! Besser: Spazieren Sie ins Monti-Viertel, etwa in die Bar Monti (Via Urbana 93) mit ihrer kleinen, schattigen Terrasse.

★ PALAZZO BORGHESE

Lage: Largo della Fontanella di Borghese | **Innenstadtplan:** d III | **Bus:** A (Piazza di Spagna) | Mi. – Fr. 15.30 – 19, Sa. 11 – 19 Uhr | **Eintritt:** frei | **www.galleriadelcembalo.it**

Der Palazzo Borghese gehört zu den vornehmen Patrizierpalästen Roms. Weil seine Form an ein Tasteninstrument erinnert, trägt er den Spitznamen »Cembalo« und so heißt auch die Galerie, die in schmucken Räumen wechselnde Ausstellungen zeigt.

Was lange währt, wird endlich prächtig

Um 1560 wurde mit dem Bau begonnen, doch auch 1605, als das Gebäude an einen neuen Besitzer überging, war es noch nicht fertig. Der neue Eigentümer war Kardinal Camillo Borghese. Als er kurz darauf zum Papst gewählt wurde, übergab er das Grundstück mit der Baustelle seinen Brüdern. Architekt Flaminio Ponzio wurde mit der Vollendung des Prachtpalasts beauftragt und mit einem beachtlichen Budget ausgestattet, 1614 war der Palazzo endlich fertiggestellt. Der wunderschöne Innenhof mit seinen Arkaden strahlt Ruhe und Würde aus, durch eine offene Doppelloggia öffnet er sich zum Garten hin. Die »Tastatur«, die dem Palazzo den Beinamen eingebracht hat, weist zur Piazza Porta Ripetta. Heute präsentiert die **Galleria del Cembalo** im Erdgeschoss Ausstellungen zeitgenössischer Kunst, wobei Fotokunst ein Schwerpunkt ist. Zeitgenössisches bildet einen tollen Kontrast zum Stuckdekor und zu den schwelgerischen Deckenfresken. Sie wurden einst von den größten Meistern gefertigt, die im Rom des 18. Jh.s zu haben waren.

★ PALAZZO COLONNA

Lage: Via della Pilotta 7 | **Innenstadtplan:** f III | Tram 8 (Piazza Venezia) | Sa. 9.15 - 13.15 Uhr (letzter Einlass 13.15), Führungen in Italienisch (10, 11, 12.30) und Englisch (12 Uhr) | **Eintritt:** 15 € (mit Führung durch die Wohnung der Prinzessin Isabella: 25 €), Freitagvormittag zweistündige Führungen: 35€ | **www.galleriacolonna.it**

Der Palazzo Colonna, einer der größten und vornehmsten Adelspaläste Roms, wurde im Mittelalter über den Ruinen eines antiken Serapistempels gebaut. Bis heute wird er von der Familie Colonna bewohnt. Samstags öffnet der Palazzo seine Tore für Besucher. Die können sich in den herrschaftlichen Gemächern umsehen und die hochkarätige Kunstsammlung mit Werken von Tintoretto, Botticelli, Breughel, Rubens und anderen Renaissance- und Barockmalern bewundern.

Zu Gast beim römischen Adel

Die Colonnas gehörten seit dem Mittelalter für Jahrhunderte zu den einflussreichsten Familien Roms. Den Gipfel ihrer Macht erreichten sie, als Oddone Colonna (1369 - 1431) 1417 zum Papst (Martin V.) gewählt wurde. Der Palazzo Colonna war seine Residenz. Die prachtvolle Galleria Colonna, ein wahres Schmuckstück des römischen Barock, gab die Familie Mitte des 17. Jh.s in Auftrag. 1700, zum Anbruch eines neuen Jahrhunderts, wurde sie eingeweiht.

Galleria Colonna

Nackte Brüste im Haus eines christlichen Vorkämpfers?
Besucher betreten den Palast durch den Eingang in der Via Pilotta. Der erste Saal der Galleria (1. Stock) wird **Saal der Kriegssäule** genannt. Namensgebend ist die rote Marmorsäule, die ihrerseits einen Hinweis auf das Wappen der Familie Colonna (dt. »Säule«) gibt. Das Deckenfresko verherrlicht einen der berühmtesten Männer der Familie: Marcantonio Colonna (1535 - 1584). Der war siegreicher Kommandant der Seeschlacht von Lepanto (1571), die dazu führte, dass die muslimischen Eroberer aus dem Osmanischen Reich durch die **militärische Allianz der Christen** nachhaltig von der italienischen Halbinsel zurückgedrängt wurden. Dieses Ereignis wurde in etlichen Kunstwerken gewürdigt. Hier malte Giuseppe Chiari Marcantonio Colonna an der Seite der Gottesmutter – Maria stellt Hel-

Wenn es noch eines Belegs bedurfte, dass die Colonnas eine der reichsten Patrizierfamilien Roms waren – ein Blick in die Sala Grande genügt.

den der christlichen Allianz im Himmel vor. An den Wänden hängen Meisterwerke von Bronzino und Ridolfo del Ghirlandaio. Dessen »Aurora« ist erst seit der jüngsten Restaurierung wieder barbusig zu bewundern. Im 18. Jh. hatten die Colonnas auf Geheiß des Papstes, der häufig ihr Gast war, die nackten Brüste der schönen Aurora mit einem Schleier übermalen lassen.

Eine Kanonenkugel als Stolperstein

Sala Grande

Stolpern Sie nicht auf den Stufen, die in die Sala Grande hinunterführen. In der Mitte einer Stufe steckt eine Kanonenkugel, genau an dem Punkt, an dem sie 1849 einschlug. Abgefeuert wurde sie von der französischen Armee, die angerückt war, um den Papst im Kampf gegen die republikanischen Aufständischen der Römischen Republik zu unterstützen. Den Palast der Colonna hatte die Kugel versehentlich getroffen. Das **Deckengemälde** des großen Saals feiert wiederum den Helden Marcantonio Colonna: Sein Leben wird in fünf Szenen dargestellt. Im Zentrum stehen selbstverständlich die Seeschlacht von Lepanto und der Sieg über die im Zeichen der Halbmond-Flagge kämpfenden Muslime. Zahlreiche Kunstwerke schmücken die Wände – hier u. a. von Jacopo Tintoretto.

Leidenschaftliche Kunstsammler

Saal der Landschaften

Im Saal der Landschaften, der sich an die Sala Grande anschließt, dreht sich das kunstvolle Dekor noch einmal um Lepanto. Das Deckengemälde von Sebastiano Ricci ist eine allegorische Darstellung der Schlacht. In den folgenden Räumen sind über 250 Kunstwerke ausgestellt, die die Sammelleidenschaft der Colonnas dokumentieren – Werke bekannter und namenloser Künstlerinnen und Künstler. Kunstgeschichtlich besonders interessant ist Annibale Carraccis **»Mangiafagioli«** (»Bohnenesser«, Bild Nr. 60 in der Sala dell'Apoteosi di Martino V.). Carraci machte schon 1583 einen Bauern zum Thema eines Bildes – fast 300 Jahre, bevor die Künstler des Realismus ab der Mitte des 19. Jh.s die einfachen, hart arbeitenden Menschen als Sujet entdeckten.

Jede große Familie hat ihren Skandal

Saal der Alten Meister

Nach dem Thronsaal mit dem Thron für päpstlichen Besuch erreichen Sie die Sala dei primitivi (Saal der Alten Meister). Auch hier finden sich einige Werke von außerordentlicher Qualität: der »Bethlehemitische Kindermord« von Jacopo del Sellaio, die »Auferstehung von Christus und von einigen Mitgliedern der Familie Colonna am Ende der Zeiten« von Pietro da Cortona und die »Geburt der Jungfrau Maria« von Francesco Cozza. Das Gemälde Nr. 172 zeigt Maria Mancini Colonna (1639 – 1715), die für den größten Skandal in der Familiengeschichte sorgte. Nach elfjähriger Ehe verließ die gebildete Frau bei Nacht und Nebel und in Männerkleidung Rom, ihren Ehemann und die drei Kinder, um zurück nach Paris zu gehen, wo sie aufgewachsen war. Doch dort blieben die Türen sämtlicher Paläste verschlossen, und auch eine Rückkehr nach Rom war unmöglich, denn als abtrünnige Ehefrau war die Prinzessin **gesellschaftlich geächtet.** Schließlich blieb nur das Kloster als Zufluchtsort. Im Vorraum der Familienkapelle kann man Wandteppiche (17. Jh.) aus einer berühmten Pariser Manufaktur, weitere Gemälde und einen prachtvollen Deckenleuchter aus Muranoglas (18. Jh.) bestaunen.

Die Gemächer von Italiens »Ersatz-Königin«

Appartamento Principessa Isabelle

Nur mit einem Gästeführer darf man die Gemächer der 1984 verstorbenen Prinzessin Isabella besuchen. Die Bankierstochter aus dem Libanon heiratete einen Colonna und stieg unter Mussolini in der Gesellschaft auf. Ab 1946, nach dem Ende der Monarchie, ließ sie sich als »Ersatz-Königin« feiern. Im Palazzo Colonna empfing sie gekrönte Häupter, auch die britische **Königin Elisabeth II.** Bürgerliche wurden nur geladen, wenn sie Bankiers – und nicht geschieden – waren. Ihre Gemächer sind reich gefüllte Schatzkämmerchen. Zu den Preziosen gehören neun kleine fantastische Landschaften, die Jan Breughel der Ältere (1568 – 1625) auf Kupfer malte.

PALAZZO DELLA CANCELLERIA

Lage: Piazza della Cancelleria 1 | **Innenstadtplan:** c III | Mo. – Sa. 7.30 – 20, So. 9.30 – 19 Uhr, Reservierungen obligatorisch unter economato@apsa.va | **Eintritt:** 7 €
https://turismoroma.it/de/places/palazzo-della-cancelleria

Cancelleria bedeutet »Kanzlei« – und diese riesige Kanzlei wurde um 1500 gebaut. Hier wurden die Apostolischen Schriften, die schriftlichen Verlautbarungen der Päpste, aufbewahrt. Als erster Renaissancepalast Roms markiert das Gebäude baugeschichtlich das Ende des Mittelalters und den Aufbruch in die Neuzeit. Mit dem monumentalen Bauwerk war auch eine klare Ansage verbunden: Nach den Exiljahren in Avignon wollte sich das Papsttum in seiner römischen Heimat wieder fest verankern.

Renaissance in Reinform

Das Archiv des Palasts wurde bei den Plünderungen des Jahres 1527, die als »Sacco di Roma« in die Geschichte eingegangen sind, zerstört. Daher weiß heute niemand so genau, wer der Architekt dieses Bauwerks war. Was man weiß: Mit den Bauarbeiten wurde 1485 begonnen, elf Jahre später konnte Kardinal Riario – der päpstliche Vizekanzler – einziehen. Fertiggestellt wurde der Palazzo 1514. Seine Hauptfassade besteht zum Teil aus Travertin, das man im Kolosseum abgebaut hatte. Die klar gegliederten Fassaden gelten als Meisterwerk der Renaissance. Nach den Zerstörungen von 1527 wurde der Palast Ende des 16. Jh.s wieder in den Originalzustand versetzt. Die Wappen an den Ecken der Fassade erinnern an die Päpste, unter denen der Bau begonnen und fertiggestellt wurde.

Hier ist man im Kirchenstaat

»Sala dei Cento Giorni«

Gemäß den Lateranverträgen von 1929 ist der Palast exterritorialer Besitz des Vatikans und beherbergt mehrere vatikanische Behörden, u. a. das **Oberste Gericht der Kurie.** Das Gebäude kann aber auch besichtigt werden. Höhepunkt des Rundgangs ist der »Saal der hundert Tage« (Sala dei Cento Giorni). Georgio Vasari und seine Gehilfen malten ihn 1546 in hundert Tagen aus, weil der Kardinal zur Eile drängte. Michelangelo soll das zu dem ironischen Ausspruch veranlasst haben: »Si vede bene« (»So sieht es auch aus«). Der viereckige **Innenhof** mit drei Geschossen zeigt einen klaren, für die Renaissance typischen Aufbau, strahlt aber, im Gegensatz zu den massiven Fassaden, heitere Leichtigkeit aus. Im Hof wurden in den 1930er-Jahren Reste einer **Basilika** des 4./5. Jh.s gefunden, die der Palast gänzlich umschließt.

PALAZZO DELLA SAPIENZA · SANT' IVO ALLA SAPIENZA

Lage: Corso del Rinascimento 40 | **Innenstadtplan:** d III | So. 9 – 12 Uhr

Die Kuppel mit der luftigen Laterne und dem schneckenartig hochgedrehten weißen Türmchen ist unverkennbar. Sie gehört zu Sant' Ivo, der Kirche im altehrwürdigen Palazzo della Sapienza, dem Stammsitz der ebenso altehrwürdigen Universität.

Der Palast der Weisheit

Der monumentale Palast am Corso del Rinascimento war Roms erste Universität, die »Sapienza«. Gegründet wurde sie 1303 von Papst Bonifatius VIII., und über Jahrhunderte – bis zum Umzug in ein modernes Gebäude im Jahr 1935 – residierte sie an dieser Adresse. Seither beherbergt der alte Palazzo della Sapienza (»Palast der Weisheit«) das **Staatsarchiv** mit über 500 historischen Handschriften, 32 000 Monografien und rund 100 000 Büchern.

Die Biene, die Schnecke ...

★ Sant' Ivo alla Sapienza

Der dreistöckige Palast, wie er heute am Corso steht, wurde 1587 nach Plänen von Giacomo della Porta gebaut. Sonntags ist er geöffnet und es lohnt sich, weil man über den Innenhof zur Palastkapelle St. Ivo gelangt. Die Fassade der kleinen Kirche spielt raffiniert mit konkaven und konvexen Formen und verdankt ihr Erscheinungsbild dem berühmten Barockarchitekten Borromini, nach dessen Entwurf sie 1642 – 1660 errichtet wurde. Der Innenraum, der sich in Halbkreisen und Trapezen öffnet, ähnelt im Grundriss einer Biene. Borromini arbeitete im Auftrag von Papst Urban VIII., einem Spross der Familie Barberini. Deren Wappentier war die Biene, und der päpstliche Auftraggeber wollte das Familieninsekt an jedem Bauprojekt, das er finanzierte, verewigt sehen. Der Kirchturmaufsatz in Form einer Spirale, einer der prächtigsten Schneckentürme der Welt, erinnert an die Papstkrone (Tiara).

... und ein weißer Hirsch

Piazza Sant' Eustachio

Haben Sie Lust auf eine Kaffeepause? Gleich um die Ecke, auf der Piazza Sant' Eustachio, rühmt sich »Sant' Eustachio Il Caffè« des besten Kaffees der Stadt (https://caffesanteustachio.com). An der Piazza steht auch die **Basilica di Sant' Eustachio,** deren Giebelspitze einen weißen Hirsch mit einem Kreuz zwischen den Geweihspitzen zeigt. Zu Zeiten von Papst Pius V. wurde hier Studenten der Universität La Sapienza die Doktorwürde verliehen. Heute finden hier bisweilen herausragende **Konzerte** statt.

Caravaggio eröffnet neue Perspektiven

San Luigi dei Francesi

An der nahegelegenen Piazza di San Luigi dei Francesi 5 findet sich die gleichnamige Nationalkirche der Franzosen. Ihr Bau wurde von Kardinal Giulio dei Medici, dem späteren Papst Clemens VII., 1518 angeregt, doch erst 1589 vollendet. Die monumentale **Renaissancefassade** schuf vermutlich Giacomo della Porta in der zweiten Hälfte des 16. Jahrhunderts. Im Innern der dreischiffigen Pfeilerbasilika sind drei bedeutende Gemälde von Caravaggio zum Leben des hl. Matthäus zu sehen. Sie entstanden um 1597 und eröffneten damals mit ihrer realistischen Gestaltung und gelungenen Komposition von Licht und Schatten neue Perspektiven. **Caravaggio** porträtierte sich selbst links neben dem Henker auf dem Gemälde des Martyriums.

Mo. - Fr. 9.30 - 12.45, Sa 9.30 - 12.15, So 11.30 - 12.45, tgl. auch 14.30 - 18.30 Uhr

Aus dem Dunkel links hinter dem Henker schaut Caravaggio höchstselbst dem Martyrium des Matthäus zu.

PALAZZO SPADA

Lage: Piazza Capo di Ferro 13 | **Innenstadtplan:** c IV | **Tram:** 8
Mi. – Mo. 8.30 – 19.30 Uhr | **Eintritt:** 6 €
https://galleriaspada.cultura.gov.it

Der Palazzo Spada wurde Mitte des 16. Jh.s als Kardinalsresidenz erbaut und trägt den Namen von Kardinal Bernardino Spada, in dessen Besitz der Palast 1623 kam. Heute residiert hier der Consiglio di Stato (italienischer Staatsrat). Besucher können sich aber Spadas großartige Gemäldesammlung (Tizian, Rubens, Dürer, Caravaggio u. a.) und den »perspektivischen Gang« von Baumeister Borromini mit der optischen Täuschung anschauen.

Acht auf einen Streich

Die Entwürfe für den stattlichen Renaissancepalast stammen von Giulio Merisi da Caravaggio, den man weniger als Bauzeichner als vielmehr von seinen großartigen Gemälden in römischen Kirchen und Stadtpalästen kennt. Schenken Sie den Figuren an der Hauptfassade mehr als einen flüchtigen Blick. Hier stehen acht berühmte Römer in einer Reihe: von links Trajan, Pompeius, Fabius Maximus, Romulus, Numa Pompilius, Marcellus, Caesar und Augustus. Im Zentrum der Fassade prangt das Wappen der Spada.

Kleiner als man denkt

Galleria Prospettica

Bernardino Spada wurde 1623 Eigentümer der Prachtresidenz und ließ diverse Verschönerungsarbeiten vornehmen – natürlich beauftragte er nicht irgendeinen Architekten, sondern Francesco Borromini, damals neben seinem Konkurrenten Bernini der angesagteste Baumeister in Rom. Ab 1635 restaurierte Borromini die Fassaden. 1652/1653 gestaltete er auch die Verbindung zwischen den beiden Höfen des Palasts. Aus einem schnöden Durchgang wurde die berühmte Galleria Prospettica, ein perspektivischer Korridor, den man sich, ohne Eintritt zu zahlen, einfach vom Hof aus ansehen kann. Der Gang mit den beiden Säulenreihen und kassettiertem Tonnengewölbe scheint 30 m oder noch länger zu sein, in Wirklichkeit aber ist die Galleria gerade einmal 8 m lang. Borromini bediente sich hier sehr geschickt einer **optischen Täuschung** – der Effekt entsteht durch die unterschiedliche Höhe der dorischen Säulen. Die vorderen haben eine Höhe von 5,68 m, mit jedem Säulenpaar nimmt die Höhe ab, die beiden letzten sind gerade noch 2,47 m hoch.

Gemalte Kostbarkeiten

★ Galleria Spada

Die Galerie präsentiert Spadas Gemäldesammlung. Zu den hier versammelten Kostbarkeiten gehört die Skizze für das Deckengemälde der barocken Jesuitenkirche ►»Il Gesù«, »Die Heimsuchung« von

Andrea del Sarto, »Kain und Abel« von Giovanni Lanfranco, die »Musikantin« von Tizian und eine »Landschaft mit Windmühle« von Jan Breughel d. Ä. sowie Werke von Rubens, Dürer und Caravaggio. Zudem wird im Palast die 1552 gefundene Pompejusstatue aus dem antiken Rom aufbewahrt. Zu ihren Füßen soll Julius Cäsar ermordet worden sein.

★★ PANTHEON

Lage: Piazza della Rotonda | **Innenstadtplan:** d III | **Tram:** 8
tgl. 9 – 19 Uhr | **Eintritt:** 5 € | **www.pantheonroma.com**

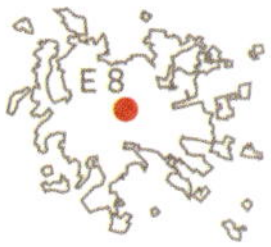

Das Runde muss ins Eckige. Gleich zweimal ließ Kaiser Hadrian nach diesem Grundsatz bauen: Neben der Engelsburg schuf er um das Jahr 120 mit dem Pantheon ein weiteres Bauwerk mit rundem Grundriss inmitten des römischen Straßengevierts.

Meisterleistung römischer Baukunst

Die architektonische Idee des Pantheons von Kaiser Hadrian ist so überzeugend – und so stabil, dass es alle Zeiten überdauerte. Ein Vorgängerbau an derselben Stelle brannte ab, auch der war vermutlich den allerheiligsten sieben Planetengöttern, vielleicht aber auch allen römischen Göttern (Pantheon) geweiht. Dem großen Auftritt des genialen Bauwerks ist eine Verzögerung vorgebaut: Zunächst betreten Sie die 33 m breite und 13,50 m hohe **Vorhalle.** Ihr auffallendstes Merkmal sind 16 korinthische Säulen aus rosafarbenem und grauem Granit und zwei mächtige antike Bronzetüren. Dann aber – treten Sie ein! Lassen Sie sich von der Rotonda umfangen. Wie um eine gigantische Kugel herum gebaut wirkt der Kuppelbau mit seinen perfekten Maßen: Höhe und Durchmesser sind identisch, sie betragen 43,30 m. Die Kuppel der Rotonda ruht auf einem Zylinder. Durch eine 9 m große, **runde Öffnung** in der Mitte der Kuppel fällt ein Lichtstrahl herein und beleuchtet den Mosaikboden.

Die zeitlose und perfekte Harmonie trotzt allen Widrigkeiten

Basilica di Santa Maria ad Martyres

Der offizielle Name des Pantheons lautet heute Basilica di Santa Maria ad Martyres. Papst Bonifatius IV. weihte die Rotonda am 1. November 609 – daher das Fest Allerheiligen – der Madonna und allen Märtyrern. Die Harmonie des Raumes wirkt zeitlos erhebend in seiner Vollkommenheit, er scheint Himmel und Erde zu umfassen. Seit fast 2000 Jahren.

Das beständige Ziegelmauerwerk beweist die enorme technische Leistung der Römer. Das Pantheon steht noch immer – obwohl sogar immer wieder Teile entfernt wurden. Papst Gregor III. ließ die vergol-

OBEN: Ein erhabener Augenblick, wenn das Tageslicht durch die Kuppel ins Pantheon fällt.

UNTEN: Die Piazza Rotonda ist Rom »at its best«.

deten Bronzeziegel von der Kuppel nehmen und Papst Urban VIII. verwendete den Bronzebeschlag der Vorhallendecke »für den Altarbaldachin im Petersdom«. So jedenfalls verkündet es eine Marmortafel neben der Eingangstür. Tatsächlich aber haben wir es hier mit einem frühen Fall von päpstlicher Propaganda zu tun. Fake News! Der Papst, ein gebürtiger Barberini, ließ das Metall abschrauben, um **Kanonenkugeln** und Waffen herzustellen, stieß aber auf deutlichen Widerstand der römischen Bürgerschaft. Schnell machte das Sprichwort »Quod non fecerunt barbari, fecerunt Barberini« die Runde: Was die Barbaren nicht gemacht haben, machten die Barberini ... Daraufhin wurde päpstlicherseits in Marmor gemeißelt, das wertvolle Material sei dringend notwendig für jenen kirchlichen Zweck. Wie neueste Forschungen ergaben, wurden dafür aber nur knapp zwei Prozent der Beute verwendet, 98,2 Prozent wurden zu Kanonen umgeschmolzen.

Raffael ruht hier neben gesalbten Häuptern

Grabeskirche der italienischen Könige

Das Pantheon ist auch die Grabeskirche der italienischen Könige: In die 6,2 m starken Ziegelmauern sind Nischen eingelassen. Italiens erster König Vittorio Emanuele II. ruht in der zweiten Nische rechts und sein Sohn Umberto I. in der zweiten Nische links. Auch Raffael hat hier auf eigenen Wunsch sein Grab unter der Madonna von Lorenzetto (1520).

Stärkung gefällig?

Piazza della Rotonda

Wenn Sie nun etwas ermattet sind, versuchen Sie auf der Piazza della Rotonda ein Plätzchen auf den Stufen des Brunnens zu bekommen. Der Platz vor dem Pantheon ist vor allem im Sommer einer der beliebtesten Treffpunkte im Herzen des centro storico. Eingerahmt von gemütlichen Cafés, Bars und Restaurants, bietet er bis spät in die Nacht um seinen Brunnen herum ein lebhaftes Bild römischer Atmosphäre. Oder stromern Sie zur Stärkung zu **Di Rienzo** (Piazza del Pantheon 8/9) und probieren eines der köstlichen »bignes«, eine Art Windbeutel, oder die Tramezzini. Um die Ecke bei **Tazza d'Oro** (Via degli Orfani 84) gibt es mehrfach ausgezeichneten Kaffee.

Barocker Sinnesrausch

Sant'Ignazio di Loyola

Vom Pantheon sind es nur ein paar Schritte Richtung Norden durch die Via del Seminario zur Kirche Sant'Ignazio di Loyola, die 1626 – 1650 erbaute, nach ▶ »Il Gesù« zweite Jesuitenkirche in Rom. Als Baumeister zeichnete der Jesuit Orazio Grassi verantwortlich. Schon der bühnenartige Platz mit der zweigeschossigen **Fassade** führt Besucher in das barocke Sinnenreich ein, das in der Kirche noch erhöht wird. Im weit gespannten Innenraum geht der Blick sofort nach oben zum gigantischen Deckengemälde. Die Raumwirkung, Seitenkapellen, die miteinander verbunden sind, sowie eine prächtige Ausstat-

St. Maria ad Martyres

PANTHEON

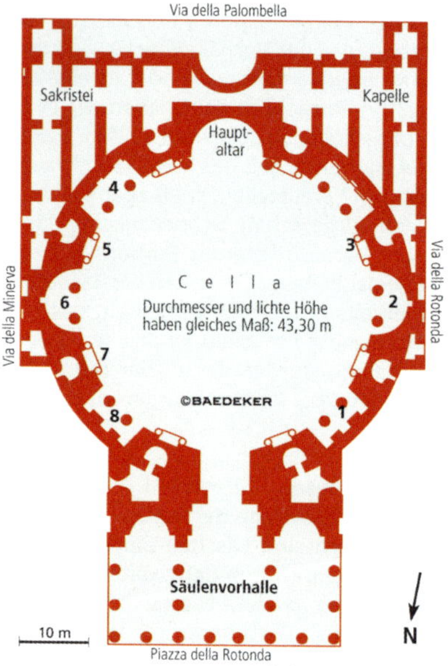

1 »Verkündigung«, Fresko von Melozzo da Forli (15. Jh.)
2 Grab des ersten Königs von Italien, Viktor Emanuel (Vittorio Emanuele) II. (1820-1878)
3 »Hl. Anna und Jungfrau Maria«, Skulpturengruppe von Lorenzo Ottoni (17. Jh.)
4 Denkmal für den päpstlichen Diplomaten Kardinal Ercole Consalvi (1757-1824; sein Grab in San Marcello)
5 Grab des Malers und Baumeisters Raffael (Raphael; eigentlich Raffaello Santi oder Sanzio, 1483-1520)
6 Grab des zweiten Königs von Italien, Humbert (Umberto) I. (1844-1900; in Monza ermordet); darunter das Grab der Königin Margherita († 1926)
7 Grab des Baumeisters und Malers Baldassare Peruzzi (1481-1536)
8 Am Altar »Hl. Joseph mit dem Jesusknaben« von Vincenzo de Rossi (um 1555); seitlich die Gräber der Maler Perin del Vaga (1501-1547) und Taddeo Zuccari (1529-1566) sowie des Architekten und Bildhauers Flaminio Vacca (1538-1605); an den Wänden »Traum des hl. Joseph« und »Flucht nach Ägypten«, Stuckreliefs von Carlo Monaldi (um 1720)

tung sollten Auge und Herz für die Lehre der katholischen Kirche öffnen und die Gläubigen zurückholen – es war die heiße Phase der Gegenreformation. Die **illusionistische Deckenmalerei** von Andrea Pozzo mit dem Triumph des hl. Ignatius, seinem »Eingang ins Paradies« und den damals bekannten »vier missionierten Erdteilen« unterstützt die Raumharmonie. Eine Marmorscheibe im Fußboden markiert den idealen Standpunkt, an dem die perspektivische Wirkung des Deckenfreskos in ihrer Gesamtheit am besten zum Ausdruck kommt. Auffällig ist auch die **Kuppel** – reine Augenwischerei, sie entsteht nur im Auge des Betrachters. Gehen Sie einige Schritte in Richtung Altar, und die Kuppel verschwindet.

Piazza Sant'Ignazio | tgl. 9 – 23 Uhr | http://santignazio.gesuiti.it

PIAZZA DELLA BOCCA DELLA VERITÀ

Innenstadtplan: e V | **Metro:** B Circo Massimo

Jeder Römer kennt diese furchteinflößende steinerne Maske. Wer es mit der Wahrheit nicht so genau nimmt, sollte seine Hand allerdings lieber nicht in den offenen Mund, die »Bocca della Verità«, stecken. Laut Legende soll die antike Flussgottheit wie ein Lügendetektor jeden Schwindler entlarven und Meineidigen sofort die Hand abbeißen – wagen Sie es?!

Wäre nicht der tosende Verkehr, der über sie hinwegbraust, könnte die nahe dem Tiber gelegene Piazza durchaus malerischen Charme entfalten. Antike Tempel, eine byzantinische Kirche und der Janusbogen aus konstantinischer Zeit geben ihr einen schönen Rahmen. Touristenschlangen bilden sich auf der Südseite des Platzes, vor der Kirche Santa Maria in Cosmedin. Mehr als die Kirche selbst zieht allerdings »der Mund der Wahrheit« an der linken Wand ihrer Vorhalle die Massen magisch an.

Wagen Sie den Lügendetektortest?!

In der Antike wichtigster Handelsplatz der Stadt

Antiker Rindermarkt

Spätestens ab dem 6. Jh. v. Chr. war die heutige »Piazza della Bocca della Verità« das Forum Boarium Roms, der Rindermarkt und wichtigster Handelsplatz der antiken Stadt. Die Lage war praktisch, konnte doch der nahe Fluss Abfälle aller Art mit sich nehmen. Unter dem Areal verlaufen heute noch die antiken Abwasserkanäle. Im Laufe der Zeit wurden an diesem Platz des Handels und Wandels mehrere Heiligtümer errichtet, auf der Tiberseite stehen noch **zwei antike Tempel,** der des Hafengotts Portunus und der Rundtempel des Hercules Victor (um 120 v. Chr.). Letzterer wurde im 13. Jh. zur Stephanskirche geweiht.

Rundtempel des Hercules Victor: nur sporadisch geöffnet. Infos hier: www.soprintendenzaspecialeroma.it/schede/tempio-rotondo-del-foro-boario_3337

Der Portunus-Tempel kann nicht von innen besichtigt werden, sondern nur von außen.

Ein wahres Kleinod mittelalterlicher Architektur

★ Santa Maria in Cosmedin

Dort, wo Santa Maria in Cosmedin heute steht, gab es bereits im 7. Jh. eine Kirche. Papst Hadrian I. ließ sie ab 772 erneuern und vergrößern. Zugewiesen wurde die Kirche dann byzantinischen Mönchen, die wegen des tobenden Bilderstreits aus ihrer griechischen Heimat in die Stadt am Tiber geflohen waren. Wie kaum ein anderes

Gotteshaus in Rom zeigt Santa Maria in Cosmedin, die ihren Beinamen von den griechischen Mönchen erhalten hat, die Schönheit mittelalterlicher Architektur. Vom Baubeginn bis zur Vollendung um 1124 unter Papst Calixtus II. ist ein wahres Kleinod entstanden, dessen besondere Atmosphäre man auch ab und zu bei Konzerten auf sich wirken lassen kann. Die Harmonie der Proportionen beginnt mit dem siebengeschossigen **Campanile** und der breiten, zweistöckigen Vorhalle mit vortretendem Baldachin, wird gesteigert im feierlichen Mittelschiff und schließlich unendlich wiederholt in den Ornamenten der Marmorintarsien. Zu den wunderschönen Details gehören Kosmatenarbeiten im Fußboden und in den Marmorschranken der Schola Cantorum, zwei Marmorkanzeln, der Presbyterthron mit den antiken Löwenköpfen und das gotische Ziborium über dem Altar. Links neben dem Altar liegt der Eingang zur **Krypta** aus dem 8. Jh., die man gegen eine kleine Spende betreten darf. Unterteilt in drei Schiffe und mit halbrunder Apsis, mutet die Krypta selbst wie eine winzige Kirche an. Im Mittelalter waren die Bauarbeiter hier auf Tuffquader eines antiken Herkulestempels gestoßen, sie sind heute am Ende der Treppe leicht zu erkennen.

Wird schon nicht beißen ...

In der Via del Velabro

Mafia-Anschlag auf eine Kirche?!

San Giorgio in Velabro

Der Name »Velabro« bezeichnet das sumpfige Flussgelände, in dem der römischen Gründungssage nach die Zwillinge Romulus und Remus gefunden wurden. Auf Papst Gregor I. und das Jahr 570 geht der Kirchenbau wohl zurück. Im 12. Jh. entstanden der Campanile und der romanische Portikus, Papst Bonifatius VIII. beauftragte Pietro Cavallini 1295 mit der Ausmalung der Apsis. In der Nacht vom 27./28. Juli 1993 wurde die Kirche wie auch ▶San Giovanni in Laterano Ziel eines Bombenanschlags, der dem Umfeld der Cosa Nostra zugeschrieben wird.

Via del Velabro 19 | Mo.–Fr. 7–18.15, Sa./So. 7.45–19 Uhr

Zwei sehr verschiedene Bögen

Arco degli Argentari, Arco di Giano

Neben dem Gotteshaus befindet sich der »Bogen der Geldwechsler«. Er wurde zu Ehren des Kaisers Septimius Severus und seiner Gattin Julia Domna sowie ihrer Söhne Caracalla und Geta von Kaufleuten und Bankbesitzern des Forums Boarium errichtet und später in die Kirche San Giorgio in Velabro einbezogen. Die Reliefs zeigen die kaiserliche Familie bei einer Opferzeremonie sowie gefangene Barbaren.

Der marmorne Janusbogen vor der Kirche inmitten der Via del Velabro wurde lange für den Teil eines Janustempels gehalten, diente jedoch recht profan als überdachte Straßenkreuzung (»ianus«) nach vier Seiten (»quadrifrons«) an einem äußerst belebten Punkt im Geschäftsviertel des antiken Rom. Errichtet wurde er in konstantinischer Zeit mit Steinen aus anderen Bauwerken.

★ PIAZZA DELLA MINERVA

Innenstadtplan: d/e III | **Tram:** 8

Mitten auf dem Platz stemmt der von Bernini gestaltete Elefant einen altägyptischen Obelisk und während es auf dem Platz vor dem ▶Pantheon gleich um die Ecke fast immer turbulent zugeht, ist die kleine Piazza della Minerva eher ruhig und bisweilen regelrecht verträumt. Gläubige aus der Nachbarschaft zieht es hier in die Kirche Santa Maria sopra Minerva, angehende Diplomaten in die Päpstliche Diplomatenakademie.

Die Göttin der Weisheit

Wie beinahe jeder Ort im Herzen Roms, so hat auch dieser eine antike Vergangenheit. Im Jahr 50 v. Chr. ließ Pompejus, Feldherr und Gegenspieler Caesars, an dieser Stelle einen Tempel für Minerva bauen, die römische Göttin der Weisheit (auch der Künste und der Kriegsführung), die dem Platz bis heute den Namen gibt. Über den Ruinen des Tempels wurde im 8. Jh. eine Kirche gebaut. Auch sie verfiel im Laufe der Zeit.

Grab für fünf Päpste

Santa Maria sopra Minerva

Über ihren Fundamenten errichtete der Dominikanerorden von 1280 bis 1453 das heutige Gotteshaus in gotischem Stil. Der Beiname »sopra Minerva« (»über der Minerva«) erinnert noch immer an den einstigen Tempel an dieser Stelle. Fünf Päpste wurden in Santa Maria sopra Minerva beigesetzt. Im Hochaltar ruhen die Gebeine der hl. Katharina von Siena (1347 – 1380). Aus kunsthistorischer Perspektive ist die Kirche vor allem wegen der Fresken des Filippino Lippi (Ende 15. Jh.) sehenswert und wegen Michelangelos Marmorstatue **»Auferstandener Christus«** (1521) auf der linken Seite des Hochaltars. Zu Unrecht wird sie nicht so gerühmt wie seine anderen Werke. Zu Lebzeiten Michelangelos bemängelten Kritiker, der Christus sehe mehr einem jugendlichen Gott der heidnischen Antike ähnlich als dem auferstandenen Gründer des Christentums – weshalb man später das Lendentuch hinzufügte.

tgl. 10.30–13 und 14–19.30 Uhr

Und sie bewegt sich doch!

Dominikanerkloster

Neben der Kirche bauten die Dominikaner im 13. Jh. ein Kloster. Der Konvent war zeitweilig Sitz der römischen **Inquisition** und auch Schauplatz des denkwürdigen Prozesses gegen Galileo Galilei, der hier am 22. Juni 1633 seine wissenschaftlichen Thesen widerrufen sollte. Heute beherbergt das Gebäude die Bibliothek des Italienischen Senats.

Die Weisheit ist bisweilen eine schwere Last

Elefantenskulptur

Im Zentrum des Platzes, das Hinterteil dem einstigen Inquisitionsgebäude zugewandt, steht seit 1667 ein besonderes Denkmal – Berninis Elefant. Die Skulptur, von Bernini entworfen und von seinem Schüler Ercole Ferrata ausgeführt, dient als Sockel für einen 5,4 m hohen ägyptischen Obelisk, der bei Grabungen im Minerva-Tempelbezirk gefunden wurde. Papst Alexander VII. hatte die Skulptur in Auftrag gegeben, sein Wappen findet sich an dem Monument. Die Sockelinschrift, ebenfalls im Auftrag des Papstes in den Stein gemeißelt, ist als Interpretation des Kunstwerks zu verstehen – es braucht einen starken Geist, um die Weisheit zu tragen. Der Palazzo Severoli, gegenüber der Kirche, ist Sitz der **Päpstlichen Diplomatenakademie,** hier werden die Diplomaten des Vatikanstaats ausgebildet

★★ PIAZZA NAVONA

Innenstadtplan: d II/III | **Tram:** 8

Vom frühen Morgen bis in die Nacht bespielen Römer und Touristinnen, Maler, Müßiggänger, Straßenkünstlerinnen und Selbstdarsteller diese von barocker Pracht geprägte Bühne. Blickfang und beliebter Treffpunkt ist die »Fontana dei Fiumi«, der Vier-Ströme-Brunnen, geschaffen von Gian Lorenzo Bernini, Roms berühmtestem Barockbildhauer.

Alles fließt

Meisterhaft gestalteten Bernini und sein Mitarbeiterstab in den Jahren 1648 – 1651 die bewegte Wasserlandschaft, die Betrachter auch heute noch entzückt. Aus einem Becken erheben sich Felsen, sie tragen einen von Pflanzen und Tieren umgebenen ägyptischen Obelisken. An den Brunnenecken thronen in stolzen Posen muskulöse Männer aus Stein – bei ihnen handelt es sich um die Personifikationen von Nil, Ganges, Rio de la Plata und Donau, also der **vier Ströme,** die die vier damals bekannten Kontinente – Afrika, Asien, Amerika und Europa – repräsentieren. Welche Figur welchen Fluss darstellt, ist im Prinzip an den Tieren und Pflanzen zu erkennen, die der Bildhauer ihnen zugeordnet hat. Ganz einfach ist das aber nicht. Wenn Sie von Süden bzw. vom Corso Vittorio Emanuele II. kommen, treffen Sie zunächst auf den Mann mit dem Ruder – das ist der Ganges. Umrunden Sie den Brunnen gegen den Uhrzeigersinn, folgen Nil, Rio de la Plata und Donau. Dazwischen prangen die Wappen des Papstes Innozenz X. aus dem Geschlecht der Pamphilj. Der päpstliche Auftraggeber wollte den Brunnen nicht nur als ästhetische Spielerei verstanden wissen, son-

BAEDEKER MAGISCHE MOMENTE

GLÜCKLICHE MORGENSTUNDE

Wohin man auch geht, immer muss man die großen Sehenswürdigkeiten der Stadt mit vielen anderen teilen. Immer? Nein! Früh aufstehen lohnt. Frühmorgens ist auch die Piazza Navona so gut wie menschenleer. Kommen Sie vor halb neun und lassen Sie den Zauber der Stille auf sich wirken.

dern damit den Herrschaftsanspruch der katholischen Kirche über die ganze Welt zum Ausdruck bringen. Nach dem Entwurf Berninis wurde auch der **Mohrenbrunnen** vor dem Palazzo Pamphilj gefertigt, der **Neptunbrunnen** am anderen Ende des Platzes erhielt seine Figuren im ausgehenden 19. Jahrhundert.

Hier wurden Seeschlachten geschlagen

Fontana dei Fiumi

Die Piazza erstreckt sich als langes, schmales Rechteck in Nord-Süd-Richtung und nimmt damit die Form der antiken **Arena** auf, die hier schon unter den römischen Kaisern im 1. Jh. als Austragungsort für leichtathletische Wettkämpfe errichtet worden war. Rund 30 000 Zuschauer fasste das antike Stadion. Darum herum vergnügten sich die Bürger Roms in Wirtshäusern und Bordellen. Im Mittelalter, als die antike Arena längst dem Verfall anheimgegeben war, nutzte man ihre Fundamente und Außenwände für neue Gebäude. Richtig vornehm wurde die Gegend, nachdem die Familie Pamphilj Grundstücke an der Südwestflanke des Areals erwarb und Mitte des 17. Jh.s nach Plänen von Girolamo Rainaldi und Francesco Borromini einen **Palast für die Familie Pamphilj** (heute die brasilianische Botschaft) errichten ließ. Den hochbarocken Palazzo schenkte Papst Innozenz X. seiner Schwägerin Olimpia Maidalchini, die politisch großen Einfluss auf ihn gehabt haben soll. Donna Olimpia aber wollte mehr, die ganze Piazza sollte nach dem Vorbild der antiken Kaiserforen neu gestaltet werden. Also wurde die antike Wasserleitung verlängert, der Vier-Ströme-Brunnen gebaut. Der Wasserfreuden waren das noch nicht genug. Papst Innozenz führte die **sommerlichen Wasserspiele** ein. Dafür wurde der ganze Platz geflutet und es wurden kleine »Seeschlachten« veranstaltet. Anschließend konnte sich das Volk im kühlen Nass erfrischen.

Rund um die Piazza Navona

Das Martyrium der grundgütigen Agnes

Sant'Agnese in Agone

Flankiert wird die Piazza Navona von der Barockkirche Sant'Agnese in Agone. Sie wurde an der Stelle errichtet, an der die frühchristliche Märtyrerin Agnes (gest. um 250) ihr Martyrium erlitt. Die Zwölfjährige hatte die Eheschließung verweigert und sollte dafür hingerichtet werden. Da die Hinrichtung von Jungfrauen nach römischem Recht verboten war, sollte ihr der Sohn des Präfekten durch eine öffentliche Vergewaltigung die Jungfräulichkeit nehmen. Der Legende nach wuchsen dem Mädchen auf wundersame Weise auf der Stelle lange Haare und verhüllten die Nackte vor der Menge, der Jüngling starb nach dem Vergewaltigungsakt, wurde aber von der grundgütigen Agnes wieder zum Leben erweckt. Nun erst recht als Hexe gebrandmarkt, wurde sie schließlich enthauptet. Die Agnes-Reliquien werden in der römischen Kirche ►**Sant'Agnese fuori le Mura** verehrt. Ab

Neptun kämpft mit Blick auf Berninis Vier-Ströme-Brunnen mit einem Kraken.

1652 erbauten Girolamo Rainaldi, Borromini (1653 – 1657) und bis 1672 Carlo Rainaldi das Gotteshaus an der Piazza Navona. Mit den zwei Glockentürmen, der bekrönten Kuppel und der Fassade schuf Borromini eine beeindruckend beschwingte Vorderfront. Die Krypta birgt Alessandro Algardis »Haarwunder der hl. Agnes« (1653) und römische Mosaikfußböden. Heute ist Sant'Agnese in Agone vor allem auch ein wichtiges **Kulturzentrum** – mit Chorkonzerten in der Kirche und Kammerkonzerten in Borrominis Sakristei.

Di. – Fr. 9 – 13 und 15 – 19, Sa., So. bis 20 Uhr

Die »deutsche« Kirche

Santa Maria dell'Anima

Santa Maria dell'Anima auf der gegenüberliegenden Seite ist die Gemeindekirche der deutschen Katholiken in Rom. Sie wurde als Nationalkirche mit **Pilgerhospiz** für Gläubige aus dem Heiligen Römischen Reich Deutscher Nation 1501 bis 1514 nahe der Piazza Navona erbaut. Wenige Jahre später wurde hier Papst Hadrian VI. (1522/1523) aus Utrecht begraben, der letzte nichtitalienische Papst vor dem Polen Johannes Paul II.

Deutschsprachige Gottesdienste: Mo. – Sa. 18, So. 10 Uhr | Im Gemeindebüro auch Kartenreservierung für die päpstliche Generalaudienz

Sozialgeschichte der Stadt in imposantem Rahmen

Palazzo Braschi

Am südlichen Rand der Piazza Navona steht seit dem 18. Jh. der Palazzo Braschi. Heute beherbergt er das **Museo di Roma.** Mit Gemälden, Skulpturen, Fotografien, aber auch Möbeln, Kleidungsstücken, Kutschen und Sänften gibt das Museum Einblick in die Sozialgeschichte der Stadt vom Mittelalter bis ins 20. Jahrhundert. Wechselnde Ausstellungen locken auch das einheimische Publikum immer wieder in den imposanten Palast.

Piazza di San Pantaleo 10 | Di. – So. 10 – 19 Uhr | Eintritt: 13 € (Ticket gilt auch für Sonderausstellungen) | www.museodiroma.it

Unter dem Pflaster liegt das antike Stadion

Stadio di Domiziano

Wie das Areal der heutigen Piazza Navona zu Zeiten der römischen Kaiser aussah, davon können Sie sich ein Bild machen, wenn Sie auf die Rückseite des Gebäudes am Nordrand des Platzes gehen. Hier kann man die freigelegten Überbleibsel des Stadions sehen, das um 80 n. Chr. unter Kaiser Domitian an dieser Stelle errichtet wurde. Gleich um die Ecke entführt ein **Museum** in diese antike Sportstätte, deren Reste sich unter der Piazza Navona verbergen. Archäologen haben sie teilweise zugänglich gemacht.

Via di Tor Sanguigna 3 | tgl. 10 – 19 Uhr | Eintritt: 9 €, inklusive Audioguide | Tel. 06 68 80 53 11 | www.stadiodomiziano.com

PIAZZA DEL POPOLO

Metro: A (Flaminio) | **Tram:** 2, 19

Sehen und gesehen werden, so lautet das Motto all derer, die zwischen dem alten Stadttor und den schmucken Zwillingskirchen Santa Maria in Montesanto und Santa Maria dei Miracoli flanieren und verweilen. Bei schönem Wetter und vor allem sonntags wird die Piazza zum »salone«, zum Open-Air-Wohnzimmer der Römer und ihrer internationalen Gäste.

Roms Wohnzimmer

In der Mitte des Platzes ragt der knapp 24 m hohe Obelisco Flaminio auf, den Kaiser Augustus im 1. Jh. von Ägypten nach Rom auf den ►Circo Massimo bringen ließ. Zwischen den vier Wasser speienden Löwen am Fuß des Obelisken ruhen sich müde Rombesucher aus, um sie herum spielen Kinder Fangen oder drehen auf dem Roller ihre Kreise. Die Piazza del Popolo ist quirlig und beliebt. Den neoklassizistischen Stil hat ihr der Architekt Valadier gegeben, nach seinen Plänen wurde die Piazza zwischen 1811 und 1822 ein letztes Mal gravie-

rend umgestaltet.
Gleich zwei Cafés wetteifern an der Piazza um die Gunst des Publikums: Das »Canova« widmet seinem illustren Stammgast Federico Fellini sogar die Fotoausstellung Galleria Fellini, und im »Rosati« geben sich Stars und Sternchen die Ehre.

Kirchen prägen das Bild

Eine Kapelle gegen des Kaisers ruhelosen Geist

Santa Maria del Popolo

Im Osten, wo eine Treppe hinauf zum Pinciohügel führt, und im Westen ist der Platz durch halbkreisförmige Mauern abgeschlossen. Auf der Nordseite erinnert die **Porta Flaminia,** ein altes Stadttor, an die Zeiten, in denen Rom noch nicht über die Stadtmauern hinausgewachsen war und von Norden kommende Reisende auf der Via Flaminia an dieser Stelle die »Ewige Stadt« betraten. Gleich neben dem Tor lädt die Kirche Santa Maria del Popolo Gläubige zur Einkehr ein. Die achteckige Vierungskuppel, der Campanile und die Renaissancefassade prägen ihr Äußeres. Das Innere haben Künstler wie

Viel Volk auf der Piazza del Popolo ...

BAEDEKER ÜBERRASCHENDES

6X GUTE LAUNE

Das hebt die Stimmung!

1. VA PENSIERO

Manchmal passt einfach alles. Etwa dann, wenn Sie an einem Sommerabend in den Ruinen der **Caracalla-Thermen** Platz genommen haben, die Sterne funkeln und eine Arie erklingt. (▶ **S. 199**)

2. ENTSPANNT

Der Sonntagsmarkt an der **Porta Portese in Trastevere** macht Schnäppchenjäger glücklich. Allerdings wechseln die wirklich interessanten Stücke meist schnell den Besitzer – früh aufzustehen lohnt sich! (▶ **S. 207**)

3. BEST DAYS

Prinzessin Ann hatte die wohl besten Tage ihres Lebens in Rom. Jedenfalls wirkt es im Hollywood-Film »Ein Herz und eine Krone« so. **Leihen Sie sich eine Vespa** und fühlen Sie selbst! (▶ **S. 358**)

4. MUSIKGENUSS

Auf der Anhöhe **Pincio** kann man sich beim Über-Rom-Schauen oft an flotter Musik erfreuen. Hier spielt ein Straßenmusiker mit Lizenz. Spendieren Sie ihm etwas Kleingeld und am besten auch ein Lächeln. (▶ **S. 169**)

5. AUF DEM RAD

Zu Fuß, mit dem Bus, man kommt irgendwie voran. Heiter und beschwingt wird es auf dem Fahrrad. Allerdings nur, wenn Sie sich nicht durch die Innenstadt quälen, sondern auf dem **Radweg am Tiber** entlangradeln. (▶ **S. 41**)

6. AUF DEM FLUSS

Rom hat seinen Fluss neu entdeckt: Vom Frühling bis zum Herbst schippern hier die **Ausflugsboote** – eine tolle Sightseeing-Alternative für müde Beine. (▶ **S. 358**)

Raffael, Bernini und Caravaggio ausgestaltet. Besonders sehenswert sind zwei Werke Caravaggios in der Cappella Cesari (auf der linken Seite vorn): »Die Bekehrung des hl. Paulus« und »Die Kreuzigung des hl. Petrus«. Die Kosten für das Gotteshaus trug die Gemeinde, also das Volk – »il popolo« – daher der Name. Im 11. Jh. stand eine kleine Kapelle an gleicher Stelle, angeblich um den ruhelosen Geist Kaiser Neros zu vertreiben, der dort noch immer herumgespukt haben soll.
Mo. – Do. 7.30 – 12.30 und 16 – 19, Fr. und Sa. 7.30 – 19,
So. 7.30 – 12.30 und 16 – 19 Uhr
https://turismoroma.it/de/places/basilika-santa-maria-del-popolo

Zwillingskirchen – sehr ähnlich und doch nicht gleich

Santa Maria in Montesanto, Santa Maria dei Miracoli

Am Südrand des Platzes ziehen die 1662 und 1679 errichteten Zwillingskirchen Santa Maria in Montesanto und Santa Maria dei Miracoli die Blicke auf sich. Beide haben – trotz ihrer großen Ähnlichkeit – unterschiedliche Grundrisse und Kuppelformen. Architekt Rainaldi bediente sich dieses Tricks, da für beide Kirchen unterschiedlich große Baugrundstücke zur Verfügung standen, am Ende jedoch ein symmetrisches Erscheinungsbild gewünscht war. So trägt die Kirche auf dem kleineren linken Platz eine elliptische Kuppel, die auf dem rechten eine runde.

Rund um die Piazza der Popolo

Hier wohnte der »Dichterfürst«

Via del Corso

Vom südlichen Ende der Piazza führen drei Hauptstraßen ins Zentrum der Altstadt, eine davon ist die Via del Corso, eine beliebte Einkaufsmeile. An der Via del Corso 18 wird in der **»Casa di Goethe«** an die römischen Tage Johann Wolfgang von Goethes erinnert (▶ Baedeker Wissen, S. 170). Hier hat er bei seinem Freund, dem Maler Heinrich von Tischbein, gewohnt. Ein Höhepunkt der Ausstellung ist **Andy Warhols Goethe-Porträt.**
Di. – So. 10 – 18 Uhr | Eintritt: 6 € | www.casadigoethe.it

Leonardo – das Genie

Museo Leonardo da Vinci

Gleich rechts vom Haupteingang der Santa Maria del Popolo zeigt das Leonardo-da-Vinci-Museum eine dem »größten Genie aller Zeiten« gewidmete multimediale und interaktive Dauerausstellung.
tgl. 10 – 19 Uhr | Eintritt: 18 € | www.museodavinci.it

Patrioten in Reih und Glied

Pincio

Oberhalb der Piazza del Popolo erstreckt sich der Pincio. Valadier gestaltete den Park Anfang des 19. Jahrhunderts, Büsten italienischer Patrioten säumen die gewundenen Parkwege.

»... O WIE FÜHL' ICH IN ROM MICH SO FROH!«

BAEDEKER WISSEN

Fast 15 Monate hielt sich Goethe in Rom auf. Von seinem Vater hatte er die Liebe zu dieser Stadt geerbt, in der er sich – inkognito – ganz der Kunst widmen konnte, aber auch an seinen Dichtungen arbeitete. Für den »Dichterfürst« war diese Zeit die wohl glücklichste seines Lebens.

»Ja, ich bin endlich in dieser Hauptstadt der Welt angelangt ... Nun bin ich hier und ruhig und, wie es scheint, auf mein ganzes Leben beruhigt.«
Am **29. Oktober 1786** traf Johann Wolfgang von Goethe in Rom ein.

Geerbte Liebe

Goethe war zu seiner Zeit natürlich nicht der einzige Deutsche in Rom. Das ganze 18. Jh. hindurch gab es dort sozusagen eine deutsche Kolonie, vor allem Maler und Bildhauer zog es an die Stätte klassischer Altertümer. Goethe hatte seine Liebe zu Rom aber auch geerbt. Sein Vater, Johann Caspar, hatte sich während einer Italienreise 1740 in der Stadt am Tiber aufgehalten und aus lauter Begeisterung das Eigenheim in ein regelrechtes Museum mit Kupferstichen von Rom und italienischen Gipsabdrücken verwandelt.

Inkognito unterwegs

Am 3. September 1786 brach Goethe, inzwischen Minister im Herzogtum Weimar, unter dem Pseudonym Johann Philipp Möller von Karlsbad aus heimlich zu seiner lang ersehnten Italienreise auf. Für die Schönheiten von Ferrara, Bologna und Florenz nahm er sich jedoch kaum Zeit, es trieb ihn nach Rom. Der 37-Jährige zog in der Via del Corso 18 in die Wohnung des Malers Johann Heinrich Wilhelm Tischbein ein, mit dem er seit fünf Jahren brieflichen Kontakt pflegte. Dort lebte er **in einem kleinen Kreis deutscher Künstler.** Strikt mied er, weil er nicht erkannt werden wollte, die große Gesellschaft Roms und das diplomatische Parkett. Sein Pseudonym verwirrte nicht nur die habsburgischen Spione, die den Minister intensiv beschatteten, weil sie den Verdacht hegten, im Auftrag seines Herzogs treibe er dort antihabsburgische Politik.

Meinen Geist genährt ...

Goethe aber kapselte sich ab. Die Tage in Rom verliefen ruhig; er beschäftigte sich ausschließlich mit den Dingen, die ihm »von Herzen« waren. Am Morgen besuchte er meist in Begleitung von Tischbein mit großer Neugier die Bauten, Galerien und Museen der Stadt und studierte eingehend die Zeugnisse der Antike. »Wasserleitungen, Bäder, Theater, Amphitheater, Rennbahn, Tempel! Und dann die Paläste der Kaiser, die Gräber der Großen – mit diesen Bildern habe ich meinen Geist genährt!«
Für das mittelalterliche, das barocke Rom hatte er kaum einen Blick, fasziniert aber war er vom Renaissancebau St. Peter: »In St. Peter habe ich begreifen lernen, wie die Kunst sowohl als die Natur alle Maßvergleichung aufheben kann.« Danach las oder zeichnete er,

Der »Dichterfürst« als Zeichner: Selbstporträt in seiner Kammer in der Via del Corso 18

am späten Nachmittag begab er sich mit Freunden in das Antico Caffè Greco nahe der Spanischen Treppe. Dabei vergaß er jedoch nicht, dass er »eigentlich zur Dichtkunst geboren ist«. In Rom vollendete er »Egmont« und schrieb eine Kurzfassung von »Iphigenie auf Tauris«, die er im Haus der Malerin **Angelica Kauffmann** erstmals vortrug. Zudem arbeitete er an »Torquato Tasso« weiter und verfasste eine Schilderung des römischen Karnevals.

Schwerer Abschied

Im Frühjahr 1787 verließ er Rom, um Neapel und Sizilien kennenzulernen, im Juni kehrte er in die Tiberstadt zurück. »Der einzige Ort in der Welt für den Künstler« ließ ihn hier noch fast ein Jahr bleiben. In späteren Jahren sprach er immer wieder gern vom heiteren Himmel Italiens und vom düsteren Himmel Deutschlands. »O wie fühl' ich in Rom mich so froh! Gedenck' ich der Zeiten, da mich ein graulicher Tag hinten im Norden umfing ...« Am 24. April 1788 nahm er nach fast 15 Monaten Aufenthalt voller Melancholie Abschied von Rom. Er plante sofort eine zweite Italienreise, doch sollte er nie mehr zurückkehren.

Nie wieder froh

Seit 1830 liegt **August von Goethe** auf dem römischen Cimitero Protestante begraben. Sein Grabmal trägt die vom Vater verfasste Inschrift: »Goethe Filius Patri Antevertens«. Vielleicht meinte Goethe mit dem Satz, »der Sohn eilte dem Vater voraus«, dass der auch noch im Tod im Schatten seines Vaters stehende Spross, dessen Vorname auf der Inschrift nicht auftaucht, dort bestattet wurde, wo er selbst gerne seine letzte Ruhe gefunden hätte.
Schon am 9. Oktober 1828 hatte Goethe zu Eckermann gesagt: »Ich kann sagen, dass ich nur in Rom empfunden habe, was eigentlich ein Mensch sei. Zu dieser Höhe, zu diesem Glück der Empfindung bin ich später nie wieder gekommen, ich bin, mit meinem Zustand in Rom verglichen, eigentlich nachher nie wieder froh geworden.«

★ PIAZZA DEL QUIRINALE

Innenstadtplan: f II | **Metro:** A (Barberini-Fontana Trevi), B (Cavour)

Nachdem Romulus dem benachbarten Volk der Sabiner viele junge Frauen geraubt hatte, um sie seinen eigenen Gefolgsmännern zuzuführen, kam es zum Krieg. Als endlich Frieden geschlossen wurde, soll Romulus den Sabinern den Quirinalhügel als Siedlungsgebiet angeboten haben. Die Sabiner ließen sich dort nieder und bauten einen Tempel für ihren Gott Quirinus. Nach seinem Tod hat sich Romulus im Götterhimmel mit Quirinus zu einer Gottheit vereinigt.

Roms schönstes Panorama

Selbst wenn man der Legende nicht glaubt, unbestritten bleibt: Der Platz auf dem Quirinalhügel bietet einen tollen Blick über die Stadt – vielleicht das schönste Rom-Panorama überhaupt. Auch deshalb zog es die Mächtigen zu allen Zeiten hier herauf. Zuerst kamen die Päpste, dann die Könige und seit 1946 residiert hier »il Presidente della Repubblica« – Italiens Staatsoberhaupt.
Auf dem Quirinale herrscht kein so quirlig entspanntes Treiben wie auf den meisten großen Plätzen der römischen Altstadt. Hier locken weder Eisdielen noch Straßencafés. Die Kulisse ist ernster, wird vom monumentalen Quirinalspalast dominiert.

Die Mächtigen gaben sich die Klinke in die Hand

Palazzo del Quirinale

Ein Stadtviertel mit vornehmen Wohnhäusern war der Quirinalhügel schon in der Antike. Im 16. Jh. kam es **Papst Gregor XIII.** in den Sinn, in dieser privilegierten Lage eine Sommerresidenz zu besitzen. Also wurde ab 1574 mit dem Bau des Quirinalspalasts begonnen, Stück für Stück erweiterten ihn so berühmte Architekten wie Fontana, Maderno und Bernini. Unter Clemens XII. (1730 – 1740) wurde der riesige Komplex mit Gebäudetrakten und Gärten fertiggestellt. 1871, nachdem die nationale Einheit Italien hergestellt und der Heilige Vater in den winzigen Vatikanstaat zurückgedrängt worden war, bezog **König Vittorio Emanuele II.** die Residenz. 1946 wurde Italien Republik, seither amtiert der **italienische Staatspräsident** in dem Palazzo auf dem Quirinale. Der Quirinalspalast mit prachtvollen Sälen, Gemäldesammlungen (auch Kunst des 20. Jh.s) und herrlichem Garten kann besichtigt werden – allerdings sollte man sich mindestens fünf Tage im Voraus anmelden. Im historischen Marstall des Palasts, den **Scuderie del Quirinale** (18 Jh.), finden spektakuläre Ausstellungen statt.

Palazzo Quirinale: Di., Mi., Fr. – So. 9.30 – 16 Uhr, im Rahmen von Führungen (Anm. mind. 5 Tage im Voraus), Eintritt frei (Anmeldegeb. 1,50 €), Infobüro (Salita di Montecavallo 15, Di., Mi., Fr. – So. 9 – 17 Uhr, Tel. 06 42 01 21 91) oder https://palazzo.quirinale.it/visita-palazzo/prenota.html
Scuderie del Quirinale: Via XXIV Maggio 16 | nur für Ausstellungen tgl. 10 – 20 Uhr | Eintritt: 15 € | www.scuderiequirinale.it

Weitere Bauwerke auf dem Quirinal

Prächtige Palazzi …

Palazzo della Consultà

Der prachtvolle Stadtpalast gegenüber wurde 1734 unter Papst Clemens XII. von Ferdinando Fuga für das Päpstliche Gericht (Tribunale della Sacra Consultà) erbaut. Heute ist er **Sitz des Verfassungsgerichts,** des »Corte Costituzionale«.
Nachdem Camillo Borghese Papst geworden war, machte er seinen Neffen Scipione zum Kardinal, der sogleich ein großes Terrain neben der päpstlichen Residenz auf dem Quirinalhügel kaufte und dort 1611 – 1616 einen repräsentativen Palazzo auf die Reste der Konstantinsthermen setzen ließ. Auch der **Palazzo Pallavicini-Rospigliosi** hat eine beachtliche Kunstsammlung mit antiken Statuen, Barockfresken und Gemälden, öffnet seine Pforten jedoch nur ganz selten.
Via XXIV Maggio 43 | 1. Tag im Monat 10 – 12 und 15 – 17 Uhr (ab Mai 2025) | Eintritt: frei | www.casinoaurorapallavicini.it

… und ebensolche Kirchen

★ Sant'Andrea al Quirinale

An der Via del Quirinale steht Sant'Andrea al Quirinale von Bernini, geschaffen 1658 – 1671 im Auftrag des Kardinals Camillo Pamphilj für das Studienhaus des Jesuitenordens. Die Kirche ist ein Kontrapunkt zum nur wenige Meter entfernten Gotteshaus San Carlo alle Quattro Fontane von Berninis Konkurrent Borromini. Die durch ihre genial entworfene Architektur und prächtige Ausstattung ebenfalls vollendete Kirche war 1870 – 1946 **Hofkapelle des italienischen Königshauses.** Bernini zog, barocker Formgestaltung folgend, den Kreis, wie ihn die Renaissance geschaffen hätte, in die Länge, und es entstand ein quer gestelltes Oval, das durch acht Seitenkapellen erweitert wird. Die schönen Gärten (6000 m²) von Sant'Andrea sind von der Via Piacenza aus öffentlich zugänglich.
Di. – So. 9 – 12 und 15 – 18 Uhr | https://santandrea.gesuiti.it

Konkurrenten fürs Leben

San Carlo alle Quattro Fontane

Nur wenige Schritte entfernt steht die 1638 begonnene Kirche San Carlo alle Quattro Fontane von Borromini. Ihren Namen erhielt sie von den **vier Brunnen** mit liegenden Statuen, Personifizierungen von Tiber und Aniene, Treue und Tapferkeit. Die zweigeschossige

Barockfassade vor dem ovalen Raum zeigt höchst aufwendig gestaltete Säulen, Nischen und ein von zwei Engeln flankiertes Portal. Borromini starb 1667 kurz vor der Vollendung der Fassade.
Mo. – Sa. 10 – 13 | www.sancarlino.eu

PIAZZA DELLA REPUBBLICA

Metro: A (Repubblica)

Sein Gesicht verdankt dieser Platz der Aufbruchstimmung, die Italien nach der nationalen Einigung erfasste. 1860 bekam die Stadt einen neuen Bahnhof, zur gleichen Zeit entstanden dort neue Prachtstraßen und repräsentative Plätze – so auch die Piazza della Repubblica mit ihren halbrunden Gebäuden. Unter Arkaden kann man seither dort flanieren, wo einst die Römer der Antike in Thermen Entspannung fanden.

Unter den Arkaden

Schade eigentlich, dass hinter den prachtvollen Fassaden am Platz heute vor allem Banken und Versicherungen residieren. Beim Bummel unter den Arkaden wird dem Auge daher nicht viel geboten – zumindest wenn es um Schaufensterauslagen geht. Immerhin gibt es hier aber ein paar Cafés. Am besten nehmen Sie an einem der Tische Platz und lassen das Ambiente auf sich wirken. Mit dem Halbrund, das die Arkadengebäude bilden, nahmen die Baumeister des 20. Jh.s Bezug auf das Aussehen des Platzes im antiken Rom. Denn halbkreisförmig war auch die Vorhalle (Exedra) der Diokletiansthermen (►S. 131), die sich einst an dieser Stelle befanden. Piazza della Exedra wird der Platz daher auch heute noch gelegentlich genannt. In seiner Mitte erfreut die imposante **Fontana delle Naiadi** den Blick. Kaum vorstellbar, dass die vier Bronzenymphen mit ihrer Nacktheit 1901, bei der Enthüllung des Brunnens, für einen Skandal sorgten. Der Meeresgott Glaucus im Zentrum des Wasserspiels wurde erst 1911 hinzugefügt und sollte – ganz Zeichen seiner fortschrittsgläubigen Zeit – den Menschen als Herrscher über die Naturkräfte symbolisieren.

Die Antike genial eingebunden – die Idee der Renaissance

Santa Maria degli Angeli

Den Arkaden gegenüber lädt die wunderschöne Basilika Santa Maria degli Angeli zu einem Besuch ein. Dieses Gotteshaus wurde im 16. Jh. direkt in die verfallenen Thermen des Diokletian hineingebaut. Michelangelo plante den Neubau. Sein Entwurf lehnt sich an die Konstruktion der Antike an, bezieht vor allem die Halle des ehemaligen Tepidariums (90 m lang, 27 m breit und 30 m hoch) ein und vollendet sie architektonisch. So ist das Tepidarium Teil eines griechischen Kreuzes (Längs- und Querschiff sind dort stets gleich lang), das den Grundriss bildet. Um die Kirche trocken zu halten, musste der Fußboden um zwei Meter erhöht werden, sodass die Basen der antiken Säulen verschwanden. Nach dem Tod Michelangelos wurde der Bau weitergeführt und mehrfach erneuert. Großartig sind der im Jahr 1700 unter Papst Clemens XI. in den Fußboden eingelassene **Meridian,** der der genaueren Zeitmessung dienen sollte, und die Papst Johannes Paul II. im Jahr 2000 von den Römern geschenkte **Milleniumsorgel** des französischen Orgelbauers Barthélémy Formentelli.

tgl. 10–13 u. 16–19, Mo.–Fr. ab 8 Uhr
www.santamariadegliangeliroma.it

★★ PIAZZA DI SPAGNA · SPANISCHE TREPPE

Innenstadtplan: e I | **Metro:** A (Piazza di Spagna)

Wie die Stufen eines Reifrocks fallen die Treppen der Spanischen Treppe von der Hügelhöhe hinab. Gehen Sie hinauf, lassen Sie das Gesamtkunstwerk auf sich wirken – und blicken sie hinab auf das Gewusel von Roms Shopping-Hotspot. Aber bloß nicht auf die Stufen setzen, das ist nämlich verboten.

Um zur sogenannten Spanischen Treppe zu gelangen, sollten Sie sich am besten die Augen verbinden: Der Weg dorthin ist die reinste Versuchung, jedenfalls wenn man gerne einkaufen geht und eine belastbare Kreditkarte bei sich hat. »Fare lo shopping«, sagen die Römer, und das kann man am besten im magischen Dreieck zwischen Piazza di Spagna, Corso und ►Piazza del Popolo. In den legendären Geschäftsstraßen Via del Babuino, Via Margutta, Via Borgognona, Via delle Carozze und Via Frattina verführen Designerboutiquen, Juweliere, Delikatessenläden, Kunstgalerien und Antiquitätengeschäfte zum Bummel – zu entsprechenden Preisen. Roms eleganteste Geschäftsstraße ist die **Via Condotti,** eine wunderschöne Flaniermeile, hier ist die Alta Moda in Paläste aus dem 18. und 19. Jh. eingezogen. Der Name stammt von den Wasserleitungen (»condotte«), die Papst Paul III. Mitte des 16. Jh.s im Rahmen der neuen Stadtplanung unter der Straße verlegen ließ.

Shoppen, shoppen, shoppen

OBEN: Auch aus der Luft wirken die harmonischen Formen der wohl prächtigsten Freitreppe Roms.

UNTEN: »Fare lo shopping« geht nirgends besser als in der Via Condotti. Günstiger geht's aber anderswo schon.

Spanisch, Französisch oder weder noch?

Scalinata della Trinità dei Monti

Aber schließlich stehen Sie doch auf der berühmten **Piazza di Spagna.** Als sich die Spanische Gesandtschaft beim Heiligen Stuhl im 17. Jh. hier niederließ, war die Gegend noch kein repräsentativer Platz. Von der Piazza di Spagna zogen sich Trampelpfade einen Hügel hinauf. Dieser war immerhin gekrönt von der Kirche SS. Trinità dei Monti aus dem 16. Jahrhundert. Das konnte so aber nicht bleiben. Also beauftragten die Franzosen, denen die Kirche gehörte, den Bau einer Treppe. Der französische Botschafter Gueffier hinterließ dafür eine großzügige Summe – deshalb findet man hier die Lilien aus dem Wappen der Bourbonen. Die prächtigste Freitreppe Roms müsste also genaugenommen eher Französische Treppe heißen. Auch Spanische Treppe heißt sie in Wahrheit nicht, sondern Scalinata della Trinità dei Monti, denn neben die französischen Interessen traten diejenigen von Papst Innozenz XIII. Er beauftragte schließlich 1723 – 1725 Francesco de Sanctis mit der Arbeit.

Die Treppe ist ein wahres Schmuckstück, wie ein Reifrock des Rokoko fallen ihre **138 Stufen** den Hügel hinab. Das harmonische Spiel von Stufen und Absätzen, auf halber Höhe einladenden Terrassen und weiterführenden Treppen begeistert die Menschen seit Jahrhunderten. Überall auf den Travertinstufen können Sie den Blick genießen, nur nicht hinsetzen! Vor allem nach der jüngsten Restaurierung achten Ordnungskräfte darauf, dass der Tavertin dauerhaft so strahlend hell bleibt.

Sicher ist: Oben thront die französische Kirche

SS. Trinità dei Monti

Den oberen Abschluss der Treppe bildet die französische Kirche SS. Trinità dei Monti. Sie wurde 1502 im Auftrag von Ludwig XII. begonnen und 1585 durch Sixtus V. geweiht. Nach der napoleonischen Besetzung wurde sie restauriert. Das Innere birgt u. a. eine Grablegung von Daniele da Volterra. Der ägyptische **Obelisk** davor stand immerhin einige Jahrhunderte lang in den Gärten des Schriftstellers Sallust zwischen dem Quirinal und dem Pincio.

Rund um die Piazza di Spagna

Von hier wird der Glaube in alle Welt geschickt

Palazzo di Propaganda Fide

Schräg gegenüber vom **Palazzo di Spagna,** dem Sitz der Spanischen Gesandtschaft beim Heiligen Stuhl, erhebt sich der Palazzo di Propaganda Fide. Der Stadtpalast, dessen Bau Papst Gregor XV. anregte und den Papst Urban VIII. aus der Familie der Barberini durch die Baumeister Bernini und Borromini ausführen ließ, ist Sitz der vatikanischen »Kongregation für die Verbreitung des Glaubens«, also des Ende des 16. Jh.s gegründeten päpstlichen »Ministeriums« für die Missionsgebiete der Kirche. Von hier aus wurde und wird beschlossen, wo und wie auf der Welt die Völker missioniert werden sollen, und die finanzielle Grundlage dafür bereitgestellt.

Missionsmuseum: bis auf Weiteres wg. Restaurierung geschlossen
www.museopropagandafide.va

Frei von allen Sünden

Säule der Immacolata

Vor den beiden Palästen prunkt eine antike Säule mit der Statue Marias, an deren Basis sich die Propheten Jesaja und Hesekiel, ferner Moses und David befinden. Alljährlich am 8. Dezember, einem Feiertag in Italien, besucht der Papst die Mariensäule zum Andenken an das 1854 verkündete Dogma von der »Unbefleckten Empfängnis Mariens«. Dieses bezieht sich nicht, wie oft angenommen, auf die Jungfrauengeburt der Muttergottes, sondern besagt, dass Maria selbst von der Erbsünde frei geboren wurde.

Ein Schiff aus Stein

Fontana della Barcaccia

Die Legende erzählt, dass Pietro Bernini, Vater Gian Lorenzos, auf die Idee gekommen sei, einen steinernen Nachen zu schaffen, als eine bei einer Tiberüberschwemmung hierher getragene Barke auf dem Platz zurückgeblieben war. Im Frühjahr 2015 wurde der gerade frisch restaurierte, einem Schiff nachempfundene Brunnen von Fußball-Hooligans übel malträtiert, nach einer weiteren Renovierung ist er wieder eine Augenweide.

Auf den Spuren der englischen Romantik

Museo di Keats e Shelley

Im Haus Nr. 26 am Fuß der Spanischen Treppe starb John Keats 1821 im Alter von 25 Jahren. Ein Museum erinnert an ihn und seinen englischen Dichterkollegen Percey Shelley. Keats' Zimmer ist noch im Originalzustand. Begraben ist er auf dem Cimitero acattolico (▶ S. 124); auf dem Grabstein steht wie von ihm gewünscht:

»
Here lies One Whose Name was writ in Water.
«

Mo. – Sa. 10 – 13 und 14 – 18 Uhr | Eintritt: 6 € | https://ksh.roma.it

»Hausmuseum« von Giorgio de Chirico

Fondazione Giorge e Isa de Chirico

Das Museum in de Chiricos Wohnhaus widmet sich über drei Etagen und im Originalmobiliar (vorwiegend im Stil der 1950er-Jahre) dem Leben und Werk des surrealistischen Malers Giorgio de Chirico und seiner zweiten Gattin Isa(bella) Pakzswer Far. Etwa 600 Originalwerke de Chiricos (1888 – 1978), der hier ab 1948 lebte, sind vor Ort versammelt. Ehefrau Isa wohnte hier bis 1990.

Piazza di Spagna 31 | Führung Mo./Do./Fr. 10.30, 11.30, 14.15, 15.15, Sa. 11, 12, 14.15, 15.15, letzter So. im Monat 10, 11, 12 Uhr | Eintritt: 8 €
www.fondazionedechirico.org

Das berühmteste Kaffeehaus Roms

Antico Caffè Greco

Seit seiner Eröffnung durch einen Griechen im Jahr 1760 war das wohl berühmteste Kaffeehaus Roms an der Via Condotti 86 immer wieder Anziehungspunkt für Künstler und Intellektuelle. Zu den Stammgästen gehörten schon Casanova, Baudelaire und Franz Liszt. Hier philosophierte Goethe mit seinem Freund Tischbein, schrieb Gogol seine »Toten Seelen«, tranken Mendelssohn, Wagner und Nietzsche ihren Espresso.

tgl. 9 – 21 Uhr | www.anticocaffegreco.eu

Zeitgenössische Kunst im Garten

Villa Medici

In direkter Nachbarschaft zur Kirche Trinità dei Monti liegt auf dem Pinciohügel (►S. 169) die Villa Medici, der prestigeträchtige Sitz der **Französischen Akademie.** Im Garten der Villa wird zwischen Mai und September zeitgenössische Kunst ausgestellt. Der Bau der Spätrenaissance mit strenger Außenfassade dreht mit einer reich gegliederten Gartenrückfront dem Pincio den Rücken zu. Die Villa wurde 1544 von Annibale Lippi für Kardinal Ricci von Montepulciano ausgeführt, dann Eigentum der Medici und später der Großherzöge der Toskana. Schließlich richtete Napoleon hier einen Sitz der 1666 von Richelieu in Paris gegründeten Französischen Akademie ein, eine Stiftung für Künstler aus Frankreich. Zwischen 1630 und 1633 war in der Villa Medici – auf Anordnung des Heiligen Offiziums – Galileo Galilei inhaftiert.

Neben Ausstellungen und einem umfangreichen Kulturveranstaltungsprogramm werden Führungen angeboten. Die Caffeteria öffnet bis 18.30 Uhr (nur für Inhaber von Eintrittskarten).

Führungen (90 Min., ital., engl., franz.): Mi. – Mo. 10 – 18.30 Uhr
Eintritt: 14 € | www.villamedici.it

PIAZZA VENEZIA

Innenstadtplan: e III | **Metro:** B (Colosseo), C (Fori Imperiali, ab 2025/2026) | **Tram:** 8

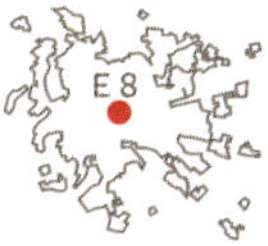

Das pulsierende Herz der »Ewigen Stadt« erstreckt sich am Fuß des ►Campidoglio. Früher oder später kreuzen sich hier die Wege, hier beginnen (oder enden) die wichtigsten Bus- und Tramlinien. Von dem venezianisch anmutenden Palast auf seiner Westseite bezieht der Platz seinen Namen. Beherrscht wird die Szenerie aber vom schneeweißen »Vittoriano«, dem alles überragenden Denkmal für die Einheit der italienischen Nation.

Hier kreuzen sich die Wege

Das Nationaldenkmal ist ein von bronzenen Gespannen geflügelter Siegesgöttinnen gekrönter Marmorklotz, ein guter Orientierungspunkt für Ortsunkundige und ein beliebter Verabredungsort der Römer. Man trifft sich unter dem bronzenen Reiterstandbild von Vittorio Emanuele II., dem ersten König des geeinten Italien, daher auch der Name »Vittoriano« für das gewaltige Ehrenmal (70 m hoch, 135 m breit, 130 m tief), mit dem die Nation ihre Einheit feiert. Mit dem Bau nach Plänen von Giuseppe Sacconi wurde 1885, wenige Jahre nach dem Tod von Vittorio Emanuele II., begonnen. 1911 war er fertiggestellt. Wegen seiner seltsam gestuften Form hatten die Römer auch bald einen Spitznamen dafür – sie nannten es »macchina da scrivere« – die Schreibmaschine. Der ist geblieben.

Monumento Nazionale a Vittorio Emanuele II

Fahren Sie mit dem gläsernen Aufzug hinauf

Terrazza delle Quadrighe

Eine Treppe führt zu den verschiedenen Etagen des Denkmals. Auf halber Höhe finden Sie den »Altar des Vaterlandes«, in der Mitte das »Grabmal des Unbekannten Soldaten« mit Ewigen Lichtern, Fahnen und Wappen. Zwei Glasaufzüge führen zur Aussichtsplattform der Terrazza delle Quadrighe. Der Preis für den Ausflug nach oben ist üppig, doch die Investition lohnt sich – der Blick, der Sie auf der Terrasse erwartet, ist schlichtweg phänomenal. Im Brasini-Flügel werden wechselnde Ausstellungen moderner Kunst gezeigt.

tgl. 9.30 – 19.30 Uhr | Eintritt, auch für Museo Centrale del Risorgimento u. Museo Nazionale del Palazzo di Venezia: 15 €, 18–25 Jahre: 2 €, Ausstellung (Ala Brasini): +2 € | https://vive.cultura.gov.it

Wie Italien eine Nation wurde

Museo Centrale del Risorgimento

Im Inneren des Denkmals informiert das Museo Centrale del Risorgimento (Museum der Wiedererstehung Italiens) über die politischen Ereignisse des 19. Jh.s, die 1861 schließlich zur nationalen Einigung führten und Rom 1871 Hauptstadt werden ließen. In einem Flügel des Vittoriano finden zudem große Kunstausstellungen statt.

Via San Pietro in Carcere | tgl. 9.30 – 18.30 Uhr | Eintritt: s. o. Il Vittoriano | https://vive.cultura.gov.it/it/museo-centrale-del-risorgimento

Weitere Gebäude rund um die Piazza Venezia

Wechselvolle Geschichte

Museo Nazionale del Palazzo di Venezia

An der Westseite des Platzes erhebt sich der Palazzo Venezia. Der 1491 vollendete festungsartige Renaissancepalast gehörte über 200 Jahre lang (1594 – 1797) der Republik Venedig. Später war er Sitz der Österreichischen Gesandtschaft, und in der faschistischen Ära

hatte Mussolini hier seinen Regierungssitz – vom mittleren Balkon hielt der »Duce« seine pathetischen Reden. Heute ist hier ein **Museum für Archäologie und Kunstgeschichte** eingerichtet.
Via del Plebiscito 118 |tgl. 9.30 – 19.30 Uhr | Eintritt: s. o. Il Vittoriano | https://vive.cultura.gov.it/it/palazzo-venezia

Ein Gotteshaus zu Ehren des Evangelisten Markus

Basilica di San Marco Evangelista

Auf der Rückseite des Palazzo Venezia schließt sich die kleine Piazza San Marco mit der Basilica di San Marco Evangelista al Campidoglio an. Ein Gotteshaus zu Ehren des Evangelisten Markus wurde hier im Jahr 336 durch den Papst gleichen Namens gegründet. Restaurierungen und Umbauten um 800 sowie im 15. und 18. Jh. gaben San Marco Evangelista die heutige Gestalt. Beachtung verdient im Innern das **Apsismosaik** aus der Zeit Gregors IV. (827 – 844) mit dem Thema »Christus übergibt das göttliche Gesetz«.
Piazza San Marco 48 | Di. – Sa. 10 – 13 und 16 – 18, So. 10 – 13 und 16 – 20 Uhr | www.sanmarcoevangelista.it

Man ahnt, weshalb die Römer das Nationaldenkmal despektierlich »Schreibmaschine« getauft haben.

★★ SAN CLEMENTE AL LATERANO

Lage: Via San Giovanni in Laterano | **Metro:** B (Colosseo, S. Giovanni), C (S. Giovanni) | **Tram:** 3 | Mo. - Sa. 9 - 12.30 und 14 - 18, So. 14 - 18 Uhr | Kirche: Eintritt frei, Ausgrabungen: 10 €
www.basilicasanclemente.com

Die heutige Kirche ist über 800 Jahre alt, aber darunter gab es bereits im 4. Jh. eine erste Kirche, und noch weiter zurück, in der Zeit und in der Bauschicht, stand hier ein Mithrasheiligtum.

Himmlische Bilderwelt

Bei der heutigen Oberkirche weist die Folge von Tor, Vorhof mit Brunnen, Gemeinderaum und Schola Cantorum mit Hochaltar und Apsis auf den alten Basilikaaufbau hin. Antike Säulen und Kosmatenarbeiten im Marmorfußboden, in den Chorschranken, im Osterleuchter, am Altartabernakel und am Bischofsstuhl prägen das Innere. Der Triumphbogen und die Apsis sind mit herrlichen Mosaiken bedeckt, deren biblische Darstellungen zu den schönsten in Rom gehören. Lebensbaum und Kreuz, Heilige und symbolische Pflanzen und Tiere – wie die zwölf Schafe (Apostel), die dem »Lamm Gottes« entgegenziehen – durchdringen einander in einer himmlischen Bildwelt.

Die älteste perspektivische Malerei Roms

Capella di Santa Catarina

Ein kunsthistorischer Schatz ist die Katharinenkapelle in der Oberkirche rechts vom Eingang: Perfekt restauriert, begeistern die Fresken des Frührenaissancemalers Masolino da Panicale (1383 - 1447) mit Motiven aus dem Leben der hl. Katharina von Alexandria. Sie entstanden um 1430 und sind somit die älteste perspektivische Malerei in Rom.

Im Untergrund schlummern archäologische Schätze

Mithrasheiligtum und Altar

Die Unterkirche, eine dreischiffige Säulenbasilika aus dem 4. Jh., birgt romanische Fresken. Besonders hervorzuheben ist eine Himmelfahrt Christi im Mittelschiff, auf der Papst Leo IV. den quadratischen Nimbus des lebenden Stifters trägt. Höhepunkt sind die Ausgrabungen des Mithrasheiligtums (2./3. Jh.) samt Altar mit dem Relief des einen Stier tötenden persischen Lichtgotts, der vor allem von den römischen Legionären sehr verehrt wurde. Freigelegt sind auch Fundamente eines römischen Speichers (»horreum«) und eines Mietshauses (»insula«) aus dem 1. Jh., wohl mit Spuren des Stadtbrands im Jahr 64.

Weitere Kirchen in der Umgebung

Vier gekrönten Häuptern geweiht

Santi Quattro Coronati al Laterano

Nur einige Gehminuten von San Clemente entfernt wurde die Basilika der hl. vier Gekrönten des Augustinerinnenklosters ab dem 4. Jh. auf dem Caeliushügel erbaut. Der Kirchenname bezieht sich auf diverse Legenden, v. a. aber auf vier Soldaten der Ehrengarde Kaiser Diokletians, die 311 an den Trajansthermen nach Verweigerung eines Opfers für den Gott Äskulap den Märtyrertod fanden. Leo IV. (847 – 855) baute die Krypta für die Reliquien der Heiligen. Nach der Zerstörung der Celio-Bauten durch Robert Guiscard 1084 baute Papst Paschalis II. (1099 – 1118) SS. Quattro Coronati neu auf. In der Kirche sind vor allem der **Kosmatenfußboden** sowie der **Kreuzgang** von Pietro de' Maria (13. Jh.) von höchster kunsthistorischer Bedeutung.

Atemberaubende Fresken

Oratorio di San Silvestro

Berühmt wurde die 1246 von Papst Innozenz IV. – gerade im Streit mit Stauferkaiser Friedrich II. – erbaute Kapelle des hl. Silvester, deren Fresken die heute als Fälschung erkannte Konstantinische Schenkung darstellen, denn Konstantins angebliche, auf 315/317 datierte Urkunde entstand erst um 800. Sie sollte Papst Silvester I. (314 – 335) und allen seinen Nachfolgern die Oberhoheit über Rom und das Weströmische Reich garantieren, also auch über Friedrich II.: Folgerichtig muss dieser auf einem der Fresken den Stratordienst leisten, also die Zügel des Pferdes des Pontifex Maximus halten.
Der mit einem herrlichen Freskenzyklus ausgestattete **Gotische Saal** (Aula gotica) in der ersten Etage der Torre Maggiore ist an je zwei Tagen im Monat sowie für Gruppen (mind. 8 Pers.) offen. Falls während Ihres Rombesuchs einer der Termine ist, sollten Sie sich das nicht entgehen lassen. Besonders eindrucksvoll sind die Monatsfresken aus frühgotischer Zeit. Sie stellen das alltägliche Leben des 13. Jh.s dar, vom Schlachten im Januar bis zur Weinlese im Herbst.

SS. Quattro Coronati, Oratorio: nur an ausgewählten Tagen geöffnet, Infos auf der Website | **Aula gotica:** Anmeldung archeocontesti@gmail.com | Eintritt: 10 € | www.aulagoticasantiquattrocoronati.it

Ein weiteres Juwel der Kirchenarchitektur und -kunst

Santo Stefano Rotondo al Celio

Über die Piazza Celimontana erreicht man dieses Juwel der Kirchenarchitektur. Eine erste Basilika zu Ehren des frühchristlichen Märtyrers Stefan wurde von Papst Simplicius (468 – 483) als zentraler Rundbau über drei konzentrischen Kreisen auf dem Caeliushügel erbaut. In dieser Pilgerkirche werden die Gebeine der römischen Märtyrer Primus und Felizianus in der mit Malereien von Antonio Tempesta (1555 – 1630) geschmückten Kapelle der Rotunde bewahrt. Der Humanist auf dem Papstthron, Nikolaus V. (1447 – 1455), beauftragte Bernardo Rossellino (1409 – 1464) mit den Renaissance-

LA TAVERNA di S. L
22
BOTTIGLIERIA
22
€ 2,00
STRONG ALE
EXPORT
€ 1,70
PERONI

ausbauten (Eingangsportal, Hochaltar). Der **Hochaltar** ist der ungarischen Königsdynastie der Arpaden geweiht, zu der auch der hl. Stefan (1000/1001 - 1038), der erste König von Ungarn, gehörte. Seit 1582 ist Santo Stefano Sitz des Collegium Germanicum et Hungaricum, heute gehört die Kirche zum Besitz dieses Priesterausbildungskollegs. Die enge Verbindung zu deutschen und ungarischen Katholiken beweist auch, dass sie Titularkirche des 2007 aus Altersgründen zurückgetretenen Erzbischofs von München und Freising, Friedrich Kardinal Wetter (geb. 1928), ist. Dieser wurde anschließend von Papst Benedikt XVI. zum Apostolischen Administrator ernannt. Unter dem Fußboden von Santo Stefano wurde ebenfalls ein **Mithräum** (2. Jh.) mit Wandfresken entdeckt, das vermutlich von Legionären der damals nahen römischen Kaserne genutzt wurde. Die Fresken in der Hauptkirche sind nichts für Zartbesaitete: Äußerst drastisch sind in 32 Szenen Martyrien dargestellt.

Via di Santo Stefano Rotondo 7 | Di. - So. Apr. - Okt. 10 - 13, 15.30 - 18.30, Nov. - März 10 - 13, 14 - 17 Uhr | Eintritt: frei
www.cgu.it/santo-stefano-rotondo-de/ | Mithräum derzeit geschl.

★ SAN LORENZO

Metro: B (Policlinico) | **Tram:** 3, 19

Die heißesten Dancefloors, verrückte Bars und angesagte Szenetreffs findet man im traditionellen Arbeiter- und Studentenviertel San Lorenzo. Hinter den abblätternden Fassaden aus der Zeit um 1900 haben sich auch zahlreiche Start-up-Firmen, Designerläden und Kreativschmieden etabliert.

Tagsüber versprüht das Viertel eher provinziellen Charme, am Abend aber pulsiert das Leben im Quartier, trifft man Künstler und Intellektuelle in den Kneipen, Trattorien und Nightclubs um die römische Universität. Kaum jemand weiß heute noch, dass in diesem Viertel **Maria Montessori** ihr erstes Kinderhaus (Casa dei Bambini) eröffnete, dem weltweit viele folgten. Das Viertel mit seinem Schachbrettgrundriss sollte man unbedingt zu Fuß erkunden. Wer Hunger verspürt, legt in den kleinen netten Lokalen und Pizzerien eine erholsame Rast ein und genießt das meist preisgünstige Speisenangebot, so wie im »Pommidoro« an der Piazza dei Sanniti 44 (unbedingt Spaghetti alla Carbonara und das hausgemachte Tiramisù probieren!). Auf dem

Am Tag pilgern, am Abend feiern

San Lorenzo ging es wie vielen alten Quartieren: Abends trifft sich hier nun die Szene, auch wenn der Anfang manchmal schleppend ist.

Campus der Universität (www.unirufa.it/en/san-lorenzo-place-identity/) erhält man nicht nur Infos über das Partyprogramm, sondern kann sich auch einige spannende Wissenschaftsmuseen anschauen, und das garantiert ohne Warteschlange.

Dem Märtyrer Laurentius gewidmet

★ San Lorenzo fuori le Mura

Die frühchristliche Basilika gehört zu den sieben Pilgerkirchen Roms und ist dem Märtyrer Laurentius gewidmet, der 238 auf einem glühenden Rost gequält wurde. Die »vor den Mauern gelegene Laurentiuskirche« neben dem Friedhof Campo Verano zeigt trotz aller Umbauten (vornehmlich des 13. Jh.s) den Aufbau der frühchristlichen Basilika: Vorhalle, ein breites, hohes Mittelschiff mit schmalen Seitenschiffen und Emporen, das zum Altarraum hin ansteigt. Sehr schön gearbeitet sind die Säulen mit ionischen Kapitellen. Auf dem Niveau der ersten Basilika liegt die Grabkapelle für Papst Pius IX. (1846 – 1878). Besonderes Augenmerk gilt den **Kosmatenarbeiten der beiden Marmorkanzeln** – die Kanzel auf der Epistelseite gilt als die schönste der Stadt – sowie den Fußböden und dem auf 1148 datierten Ziborium. Die Mosaiken am Triumphbogen zeigen Christus inmitten von Heiligen sowie Darstellungen der heiligen Städte Jerusalem und Bethlehem. Ein schlichter Kreuzgang (Ende 12. Jh.) schließt das Gebäudeareal ab.

Piazzale del Verano 3 | tgl. 7.30 – 12 und 16 – 19 Uhr
www.basilicasanlorenzofuorilemura.it

Frühchristliche Malereien unter der Erde

Catacombe di Santa Ciriaca

Vom Kreuzgang aus sind die Katakomben der hl. Cyriaca von Rom (auch Katakomben des hl. Laurentius genannt), einer Märtyrerin des 3. Jh.s, zu besichtigen, die sich innerhalb des Hügels Verano an der Via Tiburtina entlang ziehen. Seit dem 1. Jh. erstreckten sich hier weitläufige Nekropolen. Zu den erhaltenen frühchristlichen Malereien gehört das Fresko »Die klugen und die törichten Jungfrauen«.

Der größte Friedhof der Stadt

Campo Verano

Altrömischer Vorschrift folgend, liegt die größte Friedhofsanlage der Tibermetropole außerhalb der Stadtmauern an der Via Tiburtina, der Straße nach ►Tivoli. Der 1835 angelegte Friedhof, auf dem u. a. der Schauspieler Marcello Mastroianni liegt, spiegelt südländischen Totenkult und das soziale Gefälle der Stadt wider. Die Nachfrage ist riesig: Frei werdende Prachtgräber oder monumentale Mausoleen werden heute für bis zu 300 000 € veräußert. Weniger betuchte Erdenbürger müssen sich mit den schlichten »Locoli-Häusern« zufrieden geben, hohen Marmor- und Travertinaufbauten mit zahlreichen Fächern, in die die Särge hineingeschoben werden. Besonders eindrucksvoll ist der Friedhof zum Allerheiligenfest (1. Nov.).

Piazzale del Verano 1 | Apr. – Sept. tgl. 7.30 – 19, Okt. – März bis 18 Uhr

★ SAN PAOLO FUORI LE MURA

Lage: Piazza San Paolo 1 | **Metro:** B (San Paolo) | tgl. 7 – 18.30, Kreuzgang 9 – 18 Uhr | **Eintritt:** frei, Kreuzgang 4 €
www.basilicasanpaolo.org

Der Apostel Paulus soll nach seinem Märtyrertod – um 65 n. Chr. – hier, an der antiken Via Ostiensis, damals vor den Toren der Stadt gelegen, bestattet worden sein. San Paolo fuori le Mura ist dieser Überlieferung zufolge seine Grabeskirche und daher eines der wichtigsten Pilgerziele in Rom.

Monumental!

Die Kirche ist riesig. Einen Eindruck von den Dimensionen bekommt man schon, wenn man – von der Metrostation San Paolo kommend – an dem Kirchenkomplex entlang über den Kiesplatz zum Haupteingang geht. Die monumentalen Maße unterstreichen die Bedeutung dieses Gotteshauses. San Paolo fuori de Mura (»vor den Mauern«) gehört zu den sieben Pilgerkirchen und ist **eine der vier Patriarchalbasiliken Roms.** In dieser Funktion stand sie ursprünglich dem Patriarchen von Alexandria, einem der Zentren des frühen Christentums, zur Verfügung, wenn dieser in Rom weilte. Kaiser Konstantin, der erste römische Kaiser, der den Christen Religionsfreiheit gewährte, ließ über dem Ort, den die Christen als Grab des Paulus verehrten, im Jahr 324 eine Kirche errichten. Bereits am Ende des 4. Jh.s wurde die erste Basilika umgebaut und erweitert. Bis zum Neubau von San Pietro in ►Vaticano (Petersdom) im 16. Jh. war »Sankt Paul vor den Mauern« die größte Kirche Roms.

Wiederaufbau nach altem Vorbild

Baugeschichte

Das heutige Bauwerk ist allerdings nicht einmal 200 Jahre alt. Mehrfach hatte man die Kirche nach Erdbeben und Feuersbrünsten restaurieren müssen, 1823 brannte die Paulus-Kirche vollständig aus. Schuld an dem verheerenden **Großbrand** soll ein fahrlässiger Klempner gewesen sein. Nachdem nur wenige Bauteile gerettet werden konnten, rief Papst Leo XII. die christliche Welt zu Spenden auf, und im Laufe von 30 Jahren entstand San Paolo fuori le Mura nach altem Vorbild neu.

Mächtige Säulen, riesige Tore und Alabasterfenster

Vorhof und Innenraum

Über den Vorhof, einen Quadriportikus mit 150 mächtigen Säulen, gelangt man zum Eingang. Im Zentrum des Vorhofs grüßt die mächtige Paulusstatue. Die Fassade ist mit Mosaiken (19. Jh.) verziert, in ihrem oberen Abschnitt steht Christus zwischen seinen Aposteln Petrus und Paulus. Durch den Säulengang gelangt man in die Vorhalle mit den drei Eingangstoren, das eindrucksvollste ist das mittlere aus grüner Bronze. Die **»Porta Santa«** (Heilige Pforte) rechts davon wird nur in Jubiläumsjahren (wie 2025) geöffnet. Die aktuelle ist aus vergoldeter Bronze und wurde erst zum Heiligen Jahr 2000 angefertigt. Den riesigen Innenraum gliedern 80 Säulen in das Hauptschiff und die Seitenschiffe. Das schummrig milde Licht, das durch die Alabasterfenster fällt, sorgt für eine mystische Atmosphäre. So lassen sich aber leider auch die Gesichter auf den **Porträtmedaillons der Päpste** über den Säulen mehr schlecht als recht erkennen. 265 Medaillons sind es inzwischen, die Porträts ab dem 16. Jh. sind nach realen Vorlagen gemalt. Die Konterfeis früherer Päpste sind hingegen der künstlerischen Fantasie entsprungen, da man keine Bildnisse von ihnen hatte.

Prächtige Mosaiken

Papstaltar, Apsis

Das Herzstück von San Paolo ist der Papstaltar. Er wird von einem Ziborium aus dem 13. Jh. gekrönt. Aus dieser Zeit stammt auch das prächtige Mosaik in der Apsis. Überspannt wird der Altar von einem Triumphbogen mit einem Mosaik, der ein Geschenk der weströmischen Kaiserin Galla Placidia aus dem 5. Jh. ist. Beachtung verdient auch der mehr als 5 m hohe **Osterleuchter** nahe beim Altar, geschaffen von Pietro Vassalletto (1154 – 1186) aus der Künstlerfamilie Vasalleto (s. u.).

Sich dem Heiligen ganz nah fühlen

Paulusgrab

Ein paar Stufen führen hinunter zu der Stelle, an der sich Gläubige dem Heiligen Paulus besonders nahe fühlen können. Durch ein Fenster kann man seit einigen Jahren in den Raum unter dem Altar schauen. Dort steht ein **altrömischer Sarkophag** mit der Inschrift »PAULO APOSTOLO MART...«, auf den Archäologen bei Grabungsarbeiten Anfang der 2000er-Jahre gestoßen waren. Sie hatten den Sarkophag geöffnet und den Inhalt untersuchen lassen. Wissenschaftler konnten die Gebeine tatsächlich auf das 1. oder 2. Jh. n. Chr. datieren. Dass sie wirklich vom Apostel Paulus stammen, lässt sich allerdings nicht beweisen.

Einer der schönsten Kreuzgänge Italiens

Chiostro del Vassalletto

Durch die Sakristei führt der Weg in den Kreuzgang des Benediktinerklosters. Wer ihn besichtigen will, braucht ein Ticket. Die kleine Ausgabe lohnt sich: Mit seinen filigranen, im 13. Jh. kunstvoll gestalteten und teils mit bunten Steinen verzierten Säulen gehört dieser Kreuzgang – zwischen 1204 und 1241 von Mosaikkünstlern der Familie Vassalletto geschaffen – zu den schönsten in ganz Italien.
www.abbaziasanpaolo.org/chiostro

★★ SAN PIETRO IN VINCOLI

Lage: Piazza di San Pietro in Vincoli | **Innenstadtplan:** g IV | **Metro:** B (Cavour, Colosseo) | **Tram:** 3 | tgl. 8 – 12.30 und 15.30 – 18 Uhr

Auf dem Altar wird der »Schatz« aufbewahrt, der dieser Kirche den Namen gibt – die Ketten, mit denen der Überlieferung zufolge der heilige Petrus gefangen gehalten wurde. »Sankt Peter in Fesseln« liegt in der Nähe des ▶Kolosseums und ist eine der ältesten Kirchen Roms. Künstlerisch bedeutsam ist das Grabmal mit der Moses-Figur, das Michelangelo für Papst Julius II. schuf.

San Pietro in Vincoli liegt auf dem Esquilinhügel, einem der klassischen sieben Hügel Roms. Der Grundstein wurde im Jahr 431 gelegt. Stifterin der Kirche war Licinia Eudoxia, Tochter des oströmischen Kaisers Theodosius II. und Ehefrau des weströmischen Kaisers Valentinian II. Dass die Kirche eine so lange Geschichte hat, sieht man ihr allerdings nicht an. Mehrfach wurde sie umgebaut und architektonisch dem wechselnden Zeitgeschmack angepasst – zuletzt bekam sie durch Francesco Fontana ihr aktuelles, spätbarockes Erscheinungsbild.

Moses mit Hörnern?!

Zwischen Glaube und Vernunft

Die Ketten Petri

In einem gläsernen Behälter auf dem Hochaltar werden die Ketten Petri aufbewahrt. Pilger verehren sie als die Ketten, die Petrus bis zu seiner wundersamen Befreiung in Jerusalem trug, gleichzeitig aber auch als die Ketten seiner römischen Haft – Glaube und Ratio sind eben zweierlei.
Der eindrucksvolle **Portikus** stammt von Meo da Caprino, das Marmorportal trägt das Wappen des Bauherrn, Papst Julius II., geboren als Giuliano della Rovere. Im linken Seitenschiff befindet sich das Grabmal für den deutschen Kardinal Nikolaus von Kues (Cusanus) (1401 – 1464) mit kunstvollem Relief, das Petrus zwischen dem ihn befreienden Engel und Kardinal Cusanus zeigt. Cusanus war einer der ersten deutschen Humanisten und machte eine glänzende Karriere im Kirchenstaat.

Ein Meisterwerk Michelangelos

★★ Grabmal von Papst Julius II.

Ein beachtenswertes Kunstwerk findet sich im rechten Seitenschiff: das Grabmal für Papst Julius II. (1503 – 1513) aus der mächtigen Familie della Rovere. Es war von Michelangelo ursprünglich – in weitaus größerer Version – für die Peterskirche geplant worden. Von den 40 überlebensgroßen Figuren, die dafür vorgesehen waren, führte Michelangelo nur drei aus: die Statuen der Rahel und der Lea als Symbole des aktiven und kontemplativen Lebens und die gewaltige **Statue des Moses.** Die 1516 vollendete Figur gilt als eines der bedeutendsten Werke des Künstlers. Moses ist in jenem Augenblick dargestellt, als er mit den von Gott erhaltenen Tafeln mit den Zehn Geboten vom Berg Sinai zurückkehrt und mitansehen muss, wie das Volk Israel um das Goldene Kalb tanzt. Sein Gesicht ist von göttlicher Erleuchtung und zugleich vom Zorn über das untreue Volk erfüllt.

Übersetzungsfehler mit Folgen

Aber: Warum nur trägt Moses Hörner?
Ein Übersetzungsfehler ist für die Hörner auf dem Kopf des Moses verantwortlich! Denn das hebräische Wort »krn« wurde in der Vulgata, dem alten lateinischen Bibeltext, fälschlicherweise mit zwei »e«, zum Wort »keren« (gehörnt) ergänzt. Diese Fassung, die auch Michelangelo bekannt war, hielt sich über Jahrhunderte. Erst wesentlich später kam man auf die Idee, dass das Wort eigentlich »karan« (glänzend) heißen sollte – das ergibt ja auch viel mehr Sinn!

SANT'AGNESE FUORI LE MURA

Lage: Via Nomentana 349, nordöstlich des Zentrums | **Metro:** B (Sant'Agnese-Annibaliano) | tgl. 7.30 – 12 u. 15 – 19 Uhr, So. nur nachmittags | **Katakomben:** tgl. außer So.vormittag 9 – 12 u. 15 – 18 Uhr, zweite Augusthälfte geschlossen | **Eintritt:** frei, Katakomben: 10 € | **www.santagnese.net**

Die Agneslegende erzählt von einer jungen Römerin, die im 3. Jh. n. Chr. lebte, sich weigerte, den Sohn des heidnischen Stadtpräfekten zu heiraten, und deshalb zum Tode verurteilt wurde. Constantia, die Tochter Kaiser Konstantins, war die Stifterin der ersten Agnes-Basilika und ließ sich gleich nebenan ein standesgemäßes Mausoleum bauen.

Auf den Spuren der legendären Märtyrerin

Über einer der größten Katakomben Roms erhebt sich die der Märtyrerin Agnes geweihte Kirche. Die Gebeine von Agnes wurden in den Katakomben vor der Stadtmauer beigesetzt. Nach dem Ende der Christenverfolgung ließ Constantia, die Tochter Kaiser Konstantins, 337 – 351 eine Basilika über der Grabstätte der Märtyrerin errichten. Von dieser frühchristlichen Kirche sind heute nur noch Reste der Außenmauern erhalten.

Die Holzdecke von Sant'Agnese wurde erst 1000 Jahre nach der Gründung der Kirche eingezogen.

Das Grab der hl. Agnes liegt unter dem Altar

Heutige Basilika

Im 7. Jh., als die Basilika Sant'Agnese fuori le Mura schon vom Verfall gezeichnet war, ließ Papst Honorius unmittelbar daneben eine neue dreischiffige Basilika bauen. Die wurde 630 fertiggestellt und ebenfalls der hl. Agnes geweiht. Der Altar soll sich unmittelbar über dem Grab der Märtyrerin befinden, das in den 7 km langen Katakomben (Catacombe di Sant'Agnese, Besichtigung möglich) liegt. Im Lauf der Jahrhunderte durchlief die Kirche mehrfache bauliche Veränderungen. Das schmale, hohe Mittelschiff wird von den Seitenschiffen durch 16 korinthische Säulen getrennt – Spolien aus den Patrizierpalästen des antiken Roms. Die reich verzierte **Holzdecke** stammt aus dem 17. Jahrhundert. Rund 1000 Jahre älter ist der Bischofsthron.

Architektonisches Meisterwerk

★ Mausoleo di Santa Costanza

An die ursprüngliche Agnes-Basilika, an die nur noch Reste erinnern, wurde im 4. Jh. ein Rundbau angefügt – die Grabkapelle für die Kaisertöchter Constantia (um 320 – 354) und Helena. Während die Kirche nebenan verfiel, blieb dieses architektonische Meisterwerk erhalten – eine **Rotunde** mit einem Durchmesser von 22,5 m, bescheidenen Backsteinmauern und 12 kostbaren Doppelsäulen mit Kapitellen. In den Mosaiken stehen heilige Figuren neben heidnischen, Weinranken umgeben spielende Tiere. Römische Architektur, spätantike Mosaikkunst und frühchristliche Symbole fügen sich hier zu einem harmonischen Gesamtkunstwerk. Der Sarkophag von Constantia ist eine Kopie, das Original wird im ▶Vatikan aufbewahrt.

tgl. 9 – 12 und 15 – 18 Uhr | Eintritt: frei

SANTA MARIA IN ARACOELI

Lage: Scala dell' Arcicapitolina 12 | **Innenstadtplan:** e IV | **Metro:** B (Colosseo), C (Fori Imperiali, Venezia, ab 2025/2026) | tgl. 9 – 12.30 und 15 – 18.30 Uhr

Wer die 124 Marmorstufen zur Kirche der »Heiligen Maria zum Himmelsaltar« (ara coeli) hinaufsteigt, kann sich wie auf einer Himmelsleiter fühlen. Die Kirche steht an äußerst prominenter Stelle, nämlich auf dem ►Kapitolshügel, seit der Antike Zentrum des politischen und religiösen Lebens in Rom. Brautpaare lassen sich hier gerne fotografieren.

Erklimmen Sie die Himmelsleiter

Die Kirche Santa Maria in Aracoeli steht auf dem höchsten Punkt des Kapitolshügels, der schon immer eine besondere Faszination auf die Menschen ausübte. Im 4. vorchristlichen Jh. wurde hier die Göttin Juno in einem Tempel verehrt. Auf seinen Fundamenten steht Santa Maria in Aracoeli, die heutige Kirche. Um ihre Vorgeschichte ranken sich **Mythen und Legenden.** Dem römischen Kaiser Augustus sei in der Verheißung der tiburtinischen Sibylle prophezeit worden, dass eine Jungfrau ein göttliches Kind gebären werde, das die Altäre der Götter stürzen würde; daraufhin habe der Kaiser auf dem Kapitol einen Himmelsaltar errichten und mit der Inschrift »Ecce Ara Primogeniti Dei« (Siehe, der Altar des erstgeborenen Gottes) versehen lassen. Die hl. Helena, Mutter des christenfreundlichen Kaisers Konstantin, wird mit der Frühgeschichte der Kirche in Verbindung gebracht. Im 4. Jh. soll sie den Bau dieses Gotteshauses in Auftrag gegeben haben. Historische Belege dafür gibt es nicht.

Symbolkräftige Ausrichtung

Entstehungsgeschichte

Historisch verbrieft ist aber der Bau einer Kirche und eines Klosters im 5. Jahrhundert. Zunächst ließen sich griechische Mönche auf dem Kapitolshügel nieder, später kamen die Benediktiner. 1248 übereignete Papst Innozenz IV. Kirche und Kloster den Franziskanern, auf deren Unterstützung er im Konflikt mit den Staufern setzte. Die Ordensbrüder rissen die alte Kirche ab, bauten eine neue und veränderten dabei auch die geografische Ausrichtung. Die Hauptfassade wendet sich seither vom antiken Rom ab und schaut zum Petersdom. 1348 wurde die steile Freitreppe gebaut, die bei Brautpaaren beliebte **»Himmelsleiter«.**

Hinter der schlichten Fassade schlummern Schätze

Innenraum

Oben angelangt, steht man vor einer schlichten Fassade, die nicht ahnen lässt, welche Schätze sich hinter den Mauern dieser Kirche verbergen. Nach dem Sieg der christlich-abendländischen Seestreitkräfte über die Türken bei Lepanto 1571 erhielt sie eine neue Innenausstattung. So erinnert die Holzdecke mit Schiffssymbolen an die siegreiche Seeschlacht gegen die Osmanen, der Fußboden ist ein Zeugnis großartiger Kosmatenkunst. Bemerkenswerte Fresken schmücken die **Cappella Bufalini** von Bernardino Pinturicchio (um 1485) am Beginn des rechten Seitenschiffs. Ein kleiner Tempel (Mitte des Querhausarmes vorne links) gibt den Ort der Verheißung der tiburtinischen Sibylle an. Unter dem Aufbau ruhen die Gebeine der hl. Helena, der Mutter Konstantins, die im Heiligen Land nach den Spuren Jesu Christi forschen und dessen Reliquien nach Rom bringen ließ. Laut Legende wurde die Statue des Jesuskinds in der Sakristei aus einem Ölbaum vom Garten Gethsemane geschnitzt. Zur Weihnachtszeit kommt der **»Santo Bambino«** ins Kirchenschiff und römische Kinder tragen davor Gebete und Gedichte vor. Allerdings wurde die wundertätige Figur mehrfach gestohlen und jeweils durch eine Kopie ersetzt. Gesegnet durch den Papst, soll diese allerdings genauso wundertätig sein wie das vor langer Zeit entwendete Original.

★★ SANTA MARIA MAGGIORE

Lage: Piazza di Santa Maria Maggiore | **Metro:** A, B (Termini) | **Tram:** 14 | Kirche 7 – 18.45, Museo del Tesoro 9.30 – 18, Ausgrabungen 9 – 18 Uhr | **Eintritt:** Kirche frei, Museo 4 €, Ausgrabungen 5 €; Loggia delle Benedizioni mit Sala dei Papi und Scala del Bernini: 5 € | **www.basilicasantamariamaggiore.va**

Seit dem 5. Jh. wird hier, ohne jede Unterbrechung, täglich eine Messe gelesen – das ist einmalig in der Welt. Santa Maria Maggiore zählt zu den sieben Pilgerkirchen und auch zu den vier Patriarchalbasiliken der Stadt und ist alljährlich das Ziel von Millionen Katholiken aus dem In- und Ausland. Von den rund 80 Marienkirchen Roms ist sie die größte und bedeutendste.

Ganz im Zeichen der Muttergottes

Santa Maria Maggiore liegt auf dem Esquilinhügel, einem der klassischen sieben Hügel Roms. Dass die Kirche im 5. Jh. an diesem exponierten Ort gebaut wurde, hat mit dem Konzil von Ephesus im Jahr 431 n. Chr. zu tun. Damals definierte die Führung der Katholischen Kirche den Status der Maria. Sie sei »Theotokos«, Mutter Gottes, hieß es, und damit begann die offizielle Marienverehrung. Papst Sixtus III. wollte nun auch in Rom eine große, der Gottesmutter geweihte Kirche haben, und der Esquilinhügel erschien ihm ein perfekter Ort dafür zu sein. Die Legende erklärt die Entstehungsgeschichte allerdings wundersamer – mit einem himmlischen Zeichen. Die Jungfrau Maria selbst sei im Jahr 352 einem römischen Patrizier und Papst Liberius im Traum erschienen und habe sie beide aufgefordert, eine Marienkirche auf den Esquilin zu bauen. Am anderen Morgen, es war mitten im Sommer, der 5. August, war der Hügel laut Legende auf wunderbare Weise von Schnee bedeckt. Der Bauplan war quasi in Form von Schnee vom Himmel gefallen. Der Papst musste nur noch den himmlisch vorgezeichneten Grundriss abstecken, der Patrizier das Geld für den Bau zur Verfügung stellen. Alle bisherigen Grabungen aber konnten die Existenz dieses legendären Vorgängerbaus aus dem 4. Jh. nicht belegen.

Die »Einsame« läutet jeden Abend

Marienstatue und Campanile

Nähert man sich der Kirche, grüßt Maria – in Form einer Statue von Guillaume Berhélot – schon von Weitem von der monumentalen, gut 14 m hohen Säule auf dem Kirchenvorplatz. Die Säule stammt aus der Maxentiusbasilika am ►Forum Romanum und wurde erst im 17. Jh. vor Santa Maria Maggiore aufgestellt. Sockel, Säule und Statue bringen es gemeinsam auf die stattliche Höhe von 42 m. Deutlich überragt wird die Mariensäule noch vom Campanile, den Papst Gregor XI. 1377 nach seiner Rückkehr aus dem Exil in Avignon bauen ließ. Mit 75 Metern ist er **der höchste Glockenturm Roms.** Eine seiner fünf Glocken, die sogenannte »Einsame«, läutet jeden Abend um 21 Uhr.

Prachtvolle Ausstattung

Innenraum

In der Vorhalle sieht man rechter Hand die Statue Philipps IV. von Spanien, dem die Kirche Santa Maria Maggiore großzügige Zuwendungen verdankt. Auf der linken Seite befindet sich die Heilige Pforte, die nur in besonderen Jahren geöffnet wird. Tritt man in die dreischiffige Basilika ein, beeindruckt sie schon auf den ersten Blick mit ihrer Monumentalität. Kostbare Säulen trennen die Kirchenschiffe. Auf diesen Säulen ist ein kunstvoller Fries zu sehen, der zur Apsis hin durch die Seitenkapellen – die **Cappella Sistina** und die **Cappella Paolina** – unterbrochen ist. Viele der ursprünglichen Kirchenfenster wurden zugemauert, die Mauern mit Fresken geschmückt. Sie zeigen Episoden aus dem Leben der Gottesmutter. Oberhalb der Fresken sind in Holzornamenten von Putten gerittene Stiere dargestellt. Der Stier war das Wappentier der Familie Borgia. Die Wappen der beiden Borgia-Päpste Calixtus III. und Alexander VI. prangen an der Kirchendecke. Dass die

Papst Pius IX. betet vor der Confessio, die Reliquien der Krippe Jesu enthalten soll.

so herrlich golden glänzt, ist dem aus der »Neuen Welt« herbeigeschafften Gold – dem sogenannten Kolumbusgold – zu verdanken. Bewunderungswert ist der Mosaikfußboden, den Marmormeister im 12. Jh. in kunstvoller Weise verlegt haben. Wahrhaft einzigartig aber sind die prachtvollen **Mosaiken aus dem 5. Jahrhundert** – sie gehören zu den ältesten Roms. Sie erstrecken sich über das Hauptschiff bis zum Triumphbogen und stellen Zyklen aus dem Alten Testament dar, Geschichten, die sich um Abraham, Jakob, Moses und Josua ranken.

Ein schlichtes Grab für den Barockbaumeister

Confessio

Den Baldachin über dem **Hauptaltar** von Ferdinando Fuga tragen vier Porphyrsäulen aus der Villa des Kaisers Hadrian in ▶Tivoli. Die Confessio birgt eine Vitrine mit Reliquien, die von der Krippe in Bethlehem stammen sollen. **Gian Lorenzo Bernini,** der große Barockbaumeister, liegt in einem schlichten Grab rechts vom Papstaltar begraben.

Die älteste Krippendarstellung mit Statuen

Kirchenmuseum, Loggia delle Benedizioni

Das Kirchenmuseum mit liturgischen Meisterwerken und Reliquien wurde 2001 von Johannes Paul II. eröffnet. Höhepunkt ist die »Natività« (1291) von Arnolfo di Cambio und Schülern, die wohl älteste Krippendarstellung mit Statuen weltweit. Unter der Basilika kamen bei archäologischen Grabungen Artefakte des 1. bis 4. Jh.s ans Licht, u. a. auf zwei Wänden das Fresko eines Bauernkalenders mit ländlichen Szenen (2. Jh.) und Reste der frühchristlichen Basilika von Sixtus III. (432 – 444). Mit dem Museumsticket darf man auch in die Loggia delle Benedizioni mit dem Krippenwerk von Arnolfo di Cambio, in den Saal der Päpste (Sala dei Papi) und zur berühmten **Barocktreppe** von Gian Lorenzo Bernini (Scala di Bernini).

Weitere Kirchen in der Umgebung

Wertvolle Mosaiken so weit das Auge reicht …

Santa Prassede

Nur 100 m entfernt steht an der Via di Santa Prassede die gleichnamige Kirche. Der Legende nach wurden die beiden Töchter des Senators Pudens, Pudentiana (s. u. Santa Pudenziana) und Praxedis, vom hl. Petrus zum Christentum bekehrt. Auch wenn die der hl. Praxedis geweihte Kirche verschiedene Baustufen durchmachte, wurde der Raumcharakter der frühchristlichen Basilika gewahrt: Ein hohes, von Säulen und Pfeilern getragenes Hauptschiff mit schmalen Seitenschiffen steigt zum Presbyterium mit Triumphbogen und Apsismosaiken aus dem 9. Jh. empor. **Die Mosaiken gehören zu den kostbarsten ihrer Art in Rom:** Sie zeigen auf dem Triumphbogen das Himmlische Jerusalem und auf dem Apsisbogen das apokalyptische Lamm aus der Offenbarung des Johannes. Über dem

Lämmerfries in der Apsis sieht man Christus mit den hll. Petrus und Paulus, die die beiden Schwestern Praxedis und Pudentiana führen, daneben sind der Stifter Paschalis und der hl. Zeno zu erkennen – durch die Bilderbibel sollten die im Mittelalter vorwiegend analphabetischen Gläubigen in der Glaubenslehre unterwiesen werden. Ein Paradiesgarten ist die **Cappella di San Zenone** am rechten Seitenschiff, von Papst Paschalis I. (817 – 824) als Grabkapelle für seine Mutter Theodora in Auftrag gegeben. Die herrlichen Mosaiken bedecken alle Wände und das Gewölbe.
tgl. 10 – 12 und 16 – 18 Uhr

... auch in der Schwesterkirche

Santa Pudenziana

Unweit von Santa Prassede steht in der Via Cesare Balbo 25d deren Schwesterkirche Santa Pudenziana. An diesem Ort soll das Haus des von Petrus bekehrten Senators gestanden haben. Unter Papst Siricius wurde hier im 4. Jh. eine Kirche errichtet, deren mit Mosaiken geschmückte Apsis noch erhalten ist. Sie zeigen den thronenden Christus mit Petrus, Paulus und den anderen Aposteln sowie die hl. Praxedis und Pudentiana vor den Toren Jerusalems. Am Himmel erscheinen das spätantike Gemmenkreuz und die vier Evangelistensymbole Engel, Löwe, Stier und Adler. Mehrere Restaurierungen haben den Originalbau verändert, der Glockenturm kam im 13. Jh. hinzu.
tgl. 9.30 - 12 und 15 - 18 Uhr | www.oratoriosantapudenziana.it

★ SANTA MARIA DELLA VITTORIA

Lage: Via XX Settembre 17 | **Metro:** A (Repubblica, Barberini) | tgl. 9 – 12 und 15.30 – 18 Uhr, So. nur nachmittags

Diese Kirche steht ganz im Zeichen des Dreißigjährigen Krieges und einer von den Katholiken 1620 gewonnenen Schlacht. Im Inneren birgt sie bemerkenswerte Kunstschätze, allen voran eine der schönsten Statuen, die der große Barockbildhauer Bernini schuf. Am späten Vormittag erstrahlt sie übrigens im besten Licht.

Die Barockkirche nahe der ▶Piazza della Repubblica wurde 1608 bis 1620 für den damals noch jungen »Orden der Unbeschuhten Karmeliten« gebaut. Der Kirchenbau war gerade vollendet, als die Katholische Liga in der Schlacht am Weißen Berg bei Prag am 8. November 1620 einen wichtigen Sieg im Dreißigjährigen Krieg errang. Es wardie

Eine Schlacht als Namensgeberin

erste große Schlacht dieses Kriegs. Wundersame Unterstützung soll es dabei von einem Heiligenbild gegeben haben, das ein Karmelitermönch auf das Schlachtfeld getragen hatte. Die Protestanten hatten den Figuren auf dem Bild die Augen ausgestochen. Das wiederum hatte die Katholiken so in Rage versetzt, dass sie mit dem Schlachtruf »Santa Maria« den Hügel erstürmten und die Gegner über den Haufen rannten. So weit die Legende. 1622 wurde besagtes Bildnis aus Böhmen nach Rom gebracht und am Hauptaltar der Karmeliterkirche angebracht, die darauf in »Santa Maria della Vittoria« (Heilige Maria des Sieges) umbenannt wurde.

Der Blick kommt kaum zur Ruhe

Barocke Gestaltung

Die Barockfassade fügt sich harmonisch in die Umgebung ein – verwendet wurde Travertin aus ▶Tivoli. Im Innenraum der Kirche, im Auftrag von Kardinal Scipione Borghes nach Plänen von Frühbarockarchitekt Carlo Maderno gebaut, lassen üppiger Stuck, Friese und farbiger Marmor den Blick nicht zur Ruhe kommen. Nach barocker Manier ist auch die Decke über und über mit Bildern geschmückt – hier wölbt sich Giovanni Domenico Cerrinis Deckenfresko »Himmelfahrt Mariens« über den Kirchgängern.

Berninis Statue erstrahlt durch einen einfachen Trick in natürlichem Licht

Mehr sinnlich als religiös – doch fraglos ein Meisterwerk

Cappella Cornaro

Verlassen Sie die Kirche nicht, bevor Sie die Cornaro-Kapelle im linken Querraum gesehen haben. Sie wurde von dem genialen Bildhauer **Gian Lorenzo Bernini** als Grablege für den aus Venedig stammenden Kardinal Cornaro gestaltet. Die **»Verzückung der hl. Theresa«**, eine 3,5 m große Statue, die Bernini 1645 – 1652 im Auftrag Cornaros aus weißem Carraramarmor geschaffen hat, gilt als eine seiner schönsten Statuen überhaupt. Sie zeigt die hl. Theresa von Avila (1515 – 1582), eine Karmelitin und Mystikerin, in dem Augenblick, in dem ihr ein wunderschöner Engel mit dem Pfeil der göttlichen Liebe das Herz durchbohrt.

In ihrer Autobiografie hatte Theresa von Avila diesen spirituellen Wendepunkt in ihrem Leben als höchst beglückende körperliche Erfahrung beschrieben, die Bernini nicht sinnlicher in Szene hätte setzen können. Für die optimale Wirkung des Kunstwerks sorgt **natürliches Licht** aus einem verborgenen Fenster, das auch die goldenen Strahlen, die auf Theresa niedergehen, kraftvoll glänzen lässt. Das schönste Licht fällt **vormittags gegen elf Uhr** auf das Kunstwerk. Fast übernatürlich wirkt dann das Weiß der Figuren im Kontrast zum ausgemalten Gewölbe und zum mehrfarbigen Marmor an den Wänden. Die eher sinnliche als religiöse Ausstrahlung der mystisch verzückten Theresa stieß bei der Enthüllung des Kunstwerks allerdings auf Kritik.

★ TERME DI CARACALLA

Lage: Viale delle Terme di Caracalla 52 | **Metro:** B (Circo Massimo) | Di. – So. ab 9 (Schließzeit je nach Jahreszeit zw. 16.30 u. 19.15 Uhr) | **Eintritt:** 8 €, Audio Guide 5 € | **www.coopculture.it/it/poi/terme-di-caracalla**

Haben Sie sie damals auch gesehen: die drei Tenöre und ihren legendären Auftritt anlässlich der Fußball-Weltmeisterschaft in den Caracalla-Thermen? 1990 verfolgte etwa eine Milliarde Menschen weltweit das Spektakel im Fernsehen, und es wird immer wieder ausgestrahlt.

Antikes Wellnesszentrum

Die Terme di Caracalla liegen nahe dem ▶Circo Massimo. Sie wurden 216 von Kaiser Caracalla eröffnet und waren ein regelrechtes »Freizeitzentrum«, heute würde man sagen, ein Wellnesstempel, allerdings mit klarem Bildungsanspruch: Die Römer nahmen dort ihr Bad in heißen und kalten Schwimmbecken (Caldarium und Frigidarium), saßen im trockenen oder feuchten Schwitzbad und trieben Gymnastik und anderen Sport. Man erholte sich in Ruheräumen, spazierte in den Gärten, lauschte in Versammlungshallen lehrreichen Vorträgen oder vervollständigte sein Wissen in den Bibliotheken. Es gab Friseure und Läden, also alles ähnlich wie heute – allerdings mit dem Unterschied, dass damals der ganze Betrieb von Hunderten von Sklaven in Gang gehalten wurde. Vor allem das einzigartige unterirdische Umluftheizsystem.

Purer Luxus war die Devise

Gebäude

Den verschiedenen Bedürfnissen wurde in **architektonisch überwältigender** Weise auf einer Fläche von 33 000 m² Rechnung getragen: Riesige Hallen mit mächtigen Pfeilern und Säulen, Kuppeln und Halbkuppeln, Tonnen- und Kreuzgewölben nahmen etwa 1500 Menschen gleichzeitig auf. Prunkvoller Marmor, verschwenderische Mosaiken und Fresken schmückten Fußböden und Wände. Nirgendwo anders wurden dem luxuriösen Freizeitvergnügen solche Bauten errichtet.

★ TESTACCIO

Metro: B (Piramide)

Südlich der Altstadt, am rechten Tiberufer, liegt der Rione Testaccio – das einstige Schlachthofviertel. Mit Kneipen und Clubs, seit vielen Jahren betriebenen Restaurants und neuen Orten für zeitgenössische Kunst hat sich die Gegend in ein Trendviertel verwandelt und ist als quirlig-schriller Ausgehkiez vor allem bei jungen Nachtschwärmern beliebt.

Kommen und abtanzen!

Zwischen dem Lungotevere Testaccio, der Via Galvani und der Via Marmorata erstreckt sich Testaccio mit seinem schachbrettförmig angelegten Straßennetz. Bis in die 1970er-Jahre hinein galt dieses Viertel als »Bauch der Stadt«. Hier hatte der große **Schlachthof** seinen Sitz, wo zuletzt über 2000 Männer beschäftigt waren und Rinder, Schafe und Schweine zu Fleisch und Wurst für die Millionenstadt verarbeiteten. Nachdem man das blutige Gewerbe an einen Standort außerhalb Roms verlegt hatte, verfielen die ausgedienten Industriegebäude. In den 1990er-Jahren traten Kunstgalerien und Ateliers die Nachnutzung an. Diskotheken und Clubs richteten sich auf den brachliegenden Grundstücken ein. Bald zog es Nachtschwärmer aus allen Teilen der Stadt in das alte Industriequartier. Aus dem Arbeiterbezirk wurde ein **Trendviertel** für Studierende und Hipster. Auch wenn der größte Boom mittlerweile vorbei ist und sich das studentische Publikum jetzt lieber in den Clubs von San Lorenzo amüsiert, bilden sich vor allem samstags-

Im Rione Testaccio geht man gerne in die »Bar e Pasticceria Linari«.

nachts Menschentrauben vor dem »Alibi«, der ältesten Schwulendisco Roms, und anderen angesagten Tanz- und Karaokeschuppen.

Eigentlich nur ein Haufen Scherben

Umschlagplatz für Waren aller Art

Zentrum des Geschehens ist die Straße, die sich den Monte Testaccio hinaufwindet. Der 35 m hohe Hügel verdankt seine Existenz und seinen Namen der Müllbeseitigung im antiken Rom. Testaccio leitet sich vom lateinischen »testae« ab, was Scherben bedeutet. Und Scherben fielen reichlich an, wenn die Handelsschiffe in Emporion, dem nahegelegenen Hafen am Tiber, eilig entladen wurden.

Diesen Binnenhafen hatten die Römer im 2. Jh. v. Chr. angelegt, um die dringend benötigte Versorgung der stark expandierenden Metropole sicherzustellen. Öl aus Sizilien, Getreide aus Afrika und andere auf dem Seeweg angelieferte Waren des täglichen Bedarfs wurden im **Porticus Aemilia** verkauft, einem gigantischen Marktgebäude, das sich auf dem Areal zwischen den heutigen Straßen Via Franklin, Via Marmorata, Via Branca und Via Vespucci ausbreitete. Mit dem antiken Rom verschwand auch der Porticus Aemilia von der Bildfläche. Der Scherbenhügel aber blieb und wurde als »achter Hügel« der Stadt ab dem 16. Jh. zu einem beliebten Ausflugsziel.

Moderne Kunst im ehemaligen Schlachthof

MATTATOIO

Heute zieht es Besucher – sofern sie nicht nachts, sondern tagsüber kommen – in die neue, lichtdurchflutete Markthalle und ins MATTATOIO, ein für wechselnde Ausstellungen konzipiertes Ausstellungszentrum, das im 1888 entstandenen, ehemaligen Schlachthof (ital.

mattatoio) eine passende Bleibe gefunden hat. Immerhin hat man so eine sinnvolle Nachnutzung für das Gebäude In der Rioned das Areal gefunden, und das quasi rund um die Uhr.

Markthalle: Via Franklin 12/E | Mo. - Sa. 7 - 15.30 Uhr | www.mercatoditestaccio.it | **MATTATOIO:** Piazza Orazio Giustiniani 4 | Metro B (Piramide)| Di. - So. 11 - 20 Uhr | Eintritt 10 € | www.mattatoioroma.it

★★ TIVOLI

Lage: 32 km östlich von Rom | **www.comune.tivoli.rm.it**

Wenn Sie eine kleine Auszeit von der quirligen Metropole brauchen, bietet sich ein Ausflug nach Tivoli an. Das Städtchen liegt am Fuß der Sabiner Berge in einer grünen, wasserreichen Gegend. Weil es sich hier herrlich ausspannen lässt, gönnte sich die römische Oberschicht schon in der Antike heitere Tage in Tivoli, wo sie prächtige Villen errichten ließ, die heute zum UNESCO-Welterbe gehören.

Kaiserliches vor den Toren der Stadt

Tivoli ist ein vitales, mittelalterlich geprägtes Städtchen, das man mit dem Pendlerzug ab Roma Termini für wenig Geld erreichen kann. Wahrscheinlich würde man aber gar nicht hinfahren, wenn es nicht auch schon berühmte Mensche der Antike hierher gezogen hätte. In der Renaissance tat es ihnen die Hautevolee des Kirchenstaats gleich. Im 19. Jh. reisten Adelssprosse und Künstlerinnen und Künstler aus England und Deutschland an, um etwa bei ihrer »Grand Tour« – der großen Italienreise – das harmonische Zusammenspiel von Natur und Kultur auf diesem von antiken Mythen umrankten Fleckchen Erde zu bestaunen. So konnten sich vor allem die Romantiker für die Erzählung vom **Heiligen Wald von Tivoli** begeistern, wo Wanderer in einem Talgrund der Sibilla Tiburtina, einer weissagenden Gottheit, begegnen konnten. Der etruskische König Anio soll auch schon nach Tivoli gekommen sein, um seine Tochter aus der Gewalt eines Entführers zu befreien – dabei aber auf tragische Weise im Fluss ertrunken sein. Dieser trägt heute seinen Namen – Aniene. Ein Spielplatz der Romantik ist der Park der Villa Gregoriana mit schroffen Felsen und Wasserfällen.

Am besten mit dem Zug

Anfahrt

Man erreicht Tivoli von Rom aus mit dem Zug ab Roma Tiburtina oder mit dem Bus von der Stazione Ponte Mammolo oder Rebibbia der Metro-Linie B. Die Villa d'Este liegt direkt in Tivoli und ist vom Bahnhof aus auch zu Fuß gut zu erreichen, zur Villa Adriana fahren Shuttle-Busse.

Die Villen

Die Königin der Villen und ihre Allee der 100 Brunnen

Villa d'Este

Die »Königin der Villen« gilt als eine der schönsten Renaissanceschöpfungen ihrer Art. Der Landsitz entstand ab 1550 auf dem Gelände eines Benediktinerklosters, die Pläne lieferte Pirro Ligorio. Auftraggeber war der wohlhabende Kardinal Ippolito d'Este. Nach Heirat der Erbtochter Maria Beatrice war die Villa im Besitz des Erzherzogs Franz Ferdinand von Österreich-Este, der 1914 mitsamt Gattin in Sarajevo ermordet wurde. Der Palast besticht durch seine freskengeschmückten Säle, die auf steilen Terrassen angelegten Gärten durch ihre unzähligen Brunnen, Wasserspiele und Skulpturen. Besonders interessant sind der Viale delle Cento Fontane (Allee der 100 Brunnen) und die Fontana dell'Organo. Im Brunnen versteckt ist eine nachgebaute **Wasserorgel,** die mehrmals am Tag Renaissancemusik spielt.

Mo. ab 14, Di. – So. ab 8.45, Schließzeiten nach Jahreszeit zw. 17 und 19.45 Uhr | Eintritt: 12 € Euro (Zuschlag bei Sonderausst.), Audio Guide 5 € | https://villae.cultura.gov.it/de/die-staetten, Tickets: https://www.coopculture.it/it/prodotti/biglietto-villa-dest

Rauschende Wasserfälle und geheimnisvolle Grotten

Villa Gregoriana

Die Villa Gregoriana liegt im Nordosten Tivolis, wo der wilde Aniene

Genau hinhören lohnt sich: Hier spielt eine Wasserorgel.

über einen Felsabbruch der Sabiner Berge in eine tiefe Schlucht stürzt. Nach wiederholten Überschwemmungen wurde der Fluss im 19. Jh. in zwei Stollen umgeleitet. In dem weitläufigen Park fallen nun die gebändigten Wassermassen in immer noch eindrucksvollen Fällen herab, wie die **108 m hohe Grande Cascata.** Im Park liegen ferner die Grotta della Sirena und die Grotta dei Nettuno, durch die einst der Hauptarm des Aniene verlief.

Eingang: Piazza Tempio di Vesta | Juli – Aug. tgl. 9 – 19, sonst je nach Jahreszeit kürzer: 18.30/16 Uhr, Jan. – Ende Febr. geschl.
Eintritt: 10 €
https://fondoambiente.it/luoghi/parco-villa-gregoriana/visita (Park)

Einst kaiserliche Sommerresidenz, heute Weltkulturerbe

Villa Adriana

Rund 6 km südwestlich von Tivoli erreicht man die prachtvolle, zum Weltkulturerbe erhobene Villa des Hadrian. Sie entstand in den letzten Lebensjahren des Kaisers Hadrian (76 – 138, ►Interessante Menschen, S. 307), der auf dem 0,75 km² großen Gelände in kleinerem Maßstab die Orte und Bauwerke nachbauen ließ, die ihn bei seinen ausgedehnten Reisen durch das Römische Reich besonders beeindruckt hatten. Allerdings starb Hadrian bereits vier Jahre nach Fertigstellung des Landsitzes. Später war dieser kaiserliche Sommerresidenz, verfiel jedoch, nachdem Konstantin 330 nach Byzanz übergesiedelt war. Erste Ausgrabungen begannen bereits im 15. Jh.; 1870, nachdem das Gelände in Staatsbesitz übergegangen war, wurde die Anlage systematisch ausgegraben.
Vor dem Rundgang sollte man sich in einem Gebäude kurz hinter dem Eingang unbedingt das **Modell der Residenz** an-

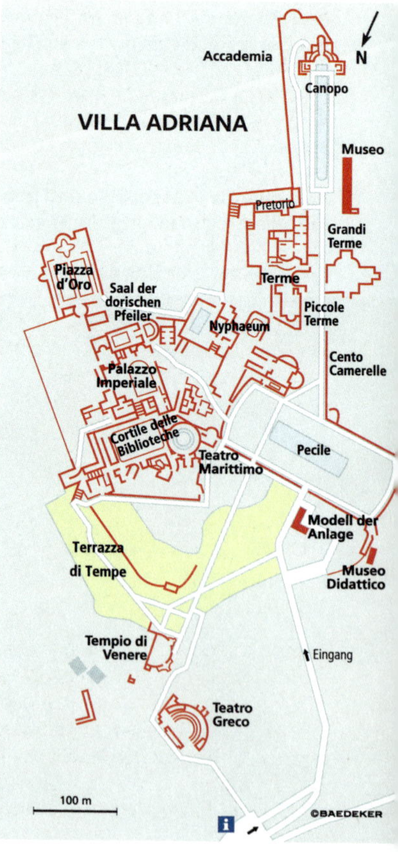

sehen, die vermutlich die größte ihrer Art in der Antike war. Am Ende der Zypressenallee kommt man zum Pecile, einst ein Säulengang um ein rechteckiges Wasserbecken. Das wohl eigenwilligste Gebäude ist das kreisrunde Teatro Marittimo, kein Theater, sondern eine kleine, auf einer künstlichen Insel gelegene **Wasservilla,** in die sich der Kaiser angeblich gerne zurückzog. Vielleicht trauerte er dort um den schönen Jüngling Antinoos, der ihn bis zu seinem frühen Tod hierher begleitete und dessen Statuen Hadrians Villen schmückten, heute aber auch z. B. im Louvre stehen. Östlich folgt der »Hof der Bibliotheken« (»Cortile delle Biblioteche«). An den »Palazzo Imperiale« schließt sich die rechteckige **Piazza d'Oro** an, die früher von einer offenen Säulenhalle umgeben war. Im Südwesten lagen die Thermen, heute ein verwirrendes Labyrinth mit mächtigen Gewölben. Richtung Süden folgt das nach der ägyptischen Stadt Kanopos benannte **Canopo.** Es erinnert an das Serapisheiligtum bei Alexandria, ein 119 m langes, von einem Säulenkranz mit Gebälk umgebenes Wasserbecken. Hier lohnt sich ein Besuch des kleinen Museums mit v. a. im Canopo gefundenen Skulpturen.

Ende März – Sept. tgl. ab 8.15 Uhr, Schließzeit je nach Jahreszeit
Eintritt: 12 € | https://villae.cultura.gov.it/de/die-staetten/villa-adriana

Fürstlich speisen

La Sibilla

Was wäre ein Ausflug in ein fürstliches Feriendomizil ohne eine stilvolle Einkehr. Die beste Adresse dafür ist »La Sibilla«, Tivolis ältestes Restaurant, das unterhalb des antiken Tempels und gleich gegenüber der Villa Gregoriana schon seit 1720 Gäste bewirtet. Hier bestellt man sich nicht nur einen Teller Pasta, serviert werden grundsätzlich Menüs – fisch- oder fleischbasiert.

Via della Sibilla 50 | Di. – So. 12.30 – 15 und 19.30 – 22.30 Uhr
Tel. 0774 33 52 81 | www.ristorantesibilla.com

★ TRASTEVERE

Innenstadtplan: c/d V | **Tram:** 8

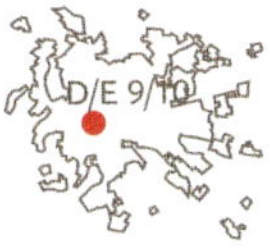

Etwas Besonderes ist Trastevere noch immer mit seinen pittoresken Häusern, den kopfsteingepflasterten Gassen, der alten Kirche Santa Maria in Trastevere, mit Brunnen und Plätzen, die jeden Abend zu Treffpunkten werden. Das Viertel auf der linken Tiberseite zieht mit seinem Charme heute allerdings vor allem Neu-Römer an und »Römer auf Zeit«, die sich unsterblich in das ursprüngliche alte Rom verliebt haben.

Iacozzilli
Formaggi

Bummeln, plaudern, schauen

Verwinkelte Gassen, schmucke Häuser, manche drei, manche vier Stockwerke hoch, blumengeschmückte Balkons und idyllische Dachterrassen prägen das Bild. Dass von den rötlichen oder ockergelben Fassaden der Putz bröckelt, tut der Schönheit keinen Abbruch. Im Gegenteil – gerade das macht den Charme von Trastevere aus. Links und rechts der Viale di Trastevere vom Tiber zum Bahnhof Trastevere liegen schmale, verkehrsberuhigte Straßen mit etlichen Lokalen, Bars und Cafés. Schon vormittags sind die Plätze an der Sonne sehr gefragt, abends aber »brodelt« Trastevere, die beliebtesten Restaurants sind bis auf den allerletzten Platz besetzt und auf den Plätzen formieren sich Menschentrauben. Vor allem die ganz Jungen stehen mit oder ohne Bierflasche herum, plaudern, schauen und lauschen, wenn irgendwo ein Straßenmusiker auf der Gitarre klimpert. Einheimische sind auch dabei, aber vor allem sind es ausländische Studierende und Sprachschülerinnen, die sich auf den Plätzen von Trastevere ein Stelldichein geben.

Vom Arbeiter- zum Partyviertel

Ein Viertel im Wandel

In den letzten Jahrzehnten hat sich viel verändert in dem einstigen Arbeiterbezirk, vor allem die Bevölkerungsstruktur. In den 1970er-Jahren waren es römische Intellektuelle und Künstler, die das pittoreske Viertel für sich entdeckten. Auf einmal war Trastevere »in« und auch für Ausländer attraktiv. Vermögende Amerikaner, Mittel- und Nordeuropäer kauften sich Wohnungen – die Preise stiegen, so mancher angestammte Bewohner konnte sich Trastevere plötzlich nicht mehr leisten, und viele Römer, die hier eine Wohnung besitzen, vermieten sie heute lieber und einträglicher tage- oder wochenweise an Touristen. Neben alteingesessenen Trattorien eröffneten mehr und mehr Szenebars – zugeschnitten aufs junge internationale Partyvolk. Und weil das bis in den Morgen hinein feiert und lautstark durch die Gassen zieht, haben sich auch Anwohner, die sich Trastevere durchaus noch leisten könnten, in ruhigere Wohngegenden zurückgezogen.

Der traditionelle Sonntagsbummel

»Trans Tiberim«

Für eine »Passeggiata«, den Spaziergang am Sonntag, ist Trastevere aber auch bei Römern noch äußerst beliebt. Etappenziel ist die Piazza vor der Basilika di Santa Maria di Trastevere, wo man sich auf einen Cappuccino oder ein Glas Wein niederlassen und dem bunten Treiben zuschauen kann. Viele Geschäfte, von denen etliche Schuhe verkaufen, haben sonntags geöffnet. Gern verbinden Römer auch den Bummel über den riesigen **Flohmarkt an der Porta Portese** mit einem Streifzug durch die quirligsten Straßen des Viertels: Via di S. Francesco a Ripa und Via della Lungaretta. Je später der Abend wird, desto mehr überwiegt wieder die Zahl der Touristen. Ein in-

Man kennt sich und hat immer Zeit für ein Schwätzchen.

BAEDEKER MAGISCHE MOMENTE

NOCH MAL RICHTIG JUNG

Machen Sie es ruhig mal wie früher: Holen Sie sich in einer der Bars einen Drink »to go«, setzen Sie sich damit wie die jungen Leute auf die Brunnenstufen auf der Piazza vor der Basilika und freuen Sie sich am Trubel drum herum – manchmal ist es ganz leicht, sich nochmal richtig jung zu fühlen. Es gibt ja genug Bars in Trastevere, wo Sie anschließend auf ein gepflegtes Glas Wein oder einen Aperol Spritz einkehren können.

ternationales Viertel war Trastevere übrigens schon immer. In vergangenen Jahrhunderten siedelten sich Einwanderer und Juden, aber auch andere **ethnische Minderheiten** vornehmlich »trans Tiberim« (auf der anderen Tiberseite) an, weil das Wohnen hier billig war. In der Antike wurden Kranke, Fremde, Angehörige religiöser Minderheiten, freigelassene Sklaven und Verbrecher hierher sozusagen »abgeschoben«.

Die älteste Marienkirche Roms

Santa Maria in Trastevere

Roms wohl älteste Marienkirche am gleichnamigen Platz soll laut Legende über einer Ölquelle errichtet worden sein, die schon 38 v. Chr. auf die Ankunft des Erlösers hinwies. Sie ist möglicherweise der erste Ort, an dem Christen öffentlich ihren Gottesdienst feiern durften. 221 – 227 wurde unter Papst Calixtus I. mit dem Sakralbau begonnen, vollendet wurde er 340 unter Papst Julius I. Im Auftrag von Papst Innozenz II. (1130 – 1143) wurde der Bau erneuert, im Barock weiter ausgeschmückt. Die Fassade ziert das Mosaik »Maria zwischen zehn weiblichen Heiligen«. Sie wird nachts beleuchtet und sieht dann fast noch schöner aus als am Tag. Im Innern der dreischiffigen Basilika besticht der wunderschöne Marmor-Fußboden – eine Arbeit der Brüder Cosmas, fachsprachliche daher **Kosmatenboden** genannt. Ein Meisterwerk mittelalterlichen Kunstschaffens sind auch die auf das 12. und 13. Jh. datierten **Mosaiken der Apsis.** In der Halbkuppel thronen Christus und die gekrönte Maria mit Heiligen über einem Lämmerfries, darunter erzählen Fresken von Pietro Cavallini aus dem Leben Mariens. Damit das Mosaik in herrlichem Goldglanz erstrahlt, muss man einen Euro in den Zahlkasten vor dem Altar werfen. Dann gehen für 5 Minuten die Lichter an.

tgl. 7.30 – 21 Uhr

Einem römischen Märtyrer gewidmet

San Crisogono

Am Beginn der Viale di Trastevere steht die Basilika San Crisogono, vor 499 n. Chr. zu Ehren des unter Kaiser Diokletian enthaupteten römischen Märtyrers Chrysogonus erbaut und 1129 erneuert. Die **Porphyrsäulen** am Triumphbogen sind die größten Roms. Sehenswert ist auch das über die Sakristei erreichbare Grabungsareal mit Resten der frühchristlichen Unterkirche des 5. bis 11. Jahrhunderts.
Mo. - Sa. 7 - 11.30 und 16 - 19.30, So. 8 - 13 und 16 - 19.30 Uhr
Eintritt Grabungsareal: 3 €, Führungen: 12€
www.visiteromasotterranea.it/i-sotterranei-di-s-crisogono.html

Hier wohnte Franz von Assisi

San Francesco a Ripa

Die Kirche an der Piazza San Francesco d'Assisi ersetzte 1231 eine Kapelle des alten Pilgerhospizes von San Biagio, in dem der hl. Franz von Assisi bei seinem Aufenthalt in Rom gewohnt haben soll. In der vierten Kapelle des linken Seitenschiffs befindet sich die Liegefigur der seligen Ludovica Albertoni, ein Spätwerk Berninis (1674).
tgl. 7.30 - 12.30 und 16.30 - 19.30 Uhr

Der Schauplatz eines grausamen Todes ...

Santa Cecilia in Trastevere

Die Legende von der jungen, hübschen Cäcilia, die den Märtyrertod erleiden musste, geht auf das 3. Jh. zurück. Die Tochter aus vornehmem Haus sei seit ihrer Jugend Christin gewesen und habe auch ihre Brüder zum neuen Glauben bekehrt, heißt es. Weil sie den heidnischen Kult ablehnte und Götzenopfer verweigerte, sollte Cäcilia durch kochendes Wasser getötet werden. Dieses konnte ihr wundersamerweise nichts anhaben, so die Legende. Schließlich sei die junge Frau mit dem Schwert hingerichtet worden. Ort des grausamen Geschehens: ihr Wohnhaus, das dort gestanden haben soll, wo sich heute die Basilika erhebt. Mitte des 5. Jh.s setzte die Cäcilienverehrung ein und vermutlich wurde zu der Zeit auch eine Kapelle an dieser Stelle gebaut.

... wird zum Ort der Verehrung

Architektonische Besonderheiten

Die aktuelle Basilika stammt im Kern aus dem 9. Jahrhundert. Den Auftrag zum Bau gab Papst Pasquale I. Der Heilige Vater berief sich auf eine Vision, die ihn zu dem bis dahin unbekannten Grab der Cäcilia in der Calixtuskatakombe geführt habe. Nachdem man dort die Leiche einer jungen Frau geborgen hatte, wurde eine Kirche mit Krypta über den Fundamenten des Wohnhauses gebaut. Diese wurde im Lauf der Jahrhunderte mehrfach umgestaltet, hat aber ihre Charakteristika, das ungewöhnlich breite Mittelschiff und die schmalen, fensterlosen Seitenschiffe, bewahrt. Vor dem Altar liegt eine Statue der heiligen Cäcilia in einem gläsernen Sarg. Stefano Maderno fertigte das Kunstwerk um 1600. Zuvor hatte man den Leichnam exhumieren lassen und nahezu unverwest in dieser Position vorgefunden, so die Überlieferung. In der **Apsis** beeindruckt ein Mosaik aus dem

9. Jh., unter der Apsis liegt die Krypta, von wo aus die **Fundamente eines römischen Wohnhauses** besichtigt werden können. Pietro Cavallinis »Jüngstes Gericht« (1293) schmückt den Chor des angegliederten Konvents der Benediktinerinnen.

Führungen im Konvent und in der Krypta zu einzelnen Terminen, Infos: www.benedettinesantacecilia.it | Eintritt: jeweils 3 €

Eine Institution

★ Festa de' Noantri

Mitte Juli feiert sich das traditionelle Viertel der Handwerker. »Noantri« – »wir anderen« nannten sie sich, um sich von den Bewohnern des anderen Tiberufers abzusetzen. Selbst wenn das dörfliche Flair inzwischen immer mehr Wahlrömer und Fremde anlockt, das mehrtägige Straßenfest bleibt eine Institution. Dafür werden Lichterketten aufgehängt und Buden aufgebaut, die Leute stellen Tische und Stühle auf die Straße und feiern bis spät in die Nacht. Beim religiösen Teil des Festes wird die heilige Madonna de'Noantri während einer feierlichen **Prozession** durch die Straßen von Trastevere getragen.

www.festadenoantri.it

★★ VATIKAN · CITTÀ DEL VATICANO

Innenstadtplan: a I/II | **Metro:** A (Ottaviano - San Pietro - Musei Vaticani) | **Tram:** 19 | **www.vatican.va**

Genau genommen sind Sie gar nicht mehr in Rom, wenn Sie den Petersplatz und den Petersdom, das Zentrum der katholischen Welt, aus nächster Nähe erleben wollen, denn Sie verlassen dann römisches Stadt- und italienisches Staatsgebiet. Die Enklave Vatikan ist der kleinste anerkannte Staat der Welt. Spektakulär sind die Reichtümer, die unter päpstlicher Regentschaft im Lauf der Jahrhunderte angehäuft wurden und zum Teil hier und zum Teil in den ▸Vatikanischen Museen bestaunt werden können.

Der kleinste Staat der Welt

Der Vatikan ist ein seltsamer Staat. Er beschäftigt rund 3000 Menschen, hat nur rund 800 Einwohner, von denen wiederum nur etwa die Hälfte die **vatikanische Staatsbürgerschaft** besitzen. Die vatikanischen Staatsbürger sind Staatsbürger auf Zeit, denn der vatikanische Pass ist an ein Amt gebunden – solange jemand als Kardinal, als Diplomat oder Universitätsdozent im Dienste des Heiligen Vaters steht, gehört er zu diesem exklusiven Zirkel, gibt er sein Amt auf, en-

Blick ins Ausland: Der Vatikan mit dem Petersdom gehört nicht zum italienischen Staatsgebiet.

det die Staatsbürgerschaft. Neben dem Papst, dem Oberhaupt des Ministaats mit noch immer einigem politischem Gewicht, leben Priester und Kardinäle im Vatikan, Hausangestellte – Köche, Reinigungskräfte und Büroangestellte –, Mitarbeiterinnen und Mitarbeiter der vatikanischen Bank, des vatikanischen Bahnhofs und des Postamts, Mitglieder der **Schweizergarde** und Journalisten, die für die vatikanische Tageszeitung bzw. für den vatikanischen Radio- oder Fernsehsender arbeiten. **Radio Vaticana** sendet in ca. 35 Sprachen in 170 Länder und speist seine Programme auch ins Internet.

Nähern Sie sich von der Engelsburg

Status

Das Territorium des Vatikans rund um den Petersdom wird weitgehend von einer hohen Mauer umschlossen. Eine Grenzkontrolle müssen Sie nicht passieren, um in den kleinsten anerkannten Staat der Erde zu gelangen. Den schönsten Eingang nehmen Sie, wenn Sie – von der rechten Tiberseite kommend – über die Engelsbrücke spazieren und sich dann über die **Via della Conciliazione** dem Petersplatz und dem Petersdom nähern. Um dann auf den Platz und in das be-

VATIKANSTADT

100 m

1 Hauptpost (Telegramme)
2 Postämter
3 Arco delle Campane (Eingang)
4 Portone di Bronzo
(Karten für Papstaudienzen;
Scala Regis)
5 Ufficio Scavi
(Karten für Petrusgrab, Nekropole)
6 Kunsthistorisches Museum (Schatzkammer)
7 Loggien
8 Stanzen
9 Selbstbedienungsrestaurant
10 Bibliothek
11 Historisches Museum (unterirdisch)
12 Camposanto Teutonico
13 Radio Vatikan (Direktion)
14 Justizpalast
15 Schule für Mosaikkunst
16 Päpstliche Druckerei
17 Osservatore Romano

Veniero
Viale Vaticano
Via Leone IV
Via Vespasiano
Via Ottaviano
Via Catone
V. C. di Rienzo
Musei
del
Vaticano
Salita
dei
Giardini
9
10
eca
Stradone dei Giardini
Musei
uadrato
del
10
10
Vaticano
Fontana del
Sacramento
P. d.
Forno
8
Cappella
Sistina
Piazza del
Risorgimento
V.
Crescenzio
V.
S.
Porcari
Officine
Garage
17
Via della Tipografia
Via del Pellegrino
Via della Posta
1
16
Via del Belvedere
Sant'
Anna
Via di Porta Angelica
Borgo
Angelico
Mascherino
Borgo
Vittorio
del
Borgo
Pio
Via
2
Caserma
degli
Svizzeri
7
7
Cortile
di San
Damaso
Via
dei
Corridori
4
Piazza
Pietro
Piazza
Pio XII
Via della Conciliazione
San Pietro
P. d.
Protomartiri
Romani
3
2
Sagrestia
6
5
12
Santa Maria
della Pietà
Palazzo
del Sant'
Uffizio
Aula
Paolo VI
Palazzo
Santa Marta
Via del Sant' Uffizio
Piazza
del
Sant'
Uffizio
Largo di Porta Cavallegeri

rühmteste Gotteshaus der Christenheit zu gelangen, muss man die **Sicherheitskontrollen** passieren. Bestimmte Zonen des Vatikans dürfen nur mit spezieller Genehmigung – d. h. von der breiten Öffentlichkeit gar nicht – betreten werden. Geldumtausch ist nicht erforderlich, denn obwohl der Vatikanstaat staatsrechtlich nicht zur Europäischen Union gehört, ist der **Euro** das Zahlungsmittel. Gelegenheit zum Geldausgeben gibt es nicht nur an den Ticketschaltern der Museen, sondern auch in zahlreichen (sehr teuren) Restaurants sowie in Buchläden und Geschäften für klerikalen Bedarf. Im vatikanischen **Supermarkt** darf dagegen nur einkaufen, wer einen vatikanischen Pass besitzt.

Geschichte und Organisation

Mittelpunkt der katholischen Welt

Lateran, Exil, Vatikan

Der Vatikan ist weltberühmt – als Sitz des Papstes und als Machtzentrum der katholischen Welt. Seit 1984 gehört das Areal mit Petersplatz und Petersdom zum **UNESCO-Weltkulturerbe.** Bis zum 14. Jh. residierten die Päpste allerdings gar nicht hier, auf der linken Tiberseite, sondern auf der anderen Seite des Flusses, im etwa 5 km östlich gelegenen ►Lateranpalast. Mit einer Verlegung der päpstlichen Residenz hatte im Jahr 1279 bereits Papst Nikolaus III. geliebäugelt und sich eine Dependance samt Garten auf dem Areal des Vatikans, das damals noch vor den Toren der Stadt lag, errichten lassen. Nur wirklich etablieren konnte sich das Papsttum an dem neuen Standort nicht, es waren unruhige Zeiten, nicht nur für die römisch-katholische Kirche. Vor den Querelen in Rom floh der Papst Anfang des 14. Jh.s nach **Avignon.** Immerhin bis 1377 dauerte das päpstliche Exil. Erst nachdem der Heilige Stuhl nach Rom zurückgekehrt und die Spaltung innerhalb der katholischen Kirche (Schisma) überwunden war, wurde der Vatikan päpstliche Residenz, Standort der römischen Kurie, Zentrum des sich damals über weite Teile Mittelitaliens erstreckenden Kirchenstaats und damit mächtiger Mittelpunkt der gesamten katholischen Welt.

Ein Gebiet mit großer Symbolkraft

Grab des Apostels Petrus

Der Vatikanische Hügel vor den Toren Roms bot, weil er weitgehend unbebaut war, genügend Raum für den Neuanfang. Außerdem ging von ihm eine symbolische Strahlkraft aus. Auf dem Gebiet des Vatikans soll angeblich der Apostel Petrus nach seinem Märtyrertod begraben worden sein. Schon im 4. Jh. hatten die Christen hier – über der Stelle, an der sein Leichnam bestattet wurde – eine erste Grabeskirche errichtet. Hier krönte Leo III. Karl den Großen im Jahr 800 zum Kaiser des Heiligen Römischen Reiches. Doch eine wirklich herausragende Stellung wurde dem Gebiet erst ab dem 15. Jh. zuteil. Ab 1450 ließen die Päpste den Vatikanhügel systematisch mit Kapelle, Wohn- und Repräsentationsgebäuden ausbauen. Dabei beschäftigten sie stets die berühmtesten Architekten ihrer Zeit. 1506 begannen die Arbeiten am Petersdom, der – viel prachtvoller als der Vorgängerbau – zur berühmtesten Kirche der Christenheit avancieren sollte.

Ein »Schrumpfstaat«

Territorium

Der Kirchenstaat, dessen Mittelpunkt der Vatikan mit der Residenz des Heiligen Vaters bildete, erstreckte sich bis ins 19. Jh. über weite Teile Mittelitaliens. Nach der nationalen Einigung des in unterschiedliche Machtsphären zersplitterten Italien im Jahr 1861, verleibte sich das neu ausgerufene Königreich Italien auch Territorien des Kirchenstaats ein. Nur ein Rest-Kirchenstaat (Latium und Rom) existierte bis 1870 durch den Schutz französischer Truppen weiter. Als Frankreich wegen des Deutsch-Französischen Kriegs 1870 seine Soldaten abzog, besetzten die Truppen des italienischen Königs Vittorio Emanuele II. auch Latium und Rom. Der Status der Vatikanstadt, in die sich der Papst als de facto entmachtetes Staatsoberhaupt mangels militärischer Möglichkeiten schmollend zurückzog, blieb zunächst ungeklärt. Erst durch die **Lateranverträge** von 1929 zwischen dem Heiligen Stuhl und dem Königreich Italien, vertreten durch den faschistischen Diktator Benito Mussolini, wurde der Status des Vatikan als souveräner Staat bestätigt. Sein Territorium beschränkt sich seither auf das 0,44 km^2 große, von Mauern umgebene Gebiet um den Petersdom und einige exterritoriale Besitzungen, darunter die Pilgerkirchen ►San Paolo fuori le Mura, ►San Giovanni in Laterano und ►Santa Maria Maggiore.

Immobilien und Spenden

Firma Vatikan

Zu den Haupteinnahmequellen des Vatikanstaats gehören heute Immobilien. Rund 10 000 Hotelbetten sind in Kirchenbesitz, und die stehen nicht nur in Pilgerunterkünften, etliche Luxushotels gehören ebenfalls zum Vatikan-Imperium. Ebenso die vatikanische Bank, die wegen zweifelhafter Geldtransfers für Skandale sorgte. Zudem fließen mit dem sogenannten »Peterspfennig« jährlich Spenden von etwa 50 Millionen Euro in die Kassen des Zwergstaats.

Gelb und Weiß

Die Staatsflagge des Vatikans in Gelb und Weiß ist senkrecht gespalten und enthält im weißen Feld als Wappen zwei gekreuzte Schlüssel unter der päpstlichen dreistufigen Krone (Tiara), die Hirten-, Priester- und Lehramt symbolisiert.

Absolutismus im Wandel

Staatsoberhaupt, Kurie

Der Heilige Vater, Papst Franziskus (Jorge Mario Bergoglio), ist nach dem spektakulären Amtsverzicht von Papst Benedikt XVI. (Joseph

Ratzinger) seit dem 13. März 2013 der 266. Papst und Bischof von Rom. Als Oberhaupt der größten Glaubensgemeinschaft weltweit, der römisch-katholischen Kirche (1,4 Milliarden Gläubige, 407 000 Priester), ist er Inhaber der gesetzgebenden, vollziehenden und richterlichen Gewalt. Verschiedene in der Kurie vereinte Regierungsorgane üben bzw. führen diese Gewalt aus. Doch die Kurie ist im Wandel: Mächtige Hauptressorts sind das für Auswärtiges zuständige Staatssekretariat und das Wirtschaftssekretariat sowie der **Päpstliche Wirtschaftsrat,** die im Februar 2014 neu eingesetzt wurden.

Bunte Uniformen für ernste Männer

Schweizergarde

Sie dürfen die Männer mit den Harnischen und den bunten Uniformen gern fotografieren. Nur zusammen mit Ihnen für ein Selfie oder ein Touristenfoto werden die Wachmänner nicht posieren. Für derlei Späße sind die Mitglieder der altehrwürdigen Institution nicht zu haben. Die 1506 gegründete Päpstliche Schweizergarde besteht aus 135 Männern, die katholische Schweizer, 18 bis 30 Jahre alt, groß, sportlich und gut beleumundet sein müssen. Dennoch wurden am 4. Mai 1998 Gardekommandant Alois Estermann und seine Frau in ihrer Wohnung im Vatikan ermordet. Der Täter, eine Schweizergarde, soll sich das Leben genommen haben. Die bunte Galauniform geht auf Kommandant Jules Repond zurück, der sich 1914 an Uniformen des 16. Jh.s orientierte. Die Schweizergarde wird bei ihren Aufgaben im Vatikan durch das Polizeikops »Vigilanza« unterstützt.

Dem Papst ganz nah

Generalaudienz

Mittwochvormittags (9 Uhr) kann man an der päpstlichen Audienz teilnehmen. Im Winter findet sie in der Aula delle Udienze pontificie statt, im Sommer auch auf dem Petersplatz. Kostenlose Eintrittskarten für eine Generalaudienz reserviert man bei der Prefettura della Casa Pontifica und muss sie dort auch abholen, oder beim Deutschen Pilgerzentrum.

Präfektur: am Bronzetor auf der rechten Kolonnadenseite des Petersplatzes | www.vatican.va/various/prefettura/index_ge.html
Deutsches Pilgerzentrum: Via del Banco di S. Spirito 56
Tel. 06 689 71 97 | www.pilgerzentrum.de

Piazza San Pietro (Petersplatz)

Eine Ellipse, ein Trapez und Hunderte von Säulen

Struktur

Vor der bereits fertiggestellten Basilika San Pietro in Vaticano legte Bernini 1656 – 1667 die Piazza San Pietro an. Er schuf damit für die Zusammenkunft der Gläubigen aus aller Welt eine Kulisse, die bis in die heutige Zeit als vielleicht berühmtester Platz der westlichen Welt ihre Faszination bewahrt hat. Diese Piazza besteht aus zwei Plätzen,

Petersplatz und Petersdom, der Nabel der katholischen Welt

einer bis zu 340 m langen und bis zu 240 m breiten Ellipse und der trapezförmigen Piazza Retta, die zur Kirche hin, gesäumt von den Statuen der Apostelfürsten Petrus und Paulus, in Stufen ansteigt und sich zugleich verbreitert. Das Oval umgab Bernini mit vierfachen, halbkreisförmigen Kolonnaden: Auf den Balustraden der insgesamt 284 Säulen und 88 Pfeilern aus Travertin stehen 140 Heiligenfiguren. Links und rechts rauschen die Wasserfontänen zweier 14 m hoher **Brunnen** mit riesigen Granitschalen. Im Pflaster geben zwei Scheiben rechts und links die Brennpunkte der Ellipse, die Centri del Colonnato, an. Von dieser Stelle aus erscheinen die jeweils vier hintereinander stehenden Säulen der Kolonnaden wie eine einzige.

Logistische Meisterleistung

In der Mitte, zu der die Piazza leicht abfällt, ragt ein 25,5 m hoher ägyptischer Obelisk auf. Kaiser Caligula ließ ihn im Jahr 37 aus Helio- Obelisk

»HABEMUS PAPAM!«

Nach dem Tod oder Rücktritt eines Papsts wird das Konklave zur Wahl eines Nachfolgers einberufen. Ihr Ablauf beruht auf jahrhundertealten Gesetzen und Traditionen. Zehntausende Menschen versammeln sich dann regelmäßig auf dem Petersplatz, um zu sehen, ob weißer oder schwarzer Rauch (»fumata«) aufsteigt. Bei weißem Rauch verkündet der Kardinalprotodiakon von der Benediktionsloggia »Habemus papam!« – »Wir haben einen Papst!«

Päpstliches Wappen

▶ Das Konklave

Der Begriff bezeichnet sowohl den Ort des Wahlvorgangs als auch die Versammlung der Wahlberechtigten selbst. Die Wahl beginnt frühestens 15, spätestens 20 Tage nach dem Tod oder Rücktritt des Papsts. Seit der Wahl von Leo XIII. 1878 tagt das Konklave in der Sixtinischen Kapelle; seit der Wahl von Benedikt XVI. 2005 werden die Kardinäle nicht mehr rigoros eingeschlossen, sondern wohnen im Gästehaus Domus Sanctae Marthae, wie es sein Vorgänger Johannes Paul II. angeordnet hatte.

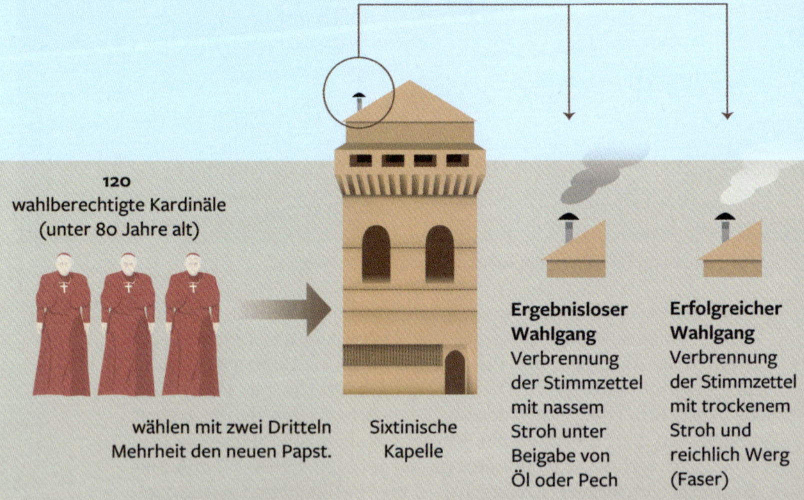

Benedikt XV. italienisch 1914

Pius XI. italienisch 1922

Pius XII. italienisch 1939

Johannes XXIII. italienisch 1958

Paul VI. italienisch 1963

1910 1920 1930 1940 1950 1960

Der Papst unterwegs
Reise- und Alltagskleidung

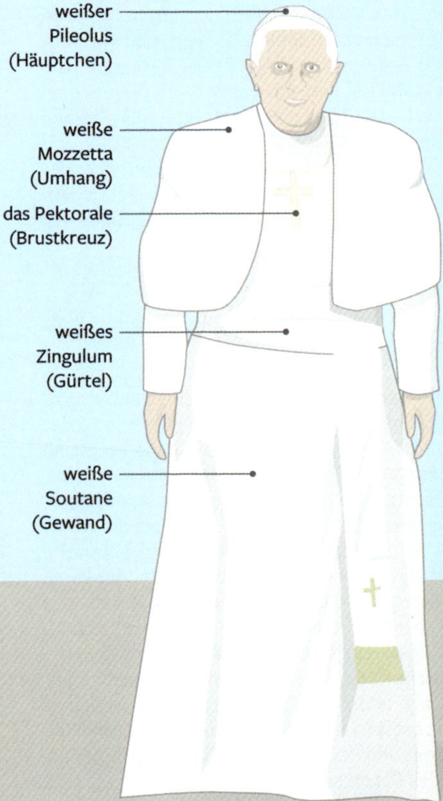

▶ **Die Bevölkerung im Vatikan**
2023 besaßen 618 Menschen die vatikanische Staatsbürgerschaft, aber nur 246 lebten im Vatikan. Die meisten der 3000 Angestellten wohnen außerhalb und gehen u.a. folgenden Berufen nach:

Geistlichkeit: Priester, Verwaltungsaufgaben

Hauspersonal: Köche, Kammerdiener, Reinigungskräfte

Sicherheit: Päpstliche Schweizergarde, Polizei

Rundfunk und Presse: »L'Osservatore Romano«, »Radio Vatikan«, »Centro Televisivo Vaticano«

Vatikanbank »Istituto per le Opere di Religione«

Johannes Paul I.
italienisch
1978 (August)

Johannes Paul II.
polnisch
1978 (Oktober)

Benedikt XVI.
deutsch
2005

Franzikus I.
argentinisch
seit 2013

1970 | 1980 | 1990 | 2000 | 2010 | 2020 | 2030

polis nach Rom transportieren und in seinem später nach Nero benannten Zirkus aufstellen. Er blieb als einziger Obelisk das ganze Mittelalter hindurch an seiner Stelle, bis Papst Sixtus V. 1586 befahl, ihn hier aufzustellen. Domenico Fontana leitete den höchst schwierigen Transport dieses 322 t schweren Steins, für den man vier Monate Zeit, 44 Winden, 900 Arbeiter und 140 Pferde benötigte. Die Legende sagt, die Aufrichtung sei fast misslungen, da die Seile zu zerreißen drohten. Ein Arbeiter, der dies bemerkte, durchbrach daraufhin den strikten Befehl des Papstes zu absoluter Stille und schrie: »Wasser auf die Seile!« Ihm und seiner Familie habe der Papst das Privileg zugestanden, für die Zeremonien des Palmsonntags die Zweige zu liefern – was die Nachfahren bis zum heutigen Tag tun.

Palazzi Vaticani

Jedem Papst ein Gebäude

Vatikanische Paläste

Eine Vorstellung von den Ausmaßen des Vatikanischen Palasts gewinnt man, wenn man vom linken Brunnen der Piazza San Pietro das riesige Gebäude des Haupttrakts aufragen sieht und dann rechts an der Mauer entlang zum Eingang der ▶Vatikanischen Museen geht. Nach der Rückkehr des Papstes aus dem Exil in Avignon kam es hier ab 1450 zu reger Bautätigkeit. Unter Nikolaus V. entstand die **Nikolauskapelle,** unter Sixtus IV. die weltberühmte **Sixtinische Kapelle** mit den Deckenmalereien von Michelangelo. Alexander VI., der karrierebesessene Papst aus der spanischstämmigen Familie Borgia, der sich noch als Papst mit seiner schönen Geliebten zeigte, ließ sich luxuriöse Gemächer – das **Appartamento Borgia** – bauen, Julius II. gönnte sich den **Belvederehof** und die Loggien am Damasushof. Für Paul III. wurde die nach ihm benannte **Cappella Paolina** errichtet und von Michelangelo mit Fresken ausgemalt. Unter Pius V. und Sixtus V. entstand der Trakt mit den heutigen Privaträumen, Empfangssälen und der Bibliothek des Papstes.
Die bebaute Fläche misst ohne Gärten ca. 55 000 m², von denen 25 000 m² auf Höfe entfallen. 1400 Säle, Kapellen und Zimmer gibt es. Neben den Wohn- und Arbeitsräumen des Papstes haben einige vatikanische Kongregationen im Apostolischen Palast ihren Sitz, ebenso die Musei Vaticani. Den Hauptzugang bildet das **Bronzetor** am Ende der rechten Kolonnaden. Es öffnet sich zum Corridorio del Bernini, der in die Scala Regia mündet.

Fluchtweg der Päpste

Passetto di Borgo

Der Vatikanische Palast ist seit 1277 durch einen 800 m langen Mauerweg mit dem ▶ Castel Sant'Angelo verbunden. Dieser von Päpsten genutzte Fluchtweg kann derzeit nicht besichtigt werden.

★★ San Pietro in Vaticano

Die Kirche Petri

Die berühmteste Kirche der Christenheit ist an hohen Feiertagen auf mehreren Hundertmillionen Bildschirmen rund um den Globus zu sehen. Auf ihrem Balkon spendet der Papst den Segen »Urbi et orbi« Lage und Baugeschichte

PETERSKIRCHE

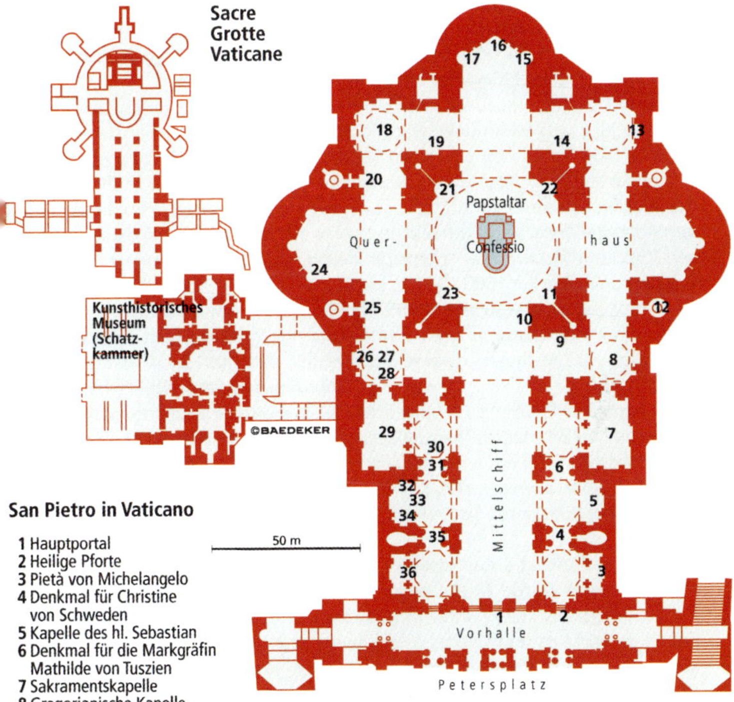

San Pietro in Vaticano

1 Hauptportal
2 Heilige Pforte
3 Pietà von Michelangelo
4 Denkmal für Christine von Schweden
5 Kapelle des hl. Sebastian
6 Denkmal für die Markgräfin Mathilde von Tuszien
7 Sakramentskapelle
8 Gregorianische Kapelle
9 Altar des hl. Hieronymus
10 Sitzstatue des hl. Petrus
11 Statue des hl. Andreas
12 Aufgang zur Grotte
13 Altar des Erzengels Michael
14 Altar des hl. Petrus, die Tabitha vom Tode erweckend
15 Grabmal Papst Urbans VIII.
16 Cathedra Petri (von Bernini)
17 Grabmal Papst Pauls III.
18 Kapelle der Madonna della Colonna
19 Altar des hl. Petrus, einen Lahmen heilend
20 Grabmal Papst Alexanders VII.
21 Statue der hl. Veronika
22 Statue der hl. Helena
23 Eingang zu den Sacre Grotte Vaticane
24 Altar der Kreuzigung des hl. Petrus
25 Grabmal Papst Pius' VIII.
26 Altar Papst Gregors des Großen
27 Klementinische Kapelle
28 Grabmal für Papst Pius VII.
29 Chorkapelle
30 Grabmal Papst Innozenz' VIII.
31 Grabmal Papst Pius' X.
32 Gedenkrelief für Papst Johannes XXIII.
33 Capella della Presentazione
34 Gedenkstatue für Papst Benedikt XV.
35 Denkmal für Maria Sobieska und Stuart-Denkmal
36 Baptisterium (Taufkapelle)

(»der Stadt und dem Erdkreis«) und gibt Selig- und Heiligsprechungen bekannt. Der Petersdom ist dem Andenken an den hl. Apostel Petrus gewidmet, dem der Überlieferung nach ersten Bischof Roms, als dessen Nachfolger sich jeder Papst sieht. Die Geschichte der Peterskirche ist die des Papsttums. Die erste Peterskirche, zwischen 315 und 349 erbaut, verdankt die Christenheit **Kaiser Konstantin.** Ins Auge fiel schon damals die baulich schwierige Lage am Abhang des Vatikanischen Hügels. Hinzu kam, dass die Kirche weit außerhalb der Stadt lag. Diese Ortswahl darf mit einigem archäologisch fundiertem Recht und unter Berufung auf das Orts- und Geschichtsgedächtnis der Römer damit begründet werden, dass sich hier das **Grab des Apostels Petrus** befinden soll, der 64 oder 67 unter Nero in den kaiserlichen Gärten beim Vatikanischen Hügel das Martyrium erlitt.
Alt-Sankt-Peter, eine fünfschiffige Basilika, wurde vielfach restauriert und prächtig ausgeschmückt, war jedoch nach dem Exil der Päpste in Avignon dem Verfall nahe. Deshalb beschloss Nikolaus V. 1452, im wieder aufstrebenden Rom einen Neubau zu errichten und ihn mithilfe der ganzen Christenheit auszuführen – auch unter Inanspruchnahme von Ablassgeldern, wogegen Martin Luther sich aussprach. An diesem seit 1506 mit fieberhafter Intensität betriebenen Neubau waren alle Päpste von Julius II. (1503 – 1513) bis Pius VI. (1775 – 1799) beteiligt. Der ursprüngliche Bauplan stammt von **Donato Bramante.** Sein Entwurf sah einen dreischiffigen Zentralbau mit griechischem Kreuzgrundriss vor. Nachdem diverse Baumeister, darunter auch Raffael, seine Nachfolge angetreten und die Pläne mehrfach modifiziert hatten, übernahm 1547, mit 72 Jahren, **Michelangelo** die Bauleitung, der wiederum auf Bramantes Plan zurückgriff und ihn vereinfachend abänderte. Michelangelo erdachte vor allem die Kuppel, die zum Markenzeichen des Petersdoms wurde. Der Tambour wurde noch vor dem Tod des genialen Künstlers 1564 fertig.

Bescheidenheit ist eine Tugend

Fassade

Carlo Maderno wurde 1603 Chefarchitekt und leitete die Bauarbeiten an San Pietro bis 1629. Unter ihm entstanden das Langhaus mit den Kapellen, Portikus und Confessio sowie die prunkvolle Barockfassade. Von der waren Zeitgenossen wenig begeistert – zu Recht, schränkt sie doch den Blick vom Petersplatz auf Michelangelos großartige Kuppel ein. Oben auf der Fassade stehen 5,7 m hohe Statuen von Christus, Johannes d. T. und den Aposteln, ausgenommen Petrus. Achten Sie auf die Inschrift auf dem Relief über den Säulen. Die Kirche sei zu Ehren der **Heiligen Apostel** errichtet worden, heißt es da. Papst Paul V., geboren als Camillo Borghese, ließ sich – von exorbitantem Geltungsbedürfnis getrieben – mit seinem Familiennamen gleich mal in die Reihe der Heiligen Apostel stellen.

Schauen und staunen: Der Blick hinauf in die Kuppel ist faszinierend.

DIE KIRCHE PETRI

Zahlreiche Architekten bauten rund eineinhalb Jahrhunderte an St. Peter und änderten nicht selten die Entwürfe ihrer Vorgänger. Trotzdem erscheint das Gotteshaus letztlich erstaunlich einheitlich und strahlt eine große Würde aus.

❶ Vorhalle
In die 70 m breite, 13,5 m tiefe und 20 m hohe Vorhalle führen fünf mit Bronzegittern versehene Eingänge. Die vermauerte Heilige Pforte (Porta Santa) befindet sich rechts außen. Sie wird nur zu Heiligen Jahren (alle 25 Jahre) bzw. zu außergewöhnlichen Heiligen Jahren geöffnet. 2025 ist sie daher geöffnet.

❷ Langhaus
Die die Kapellen trennenden Pfeiler sind riesige kannelierte Doppelpilaster mit korinthischen Kapitellen.

❸ Bronzestatue des hl. Petrus
Ihr rechter Fuß wird von Pilgern gern berührt, da das Segen bringen soll.

❹ Kuppel
Vier fünfeckige Pfeiler tragen die Kuppel von Michelangelo über dem Petrusgrab. Sie hat einen Durchmesser von 42,30 m, ist also 1 m kleiner als die des Pantheon mit 43,30 m. Von hier bietet sich ein wundervoller Blick über den Vatikan und Rom.

❺ Apsis
Neben der Cathedra Petri ist der wandfüllende Altaraufbau bemerkenswert, ein Werk von Bernini. Darüber schweben stuckierte Engelscharen auf Wolken.

❻ Grotten und Nekropole
In den Grotten unter San Pietro findet man Reste eines Vorgängerbaus, einer konstantinischen Basilika und zahlreiche Gräber von Päpsten. Auch die Gebeine des Apostels Petrus sollen hier verwahrt sein. Petrus hatte das Zentrum der Kirche von Jerusalem über Antiochien in die Hauptstadt des damaligen römischen Weltreichs verlegt.

4
5
6
2
3

Von ganz alt bis modern

Vorhalle

Auf dem Weg ins Innere von San Pietro kommen Sie im »Portico« an zwei Reiterstandbildern vorbei, links Karl der Große, rechts Konstantin, der Letztere ein Werk der berühmten Barockbildhauers Bernini. Über dem Mittelportal sind Fragmente der Navicella (»Schiff im Seesturm«) zu sehen; das **Mosaik von Giotto** wurde aus der alten Peterskirche übernommen. Das zweiflügelige Bronzetor des Mittelportals, ebenfalls aus der alten Peterskirche, ist ein Werk des Florentiner Bildhauers Filarete (1433 – 1445). Es zeigt Christus und Maria sowie Petrus und Paulus mit ihrem Martyrium, dazu andere historische Szenen. Links fällt der Blick auf das **»Tor des Todes«,** ein modernes Werk des Bildhauers Giacomo Manzù.

Beeindruckende Dimensionen

Innenraum

Das Innere der Kirche nimmt schon durch seine Ausmaße gefangen: 186 m lang, im Hauptschiff 45 m, im Kuppelraum 119 m hoch. Im Fußboden des Mittelschiffs sind die Längenmaße anderer großer Kirchenbauten der Welt zum Vergleich angegeben. Trotz dieser riesigen Dimensionen kann die Peterskirche wegen ihrer einfachen architektonischen Anordnung – der **Grundriss eines lateinischen Kreuzes,** bei dem das Hauptschiff länger ist als das Querhaus – und der krönenden Tambourkuppel überblickt werden.

Meisterwerk des jungen Michelangelo

Seitenschiffe

Wenige Meter vom Hauptportal entfernt ist eine rote Porphyrscheibe in den Fußboden eingelassen; sie gab in der alten Kirche die Stelle an, auf der der Frankenkönig Karl der Große am Weihnachtstag des Jahres 800 von Papst Leo III. zum Römischen Kaiser gekrönt wurde.
Im nördlichen Seitenschiff befindet sich die Cappella della Pietà, auf deren Altar die seit 1972 durch Panzerglas geschützte, **einzigartige »Pietà«** steht. Sie wurde 1498 – 1499 von dem damals 24-jährigen Michelangelo als Grabstatue für Kardinal Jean de Bilhères de La Groslaye geschaffen: die zarte Frauenfigur einer jugendlichen Madonna mit dem vom Kreuz abgenommenen Christus auf ihrem Schoß; ein Band über der Brust Mariens nennt den Bildhauer mit Namen. Der Ausdruck der Gesichter und die vollkommene Beherrschung des Marmors weisen Michelangelo als genialen Künstler aus.
Am ersten Seitenpfeiler erinnert ein Denkmal an Christine von Schweden, die 1655 als Königin abdankte und zum katholischen Glauben übertrat. In der Sebastianskapelle ist über dem Altar ein Mosaik mit dem Martyrium des Heiligen beachtenswert, entstanden nach einem Gemälde von Domenichino. Die meisten Gemälde wurden übrigens durch Mosaiken ersetzt; die Originale finden sich in den Vatikanischen Museen. Am nächsten Pfeiler des Seitenschiffs liegt das nach einem Entwurf von Bernini ausgeführte Mausoleum der Markgräfin Mathilde von Tuszien. Sie hatte im Investiturstreit im 11. Jh.

zwischen Kaiser und Papst vermittelt und ihren Grundbesitz der Kirche vermacht. An der Sakramentskapelle, ausgestaltet unter dem Barberinipapst Urban VIII., haben sowohl Bernini am Tabernakel als auch Borromini am Bronzegitter mitgearbeitet. Im Durchgang rechts befindet sich das 1585 von Camillo Rusconi entworfene Grabmal Gregors XIII.; der Kalenderreformer ist auf dem Grabrelief dargestellt. Im rechten Teil des Querhauses tagte das Erste Vatikanische Konzil mit etwa 650 Bischöfen; das Zweite musste wegen der auf mehr als 3000 Bischöfe angewachsenen Zahl im Langhaus stattfinden. Vorn im Durchgang sieht man das klassizistische Grabmal für Clemens XIII., ein Jugendwerk Antonio Canovas.

Die Grundlage des Papsttums in riesigen Lettern

Kuppel

Die Kuppel setzt sich aus einer inneren Raumkuppel und einer äußeren Schutzschale zusammen, zwischen denen man auf einer Treppe zum Dach hinaufsteigen kann. Über der Kuppelschale erhebt sich die Laterne, sodass die Höhe insgesamt 137,5 m beträgt. Am **Tambour** rahmen Zwillingssäulen Fenster ein, die wechselnd Spitz- und Rundgiebel tragen. In den Pfeilernischen stehen die Heiligen Veronika mit dem Schweißtuch, Helena mit dem Kreuz Christi, Longinus mit der Lanze und Andreas mit dem X-förmigen Kreuz. In den Loggien darüber werden Reliquien gezeigt. Der Kuppelring verkündet in 2 m hohen lateinischen Buchstaben die Worte des Matthäus-Evangeliums (Matthäus 16,18), auf die sich der Anspruch der Päpste auf die Leitung der Kirche gründet:

»
Tu es Petrus ... Du bist Petrus,
und auf diesen Fels
werde ich meine Kirche bauen,
und Dir gebe ich
die Schlüssel des Himmelreiches.
«

Hinauf, hinauf!

Aufstieg

Ein separat ausgewiesener Zugang führt außerhalb von St. Peter hinter die Vorhalle zum Eingang für den Kuppelaufstieg. Ein Aufzug fährt bis zur grandiosen Aussichtsterrasse hinauf. Bis zur Kuppel warten dann aber noch 320 meist enge, steile Stufen. Beim kompletten Weg zu Fuß hinauf sind es sogar 551 Stufen! Vom Dach der Basilika und von der Laterne bietet sich ein wunderschöner Blick über den Petersplatz und die Stadt. Zudem kann man die Kuppel von Michelangelo und die Einzelheiten ihres architektonischen Aufbaus aus der Nähe betrachten.

April – Sept. tgl. 8 – 18, Okt. – März bis 17 Uhr | Eintritt: 10 € (Aufzug), 8 € (zu Fuß) | www.basilicasanpietro.va/it/products/la-cupola

»Überwältigt« – ein oft bemühtes Adjektiv, aber im Petersdom ist man es einfach.

Genau über dem Petrusgrab

Papstaltar

Unter der Kuppel befindet sich genau über dem Petrusgrab der Papstaltar, den der knapp 25-jährige Bernini 1624 – 1633 im Auftrag Papst Urbans VIII. mit einem 29 m hohen Bronzebaldachin krönte; die Bronze stammt von der Vorhalle des ▶Pantheons. Dieser **Baldachin** stellt in der gedrehten Bewegung der Säulen und der wogenden Masse des »Stoffes« ein Meisterwerk des Barock dar. 95 vergoldete Öllampen beleuchten mit Ewigen Lichtern die Confessio, den tiefer liegenden Gebetsraum vor dem Petrusgrab.

Pilgerziele

Bronzestatue von Petrus

Am Longinuspfeiler thront eine Bronzestatue Petri, deren rechten Fuß die Gläubigen durch Handberührung oder Küsse blank gerieben haben. Die Statue (13. Jh.) schuf wohl Arnolfo di Cambio nach einer antiken Philosophenskulptur, die nun in den Sacre Grotte ist.
Weiter zur Rechten ist der aus den Sacre Grotte wiederum hierher versetzte gläserne Sarg mit dem nahezu unversehrten Leichnam des populären, 2014 heilig gesprochenen Papstes **Johannes XXIII.** (gest. 1963), ein hochfrequentiertes Pilgerziel.

Die Schatzkammer

Tesoro di San Pietro

Auf der linken Seite des Mittelschiffs gelangt man in Höhe des Querhauses über die mit Säulen aus der Villa Adriana in ▶Tivoli ausgestattete Sakristei in die Schatzkammer von St. Peter. Hier sind Sakralgegenstände, päpstliche Tiaren und Geschenke berühmter Potentaten ausgestellt.

Barocke Lichtdramatik

Apsis

Die **Cathedra Petri** (1657 – 1666) in der Apsis, ebenfalls ein Werk Berninis im Auftrag von Alexander VII., ist von barocker Lichtdramatik und Bewegungsfülle. Vier Kirchenlehrer – Ambrosius und Augustinus als Vertreter der lateinischen, Athanasius und Johannes Chrysostomos als Vertreter der griechischen Kirche – stützen einen Thron, den Bischofsstuhl des Petrus, über dessen Rückenlehne zwei Putti die päpstlichen Embleme »Schlüssel und Tiara« halten. Bevor dieser Sessel zum Thron des Stellvertreters Christi wurde, diente er Karl dem Kahlen im 11. Jh. als Thron. Darüber ist in einer Strahlenglorie aus vergoldetem Stuck ein Alabasterfenster zu sehen mit der Taube, dem Symbol des Heiligen Geistes.

Prächtige Grabstätten oben ...

Grabmäler verschiedener Päpste

Neben der Cathedra liegt rechts das Grabmal für Papst Urban VIII. Barberini, 1628 – 1644 von Bernini ausgeführt, und links das Grabmal von Papst Paul III., das Guglielmo della Porta 1549 – 1575 schuf. Auch im linken Seitenschiff findet man Grabmäler berühmter Päpste, von bedeutenden Künstlern gestaltet: vorne am Durchgang dasjenige für Alexander VII. – auch ein Bernini-Werk, schräg gegenüber dem Eingang zur riesenhaften, unter Pius VI. 1776 – 1784 erbauten Sakristei das Denkmal für Pius VII. (1823) des dänischen Bildhauers Bertel Thorvaldsen – des einzigen protestantischen Künstlers, weshalb es Proteste gab. Vor der Chorkapelle, die der gegenüberliegenden Sakramentskapelle entspricht, lohnt die Mosaikkopie der »Verklärung Christi« von Raffael einen Blick. Vor der Cappella della Presentazione liegt das Grabmal Innozenz' VIII., ein Werk von Pollaiolo aus dem Jahr 1498. Es wurde als Einziges aus der alten Peterskirche in die neue übernommen. Das Grabmal gegenüber krönt die Statue für den hl. Pius X.

... und unter der Kirche

Sacre Grotte Vaticane

Zu den direkt unter dem Hauptschiff befindlichen Vatikanischen Grotten gelangt man außerhalb der Basilika über den Zugang gegenüber dem Eingang zum Kuppelaufstieg (ausgeschildert). Diese **Krypta** entstand, als Antonio da Sangallo vor 1546 den Fußboden ca. 3 m höher legte, um die Kirche vor Feuchtigkeit zu schützen. Zahlreiche Päpste, u. a. Johannes Paul I. und Johannes Paul II., Paul VI., Pius XI. und Pius XII., haben hier ihre letzte Ruhestätte.

April – Sept. tgl. 7 – 18, Okt. – März bis 17 Uhr | Eintritt: frei

Rund um San Pietro

Alte Gräberstadt unter der Kirche

Necropoli

Mit einer Sondererlaubnis kann man sich ca. zwei Stunden lang durch die Nekropolen unter dem Petersdom (Eingang durch den Arco delle Campane) führen lassen. Dort wurden die alte Gräberstadt am Vatikanischen Hügel – darunter das vermutete Grab des hl. Petrus – und Reste der alten Konstantinsbasilika freigelegt.

Mo. – Fr. 9 – 18, Sa. bis 17 Uhr | Eintritt: 13 € | Anmeldung per E-Mail (5 Monate vorher): Ufficio Scavi, scavi@fsp.va, www.scavi.va/content/scavi/it/ufficio-scavi.html | Formular auch unter https://tickets.museivaticani.va/home/calendar/visit/VG-Triumphalis

Italienischer Boden mitten im Vatikan

Camposanto Teutonico

Nach Vorzeigen des deutschen Personalausweises bei der Schweizergarde kann man sich den Deutschen Friedhof südlich neben der Peterskirche ansehen – mitten im Vatikan steht man auf italienischem Boden. Prominente Deutschrömer wie der Maler Joseph Anton Koch und der Archäologe Ludwig Curtius fanden hier ihre letzte Ruhestätte.

Via della Sagrestia 17 | Mo. – Sa. 7 – 18 Uhr | Messen in deutscher Sprache Mo. – Sa. 7, So. 9 Uhr

Weitere Gebäude in den Gärten

Giardini Vaticani

Die Vatikanischen Gärten mit Hubschrauberlandeplatz umschließen hinter der Peterskirche und dem Palast eine Reihe von Kirchen und Verwaltungsgebäuden, Türme und Brunnen, die erweiterte Casina di Pio IV. mit der **Accademia delle Scienze** (Sitz der Päpstlichen Akademie der Wissenschaften), den Palazzo del Governatorato, das Studio del Mosaico und ein Kaffeehaus; sie grenzen bei der Leoninischen Mauer an den Bahnhof, das Radio Vaticano und die Museen des Vatikan. Zudem ist die 2003 bei Bauarbeiten entdeckte **Nekropolis Via Triumphalis** mit Mosaiken, Gräbern und Sarkophagen freier Römer aus dem 1. Jh. zu besichtigen, aber auch Grabstellen Unfreier wie die des Alcimus, Szenenmaler im Theater des Pompejus und Sklave Neros, oder des kaiserlichen Bibliothekars Tiberius Claudius Optatus.

Die Gärten können nur im Rahmen einer 2-stündigen Führung (je nach Verfügbarkeit) besichtigt werden | Eintritt: 39 €, inkl. Sixtinische Kapelle (Reservierung online, Kombiticket mit Vatikanischen Museen, Vorb. mind. 3 Tage im Voraus) | www.museivaticani.va, www.rome-museum.com/de/fuhrung-vatikanischen-garten.ph

Das Frauenkloster

Mater Ecclesiae

Eine kleine Sensation spielte sich 1994 auf dem Gartengelände ab, als in einem ehemaligen Gebäude der päpstlichen Gendarmerie das erste Frauenkloster im Vatikan geweiht wurde: ein Konvent für zunächst sieben Klausurnonnen. Alle fünf Jahre findet ein Wechsel der streng von der Außenwelt abgeschirmten Äbtissinnen statt. Lange war das Kloster auch der Altersruhesitz des emeritierten Papstes Benedikt XVI.

★★ VATIKANISCHE MUSEEN · MUSEI VATICANI

Eingang: Viale Vaticano 100 | **Metro:** A (Ottaviano - Musei Vaticani) **Auskunft:** Tel. 06 69 88 46 76 | Mo. – Sa. 8 – 19 (Einlass bis 17 Uhr); gratis (dann aber hoffnungslos überfüllt) letzter So. im Monat 9 – 14 (Einlass bis 12.30 Uhr), sonst So./Fei. geschl.; April bis Ende Okt. freitags und samstags bis 22.30, manche Freitage auch bis 23 Uhr (s. Kalender online) | **Eintritt:** 20 €+5 € Reservierung (obligatorisch), online-Reservierung für ein Zeitfenster obligatorisch | **Audio Guide:** 8 € (bei Online-Buchung) | **www.museivaticani.va**

Von Raffaels Stanzen über den Apoll von Belvedere bis zu Michelangelos Farbenkosmos und einer der reichsten Bibliotheken der Welt – wohl nirgendwo sonst ist die Dichte an einzigartigen Kunstschätzen höher als hier im kleinsten Staat der Welt. Bringen Sie Zeit und Muße mit zum Staunen und Genießen!

Einzigartige Schatzkammer

Die Vatikanischen Museen nehmen einen großen Teil der Vatikanischen Paläste an der Viale Vaticano ein und gehören zu den bedeutendsten Kunstsammlungen der Welt. Sie entstanden seit 1506, als Papst Julius II., den Idealen der Renaissance folgend, antike Kunstwerke zu sammeln begann. Kunstschätze aus dem Gebiet des Kirchenstaats wurden hierher gebracht, und die Geschenke für den Papst aus allen Ecken und Enden der christlichen Welt ausgestellt. Dazu kommen für den Vatikanischen Palast geschaffene Werke, etwa die berühmten Wand- und Deckenmalereien in der Sixtinischen Kapelle oder die in den Stanzen des Raffael. Das Museum besteht aus 15 einzelnen Museen und über 30 Sammlungen.

Den **Eingang an der Nordseite der Vatikanischen Mauer** erreicht man nach etwas längerem Fußmarsch (vor dem Petersplatz nach rechts). Vier farbig markierte **Museumsrundgänge** (A, B, C, D) dauern je nach Umfang 1,5 – 5 Stunden (Einbahnrichtung!) Oft ist die Warteschlange Hunderte Meter lang.

VATIKANISCHE MUSEEN

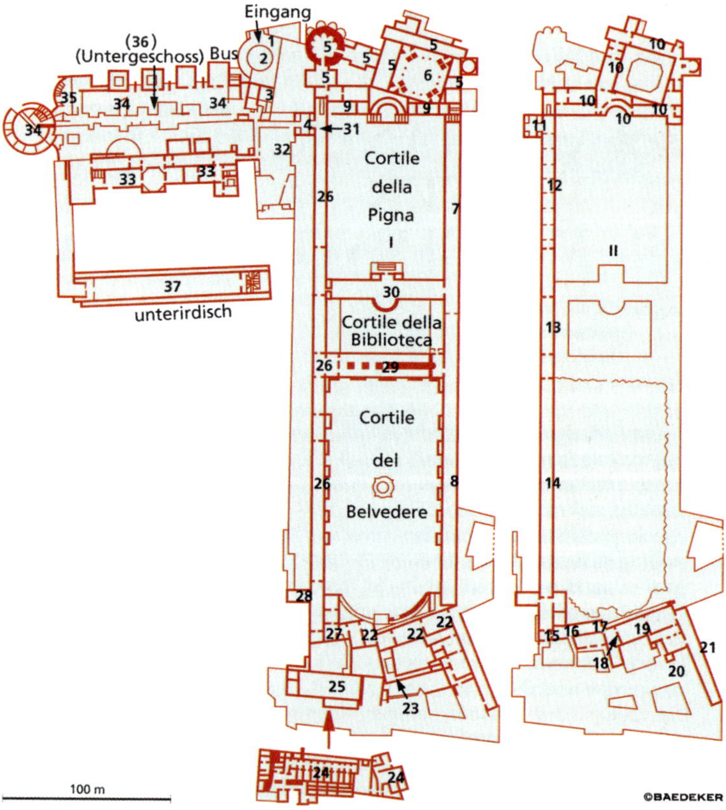

1 Fahrstuhl
2 Treppe
3 Vorhalle (Kassen, Auskunft)
4 Atrio dei Quattro Cancelli
5 Museo Pio-Clementino
6 Cortile Ottagono
7 Museo Chiaramonti
8 Galleria Lapidaria
9 Ägyptisches Museum (Museo Gregoriano Egizio)
10 Etruskisches Museum (Museo Gregoriano Etrusco)
11 Sala della Biga
12 Galleria dei Candelabri
13 Galleria degli Arazzi
14 Galleria delle Carte Geografiche
15 Kapelle Pius V.
16 Sala Sobieski
17 Sala dell' Immacolata
18 Kapelle Urban VIII.
19 Stanzen des Raffael
20 Kapelle Nikolaus V. (Beato Angelico)
21 Loggien des Raffael
22 Appartamento Borgia
23 Salette Borgia
24 Museum für moderne sakrale Kunst (Collezione d'Arte Religiosa Moderna)
25 Sixtinische Kapelle
26 Vatikanische Bibliothek
27 Museo Sacro della Biblioteca
28 Sala delle Nozze Aldobrandine
29 Salone Sistino
30 Braccio Nuovo
31 Museo Profano della Biblioteca
32 Cortile della Pinacoteca
33 Gemäldegalerie (Pinacoteca)
34 Museo Gregoriano Profano
35 Museo Pio Cristiano
36 Museo Missionario Etnologico
37 Museo Storico (Fahrzeuge, Rüstungen)

Pinacoteca

Der Reigen der Meister

Säle I – VIII

Die Vatikanische Pinakothek wurde 1932 von Pius XI. neu gegründet. Durch den Neubau verdoppelte sich die Zahl der ausgestellten Werke. Zu sehen sind, in chronologischer Reihenfolge, religiöse Gemälde vom Mittelalter bis ins 19. Jahrhundert.
Höhepunkt der Tafelbilder des 11. – 13. Jh.s aus sienesischen, umbrischen und toskanischen Schulen ist eine Rundtafel benediktinisch-römischer Herkunft aus dem 11. Jh. mit einem vielfigurigen Jüngsten Gericht (Saal I).
Zu den Werken von **Giotto** und seinen Schülern gehört das um 1300 entstandene Stefaneschi-Triptychon aus Alt St. Peter mit dem von Engeln umringten thronenden Christus auf der Mitteltafel sowie den Martyrien von Petrus und Paulus auf den Seitenflügeln. Weitere bedeutende Tafelbilder stammen von den Sieneser Malern Simone Martini und Pietro Lorenzetti (Saal II).
Florentiner Renaissancemalerei des 15. Jh.s, darunter die Legende des hl. Nikolaus (1437) von **Fra Angelico** und eine Marienkrönung von Filippo Lippi, finden sich in Saal III. Melozzo da Forli schuf 1477 das Fresko »Sixtus IV. gründet die Vatikanische Bibliothek« (Saal IV). Der thronende Papst ist von Familienmitgliedern weltlichen und geistlichen Standes umgeben, vor ihm kniet der Bibliothekar und Humanist Bartolomeo Platina mit Verweis auf eine lateinische Inschrift, die die Baumaßnahmen des Papstes aufzählt. Entzückend sieht der Laute spielende Engel von Melozzo als Fragment eines Freskos aus. Von Lucas Cranach d. Ä. stammt eine Pietà in Saal V.
In Saal VIII finden sich die großartigen, nach **Raffaels** Kartons – deren Originale von 1516 und 1517 befinden sich im Londoner Victoria and Albert Museum – gefertigten Bildteppiche zur Apostelgeschichte aus der Brüsseler Werkstatt des Pieter van Aelst, die einst bei ganz besonderen Anlässen die untere Wandzone der Sixtinischen Kapelle schmückten. In Raffaels Frühwerk der »Marienkrönung« (um 1503) ist noch der Einfluss seines Lehrers Perugino zu spüren. Seine **»Madonna von Foligno«** (um 1512) malte Raffael als Votivbild für Sigismondo de'Conti, Historiker, Sekretär und Freund Papst Julius' II. Der Stifter kniet vorne rechts in Amtsrobe und wird vom hl. Hieronymus der Madonna empfohlen. Raffaels letztes Werk, von Giulio Romano vollendet, ist die **»Verklärung Christi«** (1520). Der Gottessohn erscheint schwebend im oberen Bildteil, während darunter die Jünger Jakobus, Petrus und Johannes auf dem Berg Tabor niedergesunken sind. Im Vordergrund spielt sich die wundersame Heilung eines Besessenen ab. Raffael gelingt es durch dramatische Farblichtführung, die Personengruppen in den unterschiedlichen Bildebenen miteinander zu verbinden, indem er geschickt Kreis- und Dreieckskompositionen verwendet.

Selbst Unvollendetes lässt staunen

Säle IX – XVIII

Erschütternd ist das unvollendete Bild des hl. Hieronymus (um 1480) von **Leonardo da Vinci** (Saal IX). Die Skizze zeigt das seelische Erleben des Büßenden. **Tizian** gestaltete 1533 – 1535 mit seinem Madonnenbild für die Kirche San Niccolò dei Frari in Venedig eine Gruppeninszenierung auf zwei Ebenen, wobei die zu Füßen Mariens stehenden Heiligen mittels Blickrichtungen in eine Dreieckskomposition einbezogen werden, deren Spitze die auf den Wolken schwebende Gottesmutter bildet (Saal X). Werke aus der zweiten Hälfte des 16. Jh.s, darunter »Die Auferstehung des Lazarus« von Girolamo Muziano, sieht man in Saal XI. Eine wichtige Erneuerung in der Malerei bedeutete **Caravaggios** Realismus, den er in kraftvoller Körpersprache und effektvoller Helldunkeltechnik inszenierte, wie »Die Grablegung Christi« (1600 – 1604) in Saal XII zeigt. Interessant ist auch die Porträtsammlung in Saal XV mit Arbeiten u. a. von Crespi, Batoni und Mancini. Im Saal XVII findet man Studienmodelle für Altarstatuen von Bernini ausgestellt, beispielsweise wunderschöne Engelsfiguren. Wertvolle Ikonenmalerei hauptsächlich russischer und griechischer Künstler ist im Saal XVIII zu bewundern.

Auch die weniger bekannten Skulpturen sind oft von einer bewegenden Intensität.

Museo Gregoriano Egizio

Rund um die »Piniennische«

Ägyptische Funde

Das Museo Gregoriano Egizio, auf Initiative von Papst Gregor XVI. 1839 gegründet, zeigt Fundstücke aus dem alten Ägypten wie Tonfiguren, Votivbronzen und hieroglyphische Inschriften und informiert über ägyptische Bestattungsbräuche. Das Museum ist durch einen weiträumigen Halbkreis unterbrochen, der sich zur Terrasse der »Piniennische« (Nicchione della Pigna) hin öffnet. Hier stehen sehenswerte Statuen. Zuvor lockt aber die **Rekonstruktion des Serapisheiligtums** der Villa Adriana in ►Tivoli (Saal III)!

Museo Pio Clementino

Kolossalstatuen und Götterbüsten

Skulpturensammlung

Die Vatikanischen Museen besitzen die umfangreichste antike Skulpturensammlung der Welt. Die Päpste Clemens XIV. (1769 – 1774) und Pius VI. (1775 – 1799) ordneten die systematische Aufstellung der zum größten Teil in Rom und Umgebung gefundenen Werke an.
Inmitten der mit Mosaikfußböden aus Otricoli geschmückten **Sala Rotonda** steht eine riesige Porphyrschale mit 13 m Umfang. Sie stammt aus dem ►Domus Aurea des Kaisers Nero. In den Nischen und vor den Pfeilern sind Kolossalstatuen und Büsten der Götter und Heroen aufgestellt, darunter die Büste des Antinoos, des im Nil ertrunkenen Lieblings des Kaisers Hadrian, der auch als Dionysosfigur auftritt, ein Porträtkopf Hadrians und eine Herkulesstatue aus vergoldeter Bronze aus dem 2. Jahrhundert.

Mutter und Tochter

Sala a Croce Greca

Zu bewundern sind zwei kostbare dunkelrote Porphyrsarkophage: Jener der Constantina († 354), der Tochter Konstantins, wurde aus der Kirche Santa Costanza hierher überführt. Ihren schönen Sarkophag schmückt ein Reliefdekor mit geflügelten Eroten beim Weinlesen, von Reben und Ranken umrahmt, ein Motiv, das sowohl dionysische Freuden als auch christliche Vorstellungen vom Wein und Blut Christi als Erlösungsgedanken versinnbildlichen kann. Den Sarkophag der hl. Helena (der Mutter Konstantins, † 330) zieren Reliefdarstellungen siegreicher Römer und gefangener Barbaren. Man vermutet daher, dass das Grabmal ursprünglich für den Kaiser Konstantin selbst vorgesehen war.

Anatomische Studien

Sala delle Muse

Der Belvederetorso, ein sitzender, kraftvoller Männerkörper auf einem Felsblock – laut der Inschrift ein Werk des Apollonius aus Athen aus dem 1. Jh. v. Chr. –, wurde für seine hervorragende Darstellung der Anatomie von Michelangelo bewundert und fand daher in den Gestalten der Sixtinischen Kapelle seinen Niederschlag. Zu sehen sind außerdem Statuen des Apoll und der Musen nach griechischen Originalen des 3. Jh.s v. Chr., ferner eine Mithrasgruppe aus dem 3. Jh., die den persischen Lichtgott beim Töten des Urstiers zeigt, aus dessen Blut die Schöpfung entsteht, der bösartigen Schlange und des stechenden Skorpions zum Trotz. Der Mithraskult, in sogenannten Mithräen gefeiert, war v. a. unter den römischen Soldaten der Kaiserzeit verbreitet.

Der Inbegriff klassisch-antiker Schönheit

Cortile Ottogono

Der achteckige Belvederehof wurde Ende des 15. Jh.s erbaut und dient zur Aufstellung besonders berühmter Statuen wie der des **Apolls von Belvedere:** Die tänzerisch anmutende, raumgreifende Gestalt des Gottes in jugendlicher Schönheit hält mit ausgestrecktem Arm einen Bogen, dessen Pfeil Krankheit und Tod bringen kann, während er in der Rechten den heilenden Lorbeerzweig mit Binden trägt. Die Figur gilt als Inbegriff klassisch-antiker Schönheit, die vor allem in der Kunst des Hellenismus szenisch wirkungsvoll zum Ausdruck kam. Es handelt sich um eine römische Kopie nach einem bronzenen Original des Leochares aus der Zeit um 330 v. Chr., die im 15. Jh. entdeckt und von Julius II. im Belvedere aufgestellt wurde. Zu sehen sind auch die Perseusstatue von Antonio Canova (1757 – 1822) und eine Hermesfigur, der »Antinoos von Belvedere« (Kopie eines Originals des Praxiteles, 4. Jh. v. Chr.) aus der Hadrianszeit. Höhepunkt im Cortile Ottogono ist die 1506 aufgefundene **Laokoongruppe.** Sie zeigt den trojanischen Priester mit seinen Söhnen im Kampf auf Leben und Tod mit zwei mächtigen Schlangen – der griechischen Sage nach von der Göttin Athene gesandt, da der Priester vor dem hölzernen Pferd warnte. Das Meisterwerk schufen laut Plinius d. Ä. († 79), der die Marmorgruppe im Palast des Kaisers Titus gesehen hatte, die Bildhauer Hagesander, Polydoros und Athanodoros aus Rhodos. Man vermutet in der Skulptur eine Nachbildung eines Bronzeoriginals aus Pergamon, die wohl zur Zeit des Kaisers Tiberius entstand. Der zunächst fehlende und in ausgestreckter Weise falsch ergänzte rechte Arm des trojanischen Priesters wurde nach dem Fund des angewinkelten Originalarms 1905 von L. Pollak erst 1960 korrigiert.

Museo Chiaramonti

Der Prototyp der römischen Kaiserstatue

Braccio Nuovo

Die Antikensammlungen der Päpste genießen Weltruf. Hier sollten Sie sich auf den Braccio Nuovo, den neuen Trakt, konzentrieren.
Die Statue des **Augusto di Prima Porta** wurde in der Landvilla der Livia 1863 gefunden, die Hände dieses Standbilds von Kaiser Augus-

tus wurden nachträglich ergänzt. Sie ist der **berühmteste Prototyp der römischen Kaiserstatue** von etwas über 2 m Höhe und wurde um 20 v. Chr. für eine Nischenaufstellung geschaffen, deshalb auf Vorderansicht gearbeitet. Wie die Götter ist auch Augustus barfuß dargestellt, mit einem auf einem Delphin reitenden Eros am rechten Bein, dem Kind der Göttin Venus als Stammmutter der römischen Herrscher. Einzigartig ist sein reliefverzierter Brustpanzer, der im unteren Teil die Mutter Erde mit ihren Kindern zeigt. Seitlich darüber erscheinen links Apoll und rechts Diana als Schutzgötter des Augustus. Die Mitte des die Muskulatur nachbildenden Panzers illustriert eine Szene, in der ein bärtiger Parther 20 v. Chr. an einen römischen Feldherrn den in der Schlacht bei Carrhae 53 v. Chr. erbeuteten Legionsadler zurückgibt. Die Figur links der Mitte ist als trauernde Germania zu deuten, über der der Sonnengott seinen Wagen am Himmel lenkt, vor dem die Göttin der Morgenröte flieht. Das Antlitz des Augustus prägen edle Züge, er tritt in gebieterischer Haltung auf – eines Weltenherrschers würdig.

Museo Gregoriano Etrusco

Gräber und Vasen

Etruskische und griechische Kunst

Das von Papst Gregor XVI. 1837 gegründete Museum gibt in 22 Sälen einen Einblick in das Leben und die Vorstellungen vom Tod in Kunst und Kultur der Etrusker; hinzu kommen griechische und römische Werke. Einmalig sind die Funde aus der Tomba Regolini-Galassi (Saal II), einer Grabanlage aus Cerveteri aus dem 7. Jh. v. Chr., die Bronzestatue des Mars von Todi (Ende 5. Jh. v. Chr., Saal III), die Stele des Palestrita aus dem 5. Jh. v. Chr. und der Marmorkopf der Athene, ein Fragment des Parthenonfrieses aus dem 5. Jh. v. Chr. In der Sala della Meridiana (Saal der Sonnenuhr, Saal XXI) sticht die frühe etruskische und griechische Vasenkunst hervor mit den herrlichen Caretaner Hydrien, darunter eine reich verzierte Hydria in feinen Helldunkelkontrasten, die zeigt, wie Herakles den Riesen Alkyones im Schlaf erschlägt. Auf einem korinthischen Krater (560 v. Chr.) in Saal XX ist die Gesandschaft des Odysseus und Menelaos zur Auslieferung der entführten Helena dargestellt.

Museo Gregoriano Profano

Sogar Politisches

Nicht-religiöse Kunst

Zu den Gregorianischen Museen, die Papst Gregor XVI. (1831 – 1846) ins Leben rief, gehört auch das Museo Profano mit Werken nichtreligiösen Inhalts. Es befand sich bis 1963, zusammen mit dem Museo Pio Cristiano und dem Museo Epigrafico Cristiano, in den Räumen

So manches, was die Vatikanische Bibliothek besitzt, darf im Lesesaal eingesehen werden.

des Lateranpalasts. Johannes XXIII. (1958 – 1963) und Paul VI. (1963 bis 1978) ließen dann ein Museumsgebäude neben der Pinakothek errichten. Es zeigt Werke aus der Antike, die fast alle auf dem Gebiet des Kirchenstaats gefunden wurden. Die Sammlung umfasst griechische Originale, römische Kopien nach griechischen Originalskulpturen und römische Skulpturen aus der Kaiserzeit: Statuen, Reliefs, Grabdenkmäler und Sarkophage sowie Werke mit politischem Inhalt. Berühmt ist **»Minerva und Marsyas«.**

Biblioteca Apostolica Vaticana

Eine der reichsten Bibliotheken der Welt

Nur für die Forschung

Die Vatikanische Bibliothek zählt – gemessen an der Kostbarkeit ihrer Werke – zu den reichsten Bibliotheken der Welt. Ihre Entstehung wird auf den 15. Juni 1474 datiert, als Sixtus IV. sie offiziell gründete. Wenn auch schon vorher mehr oder weniger bedeutsame Buchsammlungen bestanden, so lässt sich deren Struktur doch nur sehr lückenhaft rekonstruieren. Heute enthält sie neben den Büchern, die seit Ende des 15. Jh.s angeschafft wurden, rund 150 000 handgeschriebene Bücher

aus dem Mittelalter und mehr als 8300 Inkunabeln. In dem von Domenico Fontana erbauten, mehr als 70 m langen, gewölbten Saal liegen in Vitrinen einige besonders wertvolle Bibel-Codices, illustrierte Evangeliare, kostbare Pergamente und uralte Schriftrollen aus, darunter die Aufzeichnungen von Galilei und Liebesbriefe von König Heinrich VIII. an Anne Boleyn. Nur die früheren Säle der 1,6 Mio. Bücher und 9500 Periodika umfassenden Bibliothek gehören seit 1999 zu den Vatikanischen Museen. Die eigentliche Bibliothek ist von der Via di Porta Angelica zu betreten und öffnet nur Akademikerinnen und Akademikern mit Empfehlungsschreiben.
www.vaticanlibrary.va

Frühchristliche Kleinode

Museo sacro della Biblioteca

Am Ende der Biblioteca Vaticana betritt man das Museo Sacro mit Funden, die bei Ausgrabungen in den Katakomben und frühchristlichen Kirchen Roms und der Umgebung entdeckt wurden. Besonders Papst Pius XI. (1922 – 1939) interessierte sich für die kleinformatigen Kunstwerke. Schön ist etwa ein aus Goldblech geformtes, mit Emaileinlagen (sieben Szenen aus dem Leben Jesu) in Zellenschmelztechnik verziertes Kreuz mit fünf darin aufgemalten Kreuzpartikeln von Papst Paschalis I. (817 – 824), ferner ein Silberreliquiar (11. Jh.) für das Haupt des hl. Praxedis und der elfenbeinerne Einband des Lorscher Evangeliars aus der Zeit um 800.

Römische Hochzeit

Sala delle Nozze Aldobrandine

Der Saal der Aldobrandinischen Hochzeit hat seinen Namen von einem Fresko aus augusteischer Zeit, das 1604 auf dem Esquilinhügel gefunden wurde und Kardinal Pietro Aldobrandini gehörte. Dargestellt ist ein Hochzeitszeremoniell: Die weiß gekleidete Braut sitzt auf dem Bett, neben ihr Venus und vor ihr eine Öl ausgießende Gefährtin; links tritt die Brautmutter auf, rechts erscheint Hymenaeus als Brautführer in dionysischem Gewand. Interessant sind zudem die Fresken aus der Zeit um 40 v. Chr. mit Szenen aus der Odyssee sowie der Szene eines Prozessionszugs des Isiskults.

Appartamento Borgia

So wohnte der Borgiapapst

Alte und neue Kunst

Pinturicchio und seine Gehilfen malten 1492 – 1495 die Wohngemächer für den Borgiapapst **Alexander VI.** (1492 – 1503, ▶Interessante Menschen, S. 303), aus. Er griff Themen der Renaissance, des Humanismus und des Altertums auf und verband sie mit christlichen Motiven: Die Sala delle Sibille zieren Darstellungen der Propheten und Sibyllen, die Sala del Credo zeigt das Glaubensbekenntnis der Propheten und Apostel, die Sala delle Arti Liberali ist mit Allegorien der Sieben

Freien Künste – Dialektik, Rhetorik, Grammatik, Geometrie, Arithmetik, Musik und Astronomie – verziert. Legenden des hl. Sebastian, der hl. Susanna, der hl. Barbara, der hl. Katharina und der Eremiten Antonius und Paulus sowie die Heimsuchung Mariens sind in der Sala dei Santi zu bewundern, während die Sala dei Misteri della Fede Szenen aus dem Leben Jesu und Mariens sowie ein Porträt des Borgiapapstes birgt. Heute dient das Appartamento auch zur Präsentation herausragender Werke der Sammlung moderner religiöser Kunst, u. a. die Sala dei Pontifici für die herrlichen Reiterstatuen von Marino Marini. Saal II zeigt eine Holzarbeit mit Kruzifix von Gauguin, ein Gemälde mit ländlichem Pietà-Motiv von van Gogh und ein Werk von Maurice Denis.

Stanze di Raffaello

Raffaels Meisterwerk setzt neue Maßstäbe

Streng komponiert

Der kunstsinnige und sehr herrschaftsbewusste Papst Julius II. wollte 1508 die von **Nikolaus V.** erbauten Räume über dem Appartamento Borgia neu ausmalen lassen. Er beauftragte den jungen Raffael, der in diesen Stanzen sein Meisterwerk schuf. Er erneuerte die Gattung der Historienmalerei und setzte damit für die Kunst der folgenden Jahrhunderte Maßstäbe. Als Vertreter der Hochrenaissancemalerei hielt er sich in den Fresken an strengste kompositorische Symmetrie. Die durch Rolle und Handlung determinierten Figuren bewegen sich um einen perspektivischen und bildlichen Schwerpunkt, der in der Regel in der Bildmitte liegt. Die Stanza della Segnatura und die Stanza di Eliodoro wurden eigenhändig von Raffael ausgemalt, die Stanza dell'Incendio di Borgo wurde unter Anleitung des Meisters von seinen Schülern ausgeführt, die Sala di Costantino entstand erst nach Raffaels Tod durch Giulio Romano und Gian Francesco Penni.

Rundgang durch die »Stanze«

Stanza di Costantino

In der Regel beginnt der Rundgang durch die vier Räume (ital. »stanze«) mit dem Saal des Konstantin. Ausgestaltet wurde dieser Raum nach Raffaels Tod von seinen talentierten Schülern Giulio Romano und Sandro Penni in den Jahren 1520 – 1524. Auf der Längsseite ist das Fresko der Schlacht Konstantins gegen seinen Mitkaiser Maxentius an der Milvischen Brücke zu sehen, mit der »Kreuzesvision«, in der Konstantin kurz vor der Entscheidungsschlacht das Kreuz erscheint. Weitere Szenen illustrieren die Taufe Konstantins im Baptisterium des Laterans und die inzwischen als Fälschung identifizierte Konstantinische Schenkung, in der Kaiser Konstantin dem Papst die Herrschaft über Rom als Zentrum der Christenheit überträgt.

In der **Stanza di Elidoro** ist Gottes Intervention zum Schutz des Glau-

Auf der »Schule von Athen« hat Raffael die großen Denker und Künstler der Antike verewigt. Dieser Ausschnitt zeigt nur einige von ihnen.

bens und der Kirche das Thema der Fresken von Raffael aus den Jahren 1512–1514. In dem Fresko, das dem Raum den Namen gibt, wird der Syrer Helidor von zwei Engeln am Raub des Jerusalemer Tempelschatzes gehindert. Raffaels Figuren sind, im Vergleich mit früheren Arbeiten, bewegter und lebhafter geworden. Das zeigt u. a. die »Befreiung des hl. Petrus aus dem Kerker«, Raffaels erstes Nachtbild, in dem er Licht- und Gegenlichteffekte wirkungsvoll einsetzte.

Höhepunkt der Renaissancemalerei

Stanza della Segnatura

Die Stanza della Segnatura war die Bibliothek und das Studierzimmer des Papstes. Die Fresken, die Raffael hier 1508–1511 schuf, stellen den Höhepunkt der Hochrenaissancemalerei dar. Bereits die vier Gewölbemedaillons mit allegorischen Figuren der Theologie, Gerechtigkeit, Philosophie und Poesie versinnbildlichen die vier Grundthemen des Raums. Der Disput des Sakraments steht für die Theologie, die Schule von Athen für die Philosophie, der Parnass für die Dichtkunst und die drei Szenen mit den Tugenden und der Einsetzung des weltlichen und des geistlichen Rechts für die Gerechtigkeit. Die Gesamtkomposition des Gewölbes bringt den neuplatonischen Gedanken der Hochrenaissance zum Ausdruck: Humanismus und Christentum sollen eins werden. Die **»Disputa del Sacramento«,** die theologische Disputation über das Altarsakrament, stellt die übernatürliche Glaubenswelt dar; unten um den Altar sind vier Kirchenväter versammelt, denen sich Päpste, Bischöfe, Kirchenlehrer, Theologen und Gläubige nähern, darunter Papst Innozenz III., Bonaventura und Dante; oben erscheinen unter Gottvater Christus mit Maria und Johannes dem Täufer, umrahmt von den Aposteln und Propheten.
Publikumsmagnet ist die **»Scuola di Atene«.** Sie repräsentiert in monumentaler Renaissancearchitektur die Wissenschaften – ohne göttliche Offenbarung erreichbar (!) – und zeigt Vertreter der Philosophie. Die beiden Zentralfiguren sind d**er ältere Platon und der jüngere Aristoteles,** die mit ihren Schriften »Timaios« und »Ethik« die Natur- und Moralphilosophie symbolisieren; links von ihnen diskutiert Sokrates mit Alkibiades (in Rüstung), zudem sieht man Vertreter der Architektur (Bramante), der Historie (Xenophon), der Mathematik (Pythagoras, vorn links hockend; Euklid mit Schiefertafel; Heraklit, an einen Marmorblock gelehnt; der bekrönte Ptolomaios rechts, Diogenes, auf den Stufen liegend) und Raffael selbst (zweiter von rechts außen). Über dem Fenster erscheint der »Parnass« mit den großen Künstlern der Antike, dem geigenden, von neun Musen umringten Apoll, links versammeln sich um Homer Vergil, Dante, Petrarca und Sappho, rechts Ariost, Boccaccio, Ovid, Catull und Horaz; über dem anderen Fenster sieht man die »Erteilung des weltlichen und geistlichen Rechts« an Kaiser und Papst (Übergabe der Dekretalien und Pandekten) sowie Allegorien der Tugenden Klugheit und Maß.

Brandlöscher und Sarazenenbezwinger

Stanza dell'Incendio di Borgo

Im »Saal des Borgo-Brandes« stammt das Deckenfresko mit der Allegorie der Heiligen Dreifaltigkeit von Perugino, dem Lehrer Raffaels; die thematischen Arbeiten der Stanza, vier historische Szenen, wurden 1514 – 1517 von Schülern Raffaels ausgeführt: Leo IV. löscht auf wundersame Weise den Brand des Borgo, der 847 in dem an den Vatikanhügel angrenzenden Stadtviertel ausgebrochen war und die Peterskirche bedrohte; die Kaiserkrönung Karls des Großen durch Leo III., die an Weihnachten des Jahres 800 in der Peterskirche vollzogen wurde; der Seesieg Leos IV. bei Ostia anno 849 über die Sarazenen, die an der Tibermündung gelandet waren; und der Reinigungseid Leos III. von 795, durch den er vor Karl dem Großen und der versammelten Geistlichkeit die Beschuldigungen der Neffen Hadrians I. entkräftete.

Dekorative Landkarten

Galleria delle Carte Geografiche

Die 175 m lange Galerie der Landkarten zeigt alle Regionen Italiens, oft mit Stadtansichten und Landschaftsüberblicken. Die Karten aus der Werkstatt von Ignazio Danti aus Perugia sind, wenngleich noch nicht immer geordnete, so doch bereits detaillierte, kartografisch wertvolle Darstellungen, die als Palastdekoration entworfen wurden.

Antike Kandelaber und Bildteppiche

Galleria dei Candelabri e degli Arazzi

In der Ende des 18. Jh.s angelegten Galerie stehen antike Kandelaber aus Marmor mit reliefverziertem Fuß, einem pflanzenähnlichen Schaft und einer Schale für das Feuer. An der Fensterseite erzählt eine Folge von Bildteppichen aus dem 17. Jh. vom Leben Papst Urbans VIII., an der Wand gegenüber hängen zehn Bildteppiche, nach Entwürfen der Raffaelschule im 16. Jh. in Brüssel hergestellt, mit Begebenheiten aus dem Leben Jesu.

Cappella Sistina

Warten auf den weißen Rauch

Papstwahl

Immer wenn die Wahl eines neuen Papstes ansteht, rückt die Sixtinische Kapelle in den Fokus der Weltöffentlichkeit. Hierhin ziehen sich die Kardinäle zum **Konklave** zurück, hier geben sie ihre Stimme ab, wählen den neuen Heiligen Vater aus ihrer Mitte. Wenn weißer Rauch aus dem Schornstein der Sixtinischen Kapelle aufsteigt, weiß die ganze Welt: **»Habemus Papam«** – »Wir haben einen Papst« (▶Baedeker Wissen, S. 218).

Ein wahres Gewitter der Farben

Michelangelos Werk

Der Besuch der Sixtinischen Kapelle ist eines der Highlights schlechthin jeder Romreise. Auch wenn es immer viel zu voll ist. Nie reicht die

Zeit, die überwältigende Kunst Michelangelos ausreichend zu betrachten. Millionen kommen jährlich hierher, um das weltberühmte Deckenfresko zu bestaunen. Dieses Farbgewitter aus Zitronengelb, Himbeerrot, Moosgrün und Dunkel- und Himmelblau zählt zu den Meilensteinen der abendländischen Malerei. Papst Julius II. bestellte 1508 den damals 33-jährigen Michelangelo Buonarroti in den Vatikan und beauftragte ihn damit, das Deckengewölbe der Sixtinischen Kapelle auszumalen. Erstaunlich genug, denn bis dato war der toskanische Künstler mehr als Bildhauer denn als Maler aufgefallen. Doch er hatte mit der »Pietà« im Petersdom sein Ausnahmetalent unter Beweis gestellt. Vielleicht ahnte Julius II., welches Universalgenie hier am Werk gewesen war. Michelangelo selbst sah sich der Aufgabe zunächst gar nicht gewachsen und machte sich nur widerstrebend an die Arbeit. »Schlecht ist mein Platz, zum Malen taug' ich nicht«, klagte er in einem Brief an einen Freund. Aber offensichtlich reizte Michelangelo die Aufgabe. Vier lange Jahre verbrachte er mit der Arbeit an dem Freskenzyklus zur Schöpfungsgeschichte und wurde dadurch, anders als die meisten der Dargestellten, unsterblich.

»
Ohne die Sixtinische Kapelle gesehen zu haben, kann man sich keinen anschauenden Begriff machen, was ein Mensch vermag.
«

Johann Wolfgang von Goethe

Die »Erschaffung der Welt«

Deckenfresko

Die Erschaffung der Welt über der Westwand bildet den Auftakt der Gewölbemalerei. Im ersten Bildfeld scheidet Gott Licht und Finsternis, umrahmt von Elias im feurigen Wagen und der Opferung Isaaks in den Medaillons sowie den Sitzfiguren des Propheten Jeremias und der Libyschen Sibylle. Im zweiten Bildfeld erschafft Gott die Gestirne, im dritten trennt er Erde und Wasser, gerahmt vom Tod Absaloms im Medaillon und den Sitzfiguren des Propheten Daniel und der Persischen Sibylle. Im vierten Bildfeld vollzieht sich die **Erschaffung Adams,** wo auf besondere Weise durch Blickwechsel und Gestik der Hände die Ausdrucksfähigkeit Michelangelos zum Tragen kommt, mit der er einen zentralen Aspekt der Schöpfung, die Beseelung durch den göttlichen Odem, darstellt. Die Szene, in der man den vom Finger Gottes auf Adam überspringenden Lebensfunken förmlich spüren kann, gehört zu den berühmtesten Bildausschnitten der Kunstgeschichte (▶Abb. S. 294). Es folgt die Erschaffung Evas im fünften Bildfeld, umrahmt von dem Tod des Nikanor und der Huldigung Alexanders des Großen vor dem Hohenpriester in den Medaillons sowie von den Sitzfiguren des Propheten Hesekiel und der Cumäischen Sibylle. Im sechsten Bildfeld wird der Sündenfall veranschaulicht, im achten das Opfer Noahs, gerahmt von der Bestrafung des Heliodor und von Jehus Zerstörung der Statue Baals in den Medaillons sowie von den Sitzfiguren des Propheten Jesaja und der Erythräischen Sibylle. Anschließend sieht man die Sintflut und zum Schluss die Trunkenheit Noahs, gerahmt von der Tötung Abners durch Joab und Bidkar in den Medaillons sowie von den Sitzfiguren des Propheten Joel und der Delphischen Sibylle.

Quälende Arbeit mit »schauderhaftem« Ergebnis

Inspiration und Augenmaß

Am architektonischen Prospekt sowie am dekorativen Beiwerk waren Gehilfen beteiligt, dafür gibt es schriftliche Belege. Die Gestaltung der Einzelszenen aber übernahm Michelangelo selbst und musste dabei erkennen, dass die kleinteilige Anordnung der »Sintflut« für die weiteren Deckenfelder ungeeignet war, wenn sie von unten aus fast 20 m Entfernung wahrgenommen werden sollten. Er vergrößerte den Ausschnitt bis zur Altarwand hin und nahm weniger, aber monumentalere Figuren hinein. Mit farbigen Lichtakzenten wurden die Gestalten modelliert und mittels differenzierter Mimik und Gestik zum Leben erweckt. Michelangelo vertraute dabei auf seine Inspiration und auf sein Augenmaß, erstellte vorab kein Gesamtkonzept, sondern entwarf und malte zugleich. Teils stehend, teils liegend auf dem Gerüst, arbeitete er sich mit farbbetropftem Gesicht Tag für Tag voran. In einem Sonett klagt er:

»
Der Bart starrt aufwärts, der Gedächtnisschrein
Liegt im Genick; wie Harpyien flieht
Die Brust, und über's Antlitz tröpfelnd zieht
Der Pinsel Mosaiken reich und fein.
Die Lenden sind mir in den Wanst gespannt
Dagegen wird mein Hinterteil zur Kruppe;
Unsicheren Schritts, ein Blinder, wanke ich.
«

Zwiespältig war die **Reaktion des Auftraggebers,** als der monumentale Bilderreigen nach vierjähriger Arbeit fertiggestellt war. Als »terribile«, erschauernd, empfand Papst Julius II. die Fresken, als er sie am Allerheiligentag des Jahres 1512 endlich in Augenschein nehmen konnte.

Auch hier die größten Künstler ihrer Zeit

Seitenwände

Die Seitenwände der nach Papst Sixtus benannten Kapelle hatten bereits zwischen 1481 und 1483 die größten Künstler bemalt, die seinerzeit in Rom tätig waren – Botticelli, Perugino, Ghirlandaio und andere hatten Szenen aus dem Leben von Moses und Jesus aufgebracht.

OBEN: Michelangelos Meisterwerk zieht jährlich Millionen Besucher an. Mit leichtem Schaudern blicken sie auf das »Jüngste Gericht«.

UNTEN: In dessen Zentrum entscheidet Christus als Weltenrichter über das Schicksal der Menschen.

Gewölbe

Für den krönenden Abschluss im Gewölbe entwarf Michelangelo einen grandiosen **illusionistischen Architekturprospekt,** bei dem sich echte Pfeiler und Ecknischen in gemalten fortsetzen. Dorthinein komponierte er seine Szenen der Schöpfungsgeschichte und die Episoden aus dem Alten Testament.

»Das Jüngste Gericht«

Altarfresko

Mehr als 20 Jahre nach dem Abschluss der Deckenarbeiten wurde Michelangelo erneut für ein Fresko in der Sixtinischen Kapelle engagiert. Zwischen 1534 und 1541 gestaltete er, inzwischen fast 60-jährig, im Auftrag von Papst Paul III. das Fresko hinter dem Altar. Der »Erschaffung der Welt« wollte Michelangelo nun ihr Ende entgegensetzen: das »Jüngste Gericht«, in dem Christus als Weltenrichter wiederkommt und die Gerechten zu sich ruft, die Verdammten hingegen in die Hölle weist. Christus erscheint in der Körpergestalt eines antiken Helden, umgeben von Maria, den Aposteln und anderen Heiligen. Die Gerechten steigen links zum Himmel auf, die Verdammten stürzen rechts in die Hölle, von Charon verfrachtet und vom Höllenfürsten Minos empfangen, beides verleiht der Szenerie eine enorme Bewegungsdramatik. Unten vollzieht sich die Auferstehung der Toten aus den Gräbern. In der Mitte rufen die Engel mit Posaunen alle zum Gericht herbei. Oben tragen Engel die Leidenswerkzeuge Christi im Triumph. Den 391 Figuren hat Michelangelo athletische Körper gegeben und manche mit leicht erkennbaren Attributen versehen, z. B. Petrus mit dem Schlüssel oder Bartholomäus mit der abgezogenen Haut, auf der das Porträt Michelangelos erscheint, was wiederum auf seine Marter bei der Ausmalung der Kapelle verweist. Die ursprünglich völlig nackten Gestalten erregten im Zuge der Gegenreformation Anstoß, sodass Daniele da Volterra von Papst Pius IV. 1564 beauftragt wurde, die Schamgegenden mit Lendentüchern und Gewandzipfeln zu übermalen.

Der Farbkosmos strahlt wieder

Restaurierung

Von 1980 bis 1994 wurde die Sistina vollständig restauriert und Ende 1999 vom Papst neu geweiht. In einem aufwendigen chemischen Verfahren mit Computerdokumentation wurden die Fresken schichtweise von Kerzenruß, Staub, Firnis, Öl und Fett sowie von Übermalungen und Beschädigungen befreit, sodass der Farbkosmos wieder leuchtet, als sei Michelangelo gerade erst vom Gerüst gestiegen.

Museo Pio Cristiano

Sarkophage und Grabinschriften

Frühchristliche Kunst

Die von Papst Pius IX. 1854 gegründete, von Pius XI. (1922 – 1939) erweiterte Sammlung umfasst frühchristliche Altertümer, hauptsächlich Sarkophage und Grabinschriften. Herausragend ist die Mar-

Letzter Höhepunkt in den Vatikanischen Museen:
die große Wendeltreppe Richtung Ausgang

morstatue des Guten Hirten, ein bartloser Jüngling mit Locken, der ein Lamm schultert, eine der seltenen Vollplastiken in der frühchristlichen Kunst. Das bereits in der Antike bekannte Motiv des Hirten wurde in christlicher Zeit noch um die Vorstellung erweitert, dass Christus als Guter Hirte die verirrte Seele zurückholt. Von den Sarkophagen ist der sog. Dogmatische Sarkophag aus der Mitte des 4. Jh.s mit dem Medaillon eines Ehepaares und zwei Bildfriesen besonders interessant, auf denen Szenen des Alten Testaments (u. a. Schöpfung und Sündenfall; Daniel in der Löwengrube, von Habakuk mit Essen versorgt) und Neuen Testaments (Anbetung der Könige; wundersame Vermehrung von Brot und Wein; Blindenheilung, Verleugnung und Gefangennahme Petri) gegenübergestellt werden.

Weitere Museen

Staatskarossen und Uniformen

Padiglione delle Carrozze

Das Kutschen-, Waffen- und Kostümmuseum befindet sich seit 1987 teils im Lateran, teils noch in den Vatikanischen Museen: Auch im Kutschenpavillon unterhalb des Orangengartens und der Pinakothek sind Staatskarossen von Päpsten und Kardinälen zu sehen, darunter ein Papamobil, und Uniformen.

Es darf auch mal modern sein

Collezione d'Arte Contemporanea

Die sich ständig erweiternde grandiose Sammlung moderner religiöser Kunst begründete Papst Paul VI. (1963 – 1978). Sie umfasst bislang über 800 Werke von etwa 250 Künstlern aus aller Welt und ist in 55 Ausstellungsräumen eingerichtet: im Appartamento Borgia im ersten Obergeschoss des Apostolischen Palasts, in zwei Etagen der sog. Salette Borgia sowie zahlreich unterhalb der Sixtinischen Kapelle. Die Kollektion umfasst Künstler und Künstlerinnen wie Rodin, Barlach, Matisse, Modigliani, Kokoschka, Munch, Feininger, Ernst, Nolde, le Corbusier oder Kandinsky, aber auch Werke eher kirchenferner Maler wie das berühmte Papstgemälde von Francis Bacon.

★ VIA APPIA ANTICA

Metro: B (Station Ostiense, dann Bus 118), B (Station San Giovanni, dann Bus 218 ab Porta San Giovanni bis Catacombe San Callisto oder Fosse Ardeatine) | **Infopoint:** Via Appia Antica 58/60, tgl. 8 – 18.45 Uhr | **Fahrradverleih:** am Infopoint und einigen anderen Stellen, 4 € pro Stunde; max. 16 € pro Tag, **www.ecobikeroma.it**| »La mia Appia« Card: 17 €
www.parcoappiaantica.it, www.parcoarcheologicoappiaantica.it

Durchatmen! Wenn Ihnen die Stadt zu viel wird, verbringen Sie einen Tag entlang der Via Appia Antica. In einem Park mit viel Grün, mit Ausgrabungen, Grabmälern, Katakomben und berührenden Geschichten. Alle Straßen führen nach Rom – aber eben auch aus Rom hinaus. Die Via Appia Antica, Roms erste Konsularstraße (ab 312 v. Chr.), beginnt an der Porta San Sebastiano und bildet auf sage und schreibe 16 km Länge das Herz eines 3400 ha großen Parks.

Durchatmen!

Der neue **Parco dell'Appia Antica** ist nun die größte »grüne Lunge« der Tibermetropole. An Sonn- und Feiertagen herrscht Autofahrverbot, allerdings sind dann die Sehenswürdigkeiten überfüllt mit Besuchern. Fahren Sie daher am besten an einem Wochentag mit dem Bus bis zu den Catacombe di San Callisto (Achtung: ab 12 Uhr Pause!). Nach der Besichtigung spazieren Sie über den Hinterausgang zur Via Appia Antica und weiter nach Süden zu weiteren Ausgrabungen. Zurück geht es auf demselben Weg. Ein schöner Spaziergang ist auch der Weg zwischen Via Appia Antica und Via Ardeatina. Neben der schmalen Straße zum Parkplatz führt ein Kreuzweg im Schatten von Olivenbäumen und Zypressen von den Callisto-Katakomben zur Quo-Vadis-Kirche.

Grabmäler säumen den – holprigen – Weg

Die erste Konsularstraße

Roms erste Konsularstraße (ab 312 v. Chr.) wurde um 190 v. Chr. bis Brindisi auf **ca. 580 km** verlängert, die Straße verlief die ersten 90 km bis Terracina schnurgerade. Da die Toten nicht in der Stadt bestattet werden durften, entstanden links und rechts der Via Appia Grabmäler vornehmer römischer Familien. Heute ist die Straße bis zum Grabmal der Cecilia Metella asphaltiert, danach folgen historische Basaltplatten mit tiefen Wagenspuren, wo einst auf 4 m Breite zwei Karren einander passieren konnten. Die Seitenstreifen erleichtern heute das Radeln entlang des folgenden Kopfsteinpflasters. Zum im Westen von der Via Ardeatina, im Osten von der Via Tuscolana begrenzten Park gehören das **Caffarella-Tal** mit zwei Naturpfaden. Die 1985 geschlossene Papierfabrik Cartiera Latina (Via Appia Antica 42) ist nun Sitz der Parkverwaltung und bietet in zwei Sälen und im Garten Hortus Urbis Ausstellungen. Ideal sind Spaziergänge (5 – 7 km) oder Radtouren (6 – 15 km) entlang der Appia Antica.

Spaziergang durch die Antike

»Herr, wohin gehst du?«

Kirche Domine quo vadis?

Das wurde für Petrus zur Schicksalsfrage. Der Apostel war aus Rom geflohen, wollte dem Märtyrertod entgehen. An dieser schmalen Kreuzung am Anfang der Via Appia (Antica) wartete ein Wanderer. Ihm stellte Petrus diese Frage und erhielt zur Antwort:

»
Eo Romam iterum crucifigi –
Ich komme, um mich ein weiteres Mal kreuzigen zu lassen.
«

Petrus erkannte Christus, ging zurück nach Rom und stellte sich seinem Schicksal. In der Kirche an dieser Stelle, auch Santa Maria in Palmis genannt (9. Jh.), sehen Sie am Fußboden einen Stein mit zwei Fußabdrücken (Kopie, das Original liegt in San Sebastiano alle Catacombe). Der Legende nach sollen sie von Christus stammen. Tatsächlich ist es eine Votivtafel aus einem nahen Tempel.

Via Appia Antica 51 | tgl. 8 – 20, im Winter bis 19 Uhr

Ein riesiges Labyrinth über vier Stockwerke

★ Catacombe di San Callisto

Roms älteste christliche Katakombe erstreckt sich über vier Geschosse. 20 km Gänge sind erforscht, die Gräberzahl wird auf ca. 170 000 geschätzt. Ein Labyrinth, das verständlicherweise nur mit einer Füh-

Hier wandelt man tatsächlich auf den Spuren der Antike.

rung besucht werden kann. Auf 300 x 400 m entstand ein Netz von Kammern und Gängen im weichen Tuff. Sehenswert sind sechs **Sakramentskapellen** (290 – 310) mit römisch-heidnischen und frühchristlichen Malereien. Höhepunkt ist die **»Krypta der Päpste«.** Hier sind viele Märtyrerpäpste des 3. Jh.s begraben: Griechische Inschriften belegen Urban I., Pontius, Anteros, Fabianus, Lucius, Sixtus II. und Eutychianus. In den kleinen Mauernischen standen Öllämpchen – nicht nur, um die Szenerie zu beleuchten, denn vermutlich roch es auch stark. Die Toten wurden nicht in Särgen bestattet, sondern in Tücher eingewickelt, anschaulich zu sehen anhand zweier einbalsamierter Körper in Sarkophagen mit Glasdeckeln. Eine Krypta mit Mosaiken und Wandmalereien ist nach der heiligen Caecilia benannt, mit einer anrührenden Statue der Heiligen, einer modernen Kopie der barocken Statue von Stefano Maderno. Caecilia lebte im 3. Jh., wollte Nonne werden und wurde gegen ihren Willen verheiratet. Als sie ihre Familie missionierte, wurde sie zum Tode verurteilt. Dem Henker soll es aber weder gelungen sein, sie durch kochendes Wasser zu töten, noch, ihr den Kopf abzuhauen. Ihr Leichnam galt als verschollen, bis er 820 n. Chr. hier entdeckt wurde, angeblich unverwest und in der Haltung, die die Statue zeigt. Er wurde in die nach ihr benannte Kirche in ▶Trastevere überführt.

Sehenswert sind zudem sechs Grabkammern aus dem 3. Jh. mit ausdrucksstarken biblischen Szenen, wie z. B. dem Quellwunder von Moses, dem Jonaszyklus oder der Taufe Christi. Bis heute sind die Katakomben christliche Stätten und werden von Ordensgemeinschaften betreut, die Callistokatakomben von den Salesianern.

Via Appia Antica 110/126 (nach 2. Meilenstein) | Do. - Di. 9 - 12 und 14 - 17 Uhr | Reservierung (Zeitfenster): 10 €
www.catacombesancallisto.it

Ein dunkles Kapitel der deutsch-italienischen Geschichte

Fosse Ardeatine

In den Ardeatinischen Höhlen unweit der Calixtuskatakomben wurden am 24. März 1944 335 italienische Zivilisten von deutschen Exekutionskommandos als Vergeltung für das Bombenattentat auf deutsche Soldaten in der Via Rasella am Vortag erschossen. Nach den Hinrichtungen wurden die Höhlen gesprengt.

Mausoleum: Mo. - Fr. 8.15 - 15.15, Sa./So. bis 16.30 Uhr
Museum: Mo. - Fr. 8.15 - 15, Sa./So. bis 16.15 Uhr
www.mausoleofosseardeatine.it

Auch unter der Pilgerkirche liegen Katakomben

★ San Sebastiano, Catacombe

San Sebastiano ist eine Kirche, unter der sich ebenfalls Katakomben verstecken. Die im 3. Jh. erbaute Basilika des hl. Sebastian ist eine der sieben Pilgerkirchen Roms. Der römische Soldat und Märtyrer Sebastian, den Kaiser Diokletian hinrichten ließ, wurde hier bestattet. Erst im 13. und dann Anfang des 17. Jh.s wurden unter der Basilika die

Catacombe di San Sebastiano wiederentdeckt. Die Katakomben, die Fundamente der konstantinischen Basilika, Wohnhäuser und mehrstöckige Grabkammern (2. Jh.) mit Gemälden, Verzierungen und Inschriften wurden freigelegt. Hinter der Apsis führt eine Treppe zur **Gruft des Märtyrers Quirinus;** links davon liegt die Zelle »Domus Petri« mit Fresken (4. Jh.). Unter der Kirchenmitte befindet sich ein Versammlungsraum für Gedächtnisfeiern mit zahllosen Inschriften (3./4. Jh.) sowie Symbolen der christlichen Ikonografie (Fisch, Lamm, Anker, Taube). Während der Christenverfolgungen unter den Kaisern Decius und Valerius sollen hier die Gebeine der Apostel Petrus und Paulus aufbewahrt worden sein. Das **Sarkophagmuseum** zeigt Exemplare des 3. und 4. Jahrhunderts.
Via Appia Antica 136 | Di. - So. 10 - 17 Uhr | Eintritt: 10 €
www.catacombe.org

Ausgrabungen mitten im Grün

★ Villa di Massenzio

Ein Idyll! Nach so vielen düsteren Grabkammern locken nun die Villa di Massenzio und ein großer Park (Eintritt frei) mit Ausgrabungen, Bäumen und Bänken. Das archäologische Areal zwischen dem 2. und 3. Meilenstein der Via Appia Antica besteht im Wesentlichen aus drei Gebäuden: dem Kaiserpalast, dem Circus für die Wagenrennen sowie dem dynastischen Grabmal (Mausoleum) des Widersachers Konstantins des Großen und Verlierers der Schlacht an der Milvischen Brücke (312): Kaiser Maxentius. Auch die **Tomba di Romolo** (Grab des Maxentius-Sohns Romulus), das so bezeichnete Mausoleum, ist zu besichtigen.
Via Appia Antica 153 | Di. - So. 10 - 16 Uhr | www.villadimassenzio.it

Diese Ruine kennen Sie vielleicht

★ Mausoleo di Cecilia Metella

Das weithin sichtbare Mausoleum der Caecilia Metella und ihres Ehemanns Crassus erhebt sich eindrucksvoll kurz vor dem 3. Meilenstein an der Via Appia Antica 161. Den rund 11 m hohen, mit Travertin verkleideten zylindrischen Bau von 20 m Durchmesser ließ die berühmte Familie der Meteller im 1. Jh. v. Chr. errichten. Cecilia war die Tochter des Generals Quintus Metellus Cretius – des Eroberers von Kreta –, ihr Gatte Crassus der Sohn des Crassus, der mit Caesar und Pompejus ein Triumvirat bildete. Falls Ihnen der Bau bekannt vorkommt: Es ziert den Hintergrund des wohl berühmtesten Gemäldes von Johann Heinrich Wilhelm Tischbein: **»Goethe in der Campagna«.** 1302 bezogen die Caetani das Grabmal in ihre bereits im 11. Jh. erbaute Festung ein und versahen es mit einem bis heute erhaltenen Zinnenkranz. Die Festungsanlage, die sich einst auf beiden Seiten der Via Appia erstreckte, sicherte den strategisch wichtigen Südeingang zur Stadt. Den Sarkophag der Cecilia Metella können Sie in Roms Innenstadt, nämlich im Hof des Palazzo Farnese bewundern.
Die archäologische Zone **Capo di Bove,** 450 m südlich des Mausole-

ums der Cecilia Metella in Höhe der 4. Meilensäule, wird seit 2003 ausgegraben. Entdeckt wurden bisher ein Thermenkomplex (2. - 4. Jh.) und Reste einer Villa.

Mausoleum: Di. - So. ab 9 Uhr bis 1 Std. vor Sonnenuntergang | Eintritt: 8 € (Mausoleum, Festung u. Museum), »La Mia Appia« Card: 10 € (gilt auch für Mausoleo di Cecilia Metella u. Santa Maria Nova)
Capo di Bove: Via Appia Antica 222 | tgl. April - Okt. 9 - 18.30, sonst bis 17 Uhr | Eintritt: frei | www.parcoarcheologicoappiaantica.it/luoghi/complesso-di-capo-di-bove/

Mörderische Gier

★ Villa dei Quintili

Etwa 7 km sind es von der Porta San Sebastiano bis zur Villa dei Quintili, dem einst größten antiken Landgut vor den Toren Roms. Die Gebrüder Quintilier, Konsule im Jahr 151, bauten in Höhe der 5. Meilensäule auch Nymphäum, Bäder und Hippodrom. Angeblich fand hier der legendäre Kampf zwischen Horatiern und Curiatiern statt. Tatsächlich ließ Kaiser Commoduso die zwei reichen Quintilier 182 töten, um an ihren Besitz, insbesondere die Villa, zu gelangen.

Via Appia Nuova 1092 | Di. - So. ab 9, Schließzeiten je nach Jahreszeit zwischen 16.30 und 19.15 Uhr | Eintritt: 8 € Kombi-Ticket (Terme di Caracalla, Mausoleo di Cecilia Metella, Villa dei Quintili)

Verdiente Pause

Café Appia Antica

Nahe dem Grabmal der Cecilia Metella gibt es Eis, kleine kalte und warme Gerichte sowie einen Radverleih. Das Café ist ideal für einen Tag im Park, es werden auch Führungen zu Fuß oder per Rad angeboten. Gute Küche gibt es außerdem in den Osterien Da Franca und Priscilla (Via Appia Antica 28 bzw. 68).

https://appiaanticacaffe.it

★ VIA VENETO

Innenstadtplan: f/g I | **Metro:** A (Barberini)

In den 1950er- und 1960er-Jahren machte die Via Veneto eine erstaunliche Karriere. Weil Filmstars und andere Promis in ihren Luxushotels residierten und sich in den schicken Straßencafés und Bars amüsierten, wurde sie zur bekanntesten Straße Italiens und tauchte regelmäßig in internationalen Boulevardzeitungen und Hochglanzmagazinen auf. Doch die Karawane zog weiter. Heute erinnern nur noch verblasste Fotos in den Vitrinen an die große Zeit.

Berühmt wurde die Straße durch Liz Taylor und Richard Burton, durch Frank Sinatra und Sophia Loren, vor allem aber durch Anita Ekberg und Marcello Mastroianni, der als Reporter und Paparazzo in Fellinis »La Dolce Vita« auf einer Vespa nach Stars und Sternchen suchend die Via Veneto berühmt, ja zur Legende machte. So wie im Film war es auch im echten Leben – damals, in den 1950ern und 1960ern. An der Via Veneto, im Café de Paris, warteten die Schönen und Geltungsbedürftigen darauf, von einem Paparazzo möglichst skandalträchtig abgelichtet zu werden – **Paparazzi** hießen die Promi-Fotografen übrigens, weil ihr erfolgreichster Vertreter den Namen Paparazzo trug. Ob berühmt oder nicht – auf diesem Prachtboulevard, der vom Zentrum in schwungvollen Kurven hinauf zum Park der ►Villa Borghese führt, stand man seinerzeit im Rampenlicht, und wer sich in den Bars und Cafés unter die Leute mischte, hatte das Gefühl, dazuzugehören zu dieser großen weiten Welt, die so prickelnd sündig erschien – und so erfrischend anders war als das übrige, streng katholische Rom.

Erinnerungen an »La Dolce Vita«

Der Lack ist ab

Teilweise Fußgängerzone

In den späten 1970ern und erst recht in den 1980er-Jahren ging es bergab mit der schicken Straße. Die internationalen Stars blieben aus, es zog sie an andere Ecken und Enden der Welt, die Via Veneto interessierte sie nicht mehr und so manche Bar machte dicht. Anfang der 2000er-Jahre wurde der obere Teil der Straße – zwischen Porta Pinciana und Via Ludvisi – zur Fußgängerzone erklärt. Man wollte die Straße mit Designerboutiquen und Luxusherbergen wie dem »Excelsior« und dem »Majestic« und **Harry's Bar** (www.harrysbar.it), dem einstigen Szene-Treff, wieder zu einer Flaniermeile ersten Ranges machen. Gelungen ist das nicht wirklich. Hier kann man zwar teure Cocktails schlürfen, doch im Gegensatz zu den alten glanzvollen Zeiten mangelt es an Promis und an Atmosphäre.

Ein Raub der Flammen

Café de Paris

Das einst so berühmte Café de Paris wartet ohnehin noch auf seine Wiedererweckung. Anfang der 2000er-Jahre soll es in die Hände der kalabrischen Mafia, der ’Ndrangheta, gefallen sein. 2009 schloss eine Antimafia-Einheit das Lokal. Danach wurde es von der **Antimafia-Organisation Libera** (www.libera.it) weitergeführt. Die Mafia-Gegner verkauften hier Waren, die auf beschlagnahmten Landgütern einstiger Mafia-Bosse produziert wurden. 2014 brach ein Feuer im Keller des Cafés aus und besiegelte das vorläufige Ende einer Institution.

Berninis Bienenbrunnen

Fontana delle Api

Am Beginn der Via Veneto steht Berninis 1644 enthüllter Bienenbrunnen (Fontana delle Api), für den er das Wappentier Papst Urbans VIII. als Motiv wählte. 2004 und 2005 wurde der Brunnen Opfer von **Vandalismus:** Ein marmorner Bienenkopf wurde zerstört bzw. nach erfolgreicher Restaurierung entwendet.

Schlafen unter dem Dach der Kapuziner

Santa Maria Immacolata a Via Veneto

Die auch als Santa Maria della Concezione dei Cappuccini und Nostra Signora della Concezione dei Cappuccini bekannte Kapuzinerkirche wurde 1626 – 1631 nach Plänen Antonio Casonis für Kardinal Antonio Barberini erbaut. Die Grabplatte dieses Kapuzinermönchs und Bruders des Papstes vor dem Hochaltar trägt die lateinische Inschrift »Hic iacet pulvis, cinis et nihil (Hier liegen Staub, Asche und nichts)«. Der angeschlossene Konvent bietet Übernachtungen an.
Einen Eindruck vom **barocken Totenkult** findet man im Museum und in der Krypta des Konvents der Kapuzinermönche (Museo e Crypta die Frati Cappuccini). Letztere beherbergt die Gebeine von ca. 4000 Menschen, die stilistisch perfekt als Rosetten und andere Ornamente Wände und Decken dekorieren.

Via Vittorio Veneto 27 | Mo.–Sa. 7–13 u. 15–18, So. 9.30–12 u. 15.30–18, Museum u. Krypta tgl. 10–19 Uhr | Eintritt 10 € (Audioguide 6 €) www.cappucciniviaveneto.it, https://museoecriptacappuccini.it

★★ VILLA BORGHESE

Metro: A (Spagna, Flaminio) | **Tram:** 2, 3, 19 | **Parkeingänge:** Via Aldrovandi, Via Raimondi (2 Zugänge), Via Pinciana (2 Zugänge), Piazzale San Paolo del Brasile, Piazzale Flaminio, Piazzale Cervantes, Piazzale Pablo Picasso (Via di Valle Giulia)

Eine Villa im Grünen, am Rand der Stadt – das war das Begehren vieler römischer Adelsfamilien. Die Familie Borghese, aus der mehrere Kardinäle und Papst Paul V. stammen, erfüllte sich den Wunsch im 17. Jh. und ließ in ihren Weinbergen ein prächtiges Sommerhaus mit ausgedehnter Parkanlage, Wasserspielen und künstlichen Seen anlegen. Der Park ist heute ein beliebtes Ziel für eine kleine Auszeit im Grünen, die Galleria Borghese mit Gemälden und Antikensammlung zählte zu den wertvollsten Privatsammlungen der Welt, ist heute aber in staatlichem Besitz.

Auszeit im Grünen

Es heißt, die Ländereien, auf denen in späteren Jahren die fürstliche Sommerresidenz entstand, hätten sich die Borghese mit dem konfiszierten Vermögen ihrer Widersacher, der Familie Cenci, gekauft. Intrigen, Neid und Korruption waren schließlich an der Tagesordnung, als der päpstliche Adel in Rom das Sagen hatte. In der ersten Hälfte des 17. Jh.s ließen sich die Borghese die große Parkanlage am nördlichen Rand der Altstadt mit Wasserspielen, Volièren und exotischen Tieren anlegen. Im 18. Jh. wurde der Park noch einmal grundlegend umgestaltet. Der aus Tirol stammende Christoph Unterberger schuf die anmutigen Tempel der Diana und der Faustina. Besucher von heute spazieren, skaten oder zockeln mit einer Rikscha durch die Grünanlage. Eine Attraktion sind auch der **Giardino del Lago** mit dem verwunschenen Äskulaptempel auf der Halbinsel und der im Juni 2024 eröffnete **Giardino delle Erme**.

Ein echtes Kleinod

★ Museo Carlo Bilotti

Ein besonderes Kleinod ist das Museo Carlo Bilotti in der Orangerie (Aranciera) der Villa Borghese: Zu sehen sind Meisterwerke von Andy Warhol, de Chirico, Severini u. a. sowie Sonderausstellungen. Den Kaffeedurst kann man in der Cafeteria stillen.

Via dell'Aranciera 2 | Di. – Fr. 10 – 16, Sa./So. 10 – 19 Uhr
Eintritt: frei | www.museocarlobilotti.it

Ein Museum zum Thema Umweltverbrechen

Zoo

Auch Roms Zoo, der Bioparco, liegt auf dem Areal der Villa Borghese. Das angeschlossene Museum **MACRI** (Museo dei Crimini Ambientali) thematisiert den Raubbau an der Umwelt und das Artensterben.

Viale del Giardino Zoologico 20 | letzter So. im März bis letzter Sa. im Okt. tgl. 9.30 – 18, sonst bis 17 Uhr | Eintritt: 19 €, Kinder 14 €
www.bioparco.it

★★ Galleria Borghese

Di. – So. 9 – 19.30 Uhr | Eintritt: 13 € (zzgl. 2 € Vorverkaufsgeb.), Tickets müssen im Voraus online gekauft werden: www.gebart.it
https://galleriaborghese.beniculturali.it

Kunstgenuss ohne Gedränge

Vorab Ticket besorgen!

Der Eintritt ist nur mit vorab erworbenem Ticket möglich. Das kann man in der Regel am gleichen Tag an der Kasse, telefonisch oder online (empfohlen!) erledigen. So kann man die Kunst ohne Gedränge am Anfang genießen.

Eine der wertvollsten Kunstsammlungen der Welt

Casino und Sammlung

Ein wenig verwirrend ist das schon – Villa Borghese wird das ganze ehemalige Landgut genannt, die eigentliche Villa heißt jedoch Casino. Errichtet wurde diese Sommerresidenz der Borghese 1613 – 1615 nach Plänen des jungen Holländers Jan van Santen im östlichen Teil des Parks. Im 18. Jh. wurde das Gebäude dem Zeitgeschmack entsprechend verändert. Innen findet sich die Antiken- und Gemälde-

BAEDEKER MAGISCHE MOMENTE

PERSPEKTIVWECHSEL

Der Park Villa Borghese eignet sich ausgezeichnet für einen langen Spaziergang – mal im Grünen und unter Bäumen, statt zwischen Altstadt-Palazzi. Wenn Sie aber schon genug spaziert sind, was ja in Rom nicht ausbleibt, erkunden Sie den ausgedehnten Park doch mit dem Fahrrad (Radverleih an der Piazza di Siena).

sammlung von Kardinal Scipione Borghese, einem Neffen von Papst Paul V. (1605 – 1621). Mit Werken von Caravaggio, Leonardo da Vinci, Raffael, Rubens, Tizian, Bernini und Canova – um nur einige der allerwichtigsten zu nennen – gehört sie zu den größten Attraktionen Roms. Dass der kunstsinnige Kardinal so viele Preziosen in sein Haus holen konnte, hatte er natürlich auch der Unterstützung durch seinen päpstlichen Onkel zu verdanken. Bis ins 19. Jh. blieb die wertvolle Sammlung nahezu vollständig erhalten. Leider verkaufte Fürst Camillo Borghese, Gemahl der Paolina Buonaparte, einen Großteil der Antikensammlung – auf Drängen seines Schwagers Napoleon – an den Louvre in Paris. Seit 1901 ist die Borghese-Sammlung in staatlichem Besitz.

Schauen Sie zuerst nach unten

Mosaikfußboden

Bevor Sie sich den über zwei Stockwerke verteilten Gemälden und Statuen zuwenden, sollten Sie den Fragmenten eines antiken Mosaikfußbodens im Eingangsbereich gebührende Aufmerksamkeit schenken. Das Mosaik zeigt Gladiatorenkämpfe und Jagdszenen und wurde im 4. Jh. für Tuscullum, eine antike Stadt südöstlich von Rom, gefertigt.

Ein Meisterwerk nach dem anderen ...

Skulpturensammlung

Im Erdgeschoss treffen Sie auf die exquisite Skulpturensammlung in prächtig ausgemalten **Barocksälen.** In Saal I etwa gibt es ein klassizistisches Hauptwerk von Antonio Canova (1805): Fürstin Paolina Borghese, die Schwester Napoleons, als ruhende Venus. Gian Lorenzo **Bernini** verlieh dem jugendlichen »David« (1623 – 1624, Saal II), seine eigenen Züge; das Frühwerk des Künstlers entstand im Auftrag von Scipione Borghese. »Apoll und Daphne« (1622 – 1623) in Saal III, ein Meisterwerk raumgreifender Barockplastik von Bernini, ist von den Metamorphosen Ovids inspiriert. Mit großem Einfühlungsvermögen haucht der Bildhauer dem kalten Marmor höchste Lebendigkeit ein. Auch Berninis »Pluto raubt Proserpina« (1621 – 1622) in Saal IV, das den in Liebe entbrannten Gott der Unterwelt bei der gewaltsamen Entführung der schönen Tochter des Zeus und der Göttin Demeter zeigt, belegt die vollkommene technische Fertigkeit des Barockbildhauers. Zu den Publikumslieblingen gehören **Caravaggio**s Werke in Saal VIII. Vor allem der »Ragazzo con il Canestro di Frutta« (Knabe mit dem Fruchtkorb, um 1594) hat schon immer mit seiner erotisch androgynen Erscheinung zu unterschiedlichsten Interpretationen inspiriert.

... auch im Obergeschoss

Gemäldegalerie

Besondere Beachtung unter den toskanischen und umbrischen Malern verdienen im Saal IX der Gemäldegalerie im Obergeschoss die Bilder von **Raffael,** darunter ein pausbackiges Männerbildnis (um 1502). Wer die exquisit gekleidete blonde Schöne mit dem rätselhaften Gesichtsausdruck auf dem Gemälde »La Dama con Liocorno« (Dame mit Einhorn, um 1506) ist, weiß man nicht. Später wurde sie als Allegorie der Keuschheit gedeutet. Meisterwerke der venezianischen Renaissancemalerei hängen in Saal XX. **Tizians** Frühwerk »Himmlische und irdische Liebe« (1514) und sein Spätwerk »Venus verbindet Amor die Augen« (um 1565) lassen einen interessanten Vergleich zu, wie der große Meister das große Thema in verschiedenen Lebensabschnitten interpretierte.

★ VILLA FARNESINA

Lage: Via della Lungara 230 | **Bus:** 23 | Di.–So. 10–18 Uhr
Eintritt: 12 € | **www.villafarnesina.it**

Als Villa Farnesina ist das Bauwerk erst seit Ende des 16. Jh.s bekannt. Gebaut wurde es nicht für die Familie Farnesina, sondern für Agostino Chigi, Spross einer toskanischen Händlerfamilie, die in den Adelsstand erhoben wurde. Diesen zog es Anfang des 16. Jh.s nach Rom, wo er von der römischen Gesellschaft wegen seiner rauschenden Feste schnell als »Il Magnifico« (der Prächtige) bezeichnet wurde. Eine Villa am Stadtrand zu haben war damals groß in Mode und auch für Chigi ein Muss. Innen sind Raffaels Deckenmalereien zu bewundern.

Palast der Luxusklasse

Agostino Chigi, vermögender Kaufmann, Bankier und Kunstmäzen, beauftragte also Baldassarre Peruzzi, nach dessen Plänen der Bau zwischen 1506 und 1511 nahe dem linken Tiberufer entstand. Das Grundkonzept des Architekten basierte auf der Verbindung zwischen Natur und Kunst: Baukörper und Ziergarten sollten harmonisch zu einer Einheit verschmelzen – ein schon in der Antike angestrebtes Ideal. So ist die Villa in ►Trastevere eines der schönsten Beispiele für ein Gesamtkunstwerk der Hochrenaissance. Heute braucht man etwas Fantasie, um sich Peruzzis Projekt in voller Schönheit vorzustellen, denn ein Teil des Gartens, der steil zum Tiber hin abfiel, musste Ende des 19. Jh.s den Tiber-Dämmen weichen.

Architektur und Natur in Harmonie

Fassaden

Das Gebäude besticht mit klar gegliederten Fassaden. Dekorativ ist das mit Putten und Girlanden reich verzierte Stuckband rund um das ganze Bauwerk. Die der Straße zugewandte Westfassade war zu Chigis Zeit nicht die Hauptfassade. Besucher traten auf der noch eindrucksvoller gestalteten Nordseite ein, wo Garten und Loggia, also Natur und Architektur, durch Raffaels illusionistische Malkünste in besonders gelungener Weise miteinander verwoben erscheinen.

Ganze Bilderwelten als Ausstattung

Loggia di Amore e Psiche

Die repräsentativen Räume und Loggien ließ der Bauherr großzügig mit Fresken dekorieren. Die Bilderwelten an den Wänden und Decken griffen Mythen der Antike und Themen der Astrologie auf. Das

Decken und Wände der Villa Farnesina sind über und über mit farbenfrohen Fresken bemalt.

malerische Hauptthema der Loggia ist der Mythos der Psyche, einer irdischen Frau, die der Liebesgott Amor in den Götterstand erhebt. Agostino Chigi sah in diesem Mythos offenbar eine Analogie zu seiner Beziehung zu der Venezianerin Francesca Ordeaschi. Diese musste offenbar auch verschiedene Hürden nehmen, bevor sie nach acht gemeinsamen Jahren von Chigi in den Stand der Ehe erhoben wurde und so einen höheren sozialen Status erlangte. Den konnte sie allerdings nicht lange genießen. 1520, ein Jahr nach der Hochzeit, starb Chigi – und nur sieben Monate später starb auch Francesca.

Der Triumph der Nymphe und der Sieg der Liebe

Loggia di Galatea, Stanza delle Nozze

Im Saal der Galathea zeigen die Lünettenfresken von Sebastiano del Piombo Szenen aus Ovids Metamorphosen. Das Hauptaugenmerk gilt aber Raffaels 1511 gemaltem »Triumph der Nymphe Galathea«, die vom einäugigen Zyklopen Polyphem geliebt wird, sich über dessen Bemühungen jedoch nur lustig macht. Sehenswert ist auch der **Perspektivensaal** von Baldassare Peruzzi im Obergeschoss, eine Anfang des 16. Jh.s gemalte illusionistische Dekoration, die aus vorgetäuschten Säulengängen den Blick auf verschiedene Plätze des antiken Rom eröffnet. Ein Hauptwerk Sodomas ziert das Schlafzimmer von Agostino Chigi: »Die Hochzeit Alexanders des Großen mit Roxana«, der Tochter des Perserkönigs Darius (1511/1512). Die Darstellung des Schlafgemachs mit dem Feldherrn Alexander, der seiner Braut die Krone überreicht, symbolisiert den Sieg der Liebe. Hymen und kleine Eroten, die Roxana beim Entkleiden helfen, signalisieren die sinnlich aufgeladene Situation.

H

HINTER-GRUND

Direkt, erstaunlich, fundiert

Unsere Hintergrundinformationen beantworten (fast) alle Ihre Fragen zu Rom.

Damit kommen die Römer besser durch als mit dem Auto. ►

DIE STADT UND IHRE MENSCHEN

Rom trägt den Ehrentitel »Aeterna«, die »Ewige«, und kein anderer Ort der westlichen Welt kann mit mehr Geschichte und größeren Architektur- und Kunstschätzen aufwarten als der antike Nabel der Welt. Und die Zeit ist nicht stehengeblieben: Auch im 21. Jh. pulsiert das Leben in Italiens Hauptstadt wie eh und je.

Bevölkerungsentwicklung

»
Vorn müssen wir uns den Weg durch die Massen bahnen, hinter uns schiebt und drückt der Mob!
«

Seit Jahrtausenden eine Metropole

Diese Klage ist 2000 Jahre alt. Das Deutsche Archäologische Institut stieß bei einer Tagung zum Thema Verkehrspolitik im alten Rom auf diesen Satz des Satirikers Juvenal. Das eigentlich Dramatische daran ist nur: Das gilt im Prinzip bis heute. 2024 lebten in Rom fast **2,8 Mio. Menschen.** Das jedenfalls ist die offizielle Zahl. In der Metropolregion Rom sind es gezählte 4,4 Mio. Einwohner. Aber wie in allen großen Städten der Welt, stimmt diese Zahl nicht. Zum einen leben in Rom – ungezählt und kaum zu schätzen – Hunderttausende illegal, seien es nicht gemeldete Arbeitskräfte, etwa aus Osteuropa oder aus Rumänien, seien es nicht registrierte Flüchtlinge. Hinzu kommen die Pendler. Schätzungen gehen von 8 Mio. Menschen aus, die sich an Werktagen in Rom aufhalten.

Die Bevölkerung der **Hauptstadt des Römischen Reichs** nahm bis zum Beginn der Kaiserzeit stetig zu und erreichte in der Zeit des Augustus, um Christi Geburt, sagenhafte 1 Mio. Einwohner. Im 5. Jh. war es nur noch gut die Hälfte, weitere 200 Jahre später grasten Schafe im Forum Romanum, nur noch 20 000 Menschen lebten hier. Heute unvorstellbar. Den größten Bevölkerungszuwachs erlebte das moderne Rom in den 1950er- und 1960er-Jahren, endlose Suburbia mit Wohnblocks entstanden. Anfang der 1970er-Jahre lag die offizielle Einwohnerzahl lange Zeit seltsam konstant bei etwa 2,8 Millionen.

Stadtentwicklung und -verwaltung

Sieben Hügel

Die **magische Zahl Sieben** ist Kennzeichen der römischen Topografie: Die sieben legendären Hügel der Ewigen Stadt sind Kapitol, Pala-

Neueste Neuigkeiten ...

tin, Aventin, Quirinal, Viminal, Esquilin und Caelius – Gianicolo und Pincio wurden erst später ins Stadtgebiet aufgenommen. Das historische Zentrum begrenzte im Westen der Tiber, im Osten die teils heute noch sichtbare Servianische Stadtmauer. Schon im antiken Rom entstanden um diesen Kern neue Stadtviertel. Dazu kamen im Laufe der Jahrhunderte weitere Bezirke (Rioni), vor allem 1871 nach der Ernennung Roms zur Hauptstadt des geeinten Italien. Ein Kuriosum ist der kleinste Staat der Welt mitten in Rom: die **Vatikanstadt** mit dem Papst als Souverän und Oberhaupt der katholischen Kirche.

Die Stadt scheint unregierbar und funktioniert trotzdem

Die Comune di Roma wird vom **Kapitol** aus verwaltet, dem Sitz des Bürgermeisters (Sindaco). Roms Magistrat (Giunta Capitolina) hat 12 (mit Bürgermeister 13), der Stadtrat (Assemblea Capitolina) 48 Mitglieder. Alle fünf Jahre finden Kommunalwahlen statt – im Juni 2016 wurde zum ersten Mal überhaupt in der Geschichte Roms eine Frau an die Spitze gewählt. Die Bürgermeisterin **Virginia Elena Raggi** ist Rechtsanwältin und Politikerin des M5S, des Movimento Cinque Stelle – der Fünf-Sterne-Bewegung. Raggi trat an, um Rom aus dem Dickicht der Korruption in eine »transparent geführte Stadt ihrer Bürger« zu verwandeln. Doch kaum im Amt sah sich die Bürgermeisterin mit einer Anklage wegen Vetternwirtschaft konfrontiert. Zwar wurde Raggi schließlich freigesprochen, doch das Image war angekratzt und die Probleme sind geblieben: eine marode Infrastruktur,

klapprige Busse und Müllberge. Rom scheint unregierbar zu bleiben – und funktioniert doch irgendwie. 2021 kam Raggi nur noch auf 19 Prozent der Stimmen und zum Bürgermeister wurde Roberto Gualtieri vom PD (Partito Democratico) gewählt.
Information: www.comune.roma.it

Wirtschaft

Geringe wirtschaftliche Bedeutung

Rom lebt von Rom: Hauptarbeitgeber der Stadt sind **Dienstleistungsbranchen,** speziell Staatsbetriebe und Großkonzerne, deren Verwaltungshauptsitz in Rom ist, so etwa das staatliche Fernsehen RAI, die italienische Post und die Telecom Italia. Wirklich produziert wurde und wird in der Stadt wenig. Weder unter den Päpsten noch unter den Königen oder in der jetzigen Republik erlangte Rom in wirtschaftlicher Hinsicht eine europäische Vormachtstellung oder gar Weltgeltung. Die Industrielle Revolution, die das westliche Europa in der zweiten Hälfte des 19. Jh.s umwälzte, streifte Rom nur am Rand. Industrie und Handel sind seit einem Jahrhundert vorwiegend in Italiens Norden angesiedelt. Rom verfügt bis heute über keinerlei Schwerindustrie und ist vorwiegend als Regierungs-, Verwaltungs- und **Beamtenstadt** bekannt. Insgesamt erwirtschaftet Rom rund 7 % des jährlichen italienischen BIP. Nur die Filmbranche (▶ Baedeker Wissen, S. 300) und die Modeindustrie des 20. Jh.s verschafften Rom eine über Italien hinausreichende gewerbliche Bedeutung.

Kleine und mittlere Unternehmen

Roms Industrielandschaft setzt sich vorwiegend aus kleinen und mittleren Unternehmen zusammen. Starke Kräfte wie die Elektroindustrie haben ihre Kräfte in Acilia oder entlang der Via Tiburtina gebündelt. Auch die rasante Entwicklung der Telekommunikation und Informatik hat in Rom zu einem Boom in diesem Marktsegment geführt. Die hoch spezialisierte **EDV-Technologie** aus dem »Tiburtina Valley« genießt internationales Ansehen. Viele gesuchte Fachkräfte sind Absolventen der 1992 gegründeten Universität »Roma Tre«. Auch Italiens größter internationaler Flughafen »Leonardo da Vinci« in Fiumicino stellt einen bedeutenden Wirtschaftsfaktor dar. Die chemische Industrie hat sich auf hochwertige Textilfasern spezialisiert. Die Römer haben das gewisse Gespür für Stil und Eleganz, und Rom besitzt in puncto **Mode** Weltruf. Nach wie vor ist Rom eine erste Adresse für Mode-Shopping. Sei es in Edelboutiquen, internationalen Ketten oder in kleinen Läden (▶ Baedeker Wissen, S. 354).
Die vielen Menschen müssen versorgt werden, und so verfügt die Campagna Romana über eine beträchtliche **Landwirtschaft** mit modernen, leistungsfähigen Betrieben und rund 40 000 Beschäftigten.

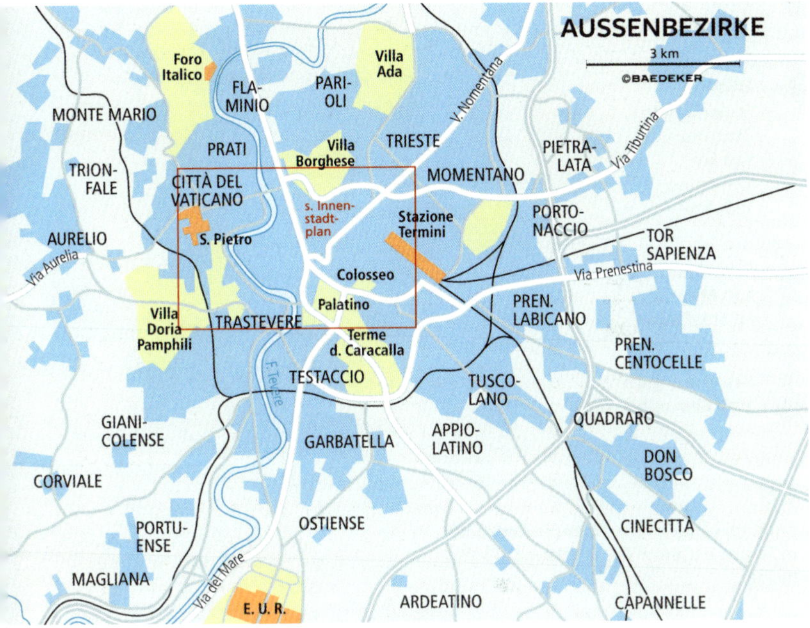

Kunst- und Kulturmetropole

In den Bereichen Kunst und Kultur ist Rom hingegen **Weltspitze.** Das Kolosseum und Forum Romanum besuchten 2023 mehr als 12 Millionen Menschen. Auf Platz zwei in Italien liegen die Ausgrabungen von Pompeji – mit nicht einmal der Hälfte an Besuchern. Rund 8 Mio. Touristen strömten ins Pantheon, 6 Mio. drängten sich unter Michelangelos Decken der Sixtinischen Kapelle und durch die anderen Räume der Vatikanischen Museen. Auch die Engelsburg wollten über 1 Mio. sehen, und sogar in die Galleria Borghese drängten 600 000 Besucherinnen und Besucher. Dies bedeutet auch einen wichtigen Wirtschaftsfaktor nicht nur für die **Tourismusindustrie** in der Stadt: Die Zahl der römischen Dienstleistungsbetriebe ist in den letzten Jahren sprunghaft gestiegen.

Jobmotor Tourismus

Im Jahr 2023 strömten 23 Millionen Touristinnen und Touristen in die Ewige Stadt und bescherten dem Hotelgewerbe über 36 Mio. Übernachtungen. Derzeit stehen in Rom rund **180 000 Hotelbetten** zur Verfügung, hinzu kommt eine riesige Zahl an Ferienwohnungen und Parahotellerie wie AirBnB. Für das leibliche Wohl sorgen ca. 4000 Restaurants in der Stadt. Aktuell trägt die Tourismusindustrie etwa 20 % zum jährlichen römischen BIP bei.

Lage
20 km landeinwärts vom Tyrrhenischen Meer

Fläche
Historisches Zentrum:
140 km²
Kommune:
1285 km²

Einwohner:
2,81 Mio.
im Stadtgebiet

Bevölkerungsdichte:
2179 Einwohner/km²

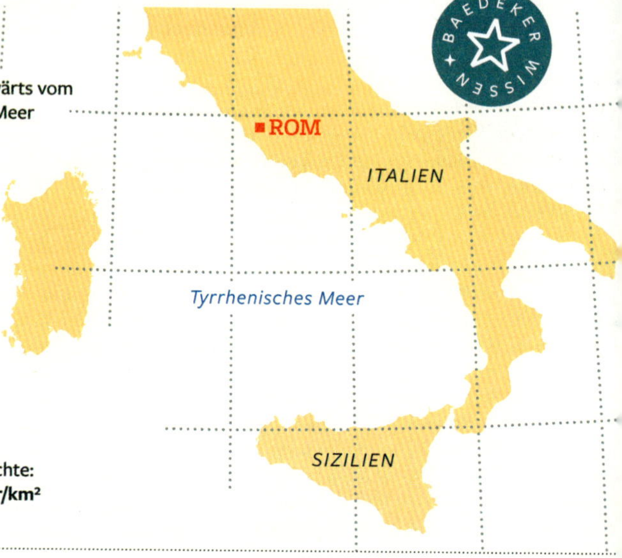

▶ Tiber

Mit 405 km Länge ist der Tiber (Tevere) nach dem Po und der Etsch der drittlängste Fluss in Italien.

15 Stadtbezirke (municipio):

I:	Centro Storico (Altstadt) – Prati
II:	Parioli/Nomentano – San Lorenzo
III:	Monte Sacro
IV:	Tiburtina
V:	Prenestino/Centocelle
VI:	delle Torri
VII:	San Giovanni/Cinecittà
VIII:	Appia Antica
IX:	EUR
X:	Ostia
XI:	Arvalia Portuense
XII:	Monte Verde
XIII:	Aurelia
XIV:	Monte Mario
XV:	Cassia Flaminia

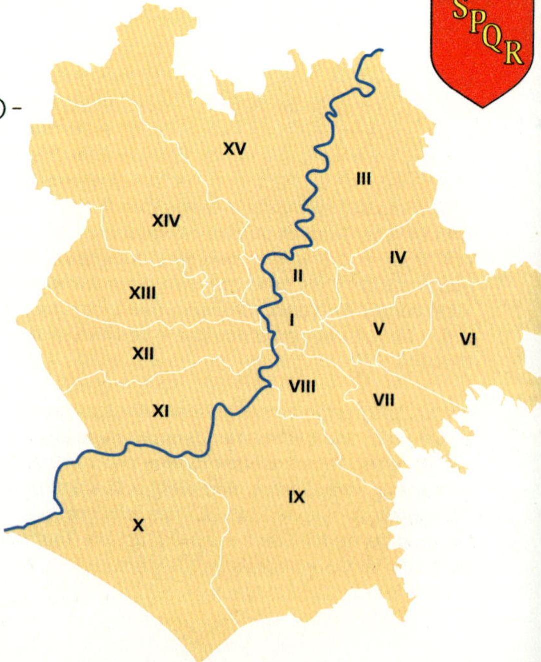

Wirtschaft

Roms Haupteinnahmequellen sind der Tourismus sowie der Groß- und Einzelhandel. Über 80 % der Jobs entfallen auf den Dienstleistungssektor. Die Arbeitslosigkeit liegt offiziell bei 6,4 %. Die Jugendarbeitslosigkeit allerdings bei ca. 20 %.

Hauptstadt Italiens

Sitz des Staatspräsidenten im Palazzo Quirinale

Sitz des Senats im Palazzo Madama

Sitz der Abgeordnetenkammer im Palazzo Montecitorio

Sitz des Verfassungsgerichtes und des Obersten Gerichtshofes

Religion

Knapp 75 % römisch-katholisch,
ca. 22 % konfessionslos
ca. 3 % andere
(davon 1,8 % orthodox)

Klimastation Rom

Durchschnittstemperaturen

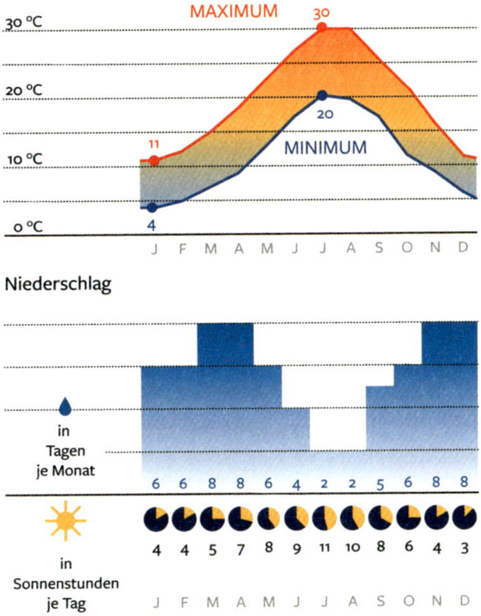

Fontana di Trevi

Die Fontana di Trevi ist der berühmteste Brunnen der Welt. Täglich werfen Touristen aus aller Welt Geldmünzen in den »Glücksbrunnen«. Der Legende nach werden Wünsche erfüllt, wenn man eine Münze über die Schulter ins Brunnenwasser wirft.

Täglich wird der Brunnen geleert, das Geld gesammelt und für wohltätige Zwecke gespendet. 2017 wurde ein Rekorderlös von 1,5 Mio. Euro aus dem Brunnen geholt. Das entspricht einem Durchschnitt von rund 3800 Euro pro Tag.

Wegen einer Grundsanierung ist der Brunnen bis vorauss. 2026 nur noch teilweise zugänglich.

Wirtschaft im Schatten: die dunklen Geschäfte der Mafia

Bei Großrazzien 2014 und 2015 wurden über 100 Personen aus höchsten Kreisen festgenommen. Ihnen wurde vorgeworfen, Teil der »Mafia Capitale«, der »Hauptstadt-Mafia«, und in Korruptionsaffären um lukrative Aufträge verstrickt zu sein. Dabei ging es u. a. um die Vergabe von öffentlichen Geldern an Betreiber von Flüchtlingsunterkünften und um das Geschäft mit dem Müll. Auch Drogendelikte und illegaler Waffenhandel wurden einigen Angeklagten zur Last gelegt. Hohe Beamte und Geschäftsleute wurden zu hohen Haftstrafen verurteilt. Die höchste Strafe verhängte das Gericht gegen den ehemaligen Rechtsterroristen Massimo Carminati. Er muss 20 Jahre hinter Gitter. Auch gegen Gianni Alemanno, den früheren Bürgermeister Roms (von der Alleanza Nazionale, einem Ableger der neofaschistischen Partei Movimento Sociale), wurde wegen Korruption ermittelt, weshalb er 2014 zurückgetreten war. 2019 wurde er zu 6 Jahren Gefängnis verurteilt.

GESCHICHTE

Mit Romulus und Remus soll laut Legende alles angefangen haben. Dann kamen illustre Nachfahren, die als Kaiser und Päpste das Imperium regierten und die Stadt prägten.

Sagenumwobene Anfänge

Zwillinge und eine Wölfin

»Sieben, fünf, drei – Rom schlüpft aus dem Ei.« Die legendäre Stadtgründung 753 v. Chr. gilt den Römern als Beginn ihrer Zeitrechnung, obwohl sie das mythologische Datum der Gründung ihrer »Urbs quadrata« durch **Romulus und Remus** erst den Erklärungen des Historikers Livius aus dem 1. Jh. verdanken. Demnach landet der Flüchtling Aeneas nach dem Trojanischen Krieg in Italien und gründet Alba Longa. Die Königstochter Rhea Silvia, als Priesterin im Vestatempel zu Ehe- und Kinderlosigkeit verpflichtet, schenkt dem Kriegsgott Mars die Zwillinge Romulus und Remus. Amulius, Rheas böser Onkel, der die Krone inzwischen an sich gerissen hat, wirft seine Nichte ins Gefängnis und setzt die Zwillinge im Sumpfgebiet unterhalb des Palatins aus. Dort werden sie von einer Wölfin gesäugt und später von einem Schäfer gefunden, der sie aufzieht. Als junge Helden stellen sie die Ordnung wieder her, indem sie Amulius töten und am 21. April 753 v. Chr. eine neue Stadt auf dem Palatin gründen: Rom. Im Streit um die Festlegung der Stadtgrenze erschlägt Romulus Remus. Romulus herrscht als erster König von »Roma« und wird nach seinem Tod als Gott Quirinus verehrt.

EPOCHEN

VON DER STADTGRÜNDUNG ZUR GROSSMACHT

14. Jh. v. Chr.	Erste Besiedlung der römischen Hügel
7./6. Jh. v. Chr.	Königsherrschaft der Etrusker
5./4. Jh. v. Chr.	Das Patriziat regiert in einer republikanischen Form.
ab 312 v. Chr.	Bau der Appischen Fernstraße (Via Appia)
73 – 71 v. Chr.	Sklavenaufstand unter Spartakus

KAISERZEIT UND NIEDERGANG

27. v.–14 n. Chr.	Kaiser Augustus
Juli 64	Unter Kaiser Nero wütet ein achttägiger Stadtbrand.
67	Die Apostel Petrus und Paulus werden hingerichtet.
270/271 – 279	Bau der Aurelianischen Mauer als Stadtbefestigung
330	Kaiser Konstantin verlegt die Hauptstadt des Römischen Reichs nach Byzanz (Konstantinopel).
546	Der Ostgote Totila legt Rom in Schutt und Asche.

MACHTKÄMPFE UND KIRCHENSPALTUNG

756	»Pippinische Schenkung«
962	Kaiserkrönung von Otto I. in Rom
1076 – 1122	Investiturstreit
1143/1144	Gemeindeverfassung durch Adel und Bürger
1303	Gründung der Universität
1309 – 1377	Exil der Päpste in Avignon

GLANZVOLLE PAPSTRESIDENZ

18.4.1506	Grundsteinlegung für die neue Peterskirche
1527	»Sacco di Roma« durch Soldaten Karls V.

AUFRÜHRERISCHES 19. JAHRHUNDERT

1809	Aufhebung des Kirchenstaats durch Napoleon
1815	Wiederherstellung des Kirchenstaats durch den Wiener Kongress
1871	Rom wird Hauptstadt des Königreichs Italien.

VOM 20. INS 21. JAHRHUNDERT

1922	Mussolinis Marsch auf Rom
4.6.1944	Befreiung von der deutschen Besatzung
1980	Altstadt und Vatikanstadt werden Weltkulturerbe.
2013	Papst Benedikt XVI. tritt zurück; mit Franziskus wird erstmals ein Lateinamerikaner und Jesuit Papst.
2021	Neuer Bürgermeister wird der Sozialdemokrat Roberto Gualtieri.
2025	Heiliges Jahr (alle 25 Jahre): Es gibt viele Sonderveranstaltungen im Vatikan und in der ganzen Stadt.

LEBEN IM ALTEN ROM

»Panem et circenses« – also Brot und Spiele waren wichtig für die Freizeitgestaltung im alten Rom. Aber Wasser und Brot – und andere Waren – für den Alltag in die Großstadt zu bringen war weitaus wichtiger und kompliziert.

»Überall Sportstätten, Springbrunnen, Marmorhallen, Tempel, Werkstätten, Schulen ... anmutige Schauspiele aller Art und festliche Wettspiele ohne Zahl«, so beschrieb Aelius Aristides 156 n. Chr. Rom, während der Schriftsteller Juvenal wenige Jahrzehnte zuvor einen ganz anderen Eindruck hatte: »Selbst im traurigsten Nest lebt sich's besser als hier im wilden Getriebe der Hauptstadt mit ihren tausend Gefahren, den Hauseinstürzen und Bränden ... Allnächtlich rollen die Reisewagen durch enger Gassen Gewinkel, wo Herden sich stauen und Flüche der Treiber hallen ...« Da tagsüber auf den Fußwegen kein Durchkommen war und ständig Baumaßnahmen zu Verkehrsstaus führten, mussten die **Unmengen von Konsumgütern** für die tägliche Versorgung der rund 1,5 Mio. Einwohner Roms meistens bei Nacht in die Stadt gekarrt werden. Auf zwei zentralen Großmärkten, in 190 Kornhäusern, in über 250 Mühlen sowie in zahllosen Warenlagern, Ladengeschäften und Kiosken, Tavernen und Kneipen fanden die Waren ihre Käufer.

Römischer Alltag

Für die **Wasserversorgung** standen elf große Aquädukte zur Verfügung. Außerdem gab es noch rund 1150 Brunnen in der Stadt, wo die meisten Bewohner sich ihr Wasser holten oder von Wasserträgern bringen ließen, denn nur die Wohnungen der Reichen waren an das Trinkwassernetz angeschlossen. Für die Abwasserentsorgung gab es zwar ein Kanalsystem, von dem aber ebenfalls nur wenige Privatleute und natürlich die öffentlichen Einrichtungen direkt profitierten.
Die ärmeren Bewohner, die in drangvoller Enge in den rund 50 000 bis zu sechs Stockwerke hohen **Mietskasernen** lebten, schleppten das Abwasser eimerweise in eine Sickergrube im Keller oder in den nächsten Abwassergraben. Beleuchtet wurden die engen Behausungen durch rußende Talglichter, beheizt wurden sie mittels transportierbarer metallener Kohlebecken und gekocht wurde auf offenen Feuerstellen. Man ernährte sich in erster Linie von einem Brei aus Getreide und Gemüse, von Brot, Olivenöl und gepökeltem Fisch. Etwa ein Viertel der Einwohner Roms war zudem auf öffentliche Getreidespenden angewiesen. Kaiser und hochgestellte Persönlichkeiten machten sich beim einfachen Volk beliebt durch **Freispeisungen,** Getränke und Süßigkeiten, die sie im Vorfeld von Veranstaltungen im Zirkus oder im Amphitheater verteilen ließen.

Brot und Spiele

Im Laufe der Zeit waren die kostenlosen Lebensmittelverteilungen und ein regelmäßiges Unterhaltungsprogramm, »Brot und Spiele« genannt, Mittel der politischen Machthaber geworden, um soziale Unruhen zu verhindern, ihre Popularität und ihren Ruhm zu mehren. Über ausreichend Freizeit verfügten die Römer ohnehin. Die Plebs, meist ver-

armte landlose Bauern und mittellose Kriegsveteranen, lebten auf den Straßen und waren für jede Abwechslung dankbar. Die Reichen ließen andere für sich arbeiten und konnten so dem Müßiggang frönen. Handwerker und Sklaven mussten von den frühen Morgenstunden an hart arbeiten.
Anders, als es das so verbreitete Klischee vom dekadenten Rom vermuten ließe, regelten allerdings bereits **strenge Gesetze** selbst so private Dinge wie Eheschließungen. Liebesheiraten waren beileibe nicht der Standard, Familien wurden durch Ehen aneinander gebunden. Und wenn das Glück sich so gar nicht einstellen wollte: Es gab auch schon ein Scheidungsrecht.

Für die Gladiatoren ging es im Kolosseum um Tod oder Leben.

Auf Leben und Tod

Im Kolosseum begannen die blutrünstigen Spiele bereits am Morgen mit dem Aufmarsch der Gladiatoren – ihr Name leitet sich von gladius = Schwert ab. In prächtigen Gewändern drehten sie eine Ehrenrunde und sollen dem Kaiser gehuldigt haben mit: »Heil dir, Kaiser. Im Angesicht des Todes grüßen wir dich!«, um dann wieder abzuziehen und allerlei **Gauklern, Zwergen und skurrilen Darbietungen** den Vortritt zu lassen. Fanfarenklänge kündigten danach den Auftritt der Gladiatoren an, die einen Kampf auf Leben und Tod führten. Die Sieger wurden wie **Volkshelden** gefeiert, und nicht selten erkor sich eine der reichen Patrizierdamen einen Gladiator zum Liebhaber.
Die Begeisterung der Römer für diese blutigen Spektakel ist heute schwer nachvollziehbar, beruhte aber offenbar auf durchaus ernst gemeinten Vorstellungen von Disziplin, Ausdauer, Mut im Angesicht der Todesgefahr und Aufopferungsbereitschaft. Der jüngere **Seneca** († 65) allerdings äußerte bereits massive Kritik an diesem fragwürdigen Vergnügen: »Am Morgen werden die Menschen Löwen und Bären vorgeworfen, am Mittag ihren Zuschauern. Die Zuschauer fordern, die siegreichen Mörder denen aufs Neue vorzuwerfen, die sie morden sollen, und halten die Sieger zurück für neuen Mord.«

Von der Stadtgründung zur Großmacht

Frühgeschichte

Die historisch nachweisbare Besiedlung der römischen Hügel lässt sich durch **Funde auf dem Kapitol** bis in das 14. Jh. v. Chr. zurückverfolgen. Auf dem Palatin sind Spuren einer latinischen Anlage aus dem 10. Jh. v. Chr. entdeckt worden, auf dem Esquilin und dem Quirinal sind sabinische Siedlungen des 8. Jh.s v. Chr. nachweisbar. Es ist durchaus denkbar, dass ein mächtiger Stammesfürst mit Namen Romulus im 8. Jh. v. Chr. die Einzelstämme zu einem staatlichen Gebilde unter einer zentralistischen Herrschaft vereint hat, mit dem Kapitol als politisch-religiösem Mittelpunkt.

Etruskische Königsherrschaft (7./6. Jh. v. Chr.)

Seit dem Ende des 7. Jh.s v. Chr. entstammen die Könige und die kulturell und wirtschaftlich führende Schicht dem nördlich benachbarten Volk der **Etrusker,** auch Tarquinier genannt. Unter ihrer Herrschaft werden die Sümpfe trockengelegt, wird das Forum Romanum eingerichtet und der Kapitolshügel mit einem Tempel bebaut. Die Verehrung der Götter Jupiter, Mars und Virinus in Rom verweisen ebenso auf etruskisches Erbe wie die Wölfin als heiliges Totemtier des Gottes Mars. Mit zunehmender militärischer Stärke greift Rom ins Umland aus.

Der Bau der Via Appia Anfang des 4. Jh.s v. Chr. war entscheidend für die erfolgreiche Expansion der Römer.

Als die äußeren Grenzen des weitläufigen Etruskerreichs zusammenbrechen, nutzt Rom die Gunst der Stunde, revoltiert und beendet die etruskische Fremdherrschaft.

Die frühe Republik (5./4. Jh. v. Chr.)

Das Volk wird fortan in einer Republik vom aristokratisch-patrizischen Senat und dem Magistrat unter Leitung zweier Konsuln regiert. Doch bald verlangt auch der Plebs nach politischer Mitsprache. Nach zähen Auseinandersetzungen beugen sich die Patrizier dem Druck. Das römische Gemeinwesen wächst allmählich zusammen, die Rechte der Plebejer werden kodifiziert und um 450 v. Chr., in den Zwölf-Tafel-Gesetzen festgehalten, für jedermann sichtbar auf dem Forum Romanum ausgestellt. Nach Beendigung der Ständekämpfe etabliert sich eine neue Führungsschicht, die sog. Nobilität, der patrizisch-plebejische Stadtadel besetzt die politischen Ämter und lenkt den **hierarchisch aufgebauten Beamtenstaat.** Konsuln, Prätoren, Quästoren, Censoren und Ädilen regieren das aufstrebende Rom und organisieren sämtliche Belange des öffentlichen Lebens. Mit den Tempeln für Saturn, Kastor und Pollux sowie Concordia, der Servianischen Stadtmauer und der großen Wasserleitung entstehen die ersten monumentalen Bauwerke. Ihren Reichtum erzielt die Stadt zu dieser Zeit aber überwiegend aus der Landwirtschaft.

Eroberung Italiens

Parallel zur inneren Konsolidierung und zivilisatorischen Entwicklung vergrößert Rom kontinuierlich sein Herrschaftsgebiet und festigt seine außenpolitische Position. Anfang des 4. Jh.s v. Chr. überschreitet Rom erstmals die Grenze nach Etrurien und erobert Veji (396 v. Chr.) sowie die Etruskerstädte Nepi und Sutri. Doch der plötzliche Einfall der keltischen Senonen (um 390 v. Chr.) stoppt Roms Vormarsch. Nur der Kapitolinische Hügel kann vor der Zerstörung durch die Gallier gerettet werden, Wiederaufbau und Stadtbefestigung dauern Jahrzehnte. Erst mit dem Bau der **Via Appia** 312 v. Chr. setzt Rom seine Expansion nach Norden und Süden entscheidend fort. Nach der Unterwerfung der benachbarten Etrusker werden die latinischen Städte erobert oder zu Bündnisverträgen gezwungen. Im Jahr 272 v. Chr. fällt mit Tarent der letzte Widersacher Roms in Unteritalien. Jetzt fühlt sich die junge Republik so stark, dass sie den Kampf um die Vorherrschaft im Mittelmeerraum aufnimmt.

Roms Aufstieg zur Mittelmeermacht (3./2. Jh. v. Chr.)

Im frühen 3. Jh. v. Chr. beginnt Rom seine konsequente Eroberungspolitik. Die Expansion nach Gallien und Spanien führt bald zum Konflikt mit den mächtigen Karthagern in Nordafrika. Die ersten beiden Punischen Kriege (264 – 241 und 218 – 201 v. Chr.) bringen Rom an den Rand des Untergangs. Erst der dritte Punische Krieg (149 – 146 v. Chr.) führt zur erbarmungslosen Plünderung Karthagos und zur Kolonialisierung der römischen Provinz Africa. Als noch weitaus bedeutender erweist sich die **Eroberung des zerfallenden hellenistischen Großreichs im Osten.** Die siegreichen Illyrischen Kriege (229 – 219 v. Chr.), der Kampf gegen Philipp V. von Makedonien und Antiochos III. zwischen 214 und 189 v. Chr. führen zur Einverleibung der Provinz Macedonia ins Imperium und bringen die Römer nicht zuletzt auch durch die Eroberung von Syrakus 211 v. Chr. mit den materiellen und kulturellen Reichtümern der griechischen Hochkultur in Berührung. Lebensweise, Literatur und Theater Roms geraten unter griechisch-hellenistischen Einfluss. Die unermessliche Kriegsbeute entfacht eine intensive wirtschaftliche Tätigkeit. Der Hafen Ostia und das Straßennetz werden ausgebaut, Märkte entstehen und der Überseehandel blüht. Der Bauernstaat verwandelt sich allmählich in ein hoch entwickeltes, von Soldaten und Beamten getragenes Staatsgebilde.

Die Krise der Republik (133 – 31 v. Chr.)

Steigender Luxus und ungezügeltes Gewinnstreben untergraben die alten römischen Tugenden. Vor allem der freie Bauernstand verarmt und sammelt sich als **arbeits- und besitzloses Proletariat** in den Städten. Die Bevölkerung Roms erhöht sich um 80 v. Chr. auf etwa 400 000 Einwohner. Die »Volkspartei« verlangt nach Agrar- und Sozialreformen, stößt dabei aber auf den Widerstand des Senats, woraufhin das Volkstribunat seine Reformen eigenmächtig durchzusetzen versucht.
Der Senat reagiert mit der Ausrufung des Notstands. Agitation und Krawalle heizen die revolutionäre Stimmung an, **Bürgerkriege** sowie ein Sklavenaufstand unter Spartakus (73 – 71 v. Chr.) sind die Folge. Während sich die Führungseliten von Volk und Senat in Rom gegenseitig aufreiben und zum Teil umbringen, geht die Armee als stärkste politische Kraft aus den Unruhen hervor.

Erstes Triumvirat (60 v. Chr.)

Caesar wird zum Alleinherrscher. Er romanisiert in nur wenigen Jahren nahezu den gesamten Mittelmeerraum, entfaltet eine bisher unbekannte Pracht und verlangt absolute Ergebenheit. Seine Herrschaft ist monarchistisch. Doch als **Caesar** gewaltsam nach der Königswürde greift, erhebt sich die senatorische Opposition ein letztes Mal. An den Iden des März (15. 3.) im Jahr 44 v. Chr. wird der Diktator von Gaius Cassius, Marcus Iunius Brutus und weiteren Senatoren im Namen der republikanischen Ideale ermordet.

Zweites Triumvirat (43 v. Chr.)

Ein Jahr nach der Ermordung Caesars bilden Gaius Octavianus (63 v. Chr. – 14 n. Chr.), Marcus Antonius und der weniger bekannte Lepidus ein Triumvirat. Sie teilen das Imperium unter sich auf und setzen die republikanische Verfassung de facto außer Kraft. In der Folgezeit kommt es zum Bürgerkrieg. Dieser endet in der Schlacht bei Actium 31 v. Chr. mit dem Sieg und der Alleinherrschaft von **Octavianus.**

BAEDEKER MAGISCHE MOMENTE

ALLE WEGE FÜHREN NACH ROM ...

... und sie endeten am Goldenen Meilenstein mitten im Forum Romanum. Als wäre das nicht genug, liegt wenige Schritte daneben der Umbilicus Urbis, der Nabel der Welt. Die ganze Überheblichkeit des Römischen Weltreichs konzentriert sich hier, man sah sich als Mittelpunkt des Weltgeschehens. Man muss nicht an Kraftplätze glauben, um das Werden, Sein und Vergehen von Kulturen hier intensiv zu spüren. (▶ S. 96)

Die Zeit der Kaiser

Augusteisches Zeitalter (27 v. Chr. bis 14 n. Chr.)

Am 16. Januar 27 v. Chr. übernimmt Octavian mit dem ehrenden Beinamen »Imperator Caesar divi filius Augustus« als vom Senat bestätigter »Princeps« die Herrschaft im Römischen Reich und gilt in der Geschichtsschreibung als erster römischer Kaiser. Als »Erster Bürger« Roms befehligt er die Armee und verwaltet die Hälfte der Provinzen, überwacht das Berufsbeamtentum, beaufsichtigt die Kulthandlungen und regelt die Sozialbelange. Der Senat bleibt als Honoratiorenversammlung bestehen und hat nominell die Oberaufsicht über die andere Hälfte der Provinzen.

Mit Augustus beginnt eine wirtschaftlich und kulturell prosperierende **Friedenszeit.** Eine Verwaltungsreform teilt Rom in 14 Regionen auf, in denen zusammen bis zu 1 Mio. Einwohner leben, die in erheblichem Maß von öffentlichen Lebensmittelverteilungen abhängen. Der allmächtige Augustus hinterlässt ein Gemeinwesen, das sich politisch, kulturell und wirtschaftlich zum Haupt der im antiken Europa bekannten Welt – **Caput Mundi** – aufgeschwungen hat.

Die Julisch-Claudischen Kaiser (14 – 68)

Der römische Senat überträgt dem von Augustus adoptierten Stiefsohn Tiberius (14 – 37) den Prinzipat auf Lebenszeit. Obwohl Tiberius die ausgleichende Politik von Augustus weiterführt, sind bereits Anzeichen von kaiserlicher Egozentrik und politischer Korruption erkennbar. Seine Nachfolger Caligula (37 – 41) und Claudius (41 bis 54) sind autokratische Machtmenschen. Unter Kaiser Nero (54 bis 68) wütet im Juli 64 zudem **der schwerste Brand der antiken Stadtgeschichte,** der 10 von 14 Stadtregionen heimsucht.

Er verlegte das Zentrum der Macht nach Osten: Fragmente der Monumentalstatue von Konstantin dem Großen im Hof der Kapitolinischen Museen.

Dynastie der Flavier (69 – 96)

Unter den flavischen Kaisern Vespasian (69 – 79), Titus (79 – 81) und Domitian (81 – 96) entstehen das Kolosseum, der Titusbogen am Forum Romanum und die kaiserliche Residenz auf dem Palatin. Die kaiserliche Gewalt nimmt immer stärker absolutistische Züge an. Der um seine Privilegien und Rechte fürchtende Adel lässt deshalb Kaiser **Domitian** ermorden, auf den per Beschluss des Senats der nur kurz regierende Kaiser Nerva (96 – 98) folgt. Wiederholt kommt es zur Verfolgung von Christen in der Stadt.

Adoptivkaiser (96 – 193)

Unter den Adoptivkaisern Trajan, Hadrian, Antoninus Pius und Marc Aurel, die die Herrschaft nach einschlägiger Ausbildung per Adoption übertragen bekommen, bleibt Rom ein Ort des relativen Friedens und Wohlstands. Um 147, zur 900-Jahr-Feier, zählt Rom vermutlich schon 1,2 Mio. Einwohner. Das 2. Jh. ist ein Zeitalter des »humanitären und aufgeklärten« Kaisertums, in dem die Herrscher meist mit dem Wohlwollen des Volkes und im Einvernehmen mit dem Senat regieren. Unter Kaiser Trajan, dem bedeutendsten Kaiser seit Augustus, **erlangt das Imperium seine größte Ausdehnung:** von Schottlands Grenze bis nach Mesopotamien, vom Niederrhein bis nach Marokko. Das Reliefband der Trajanssäule schildert seine erfolgreichen Kriege gegen die Daker an und nördlich der Donau.

Soldatenkaiser (3. Jh.)

Zunehmende Unruhen an den Grenzen des Imperiums kündigen bereits die Zeit der Völkerwanderung an. Das Heer bestimmt nun die Politik des Reiches und ernennt willkürlich Feldherrn zu Kaisern. Kaum einer von ihnen regiert mehr als zwei Jahre, fast keiner stirbt eines natürlichen Todes. Die Ära (über 30 Soldatenkaiser zwischen 235 und 284) ist auch eine Zeit der systematischen **Christenverfolgung.** Erstmals reklamiert der Bischof von Rom die höchste Autorität für sich und die lateinische Sprache löst die griechische im Gottesdienst ab. Die Befestigung des stadtrömischen Gebiets von rund 1400 ha mit der 19 km langen gewaltigen **Aurelianischen Mauer** (270 – 279) ist ein deutliches Zeichen der Gefährdung des Reiches.

Von Konstantin bis zum Ende

Kaiser **Konstantin** besiegt 312 seinen Widersacher Maxentius an der Milvischen Brücke. Nach Kaiser Galerius (311) gewährt auch er 313 in der Mailänder Vereinbarung (fälschlich als Edikt von Mailand bezeichnet) den Christen Religionsfreiheit. Er ordnet das Staatswesen neu und verlegt aus machtstrategischen Gründen 330 seine Hauptresidenz in das in Konstantinopel umbenannte Byzanz. Der römische Senat büßt dabei alle Macht ein und wird zum Gemeinderat degradiert. Nach der Reichsteilung von 395 verliert Rom den Status einer Kaiserresidenz, denn Mailand wird Sitz des weströmischen Kaisers, ab 402 übernimmt Ravenna diese Funktion. Rom aber wird zur Keimzelle eines schnell wachsenden »geistlichen Imperiums«. Vor allem nach dem Verbot der nichtchristlichen Kulte ab 391 unter Kaiser Theodosius kann das **Christentum** zur **Staatsreligion** aufsteigen. Der römische Bischof erringt als Nachfolger des Apostels Petrus die Vorrangstellung im Weströmischen Reich, dem Abendland. Doch das Westreich gerät an den germanischen Grenzen zunehmend in Bedrängnis und die Stürme der Völkerwanderung zerstören diese erste christliche Blüte. Rom wird 410 durch die Westgoten unter Alarich und 455 durch die Vandalen Geiserichs erobert und geplündert. Mit dem Sturz des letzten Kaisers Romulus Augustulus im Jahr 476 durch den Germanen Odoaker geht das weströmische Kaiserreich unter. In Rom regiert fortan der **Papst als Stadtherr.**

Roms Niedergang

Ostgotenherrschaft

Die Ostgotenherrschaft über Italien von 493 bis 553 versetzt Rom den Todesstoß. Teile der Stadt werden durch Kriege zerstört oder schwer beschädigt, wie beispielsweise die zentrale Wasserleitung der Aqua Marcia für die großen Thermen, die ab 536 verfallen. Heidnische Tempel verlieren ihre Funktion wie nach dem Verbot der Gladiatorenspiele auch das Amphitheater und sind dem Verfall und der Plünderung preisgegeben. Die Bevölkerungszahl reduziert sich von noch 100 000 Anfang des 6. Jh.s auf nun unter 50 000. Als der Ostgote Totila die

DAS RÖMISCHE REICH

Aus der sagenhaften Gründung von Romulus und Remus wurde eine Weltmacht. Seine größte Ausdehnung erlebte das Römische Reich unter Kaiser Trajan, dessen lange Regierungszeit eine Periode der Stabilität und des wachsenden Wohlstandes war.

▶ Trajans Herrschaft

Durch die Eroberungen Armeniens, Mesopotamiens und des Dakerreiches erlebte das Römische Reich unter seiner Herrschaft die größte Ausdehnung.

Die lange Regierungszeit Trajans war eine Periode der Stabilität und des wachsenden Wohlstands.

▶ Das Römische Reich

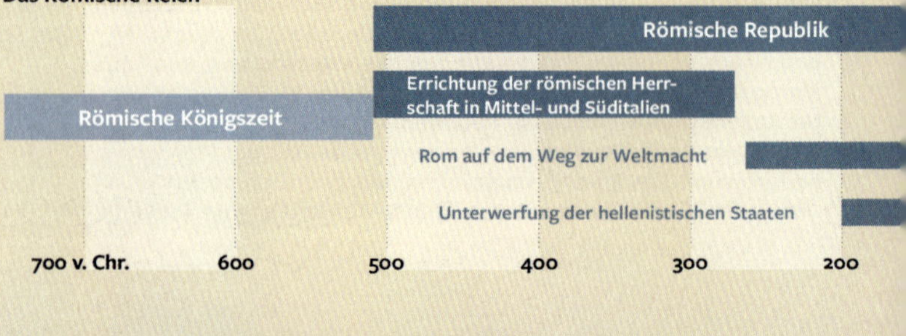

▶ Große Namen

Gaius Iulius Caesar 100 v. Chr. – 44 v. Chr.

Sein Name steht für das Ende der Römischen Republik und die Errichtung einer Alleinherrschaft, die ins Kaisertum mündete.

Augustus 27 v. Chr. – 14 n. Chr.

Der Großneffe Caesars setzte sich nach dessen Ermordung gegen seine Widersacher durch und begründete die julisch-claudische Kaiserdynastie.

Nero 54–68 n. Chr.

Bereits mit 14 Jahren zum Senator und Prokonsul ernannt, ist sein Name v.a. mit dem Brand Roms 64 n. Chr. verbunden.

Trajan 98–117 n. Chr.

Trajan eroberte das Dakerreich, Armenien und im Verlauf des Partherkriegs Mesopotamien. Dabei stieß er bis zum Golf von Persien vor.

Hadrian 117–138 n. Chr.

Hadrian versuchte, das Reich innerlich zu stabilisieren. Seine Regierungszeit war für den größten Teil des Reichs eine Epoche des Friedens.

Marc Aurel 161–180 n. Chr.

Marc Aurel, der letzte »Adoptivkaiser«, steht am Ende einer Epoche des Wohlstands.

Konstantin I. 306–337 n. Chr.

Konstantin der Große bekannte sich um 324 zum Christentum.

Stadt anno 546 in Schutt und Asche legt, soll Rom 40 Tage lang völlig menschenleer gewesen sein. Im Jahr 552 wird Rom von General Narses als Statthalter des oströmischen Kaisers Justinian besetzt und eine neue Verwaltung aufgebaut. Während der **Langobardenherrschaft** von 568 bis 774 bleibt Rom oströmisch-byzantinisches Dukat, in dem nur noch ca. 30 000 Einwohner leben. 753/754 ruft Papst Stephan II. den Frankenkönig Pippin gegen die Langobarden zu Hilfe und verleiht ihm den Ehrentitel eines »Patricius« von Rom. 754 garantiert Pippin in der verloren gegangenen Urkunde von Quierzy dem Papst das Dukat Rom sowie das Exarchat Ravennas, Tusziens, Venetiens, Istriens, Spoletos und Benevents. Nach der Schenkung von Sutri 728 sowie von Bomarzo und weiterer Orte 742 gilt diese 962 von Kaiser Otto I. bestätigte **»Pippinische Schenkung«** als Anfang staatlicher Souveränität des Papsttums und des Kirchenstaats. **Karl der Große,** der 774 die Langobarden schließlich vollends besiegt, erweitert das Territorium der Kirche um das nördliche Kampanien. Am Weihnachtstag des Jahres 800 wird Karl in der Peterskirche von Papst Leo III. zum römischen Kaiser gekrönt, wobei die kaiserliche Oberhoheit über Rom und Italien neben der päpstlichen Souveränität bekräftigt wird.

Machtkämpfe und Kirchenspaltung

Politik der Päpste

Die politische Schwäche der Frankenkönige im 9. Jh. und ihre lange Abwesenheit von Rom zwingen die Päpste vor Ort zu einer eigenmächtigen Politik. Den Plünderungen durch die Sarazenen 846 folgt die Errichtung der befestigten Leostadt (Civitas Leonina) 848 – 852 unter Papst Leo IV. auf dem rechten Tiberufer zwischen St. Peter und der Engelsburg.

Erst die Kaiserkrönung des deutschen Königs Otto I. aus dem Geschlecht der Sachsen 962 in Rom verschafft der römischen Kaisergewalt neues Gewicht. Allerdings verwirft Kaiser Otto III. im Jahr 1000 die territorialen Schenkungen an den Papst und beansprucht die Obergewalt, wogegen sich die Römer 1001 auflehnen. In der Folge verschärft sich der **Konflikt zwischen Kaiser und Papst** um die Vormachtstellung in Rom, Italien und im christlichen Europa. Zwischen 1081 und 1084 wird Rom mehrmals von Kaiser Heinrich IV. belagert und sogar von den Normannen geplündert.

In den Jahren 1143 und 1144 geben sich Adel und Bürger in Rom eine eigene Gemeindeverfassung nach antikem Vorbild und verlegen den Sitz des Senats auf den Kapitolshügel, wo auch heute noch das Rathaus von Rom, der Senatorenpalast, steht.

Die Proklamation des ersten Heiligen Jahres 1300 durch Papst Bonifatius VIII. macht die Einrichtung eines ersten Einbahnstraßensystems für die vielen Rom-Pilger erforderlich. 1303 wird Roms erste **Universität** »La Sapienza« gegründet. Heute ist sie mit 21 Fakultä-

Von der Piazza del Popolo gehen seit dem 16. Jh. die drei Hauptstraßen Via del Corso, Via del Babuino und Via di Ripetta aus.

ten, rund 20 000 Mitarbeiterinnen und Mitarbeitern und weit über 100 000 Studierenden eine der größten Universitäten Europas.

Päpste im Exil in der Provence

Als die Päpste auf Druck der französischen Könige, deren Unterstützung sie gegen die deutschen Kaiser in Anspruch genommen haben, im Exil zu Avignon in der Provence residieren müssen, brechen in Rom verheerende **Adels- und Parteienkämpfe** aus, die 1347 in der kurzlebigen Volksherrschaft unter dem letzten »Volkstribun« Cola di Rienzo gipfeln. Die Bevölkerungszahl sinkt auf 20 000, viele Kirchen, Paläste und Plätze veröden.

Die Rückkehr von Papst Gregor XI. nach Rom initiiert maßgeblich eine Frau: die hl. Katharina von Siena. Da aber in Avignon weiterhin ein Papst residiert, entsteht das »Große Abendländische Schisma« (1378 – 1417), in dem zeitweilig bis zu drei Päpste konkurrieren. Im November 1417 endet diese Kirchenspaltung auf dem Konzil von Konstanz (1414 – 1418) mit der Wahl Papst Martins V., der endgültig nach Rom zurückkehrt.

Glanzvolle Papstresidenz

15./16. Jh. Im weiteren Verlauf der Renaissanceepoche des 15. und frühen 16. Jh.s organisieren zahlreiche Päpste die **Neugestaltung Roms** unter Einbeziehung des antiken Erbes. 1455 entsteht mit dem Palazzo Venezia der erste große Renaissancepalast in Rom, 1506 legt Papst Julius II. den Grundstein für den Neubau der Peterskirche. Nach und nach wächst mit neuen Kirchen, Palästen, Plätzen, Treppenanlagen, Brunnen und Straßen eine neue Stadtsilhouette. Während sich die päpstlichen Mäzene ehrgeizig und selbstsüchtig um die Entfaltung der Künste in Rom kümmern, vernachlässigen sie keineswegs die politisch-militärische Absicherung ihrer Macht. Als Clemens VII. jedoch der kaiserlichen Vormacht in Italien durch einen Pakt mit den Franzosen entgegenzuwirken versucht, wird Rom durch die Truppen Karls V. eingenommen und geplündert.
Dieser **»Sacco di Roma«** stoppt die Bautätigkeit jäh, zudem bricht die Pest aus, die Einwohnerzahl schrumpft wieder auf 50 000. Die Kirche wird zu hohen Reparationsleistungen gezwungen. Terror und Demütigung durch Karl V. hinterlassen in Rom eine Weltuntergangsstimmung. Die Päpste verzichten auf ein offenes Eingreifen in die Weltpolitik. Zudem findet die letzte Kaiserkrönung in Italien, diejenige Karls V., 1530 nicht mehr in Rom, sondern in Bologna statt.

Gegenreformation Als Antwort der Päpste auf die Reformation wird das **Konzil von Trient** (1545 – 1563) einberufen. Gegen liberale Glaubensauffassungen greift der Papst hart durch und lässt den Dominikanermönch Giordano Bruno 1600 auf dem Campo de' Fiori wegen angeblicher Ketzerei und Magie verbrennen. Die Spaltung der alten Kirche und die zahlreichen Glaubenskriege in Europa führen im gegenreformatorischen Sinn zur baulichen, malerischen und skulpturalen Verherrlichung des katholischen Glaubens im Zeitalter des Barocks. Rom entwickelt sich zur Kunststadt, die zahlreiche ausländische Kunstschaffende anzieht. Vom späten 16. bis zum 18. Jh. stellen alteingesessene Adelsfamilien die Prälaten, Kardinäle und Päpste und statten Rom mit Prunkpalästen und Kirchen aus, bis die Stadt durch die Französische Revolution aus dem Dornröschenschlaf geweckt wird.

Aufrührerisches 19. Jahrhundert

Napoleon Im Jahr 1798 besetzen französische Revolutionstruppen die Stadt und proklamieren die Römische Republik. Papst Pius VI. wird nach Frankreich entführt und auch sein Nachfolger Pius VII. wird zum Spielball napoleonischer Machtpolitik. Rom hat zu dieser Zeit etwa 160 000 Einwohner und wird nach der **Aufhebung des Kirchenstaats** 1809 Teil des napoleonischen Kaiserreichs und Sitz des »Königs von Rom«, des einzigen Sohnes von Napoleon. Die französische Verwaltung betreibt auf allen Ebenen Reformen, setzt Industrieaufbau und Ausgrabungstätigkeiten in Gang. 1815 stellt der Wiener Kongress den Kirchenstaat wieder her und der Papst kehrt als Souverän nach Rom zurück.

Risorgimento

Im europäischen Revolutionsjahr 1848 erfasst eine Welle des Aufruhrs die italienische Halbinsel. Das »Risorgimento«, die »Wiedererstehung«, soll zur **Vereinigung Italiens** führen und erhält unter Giuseppe Mazzini und Giuseppe Garibaldi immer mehr Zulauf. Seit dem 9. Februar 1849 regiert in Rom ein republikanisches Triumvirat, gebildet von Mazzini, Carlo Armellini und Aurelio Saffi. Papst Pius IX. flieht. Garibaldi organisiert die Verteidigung Roms. Aber 1850 kehrt der Papst mithilfe französischer Truppen in die Tibermetropole zurück und lässt über 20 000 Risorgimento-Anhänger aus der Stadt vertreiben.

Hauptstadt Italiens

Die nationale Risorgimento-Bewegung proklamiert unter Führung des piemontesischen Königs Vittorio Emanuele II. im Jahr 1860 das **Königreich Italien.** Doch der römische Kirchenstaat weigert sich zunächst erfolgreich, dem neuen Nationalstaat beizutreten. Erst als dessen französische Schutztruppen wegen des Deutsch-Französischen Krieges abgezogen werden, gibt Pius IX. auf, überlässt die Stadt dem König und zieht sich in den Vatikan zurück. So wird Rom 1871 **Hauptstadt** des vereinigten Königreichs Italien und der Quirinal Königsresidenz. Die Stadt zählt 1881 offiziell 274 000 Einwohner, 1901 sind es bereits 422 000. Die städtebauliche Umgestaltung und Modernisierung wird zur großen Herausforderung. Die notwendigen Verwaltungsbauten enstehen überall in der Stadt und vermischen sich mit den Baustilen der vergangenen Epochen. Trotz verbesserter Infrastruktur verelenden weite Bevölkerungskreise.

Vom 20. ins 21. Jahrhundert

Mussolini

Nach dem Ende des Ersten Weltkriegs ist die Einwohnerzahl auf 660 000 (1921) angestiegen, mit erheblichem Potenzial für soziale Konflikte. 1922 marschiert Benito Mussolini mit seinen Parteigängern nach Rom, erzwingt seine Ernennung zum Ministerpräsidenten und leitet die **faschistische Diktatur** ein.
Unter dem »Duce« wird die Bautätigkeit in Rom neu belebt, das 1931 mit 930 000 Bürgern zur einwohnerreichsten Stadt im Mittelmeerraum expandiert, allerdings mit enormen Wohnraum- und Versorgungsproblemen.

Lateranverträge

Unter Mussolini werden 1929 die Lateranverträge zwischen dem Heiligen Stuhl und dem italienischen Staat geschlossen. Den Päpsten wird der **Vatikanstaat** mit einer Reihe von exterritorialen Bezirken als souveränes Hoheitsgebiet zugesprochen. Als Entschädigung für die Gebietsverluste erhält der Vatikan die damals gewaltige Summe von knapp 2 Mrd. Lire. Die Kirche wird mit diesem Konkordat ein wichtiger Verbündeter des Faschismus im Kampf gegen liberale und sozialistische Strömungen.

Zweiter Weltkrieg

1940 erklärt Italien an der Seite Deutschlands seinen Kriegseintritt. 1943 setzt der König den Diktator auf Antrag des Großen Faschistischen Rates ab. Im Juli 1943 wird Mussolini verhaftet, wenig später von den Deutschen befreit und zum »Regierungschef« der sog. **Republik von Salò** ernannt. Rom wird von deutschen Truppen besetzt und erlebt den Gestapoterror. Als die alliierten Streitkräfte sich auf die Stadt zubewegen, zieht die Wehrmacht am 4. Juni 1944 ab und erklärt Rom zur »offenen Stadt«.

Italienische Republik

Am 2. Juni 1946 wird nach einem Volksentscheid die Italienische Republik ausgerufen. **Vittorio Emanuele III. dankt ab,** sein Sohn, König Umberto II., verlässt Italien. Aus den Wahlen gehen die Christdemokraten als Sieger hervor, gefolgt von den Sozialisten und Kommunisten. Rom wird Hauptstadt der Republik Italien.
Mit dem wirtschaftlichen Aufschwung expandiert die Stadt, an der Peripherie entstehen neue Vororte (Borgate) – und bis zu 600 000 illegal errichtete Wohnungen. Roma Cinecittà erlebt in den 1950er-Jahren ihre Blüte; »la dolce vita« wird sprichwörtlich für die Tiberstadt. 1960 tritt Rom mit der Ausrichtung der XVII. Olympischen Sommerspiele der Neuzeit auch ins internationale Rampenlicht.

Zweites Vatikanisches Konzil

Ganz im Gegensatz zu den römischen Kommunalpolitikern ist Papst Johannes XXIII. bei den einfachen Leuten sehr beliebt. Er ebnet auch den Weg für die längst fällige **Kirchenreform,** die von 1962 bis 1965 im Zweiten Vatikanischen Konzil verhandelt wird.

1970er- und 1980er-Jahre

Nach massiven Protesten wählen die Römer 1976 erstmals einen kommunistischen Stadtrat, der allerdings ebenfalls an der »chaotischen« Realität Roms scheitert. 1978 wird zum **Dreipäpstejahr.** Auf Papst Paul VI. folgt das kurze Pontifikat von Papst Johannes Paul I. Wilde Verschwörungstheorien ranken sich seither um den Tod dieses Luciani-Papstes, um die Machenschaften der Geheimloge P2 (Propaganda Due) sowie um den Finanzskandal der Hausbank des Vatikans, den Banco Ambrosiano, und den Tod seines Präsidenten Roberto Calvi am 18. Juni 1982 unter einer Londoner Brücke sowie seiner Sekretärin Graziella Corrocher, die am gleichen Tag aus dem Mailänder Bankgebäude zu Tode stürzte. 1986 erlebt Rom den traurigen Höhepunkt der »anni di piombo«, der nach einem Film der deutschen Regisseurin Margarethe von Trotta so benannten »Bleiernen Zeit«: die

Entführung und Ermordung des christdemokratischen Parteivorsitzenden Aldo Moro durch die Roten Brigaden.
Mit Papst Johannes Paul II. wird im Oktober 1978 erstmals seit 453 Jahren ein Nicht-Italiener zum Papst gewählt. 1980 werden Roms Altstadt, Vatikanstadt und Petersdom **UNESCO-Weltkulturerbe.** Ab 1984 regelt ein neues Konkordat das Verhältnis zwischen Kirche und Staat – der römisch-katholische Glaube ist nicht mehr Staatsreligion.

Millenium und Aufbruch ins 21. Jh.

Zur Jahrtausendwende mit dem besonderen Heiligen Jahr, dem **»Giubileo 2000«,** besuchen über 25 Millionen Pilger Rom und den Vatikan. Hatte der Grünen-Politiker Francesco Rutelli in den 1990er-Jahren erste kommunalpolitische Akzente als Bürgermeister gesetzt, so fällt in die zwei Amtszeiten von Walter Veltroni Roms städtebaulicher Aufbruch ins 21. Jahrhundert.
Während die nationale Politik in der Ära Berlusconi ohne jedes Wachstum stagniert und auch 2014 nur das Wirtschaftsniveau des Jahres 2000 erreicht, begegnen Roms Bürgermeister dem drohenden Verkehrsinfarkt mit der Einrichtung neuer Busspuren, dem Einsatz umweltfreundlicher Elektrobusse und dem Ausbau der U-Bahnlinien A und B. Auch der erste Abschnitt der neuen Linie C (13 km, 15 Stationen) wird im November 2014 eröffnet. Ihr weiterer Ausbau bis zum Kolosseum erfolgt bis 2025/2026. Im Oktober 2021 löst der Sozialdemokrat **Roberto Gualtieri** als neuer Bürgermeister die erste Frau in diesem Amt, Virginia Raggi, ab.

Papst Franziskus I. öffnet die Heilige Pforte des Petersdoms – das Heilige Jahr beginnt

Aufbruchstimmung auch im Vatikan

Sogar im Vatikan wird die Aufbruchstimmung spürbar: Nach dem Tod Johannes Pauls II. im April 2005 besteigt mit Kardinal Joseph Ratzinger ein Deutscher als **Papst Benedikt XVI.** (gest. 2022) den Heiligen Stuhl. Die hohen Anforderungen führen am 28. Februar 2013 zum Amtsverzicht: Erstmals seit 1294 tritt ein Papst freiwillig zurück. Seit März 2013 führt **Franziskus** die katholische Kirche. Jorge Mario Bergoglio ist der erste Lateinamerikaner und Jesuit an der Spitze des Vatikans – und er räumt auf! Seine enorme Popularität begründet er gleich zu Amtsbeginn: Kein lateinischer Segen, sondern ein schlichtes »Buona sera« sind die ersten Papstworte.

Nationales und internationales Parkett

Roms nationale Politik erlangt durch die Regierung Mario Monti wieder internationale Reputation. Ab Februar 2014 setzt der neue Ministerpräsident Matteo Renzi den rigorosen Sparkurs samt Staatsumbau fort. Seit Januar 2015 führt der Verfassungsrichter **Sergio Mattarella** die Amtsgeschäfte im Quirinalspalast. Nach vorgezogenen Neuwahlen kommt es unter dem parteilosen Giuseppe Conte zu einem Bündnis zwischen der Protestpartei Fünf-Sterne-Bewegung und der rechtspopulistischen Lega. Als diese Koalition im August 2019 platzt, gibt es ein neues Bündnis unter Conte zwischen Fünf-Sterne und Sozialdemokraten. Unterdessen macht ein gebürtiger Römer international Furore: **Mario Draghi** leitet von 2011 bis 2019 die Europäische Zentralbank. Und eben dieser Mario Draghi wird am 13. Februar 2021 italienischer Ministerpräsident. Jedoch tritt er bereits im Juli 2022 wieder von diesem Amt zurück. Aus den Neuwahlen im Herbst 2022 geht die Rechtspopulistin **Giorgia Meloni** als Siegerin hervor.

KUNSTGESCHICHTE

In Rom erlebt man Geschichte »in mehreren Schichten« und das manchmal eher unfreiwillig: Kaum wird ein Museum gebaut und dazu in die Erde gestochen, schon füllen die Funde ein neues Museum. Doch die Ewige Stadt ist nicht nur museal zu bewundern, denn auf der obersten Schicht liegt die Gegenwart – und die ist höchst lebendig.

Antike

Antike Tempelbauten

Tempel sind die markantesten Zeugnisse der antiken Baukunst. Zunächst stand der Tempelbau am Tiber unter etruskischem Einfluss, und auch Bautraditionen aus dem antiken Griechenland spiegelten sich hier. Doch anders als die Griechen, die ihre Tempel als von allen

Seiten sichtbare Monumente in die Natur setzten, entwickelten die Römer bald einen **raumplanerischen Sinn** und integrierten die Orte der Götterverehrung in ihre städtebaulichen Konzepte.
Typisch für den römischen Tempel ist, dass er auf einem Podium steht, auf einen Vorplatz hin ausgerichtet ist und eine tieffluchtende Säulenvorhalle (Pronaos) mit Treppe besitzt, dem sich ein blockhaft geschlossener Raum (Cella) mit dem Götterbild anschließt. Eher selten bauten die Römer Rundtempel – eine Sonderstellung im Tempelbau nimmt das **Pantheon** ein, das aus einem zweischaligen Mauerzylinder mit Vorhalle und Kuppelkonstruktion besteht.

Das römische Wohnhaus

Mittelpunkt eines römischen Domus – eines Wohnhauses – war das **Atrium,** dessen Bezeichnung sich von »ater«, »rauchgeschwärzt«, ableitet. Als Innenhof ohne Dach diente das Atrium sowohl als Rauchabzug als auch als Wasserspeicher. Um das Atrium herum lagen der straßenseitige Eingang mit Hausflur (fauces), das oder die Bedienenzimmer (cella), Schlafraum (cubiculum), Wohnzimmer (tablinum), Speisezimmer (triclinum) und Vorratskammer (apotheca). Als eine Art Hinterhof war noch ein schmaler Gemüsegarten (hortus) angeschlossen, der sich im 3. Jh. v. Chr. unter hellenistischem Einfluss zum Peristylium wandelte, einer offenen Säulenhalle mit seitlichen Gemächern.

Mehrstöckige Gebäude und größere Komplexe

Im 2. Jh. v. Chr. entstanden in den größeren Städten durch Aufstockung der Atriumshäuser Mietshäuser, bei denen das Atrium zum Lichthof wurde und im Untergeschoss Läden und Werkstätten eingerichtet wurden. Bei Stadtplanungen wie in Ostia wurden mit den Insulae neue mehrstöckige Mietshaustypen aus Backstein mit Treppenhaus und Zimmerfluchten, das Zweifassadenhaus mit zwei gleichen Wohnungen und Komforthäuser mit gemeinsamer Thermenanlage gebaut. Die Villa urbana und die Villa suburbana waren das Domizil reicher Stadtbürger, während die **Villa imperialis** als größerer Gebäudekomplex die sommerliche Residenz der Kaiser wurde. Der Kaiserpalast als Regierungszentrale auf dem Palatin, hervorgegangen aus den Villa und Domus genannten Amtssitzen u. a. des Tiberius und des Nero, ist eine erst 80 n. Chr. von Domitian begonnene Bauschöpfung.

Forum

Vorbild des römisch-italischen Forums ist die griechische Agora als symmetrischer Markt- und Handelsplatz, meist säulenumstellt mit angrenzenden Tempel-, Basilika- oder Kurienbauten. In der Kaiserzeit wurde die Marktfunktion des Forums von gesellschaftlicher und politischer Repräsentation verdrängt.

Theaterbau

Das Theater, die Spielstätte für Dramen und Komödien, bauten die Römer zunächst aus Holz. Erst Mitte des ersten vorchristlichen Jahrhunderts entstand der erste Steinbau auf dem Marsfeld. Rund 40

Jahre später wurde das **Marcellus-Theater** vollendet. Es wurde zum Vorbild für den weiteren Theaterbau im römischen Imperium. Römische Theater waren nicht wie bei den Griechen in den Naturraum eingebettet, sondern präsentierten sich als frei stehende Bauten mit hochgemauerten Sitzreihen und einer Bühnenwand mit Schauarchitektur als Teil der Stadt. Das Amphitheater mit elliptischer Arena für Gladiatorenkämpfe entwickelten die Römer nach etruskischen Vorbildern. Ein architektonischer Meilenstein war das 80 n. Chr. fertiggestellte, aus Stein gebaute **Kolosseum,** das größte je erbaute Amphitheater der Welt mit 50 000 Zuschauerplätzen.

Thermen Zu den Errungenschaften des römischen Städtebaus gehörten auch repräsentative Thermen mit fester Raumfolge: Apodyterium (Umkleideraum), Caldarium (Heißwasserbad), Tepidarium (Warmlufthalle) und Frigidarium (Kaltbad); angeschlossen an das Frigidarium war die Palaestra (Sporthalle). Größere Anlagen boten zusätzlich ein Schwimmbad (Natatio) und ein Sudatorium (Dampfschwitzbad). Die Thermen dienten nicht nur einfach als Badeanstalt, sondern auch, ausgestattet mit Läden, Bibliotheken, Wandelhallen und Gärten, als Treffpunkt und **zum vergnüglichen Zeitvertreib.**

Triumphbogen und Bildsäulen Wie steinerne Geschichtsbücher haben auch Triumphbogen und Bildsäulen aus dem antiken Rom bis in unsere Zeit überdauert. Die ältesten Triumphbogen haben ein einziges Tor mit Widmungstafel, Standbild oder Quadriga des Geehrten **(Titusbogen)**. Im 2./3. Jh. wurden erfolgreichen Kriegsherren aufwendigere, reich gegliederte dreitorige Triumphbogen **(Konstantinsbogen)** gewidmet. Trajan und Marcus Aurelius wurden mit frei stehenden Ehrensäulen mit Reliefbändern geehrt, die die Leistungen der Kaiser als Kriegsherren verherrlichen.

Plastik Die römische Plastik orientierte sich einerseits an griechischen Vorbildern: Leicht veränderte Kopien oder Variationen idealisierter griechischer Götter- und Kultbilder dienten in Rom der Dekoration von Palästen, Villen und öffentlichen Bauten. Andererseits blieb das naturalistische Erbe der Etrusker bewahrt in ungemein lebensnahen **Porträtbüsten.** Standbilder fertigte man allerdings in Serienherstellung als Togafiguren, auf die man austauschbare Köpfe setzen konnte. Die Panzerstatue ist dagegen ein Novum der Kaiserzeit, bei der ein reliefgeschmückter, eng anliegender Brustpanzer die Feldherrn- oder Kaiserfigur in kurzem, tunikaartigem Waffenrock zeigt. Im **Flachrelief** waren die Römer Meister bei der Gestaltung historischer, mythologischer und sakraler Szenen an Triumphbögen, Bildsäulen, Altären, Sarkophagen und Grabstelen. Aus griechischen Ursprüngen wurde zudem die marmorne und bronzene Monumentalplastik weiterentwickelt, als Reiterstandbild oder kolossale Kaiserstatue.

OBEN Antike Privathäuser wurden mit lebhaften Fresken ausgeschmückt.
UNTEN: Die Vatikanischen Museen besitzen die größte Sammlung antiker Skulpturen weltweit.

Frühchristliche Epoche

Kirchenbauten prägen die Epoche

Nach der Tolerierung des Christentums unter Kaiser Konstantin im 4. Jh. wurden Kirchen die prägenden Bauwerke der neue Epoche. Dabei griffen die Baumeister im Dienste der Christenheit zunächst auf die **Bauform der Basilika** (griech. stoá basilika; »Königshalle«) zurück. Basiliken, langrechteckige Baukörper mit meist breitem Mittelraum und durch Säulen abgetrennten schmalen Seitenräumen, hatten die Römer in der vorchristlichen Epoche als Markt- oder Gerichtshallen gebaut. Als das Christentum im Römischen Reich zur Staatsreligion aufstieg und große Versammlungsräume benötigte, wurden nach dem Vorbild der antiken Hallen zunehmend langgestreckte, meist nach Osten gerichtete Kirchen mit erhöhtem Mittelschiff und niedrigeren Seitenschiffen errichtet. Andere Vorbilder für die christlichen Gotteshäuser waren Rundräume der Thermen, überkuppelte Tempel (Pantheon) und Mausoleen sowie die konstantinische Jerusalemer Grabeskirche.

Romanik

Sakralbauten

Die über dem Grab der Märtyrerin Agnes im frühen 7. Jh. erbaute Emporenbasilika **Sant' Agnese fuori le Mura** liefert ein gutes Raumbild einer frühromanischen Kirche unter byzantinischem Einfluss. Sechzehn antike Säulen tragen die Rundbögen, und die Apsis ist mit der bis dahin ungewöhnlichen monumentalen Heiligengestalt mosaiziert. Im 9. Jh. entstanden weitere Basiliken wie Santa Prassede und Santa Cecilia in Trastevere.

Aus dem 12. Jh. sind mehrere Um- und Neubauten erhalten, darunter die eindrucksvolle Oberkirche von San Clemente, die in ihrer Raumfolge aus Vorhalle, Atrium, dreischiffigem Langhaus, Sängerchor und Apsis am deutlichsten den Typus mittelalterlicher Sakralarchitektur repräsentiert.

Zwischen 1205 und 1240 wurde der **Kreuzgang von San Paolo fuori le Mura** errichtet. Dessen Arkadenbögen werden durch Säulenpaare mit kannelierten oder gedrehten Schäften gestützt und sind mit kostbaren Mosaiken von Pietro Vassaletto geschmückt. Ebensolche Säulen mit feinen Mosaikeinlagen, Tierfiguren und Laubwerk schmücken den Kreuzgang (um 1232) von San Giovanni in Laterano.

Mosaik-Fußböden

Zwischen 1100 und 1300 wurden die Fußböden vieler römischer Kirchen mit kunstvollen Steinmosaiken gestaltet, für die man unter anderem antike Marmorsäulen als Rohmaterial verwendete. Zu größter Meisterschaft brachte es dabei die Familie eines Marmorkünstlers namens Cosmas. Weil das Know-how des Handwerks von einer Generation zur nächsten weitergegeben wurde, bezeichnet man diese Stein-Einlegetechnik auch als **Kosmatenkunst.**

Wenig entfaltete Gotik

Pietro Cavallini und Giotto

Von Frankreich her hielt der gotische Baustil im Verlauf des 13. Jh.s Einzug in Europas Baukunst. Der extreme Vertikalismus der französischen Gotik fand in Rom aber ebenso wenig Nachahmung wie die figurenreichen Portale, die buntverglasten Rosenfenster, das aufwendige Strebewerk und das für die Gotik charakteristische filigrane Maßwerk. Grund dafür, dass die gotische Kirchenbaukunst in Rom kaum zur Entfaltung kam, ist die lange Abwesenheit der Päpste während des Exils in Avignon. Der einzige größere römische Kirchenneubau im Stil der Gotik ist die Dominikanerkirche **Santa Maria sopra Minerva** (1280 – 1453, Fassade 1725), eine dreischiffige Pfeilerbasilika mit weit gespannten Kreuzgratgewölben. Pietro Cavallini und Giotto als Hauptvertreter der gotischen Wandmalerei in Rom überwanden den strengen ikonenhaften Stil der byzantinischen Tradition zugunsten von lebendiger wirkenden Figuren in einem wirklichkeitsnahen Raum- und Landschaftsgefüge. Die Ausmalung der Apsis (um 1292 – 1309) in San Giorgio in Velabro und das Jüngste Gericht (um 1293) in Santa Cecilia in Trastevere von Cavallini sowie das Bildnis von Bonifatius VIII. in San Giovanni in Laterano von Giotto sind beeindruckende Beispiele dafür.

Renaissance und Manierismus

Plastik und Architektur

Erst mit der endgültigen Rückkehr Papst Martins V. im Jahr 1417 nach Rom konnte sich die Kunst wieder entfalten – im Rahmen der von Florenz ausgehenden Ablösung der Gotik durch eine »Wiedergeburt« (ital. rinascita) der Antike zwischen 1420 und 1520. In der Plastik trat **das neue Menschenbild** zuerst in Erscheinung, basierend auf antikklassischen Proportionen und Standmotiven (Kontrapost) bis hin zur frei stehenden Aktfigur, die durch antike Fundstücke angeregt wurde. In der Malerei ermöglichte erst die Wiederentdeckung der **Zentralperspektive** die illusionsräumliche Darstellung. Die Baukunst orientierte sich an griechisch-römischen Tempeln, sie kombinierte Säulen, Rundbögen, Gebälk und Dreiecksgiebel zu neuen Schöpfungen. Neben Fassadengestaltungen mit klassischen Säulenordnungen waren die Hängekuppeln (Pendentifs) und doppelschaligen **Kuppelkonstruktionen** künstlerische Leistungen der Epoche. Die Spätphase der Renaissance vom Tod Raffaels 1520 bis zur Fertigstellung der Petersdomkuppel 1593 mit einer teilweise gekünstelten Formensprache ging als Manierismus in die Kunstgeschichte ein.

Wiederaufbau und Neugestaltung

Die Päpste der Renaissanceepoche widmeten sich vordringlich zwei Aufgaben: der Neugestaltung ihrer Residenz und dem Wiederaufbau der verfallenen Stadt. Zuerst musste die Verbindung vom und zum

Michelangelo, der große Meister der Renaissance, bewies sich als Bildhauer mit der Pietà im Petersdom (unten) und als Maler mit der Schöpfungsgeschichte in der Sixtinischen Kapelle (oben). Fast hört man es knistern, wenn der Lebensfunke von Gottvater auf Adam überspringt.

Vatikan über die Engelsbrücke in die Stadt ausgebaut werden. Um den Zugang in die Stadt von Norden für die Massen der Pilger, Reisenden, Kuriere und Händler zu verbessern, wurde seit Anfang des 16. Jh.s die **Piazza del Popolo** umgestaltet. Drei Straßen führen von dort aus fächerförmig in das Zentrum. Die Hügel sollten wieder attraktive Wohngegenden werden, indem sie durch Straßen erschlossen und durch Wasserleitungen versorgt wurden. Repräsentativ dagegen wurde der **Kapitolsplatz** als altes und neues politisch-kulturelles Zentrum der Stadt angelegt, mit großer Rampentreppe, rahmenden Palästen und Reiterstandbild. Schließlich war es den Päpsten ein Anliegen, die Pilgerwege zwischen den sieben Hauptkirchen auszubauen, was von Sixtus V. und dessen Stadtplaner Domenico Fontana (1543 – 1607) eingeleitet wurde. Die Päpste förderten den Bau von Stadtpalästen an den wichtigen Straßenzügen durch die Gewährung von Privilegien an die Bauherren. Gegen Ende des 16. Jh.s waren die wichtigsten Stadtteile wieder überbaut und neue wie im Borgo beim Vatikan und in Trastevere hinzugekommen.

Palastbaukunst

Der seit 1455 von Francesco del Borgo ausgeführte Bau des **Palazzo Venezia** gilt als Auftakt der Renaissancebaukunst in Rom unter Verwendung antikisierender Elemente wie Säule, Rundbogen und Gebälk. Der Palazzo della Cancelleria (1485 – 1513/1514) von Bramante und Antonio da Sangallo d. J. entwickelte die Formensprache im Sinne größerer Prachtentfaltung und Monumentalisierung weiter. Mit dem dreigeschossigen, reich durchfensterten **Palazzo Farnese** (1514/1534 – 1589) der Baumeister Antonio da Sangallo d. J., Michelangelo, Vignola und Giacomo della Porta erreichte die römische Palastbaukunst ihre höchste Vollendung.

Papstresidenz und Petersdom

Im Sakralbau griff Bramante Anfang des 16. Jh.s den antiken Rundtempel in seinem Tempietto von San Pietro in Montorio vorbildhaft auf und verlieh dem Baukörper Spannung durch abwechselnde Tiefen- und Flächenwirkung. Bramante, Raffael, Peruzzi, Sangallo, Michelangelo, Vignola und andere beteiligten sich seit Anfang des 16. Jh.s am Neubau der Papstresidenz und des Petersdoms, dessen markantester Blickfang die von **Michelangelo** entworfene und von Giacomo della Porta 1593 vollendete Tambourkuppel ist. Zu den künstlerischen Hauptwerken der Epoche gehört die **Sixtinische Kapelle** im Vatikan. Toskanische und umbrische Künstler wie Botticelli, Ghirlandaio und Perugino waren an der Ausgestaltung beteiligt. Michelangelo führte zwischen 1508 und 1512 das Deckenfresko in der Cappella Sistina mit raumgreifend voluminösen Figuren der Schöpfungsgeschichte aus. Sein berühmtestes Bild ist »Die Erschaffung des Adam«. Ein auch schon vor der göttlichen Berührung erstaunlich selbstbewusster Adam hält Gott seinen Zeigefinger hin, damit dieser ihn zum Leben erweckt. Bereits 1498 – 1500 schuf Michelangelo die

Pietà für den Petersdom, eines der bedeutendsten Werke der abendländischen Bildhauerei. Der junge Michelangelo legt mit der Dynamik und Körperspannung seiner aus weißem Carraramarmor erschaffenen Figuren eine technische Meisterschaft an den Tag, die seit der Antike kein Bildhauer erreicht hatte.

Barocke Pracht

Gian Lorenzo Bernini und Francesco Borromini

Im Gegensatz zur Gotik hat das Barock in Rom seine volle Pracht entfaltet. Baumeister der Epoche experimentieren mit elliptischen Grundrissen in Verbindung mit Wandpfeilersystemen, Kuppelkonstruktionen und fein gestuften Türmen. Vor- und zurückspringende Elemente verleihen den Baukörpern der Kirchen und Paläste eine plastische Bewegtheit. Zwei herausragende Baumeister drücken dem Rom der Barockzeit ihren Stempel auf – an fast allen großen Bauprojekten der Epoche – seien es Kirchen, Palazzi oder repräsentative Brunnen – sind sie beteiligt: Gian Lorenzo Bernini (1598 – 1680) und Francesco Borromini (1599 – 1667). Bernini entwarf zwischen 1656 und 1671 auch den mächtigen **Ovalplatz vor dem Petersdom,** der durch zwei dreischiffige, gewölbte Kolonnaden »umarmt« wird und dessen Querachse aus dem Obelisken, den beiden Brunnen und den Risaliten im Säulenbau besteht. Durch die in vier Reihen den Platz umschließenden Säulen gewinnt die Anlage an Geschlossenheit, behält aber auch die nötige Durchlässigkeit. Die Kirche und das Kloster **San Carlo alle Quattro Fontane** (1634 – 1646/1877), Oratorium und Konvent San Filippo Neri (1637 – 1650) und die Universitätskirche Sant' Ivo alla Sapienza sind die Hauptwerke seines Kollegen und Konkurrenten Borromini.

Weitere Kirchenbauten

Carlo Rainaldi (1611 – 1691) bereicherte das Stadtbild Roms durch das Kirchenpaar Santa Maria in Monte Santo und Santa Maria dei Miracoli als Blickpunkte auf der Piazza del Popolo und schuf die als Schauseite ausgebildete Chorfassade von **Santa Maria Maggiore.** Pietro da Cortona (1596 – 1669) baute in Rom Kirchen mit eigentümlichen Säulenportiken und Loggien, darunter SS. Martina e Luca, Santa Maria della Pace und Santa Maria in Via Lata.

Monumentale Plätze

Zu den großen Baumaßnahmen der Päpste gehörte die monumentale Ausgestaltung von Plätzen: Piazza Navona, Piazza di Spagna, Piazza Barberini, Piazza di Trevi und andere. Häufig erhielten diese öffentlichen Anlagen einen neuen Akzent durch die Aufstellung von figurenverzierten Wand- oder Freibrunnen oder eines antiken Monuments, z. B. eines Obelisken. Die von Francesco de Sanctis 1723 – 1725 konzipierte **Spanische Treppe** ist eine der eindrücklichsten Platzgestaltungen des 18. Jahrhunderts.

BAEDEKER ÜBERRASCHENDES

5X UNTERSCHÄTZT

Genau hinsehen, nicht daran vorbeigehen, einfach probieren!

1. MODERN

Nur alte Steine? Sicherlich: Rom ist bekannt für die Antike, aber es gibt auch moderne Architektur. Allem voran Zaha Hadids **MAXXI,** ein Museum für zeitgenössische Kunst.
(▶ **S. 128**)

2. LINIE 3

Der Verkehr auf Roms Straßen ist chaotisch, der Ausbau der Metro geht nur schleppend voran. Gute Alternative: Straßenbahnen. Mit der Linie 3 kann man günstig **eine ausgedehnte Sightseeingtour** unternehmen.

3. VERSPIELT

Antike und barocke Bauten gibt es in Rom im Überfluss. Das **»Quartiere Coppedè«** östlich der Villa Borghese wartet mit einer ganz anderen Architektur auf: Hier prunkt der Stile Liberty, Jugendstil auf Italienisch – verspieltes Dekor, das aus einer fantastischen Märchenwelt stammen könnte (von Stazione Termini mit Bus 92 oder 223 zur Piazza Buenos Aires).

4. BELLA FIGURA

Um »bella figura« zu machen, brezeln sich junge Römer und Römerinnen gerne auf. Aber es geht auch anders. In den studentischen Ausgehvierteln wie **San Lorenzo** sieht man Chucks statt High Heels und Wegbier statt edler Tropfen. (▶ **S. 185**)

5. GANZ RUHIG

Bisweilen braucht es nur ein paar Schritte, um dem Trubel zu entkommen. Abseits der Touristenpfade lockt die heimelige **Piazza della Minerva** und auf ihr: Berninis Elefant.
(▶ **S. 161**)

Religiöse Malerei

Die barocke religiöse Malerei macht immer wieder den Triumph des Glaubens zum Thema in emotional bewegenden Altarbildern und prächtigen Gewölbe- und Deckenausmalungen.
Für die Entwicklung der Monumentalmalerei waren die Fresken von **Annibale Carracci** (1560 – 1609) für die Galleria des Palazzo Farnese (1597 – 1601) bedeutend: Die vielschichtigen Szenen im Tonnengewölbe illustrieren den zentralen Gedanken der Erhebung und Verwandlung der menschlichen Seele durch die göttliche Liebe. In heiterer Atmosphäre sind die Figuren locker gemalt, ihre Bewegtheit wird durch Drehungen und Farblichteffekte gesteigert.
Caravaggio (1571 – 1610) konzentrierte sich auf das Porträt und das vielfigurige Altarbild. Seine Bildwerke in der Contarelli-Kapelle in San Luigi dei Francesi und in der Cerasi-Kapelle in Santa Maria del Popolo sind geprägt von monumentalen Figurengruppen, bei denen Einzelperson und Gruppe im kontrastreichen Spiel von Mimik und Gestik in Beziehung treten. Dabei lenken Helldunkeleffekte und überlegt eingesetzte Kolorierung den Blick auf das Wesentliche.
Pietro da Cortona gilt als wichtigster Vertreter des römischen Hochbarock. Die Fresken im Salone des Palazzo Barberini, geschaffen 1633 – 1639, zeigen seine reiche Farbskala, die Fähigkeit, illusionistische Räume zu gestalten und sie in die rahmende Architektur einzubinden.

Bürgerlicher Klassizismus

Rückbesinnung auf die Antike

In der zweiten Hälfte des 18. Jh.s vollzog sich eine Abkehr von der spielerisch-dekorativen Formsprache des Barock zugunsten des strengen Formenvokabulars der griechisch-römischen Antike. Da Kirche und Adel nicht zuletzt durch versiegende Geldquellen als Auftraggeber in den Hintergrund traten, passte sich das Künstlertum den Bedürfnissen der neuen Käuferschicht an: Kleinadel und gehobenes Bürgertum. Das Genrebild, die Vedute und das Porträt avancierten zu beliebten Kunstformen. **Giovanni Battista Piranesi** stellte sich der Aufgabe, das Bild der Stadt und ihrer Altertümer auf Stichen festzuhalten. Diese Neubesinnung auf die antiken Bauwerke drückte sich auch in **Johann Joachim Winckelmanns** intensiven Antikenstudien während seiner langen Italienaufenthalte und schließlich als Direktor der Altertümer der Vatikanischen Bibliothek aus. Als Alessandro Galilei 1733 – 1735 die Fassadengestaltung von San Giovanni in Laterano als Schauwand in großen, einfachen Maßen mit strenger kolossaler Gliederung ausführte, war damit ein frühes Beispiel klassizistischer Architektur in Rom geschaffen.

Plastik

Bedeutende Werke der Plastik schufen **Antonio Canova** (1757 bis 1822) und der Däne **Bertel Thorvaldsen** (1770 – 1844). Bei Canovas Grabmal für Papst Clemens XIV. in SS. Apostoli trägt ein schlichter Sockel den antikischen Sarkophag, gerahmt von den trauernden Figuren der Bescheidenheit und der Sanftmut, mit dem darüber thronenden Papst in Pontifikalkleidung mit siegreich ausgestreckter rechter Hand. Bertel Thorvaldsens Grabmal für Pius VII. in St. Peter wird von den Personifikationen der Weisheit, der Standhaftigkeit, der Zeit und der Geschichte geprägt.

Das 19. Jahrhundert

Deutsche Landschaftsmaler und englische Präraffaeliten

Im 19. Jh. übte Rom eine magische Anziehungskraft auf deutsche Landschaftsmaler aus. Die romantisch gestimmten Deutschrömer sammelten sich um Joseph Anton Koch. Mitglieder der 1809 in Wien gegründeten Künstlervereinigung **Lukasbund,** auch spöttisch Nazarener genannt, zogen sich 1810 in das leer stehende Kloster Sant' Isidoro in Rom zurück, um ihre Ideale einer christlichen Lebensführung und Kunst zu pflegen. Overbeck und Pforr waren die Initiatoren, zu denen sich von Cornelius, Schadow, Schnorr von Carolsfeld, Veit u. a. gesellten. Sie propagierten eine auf die altdeutsche Malerei zurückgehende christliche Kunst und wandten sich gegen einen »gefühlsleeren Akademismus«. Weitere Vorbilder waren der frühe Raffael und Perugino. In der Nachfolge der Nazarener standen auch die englischen Präraffaeliten Mitte des 19. Jh.s, von denen Edward Burne-Jones (1833 – 1898) in Rom nach 1872 für die anglikanische Gemeinde die Mosaikausstattung von St. Paul's-within-the-Walls schuf. In der zweiten Hälfte des 19. Jh.s trat der **Historismus** als Gegenbewegung zum Klassizismus auf, der sich an den geistig-sittlichen Vorstellungen großer Epochen der Vergangenheit orientierte. Nach der Vereinigung Italiens und der Erhebung Roms zur Hauptstadt waren historisierende Stilelemente und Monumentalformen politisch-künstlerische Ausdrucksmittel der jungen konstitutionellen Monarchie. Aufwendige **Ministerialbauten** entstanden, darunter der gewaltige Palazzo di Giustizia (1889 – 1911) von Guglielmo Calderini im neu erschlossenen Stadtteil Prati di Castello nahe der Engelsburg, außerdem Ausstellungsgebäude wie z. B. der Palazzo delle Esposizioni (1880 – 1882) mit einem Triumphbogenmotiv von Pio Piacentini.

Das 20. Jahrhundert

Architektur und Städtebau

Zu Beginn des 20. Jh.s blieben Architekten wie Guglielmo Calderini und Cesare Bazzani mit dem Palazzo delle Belle Arti (1911 – 1915) noch dem Historismus verpflichtet. Eindrucksvolle Beispiele des Jugendstils blieben im Quartiere Dora bei der Via Tagliamento von Gino Coppedè erhalten. 1928 rangen innerhalb der Ausstellung »Esposizi-

HOLLYWOOD AM TIBER

BAEDEKER WISSEN

Auf das antike Rom mit seinen Tempeln und Triumphbogen trifft man nicht nur im Forum Romanum im Herzen der Ewigen Stadt. Auch neun Kilometer entfernt, an der Via Tuscolana, beeindruckt ein Forum Romanum die Touristen mit stattlichen Tempeln und reich dekorierten Säulen. Hier sieht das Alte Rom sogar viel frischer aus: Anders als die berühmten Ruinen präsentieren sich die Bauwerke in leuchtenden Farben, in Rot und Grün und Blau – ganz so wie damals vor rund 2000 Jahren. »Roma Antica« gehört zu den größten Außensets von Cinecittà, der berühmten Filmproduktionsstätte im Süden der Stadt.

Aufgebaut wurde die monumentale Kulisse Anfang der 2000er-Jahre für eine italienische Fernsehserie. Später gab sie das Ambiente für den Fernsehmehrteiler »Die Borgia« ab und wurde auch für Werbespots genutzt – so setzte zum Beispiel das amerikanische Dessouslabel Victoria's Secret vor dem Hintergrund von Roma Antica schöne Frauenkörper in verführerischer Underwear in Szene.
Durch eine intensive Filmförderung, 2014 angeschoben vom damaligen Ministerpräsidenten Matteo Renzi, wurde das Hollywood am Tiber auch für internationale Produktionen wieder interessant. 2015 nutzten Filmcrews die Depots von **Cinecittà**, um ein paar Szenen für den Bond-Streifen »Spectre« mit Daniel Craig und Monica Bellucci als Bond-Girl zu drehen. Das Unternehmen Cinecittà macht heute rund 20 Millionen Euro Umsatz im Jahr und beschäftigt rund 150 Mitarbeiter auf dem 40 Hektar großen Areal. Immerhin. Doch wird man wohl kaum an die goldenen Zeiten anknüpfen können, die schon über ein halbes Jahrhundert zurückliegen.

Die großen Jahre

In den 1950er- und 1960er-Jahren nutzten US-Produzenten und Regisseure die Ateliers von Cinecittà für ihre Monumentalfilme. In Rom entstanden so u. a. **»Quo vadis?«** (1950), in dem Sophia Loren noch als Komparsin mitwirkte, sowie »Ben Hur« und »Cleopatra« mit Liz Taylor und Richard Burton. Italienische Regisseure drehten in Cinecittà auch Kopien von Hollywood-Filmen. Mit dem oft politisierenden **Italowestern,** durch den Clint Eastwood auf dem Umweg über Italien zum Star wurde, entstand Ende der 1960er- und zu Beginn der 1970er-Jahre gar ein Genre, das dem amerikanischen Original zeitweise die Show stahl. Ruhm erwarb Cinecittà in dieser Zeit aber vor allem mit italienischen Eigenproduktionen, mit Regisseuren wie Michelangelo Antonioni, der unterkühlte und faszinierende Studien des Bürgertums drehte, wie etwa »La notte« (1960). Luchino Visconti erzählte mit seinen elegischen Filmen vom Verfall des Adels und der Bourgeoisie (»Der Leopard«, 1962), Francesco Rosi analysierte mit seinen Thrillern Macht und Moral (»Wer erschoss Salvatore G.?«, 1962). Von allen italienischen Regisseuren nutzte aber **Federico Fellini** die Studios am meisten. Während er in »La strada« (1954) noch auf authentischen Schauplätzen beharrt hatte, ließ er in »La dolce vita« (1959) für einige Szenen die Via Veneto nachbauen und drehte danach fast nur noch in Cinecittà.

Ende der Traumfabrik und neue Hoffnung

Nach den goldenen Nachkriegsjahrzehnten kam die Flaute für die Filmstadt, große internationale Produktionen blieben aus. Ende der 1990er-Jahre privatisierte Italiens Regierung die Traumfabrik, für die einst Diktator Benito Mussolini den Grundstein gelegt hatte, der den Film als Medium der Propaganda entdeckt hatte. 1997, 60 Jahre nach der Eröffnung von Cinecittà, wurden große Teile des Komplexes stillgelegt.
Mittlerweile gibt es wieder Hoffnung, und die Produktionsstätte empfiehlt sich den internationalen Filmcrews mit erfahrenen Kulissenbauern und Steuervergünstigungen sowie mit dem guten römischen Wetter. 2017 kaufte der italienische Staat die Studios zurück. Um Italiens Wirtschaft nach der Pandemie wieder anzukurbeln, bewilligte die EU zuletzt 260 Millionen Euro Fördergeld. So soll Cinecittá auch attraktiv für das Streaming-Zeitalter werden.
Cinecittà mit aktuellen Außensets und einer Ausstellung zur Geschichte der Traumfabrik kann man **besuchen.**

CINECITTÀ
Mi. – Mo. 10 – 18, letzter Einlass 17.30 Uhr | Eintritt: 15 €, mit geführter Tour 20 € (stündl., teils auch auf englisch)
https://cinecittasimostra.it

Durch ihre Rolle an der Seite von Marcello Mastroianni in Fellinis »La dolce vita« wurde die Schwedin Anita Ekberg weltberühmt.

Cinecittà World

Mit der Erinnerung an den Mythos spielt auch Cinecittà World – ein **Vergnügungspark**. Auf einem 20 Hektar großen Areal können Besucher hier jede Menge Originalfilmkulissen bestaunen – neben dem Originalset des mit sage und schreibe11 Oscars ausgezeichneten Historienschinkens **»Ben Hur«** auch die Straßenzüge, in denen Martin Scorsese seinen Streifen »Gangs of New York« drehte. Eine Achterbahn, mehrere Kinosäle, eine märchenhafte Traumfabrik für Kinder und ein gruseliges Horror House für stärkere Nerven bereichern das Angebot. Federführend mitgestaltet wurde der Park von Dante Ferretti, der sich auf perfekte Szenerien versteht. Er selbst wurde dreimal für das beste Szenenbild mit dem Oscar ausgezeichnet.

CINECITTÀ WORLD
Riserva Naturale di Decima Malafede, Via di Castel Romano 200 | Eintritt: 27 € | Öffnungszeiten variabel: siehe www.cinecittaworld.it

one dell'architettura razionale« die Rationalisten mit den Akademikern um die Gunst des jungen faschistischen Regimes, das schließlich ab 1937 die Rationalisten unterdrückte. Mario Ridolfi verwirklichte einige rationalistische Bauwerke: das Postgebäude im Quartiere Nomentano (1932) und ein Haus an der Via Valentino. In den 1950er-Jahren baute er zusammen mit anderen Architekten das INA-Casa-Viertel Tiburtino, das zum Symbol des italienischen **Neorealismus** werden sollte. Marcello Piacentini baute 1926 das Hotel Ambasciatori in eklektizistischem Stil, d. h. unter Verwendung von Elementen aus unterschiedlichen Stilen. Mit der Machtergreifung des Faschismus wurde er rasch ein Hauptvertreter der Regimebaukunst, die sich neoklassischer wie historistischer Elemente bediente. Unter Piacentinis Leitung entstanden ab 1932 die Città Universitaria und die monumentale Straßenschneise Via Conciliazione. Außerdem arbeitete Piacentini an dem Großprojekt **EUR (Esposizione Universale di Roma),** den Gebäuden für die 1942 geplante Weltausstellung – heute ein Stadtviertel mit Verwaltungs- und Wirtschaftszentrum, wo futuristische Hochbauten isoliert an breit angelegten Straßen stehen, die in riesige Plätze münden. Zeugnis moderner Architekturvorstellungen ist auch der 1938 von Angelo Mazzoni begonnene und 1950 von Calini, Castellazzi u. a. vollendete Hauptbahnhof **Stazione Termini.** Pier Luigi Nervi ist schließlich der prominenteste Architekt für Großprojekte in der Stadt anlässlich der Olympischen Sommerspiele von 1960, für die er 1957/1958 den **Palazetto** und 1960 den **Palazzo dello Sport** sowie das Stadio Flaminio errichtete.

Malerei

Zu Beginn des 20. Jh.s kam es, wie in anderen Hauptstädten Europas, auch in Rom zu Sezessionen, zu Abspaltungen vom herkömmlichen akademischen Kunstbetrieb. Giacomo Balla hatte sich 1895 in Rom niedergelassen und propagierte seine neue Malerei, später als **Futurismus** bezeichnet, in der Aspekte der Moderne wie Geschwindigkeit, Licht, Multiperspektivität u. a. künstlerisch umgesetzt werden sollten. Im Gegenzug dazu entstand die Stilrichtung der **Valori plastici,** die durch eine überscharfe Modellierung der Gegenstände eine starre, rätselhafte Welt abbildeten und sich seit 1920 wieder an Ideen der Renaissancekunst orientierten. Die ab 1918 in Rom herausgegebene Zeitschrift »Valori plastici«, der auch Giorgio de Chirico und Carlo Carrà nahestanden, wurde ein wichtiges Sprachorgan dieser Bewegung. Seit 1922 gewann der Stile Novecento an Einfluss. Er wandte sich gegen moderne Strömungen wie Futurismus und Kubismus und versuchte, die national verbrämten klassischen italienischen Kunsttraditionen wieder zur Geltung zu bringen. Um 1927 formierte sich die Malergruppe **Scuola Romana** mit Scipione (G. Bonichi), Mario Maffai und dessen Frau Antonietta Raphaël als Hauptvertreter und verband die vorherrschende expressionistische Malweise mit dem Farb- und Formempfinden der römischen Barocktradition.

Vielfältige Entwicklungen nach Kriegsende

Die Entwicklung nach Kriegsende war reich an Impulsen, viele Künstlerinnen und Künstler wurden von dem aus Amerika kommenden abstrakten Expressionismus beeinflusst. 1947 fand sich in Rom die Gruppe Forma I zur Verteidigung der **abstrakten Kunst** zusammen. Während Emilio Vedova einen wilden, farbrauschartigen Pinselduktus bevorzugte, setzte sich Lucio Fontana mit monochromen Leinwänden auseinander, die er im Zuge seiner Idee von Verräumlichung der Malerei aufzuschlitzen begann. Anfang der 1960er-Jahre propagierten die Anhänger der **Arte povera** Einfachheit und Nachdenklichkeit in der Kunst, auf der Basis von schlichten, trivialen Materialien. Dagegen gehörte Renato Guttoso dem kritischen Realismus an, u. a. mit dem bekannten Gemälde »Caffè Greco« (1976). Die **Transavanguardia** in den 1980er-Jahren mit Sandro Chia, Enzo Cucchi und Francesco Clemente rückte grellfarbig und ereignishaft das Abgründige, Pikante und Kuriose ins Blickfeld.

21. Jahrhundert

Spektakuläre Architektur

Spektakuläre Großprojekte begleiteten den Beginn des neuen Jahrtausends: Erster städtebaulicher Ausdruck des neuen Geistes war die 2003 geweihte, auch **»Chiesa del Giubileo«** (Jubiläumskirche) genannte Kirche Dio Padre Misericordioso (Kirche Gottes, des barmherzigen Vaters) im Stadtteil Tor Tre Teste. Ihr Standort bedeutete auch eine klare Aufwertung von Roms Außenbezirken. Praktisch: Der US-amerikanische Stararchitekt Richard Meier beschichtete den selbstreinigenden weißen Beton des Gotteshauses mit Titandioxid. 2005 setzte er mit der gläsernen Umbauung des zum Museum gewandelten **Ara Pacis Augustae,** des Friedensaltars des Augustus, ein zweites Ausrufezeichen in Roms Altstadt. Schon 2002 hinterließ Renzo Piano seinen markanten Architekturstempel mit dem futuristischen Bau des Kultur-, Theater-, Musik- und Museumszentrums Auditorium **Parco della Musica** an der Via Flaminia im Stadtteil Parioli. Mit dem Ausbau und der Eröffnung der beiden Ausstellungsflächen für zeitgenössische Kunst, dem **MACRO** in der alten Brauerei an der Via Nizza im Quartier Salario sowie dem MATTATOIO im Ex-Schlachthof am Monte Testaccio, vor allem aber mit dem Neubau des Nationalmuseums für moderne Kunst des 21. Jh.s, des **MAXXI,** durch die Stararchitektin Zaha Hadid setzte Rom klare Signale zum architektonischen Aufbruch. Zeitgenössischen und aktuellen modernen Künstlerinnen wie der italienisch-brasilianischen Architekturpionierin Lina Bo Bardi (1914 – 1992), der Venedig-Biennale-2004-Siegerin Lara Favaretto (geb. 1973) oder dem »Rhythmusanalysten« Francesco Fonassi (geb. 1986) sind Ausstellungen vor allem im MAXXI und MACRO gewidmet. Das neue Kongresszentrum »La Nuvola« des Architektenpaars Fuksas wurde 2016 im Stadtteil EUR eröffnet

INTERESSANTE MENSCHEN

Wüstling auf dem Heiligen Stuhl: Alexander VI.

um 1431 – 1503 Papst

Der Nachwelt hat sich der von 1492 bis 1503 amtierende Papst Alexander VI. in erster Linie als der Wüstling auf dem Heiligen Stuhl eingeprägt. Die Kirche schämt sich seiner, aber sie verschweigt ihn nicht. Die Macht seiner aus dem spanischen Aragón stammenden Familie zu mehren war oberste Richtschnur von **Rodrigo Borgia,** wohl noch vor den Zehn Geboten; das Papsttum diente ihm als Instrument, um als beerbbarer Monarch eines Staates zu herrschen. Dieses Ideal, den sich aufs Geistliche gründenden Kirchenstaat vollends zu säkularisieren, verdrängte bei ihm alles andere. Mit 26 Jahren schon Kardinal, lernte er in der italienischen Renaissancewelt, jegliche Skrupel zu vergessen. Dass der äußerst kunstverständige Alexander mit Wonne den Freuden des anderen Geschlechts erlag, war ein persönliches Laster, allerdings ein hervorstechendes. Der Bußprediger Savonarola endete der mächtigen Borgia wegen auf dem Scheiterhaufen.

Macht sich rar in Italien: Cecilia Bartoli

geb. 1966 Opernsängerin

Manche nennen sie Santa Cecilia, wie die wichtige Heilige Roms: Die weltweit erfolgreiche Mezzosopran-Opernsängerin Cecilia Bartoli ist nicht nur außergewöhnlich gut, sondern auch höchst erfolgreich. Und das, obwohl ihr Repertoire weit über die üblichen Gassenhauer-Arien hinausreicht, oder genau genommen zurückgeht. Denn die Bartoli, Tochter einer Opernsängerin und eines Opernsängers, hat sich der **Schätze alter Musik** angenommen. Sie widmet immer wieder Abende vergessenen Opern von Haydn, Händel und Halévy. 2007 holte Bartoli den ersten internationalen Opernstar, Maria Malibran (Anfang des 19. Jh.s), aus der Vergessenheit. 2009 beschäftigte sie sich mit der Geschichte der Kastratensänger und nahm die CD Sacrificium mit Kastraten-Arien auf. Nur: In Italien tritt die Römerin selten auf. In einem Interview dazu befragt, antwortete sie im Januar 2017 mit leichtem Vorwurf: Ja, es stimme. Die vorromantische Musik, die sie singe, sei im Ausland mehr geschätzt als in Italien. Es würde ihr wahnsinnig gut gefallen, Händel in Italien zu singen:

»Wenn das jemand möchte – ich bin bereit.«

Franziskus Superstar – auch zum Mitnehmen

Frischer Wind im Vatikan: Franziskus I.

geb. 1936
amtierender Papst

Als der Argentinier Jorge Mario Bergoglio am 13. März 2013 die Nachfolge des zurückgetretenen Papstes Benedikt XVI. antrat, flogen ihm nicht nur die Herzen der auf dem Petersplatz versammelten Gläubigen zu. Millionen an den Bildschirmen waren angetan von dem unprätentiösen Ton, den das neue Kirchenoberhaupt anschlug, von der erfrischenden Bescheidenheit, die der Argentinier an den Tag legte. Was war das für ein Papst, der auf Statussymbole verzichtete, der sich lieber selbst hinters Steuer eines betagten Kleinwagens setzte oder einfach in den Bus stieg, statt sich in einer Limousine chauffieren zu lassen? Schon in seiner Zeit als Priester, als Bischof in seiner Heimatstadt Buenos Aires und als Kardinal hatte der Argentinier mit italienischen Vorfahren sein Augenmerk auf die Nöte der Menschen in den Armenvierteln gelegt. Auch als Papst sieht er sich als **Fürsprecher für Notleidende** in allen Winkeln der Welt. Mit seiner ersten Reise im höchsten Kirchenamt setzte er ein Zeichen – er besuchte die afrikanischen Geflüchteten im Aufnahmelager auf der italienischen Insel Lampedusa. Im Vatikan versucht »il papa « aufzuräumen, auch und gerade, wo es um dunkle Finanzgeschäfte geht. So entließ er bereits wenige Monate nach Amtsantritt den unter Korruptions- und

Geldwäscheverdacht stehenden Leiter des Apostolischen Stuhls, Nunzio Scarano. Jedoch äußert sich Papst Franziskus immer wieder als strikter Gegner von Schwangerschaftsabbrüchen und verglich 2018 während einer Generalaudienz Abtreibung mit einem Auftragsmord. Zudem verweigert er weiterhin Frauen höhere Ämter in der katholischen Kirche.

Vorbild aller Kaiser: Gaius Julius Caesar

100 – 44 v. Chr. römischer Herrscher

Gaius Julius Caesar, talentierter Feldherr, machtbewusster Politiker, Geschichtsschreiber mit literarischem Ehrgeiz und großherziger Sieger, war die überragende Persönlichkeit am Ausgang der republikanischen Ära in Rom. Sein Name wurde zum »Kaiser«-Titel und gab dem Monat Juli die Bezeichnung. Innenpolitisch beseitigte er entschlossen die Zwistigkeiten in Rom und stellte Italiens Ordnung wieder her, nach außen sicherte er die Grenzen des römischen Imperiums. 58 – 49 v. Chr. zwang er Gallien unter römisches Joch, 55/54 v. Chr. überschritt er den Rhein nach Germanien und setzte nach Britannien über. Nach Kämpfen in Spanien, Griechenland und Afrika sowie einem halbjährigen Aufenthalt in der ägyptischen Metropole Alexandria – die Königin Kleopatra gebar (vermutlich) seinen Sohn – wurde er 48 v. Chr. zum Diktator ernannt. Caesar regierte **wie ein Monarch** und ließ sich im von ihm gebauten Caesarforum kultisch verehren. Mit zunehmender Maßlosigkeit stieg die Zahl seiner Gegner. An den Iden des März (15. 3.) 44 v. Chr., als ihm auf Antrag der Königstitel für die Provinzen zuerkannt werden sollte, wurde er von Verschwörern – darunter sein Vertrauter Marcus Iunius Brutus – ermordet.

Malender Metaphysiker: Giorgio de Chirico

1888 – 1978 Maler

De Chirico gilt – zusammen mit Carlo Carrà – als Begründer der »Pittura metafisica«, einer Richtung der modernen italienischen Malerei. In seinen hart und plastisch gestalteten Bildern stellte er alltägliche Gegenstände und Stadtlandschaften dar, die durch ungewöhnliche Verbindungen mit anderen Dingen – besonders Gliederpuppen – fremd und rätselhaft erscheinen. Der Leerraum seiner farblich verhaltenen Bilder ist erfüllt von metaphysischem Grauen beziehungsweise von einer unerklärlichen metaphysischen Gegenwärtigkeit. Ab 1919/1920 gab der Maler die Pittura metafisica zugunsten einer akademischen Malweise wieder auf. Zu den Hauptarbeiten des Frühwerks, durch das de Chirico zu einem Wegbereiter der Surrealisten wurde, gehören u. a. »Die beunruhigenden Musen« (1916) und »Der große Metaphysiker« (1917).

Intensives Rot: Artemisia Gentileschi

1593–1654
Malerin

Sie gilt als bedeutendste Malerin ihrer Epoche, des Barock. Von ihrem Vater, der ebenfalls Maler war und ihr Talent früh erkannte, wurde sie gefördert. Fatalerweise bat er seinen Kollegen Agostino Tassi, Artemisia in die Kunst der Perspektive einzuweisen. Dieser vergewaltigte die Siebzehnjährige. Zeitlebens wird diese Tat sich in den Werken der Malerin wiederfinden, etwa im häufigen Gebrauch eines intensiven Rottons. Ihr Vater verklagte den Mann, was zu einem aufsehenerregenden, für die Frau erniedrigenden Prozess führte. Tassi wurde dazu verurteilt, ins Exil zu gehen, trat seine Strafe aber nie an. Gentelschi lebte außer in Rom, lange in London und in Neapel. Zu ihren berühmtesten Werken zählen zwei Darstellungen des Motivs Judith enthauptet Holofernes, zu sehen in Neapel und Florenz. Eine »Madonna mit Kind« ist eines der wenigen Werke von ihr in Rom (Palazzo Spada). Die meisten Bilder der überaus produktiven Malerin, die meist antike oder alttestamentarische Frauengestalten ins Zentrum stellte, sind in Neapel zu sehen. Dort starb sie 1654.

Viel unterwegs: Hadrian

76–138
römischer Kaiser

Hadrian (Publius Aelius Hadrianus) war von 117 bis 138 römischer Kaiser; der Nachfolger Trajans wurde wie dieser in der hispanischen Stadt Italica nahe Sevilla geboren. Seine lange Regierungszeit diente zunächst der Festigung des Reiches. Auf seine Anordnung hin wurden der Hadrianswall in Britannien und der Limes in Germanien als befestigte Grenzwälle errichtet. Hadrian reiste gern und viel – es heißt, er habe alle Provinzen seines Reiches besucht. Athen war die Lieblingsstadt des Kaisers mit dem Philosophenbart, der sich für die griechische Kultur begeisterte und das Eindringen hellenistischer Denkart in die römische Welt förderte. Unübersehbar sind die Zeugnisse seiner **Baufreudigkeit** in Rom: das Hadriansmausoleum (Engelsburg), das Pantheon und im nahen Tivoli die Villa Adriana.

Begründer der päpstlichen Macht: Leo I., der Große

um 400–461
Papst

Nur zwei Päpste trugen den Beinamen »der Große«: Gregor I. und der in der Toskana geborene Leo I., der 440 zum Bischof von Rom gewählt wurde. Er begriff als Erster in ganzer Tragweite, welches Instrument ihm die Cathedra Petri zur Verfügung stellte. In einer Epoche, in der die weltliche Macht des weströmischen Reiches schwand, ließ der Kirchenmann mit seiner eindrucksvollen Formulierungskunst **Rom als Zentrum der katholischen Welt** erstarken. Unter ihm erreichte der Primatanspruch Roms, also der Anspruch des römischen Bischofs auf die Führungsrolle für die gesamte abendländische Christenheit, einen ersten Höhepunkt. Mut und Verhandlungsgeschick soll Leo der Große in den Wirren der Völkerwanderung bewiesen haben. Dem Hunnenkönig Attila habe er sich bei Mantua in den Weg gestellt und ihn von der Plünderung Roms abgehalten, berichten die Quellen der damaligen Zeit. Historiker geben indes zu bedenken, die Rolle Leos sei überbewertet, da sich Attilazum Zeitpunkt des Zusammentreffens mit dem Kirchenoberhaupt ohnehin schon auf dem Rückzug befunden habe. Künstlerisch hat Raffael das legendäre Treffen von Leo I. und Attila am Mincio nahe Mantua jedenfalls über 1000 Jahre später in den Stanzen im Apostolischen Palast (►S. 231) in einem großartigen Fresko gewürdigt.

Vater des Spaghetti-Westerns: Sergio Leone

1929 – 1989
Regisseur

Mit seinen Italo-Western, z. B. »Für eine Handvoll Dollar« (1964), »Zwei glorreiche Halunken« (1966), jeweils mit Clint Eastwood, oder dem sicherlich berühmtesten »Spaghetti-Western« **»Spiel mir das Lied vom Tod«** (1968) mit Claudia Cardinale, Henry Fonda und Charles Bronson schrieb der römische Regisseur Filmgeschichte. Hineingeboren in eine Künstlerfamilie, arbeitete Leone schon frühzeitig bei seinem Vater Roberto Roberti als Regieassistent. In den 1950er-Jahren übernahm er in der römischen Kinostadt Cinecittà Statistenrollen und Regieassistenzen und begann, Drehbücher zu schreiben. Bei »Der Koloss von Rhodos« führte er 1960 zum ersten Mal Regie; sein wohl wichtigstes Filmprojekt, für dessen Realisierung er mehrere Jahre benötigte, wurde der Film **»Es war einmal in Amerika«**, der 1984 Premiere feierte. Der Regisseur starb am 30. April 1989 in seiner Geburtsstadt Rom.

Eine starke Frau: Livia

58 v. Chr. – 29 n. Chr.
römische Kaiserin

Der römische Geschichtsschreiber Tacitus ließ in seinen »Annalen« an Kaiserin Livia kein gutes Haar, für ihren Mann Augustus aber war Livia die perfekte Ehefrau. Durch sie erhielt er Zugang zum römischen Hochadel, ihr Lebensstil als tüchtige Hausfrau, vorbildliche Mutter und treu ergebene Gattin, die Bescheidenheit und Fleiß als die größten Tugenden achtete, fügte sich vorbildhaft in die von ihm angestrebte Erneuerung von Sitten und Moral ein – über seine Seitensprünge sah sie großzügig hinweg. Augustus wusste seine Gattin, die ein **scharfer Verstand und politisches Feingefühl** auszeichneten, als kluge Beraterin zu schätzen. Nur blieb ihre Ehe kinderlos. Dafür sicherte Livia nach dem Tod von Augustus 14 n. Chr. ihrem Sohn Tiberius aus erster Ehe die Thronfolge. Doch der dankte es ihr nicht. In nur wenigen Jahren verschlechterte sich ihr Verhältnis bis zur völligen Entfremdung. Als Livia 86-jährig starb, erschien Tiberius nicht einmal zum Begräbnis.

Anna Magnani

»Ich stamme aus Trastevere [einem ärmlichen Stadtteil von Rom] ... Ich habe gearbeitet, wahrscheinlich zehnmal mehr als andere, weil ich hässlich und lächerlich bin. Ich habe gearbeitet für die Kunst.«

1908 – 1973
Schauspielerin

So beschrieb sich Anna Magnani selbst. Der internationale Durchbruch gelang Italiens wohl großartigstem Filmstar 1945 mit Roberto Rossellinis Film **»Rom – offene Stadt«.** Er erzählt die Geschichte einer schwangeren Witwe, die in die Katastrophe getrieben wird. Ihre leidenschaftliche Darstellungskraft und reiche mimische Skala machten sie von nun an weltweit zur Idealbesetzung für dramatische Rollen. Mit Rossellini verband sie auch privat eine enge Beziehung. Als dieser aber ohne ihr Wissen Ingrid Bergman für den Film »Stromboli« verpflichtete, dessen Hauptrolle ursprünglich ihr zugedacht war, übernahm sie

Geboren in Trastevere: Anna Magnani

den Hauptpart im Konkurrenzfilm »Vulcano« (1949, Regie: William Dieterle). Dieser Film wurde durch ihre brillante Darstellungskunst ein Welterfolg. Ihre letzte Rolle spielte sie 1972 in Federico Fellinis Episodenfilm »Roma«, eine Hommage an die Ewige Stadt. Anna Magnani starb am 26. September 1973 an Bauchspeicheldrüsenkrebs. Zu ihrer Trauerfeier erschienen über 100 000 Römerinnen und Römer.

Der Philosph auf dem Kaiserthton: Marc Aurel

121 – 180 römischer Kaiser

Marc Aurel (Marcus Aurelius Antoninus) regierte das römische Kaiserreich von 161 bis 180. Schon früh weckte er das Interesse Kaiser Hadrians und wurde auf dessen Wunsch von seinem Nachfolger Kaiser Antoninus Pius adoptiert und in jungen Jahren an der Regierung beteiligt. Marc Aurel musste während seiner Regierungszeit immer bedrohlicher werdende äußere Gefahren für das Römische Reich abwehren: Angriffe der Chatten in Germanien, der Kaledonier in Britannien, der Parther auf die Provinz Syrien und viele weitere Bedrohungen der römischen Provinzen durch die Quaden, Markomannen, Jazygen und andere feindliche Volksstämme, die mit Aufständen das Römische Reich gefährdeten. Im Jahr 180 starb der Kaiser fern von Rom im Militärlager Vindobona (Wien).
Marc Aurel gilt trotz der vielen Kriege als der Philosoph auf dem römischen Kaiserthron und bekannte sich in seinen **»Selbstbetrachtungen«** zur Lehre der Stoa. Noch heute reitet Marc Aurel in dem einzigen überlieferten Reiterstandbild der Antike hoch über den Köpfen der Rombesucher auf der Piazza del Campidoglio.

Schlechter Ruf: Messalina

vor 20 v. Chr. – 48 n. Chr. römische Kaiserin

Der römische Geschichtsschreiber und Politiker Tacitus widmete in seinen »Annalen« Kaiserin Messalina einen umfangreichen Bericht. Bis heute steht ihr Name als Synonym für Sittenlosigkeit und Grausamkeit, doch ihre männlichen Zeitgenossen dürften kaum sanftmütiger gewesen sein. Sie war rund 20 Jahre alt, als sie mit dem als schwachsinnig geltenden, bereits 50-jährigen Claudius, dem späteren römischen Kaiser, verheiratet wurde. Messalina, eine herbe Schönheit mit schwarzen, gewellten Haaren, war eine eher unpolitische Frau, die aber ihre Macht als »First Lady« ausnutzte. Gegen harte Münze verkaufte sie das heiß begehrte römische Bürgerrecht an Provinzler, wer ihr nicht behagte, war schnell verurteilt, und im Palast veranstaltete sie regelrechte Orgien, die ihr bald den Ruf unersättlicher Lust eintrugen. Ihr Ehemann sah ihrem Treiben bewusst oder aus Gleichgültigkeit tatenlos zu. Erst als sie nach ihrer Scheidung von Claudius mit ihrem neuen Gemahl Gaius (Appius Iunius)

Silanus plante, den Kaiser vom Thron zu stoßen, wendete sich das Blatt. Als Claudius erfuhr, dass sie hingerichtet worden war, blickte er angeblich nicht einmal von seinem Essen auf.

Scharf, ironisch, distanziert: Alberto Moravia

Alberto Moravia, eigentlich Alberto Pincherle, gilt als einer der bedeutendsten Vertreter des **psychologischen Realismus** in Italien. In seinen Romanen und Erzählungen behandelte der Schriftsteller in erster Linie das Verhältnis der Geschlechter zueinander und die psychologische Situation innerhalb der Familie, er zeichnete Situationsbilder aus der Bourgeoisie und dem Rotlichtmilieu. Dabei erwies er sich als scharfer und zugleich ironisch-distanzierter Beobachter. Moravia übte schonungslose Kritik am Bürgertum und prangerte dessen sittliche Indifferenz an; die Thematik von Entfremdung und Langeweile durchzieht seine Arbeiten. Zu seinen bekanntesten Romanen zählen »Die Gleichgültigen« (1929), »Adriana, ein römisches Mädchen« (1947) und »Ich und Er« (1971). Zudem verfasste Moravia Dramen, Essays und Reisebücher.

1907 – 1990
Schriftsteller

Musischer Staatsfeind: Nero

Lucius Domitius Ahenobarbus nannte sich nach seiner Adoption durch Kaiser Claudius im Jahr 50 Nero Claudius Caesar Augustus Germanicus. Von 54 bis 68 war er römischer Kaiser. Er sah sich allerdings viel lieber als Dichter, Musiker und Maler denn als Herrscher. In der ersten Zeit seiner Regierung war er maßvoll, übte aber später eine **Schreckensherrschaft** aus, der im Jahr 59 sogar seine Mutter und drei Jahre später seine Gattin Octavia zum Opfer fielen. Neros Rolle beim Stadtbrand von 64 ist umstritten; sicher ist aber die von ihm initiierte erste Christenverfolgung. Unzufrieden mit seiner Politik und empört über seine Auftritte als Künstler, stellten sich immer mehr Statthalter der Provinzen, Roms Aristokratie und der Senat gegen Nero. Im Sommer des Jahres 68 wurde Nero zum Staatsfeind erklärt und zum Selbstmord gezwungen.

37 – 68
römischer Kaiser

Ausgleich in schwieriegn Zeiten: Paul V.

Neben den großen Gestalten der Antike verdient ein Mann der Gegenreformation besondere Erwähnung – auch weil er sich selbst unübersehbar präsentiert, oben auf der Fassade der Peterskirche: Papst Paul V. (Amtszeit: 1605 – 1621) mit Reif und Adler im Wappen. Zuvor hieß er **Camillo Borghese** und gehörte zum römischen Adel.

1552 – 1621
Papst

Pier Paolo Pasolini wurde wegen seiner Filme des Öfteren vor Gericht gezerrt.

Nepotismus belastete auch ihn, dem sonst ein bescheidener Lebenswandel attestiert wird. Die Welt drehte sich bei ihm längst nicht mehr um Rom, sondern um die Sonne – den ersten Prozess gegen Galilei ließ Paul V. führen. Innerkirchlich war er auf Ausgleich bedacht und verbot die gegenseitige Verketzerung von Dominikanern und Jesuiten. Politisch war der Kirchenstaat eine europäische Randmacht. Seinen Einfluss auf die Großmächte überschätzte er und dem Ausbruch des Dreißigjährigen Krieges, der bald halb Europa ins Unglück stürzen sollte, konnte er nur tatenlos zusehen.

Provozierte gern: Pier Paolo Pasolini

1922 – 1975
Regisseur

Mit seinen provokativen Filmen polarisierte der in Rom lebende Regisseur immer wieder Kritik und Publikum. Seine frühen Regiearbeiten »Accatone« (1961) und »Mamma Roma« (1962) sind stark vom Neorealismus geprägt. Berühmt wurde er mit **»Teorema«** (1968), »Medea« (1969) mit Maria Callas in der Hauptrolle und der Verfilmung erotischer Klassiker: »Decameron« (1971) und »Erotische Geschichten aus 1001 Nacht« (1974). Fortwährend stand er wegen der radikalen Inhalte seiner Werke vor Gericht: Sein Film »La Ricotta« wurde zunächst wegen Blasphemie verboten und dann wieder freigegeben, »Teorema« auf Betreiben des Vatikans verboten. Sechs Monate Gefängnis für den Regisseur und die Vernichtung des Films waren gefordert. Dieser Prozess endete jedoch mit einem Freispruch. Zudem wurden ihm »Aufhetzung zu militärischem Ungehorsam, aufrührerischer und antinationaler Propaganda« zur Last gelegt. 1975 schockiert er mit **»Die 120 Tage von Sodom«,** in dem sadistische Gewalt und sexuelle Exzesse mit faschistischen Ideologien in Zusammenhang stehen. In vielen Ländern war der Film verboten. Pasolini erlebte die Uraufführung nicht mehr; er wurde im November 1975 in Ostia ermordet aufgefunden. Die Hintergründe sind bis heute nicht endgültig geklärt.

Schmalz in der Stimme: Eros Ramazzotti

geb. 1963
Sänger und Musiker

»Se bastasse una bella canzone« – wenn ein schönes Lied genügen würde – so lautet einer der Ohrwürmer von Eros Ramazzotti, dem römischen Cantautore. Er ist ein Sänger, der seine Texte selbst schreibt und auch die Musik komponiert. Eros Walter Luciano Ramazzotti Molina wurde im Stadtteil Cinecittà geboren. Er singt und spielt Gitarre, Klavier und Schlagzeug. 1981 gewann er seinen ersten Gesangswettbewerb, und nach einem Auftritt beim berühmten Schlager-Musikfestival in Sanremo 1984 ging es steil nach oben mit der Karriere. Der Römer arbeitet mit internationalen Musikern zusammen, trat schon mit Tina Turner auf, sang zusammen mit Joe Cocker, Cher, Andrea Bocelli und Luciano Pavarotti. Mit weltweit **über 55 Millionen verkauften Alben** gehört er zu den populärsten italienischen Künstlern. Wenig bekannt ist, dass Ramazzotti auch leidenschaftlich gerne Fußball spielt. In Italien gibt es eine Nazionale Italiana Cantanti, eine Fußballmannschaft der italienischen Sänger. Weit über 200 Mal kickte Ramazzotti dort mit und schoss 127 Tore. Nicht schlecht für jemanden, der von sich sagt, er liebe Fußball, sei aber leider schrecklich kurzsichtig. Als Tifoso – Fan – schlägt sein Herz jedoch nicht für eine römische Mannschaft, sondern – oh Schreck – für Juventus Turin.

Berühmtes Kind: Isabella Rossellini

geb. 1952
Fotomodell und Schauspielerin

Die Eltern waren ein außerordentlich attraktives Paar – Ingrid Bergman, Isabella Rossellinis weltberühmte Mutter, hatte sich 1949 bei den Dreharbeiten zu »Stromboli« in den gutaussehenden Regisseur Roberto Rossellini verliebt und wegen ihm ihren schwedischen Ehemann verlassen. 1952 kamen die zweieiigen Zwillinge Isabella und Isotta zur Welt. Perfekt war das schwedisch-italienische Familienleben aber nicht lange. Als die Töchter fünf Jahre alt waren, trennten sich die Eltern und der Nachwuchs wurde weitgehend Kindermädchen überlassen. Anfang der 1970er-Jahre zog Isabella Rossellini nach New York und arbeitete als Korrespondentin. Folgenreich war ein Interviewtermin mit Martin Scorsese – 1979 heirateten die Bergman-Tochter und der amerikanische Regisseur. Damals hatte Rossellini bereits Schauspielerfahrung, denn 1976 hatte sie an der Seite ihrer Mutter erstmals vor der Kamera gestanden. Der erhoffte Erfolg blieb allerdings aus. Dafür eroberte die junge Frau mit dem Bubikopf die Cover der Modemagazine, wurde für fast ein Jahrzehnt das Gesicht eines Kosmetiklabels und gehörte bis in die 1990er zu den höchstbezahlten Models der Welt. Ihre Filmkarriere kam Mitte der 1980er-Jahre in Schwung mit **»Blue Velvet«,** einem wegen seiner Sadomaso-Erotik umstrittenen Streifen. Regie führte David Lynch, mit dem Rossellini nach ihrer Scheidung von Scorsese über Jahre nicht nur beruflich verbandelt war. Bis heute hat das Ex-Modell in über 40 Filmen mitgespielt – ein Welterfolg wie »Casablanca«, mit dem sich die Mama an der Seite Humphrey Bogarts unsterblich machte, ist allerdings nicht dabei.

Römischer Volksheld: Francesco Totti

geb. 1976
Fußballspieler

Kennen Sie den? Francesco Totti steht auf der Terrasse im Regen, seine Frau Ilary ruft: «Komm rein, Süßer, es regnet!» Totti antwortet: «Aber hier draußen regnet es doch auch.» Oder den? Die Bibliothek von Francesco Totti ist in Flammen aufgegangen, sie enthielt zwei Bücher. Totti verzweifelt: »Verdammt, das zweite hatte ich noch gar nicht ausgemalt!« Witze über den vermeintlich nicht besonders hellen Fußballer sind fast Kulturgut in Italien. Den Star-Kicker vom AS Roma dürfte es am Anfang nicht so gefreut haben, bis er – clever genug – selbst ein Buch dazu herausbrachte: »Tutte le barzellette su Totti« (»Alle Witze über Totti«). Totti ist Stürmer und der wohl treueste Profifußballer der Welt. Als Jugendlicher ging er zum **AS Roma** und spielte dort bis zum Karriereende im Sommer 2017. 300 Tore schoss er für seinen Verein. 2007 wurde er Torschützenkönig der Serie A und gewann den Goldenen Schuh als bester Torschütze Europas. Totti ist zudem ehrenamtlicher UNICEF-Botschafter, die Einnahmen seiner Bücher gehen an soziale Projekte in Rom. Auch wenn Sie sich kaum für Fußball interessieren, gehen Sie bei Gelegenheit mal ins Stadion, wenn AS Roma spielt. Wenn die versammelten Fans anfangen zu singen, wird auch Ihnen eine Gänsehaut über den Rücken laufen. Denn hier wird nicht gegrölt, sondern italienischer Pop intoniert: Es erklingt Antonello Venditis »Grazie Roma« – dem ist nichts hinzuzufügen.

Aus der Provinz: Trajan

53 – 117
römischer Kaiser

Trajan (Marcus Ulpius Traianus) war der erste römische Kaiser, der aus einer der Provinzen, nämlich Spanien, stammte. Er regierte von 98 bis 117, nachdem ihn Kaiser Nerva wegen seiner hervorragenden militärischen und politischen Fähigkeiten adoptiert hatte. In Trajans Regierungszeit erreichte das römische Imperium seine größte Ausdehnung. In zwei Kriegen bezwang er das an Gold reiche Dakien (untere Donau, heute weitgehend Rumänien) – Darstellungen dazu finden sich auf der Trajanssäule –, im Partherkrieg drang Trajan bis Mesopotamien und Assyrien (heute Irak und Syrien) vor. Die unterdrückten Völker der Parther und Juden erhoben sich 117 gegen die römische Herrschaft. Auf der Rückreise vom Persischen Golf starb Trajan in der anatolischen Stadt Selinus. Das **Trajansforum** in Rom mit der Triumphsäule, auf der sich in alter Zeit das Standbild des Kaisers erhob, erinnert an die große Bautätigkeit des Kaisers.

Der Erfinder des Reiseführers: Karl Baedeker

1801 – 1859
Verleger

Als Buchhändler kam Karl Baedeker viel herum, und überall ärgerte er sich über die »Lohnbedienten«, die die Neuankömmlinge gegen Trinkgeld in den erstbesten Gasthof schleppten. Nur: Wie sollte man sonst wissen, wo man übernachten könnte und was es anzuschauen gäbe? In seiner Buchhandlung hatte er zwar Fahrpläne, Reiseberichte und gelehrte Abhandlungen über Kunstsammlungen. Aber wollte man das mit sich herumschleppen? Wie wäre es denn, wenn man all das zusammenfasste und in handlicher Form zur Verfügung stellte? Gedacht, getan: Zwar hat er sein erstes Reisebuch, die 1832 erschienene »Rheinreise«, noch nicht einmal selbst geschrieben. Aber er entwickelte es von Auflage zu Auflage weiter. Mit der Einteilung in »Allgemein Wissenswertes«, »Praktisches« und »Beschreibung der Merk-(Sehens-)würdigkeiten« fand er die klassische Gliederung des Reiseführers, die bis heute ihre Gültigkeit hat. Bald waren immer mehr Menschen unterwegs mit seinen **»Handbüchlein für Reisende, die sich selbst leicht und schnell zurechtfinden wollen«.** Die Reisenden hatten sich befreit, und sie verdanken es bis heute Karl Baedeker. Rom beschreibt er erstmals im 1866 erschienenen Baedeker's »Italien Zweiter Theil / Mittel-Italien und Rom«.

»
Übrigens finden sich in jeder Straße Cafés mit meist gutem Kaffe, [...]. Den Fremden pflegt anfangs *Café forte* vorgesetzt zu werden, was sich nur durch besseres Geschirr unterscheidet und das Doppelte kostet; man weist ihn ab mit der einfachen Bemerkung ›alla Romana‹.
«

Baedeker's »Italien Zweiter Theil / Mittel-Italien und Rom«, 1. Aufl. 1866

E

ERLEBEN & GENIESSEN

Überraschend, stimulierend, bereichernd

Mit unseren Ideen erleben und genießen Sie Rom.

Pasta, was sonst? ►

AUSGEHEN

Oper, Kino, Theater, Bars, Diskotheken – das Veranstaltungsangebot in Rom ist vielfältig, v. a. in den Sommermonaten, wenn sich viele Straßen, Plätze, Klöster und Kirchen in Bühnen verwandeln.

Theaterszene

Nicht zuletzt internationale Proteste sorgten im November 2014 für die Rücknahme der im Oktober erfolgten Kündigung von Orchester und Chor des 1880 eröffneten **Teatro dell'Opera.** Obschon 3 Mio. € eingespart werden mussten, bleibt die Oper mit ihrem berühmten Sommerfestival in den Caracalla-Thermen und der Filiale Teatro Nazionale eine allererste Adresse, auch für Ballett und Tanz. Generell sind Reservierungen nötig. Hotspot für Konzerte und Theater ist das **Auditorium** im Parco della Musica Ennio Morricone, Sitz des römischen Sinfonieorchesters, Herz der Theaterszene das **Teatro di Roma** mit seiner Spielstätte, dem bezaubernden, 1732 gegründeten Teatro Argentina. Hier fand 1816 die Uraufführung des »Barbiers von Sevilla« von Gioacchino Rossini statt. Seine zweite Bühne ist seit 1999 das experimentierfreudige Teatro India in der Ex-Fabrik Mira Lanza am Tiberufer. Im für Comedy und Musicals bekannten **Teatro Sistina** traten schon Louis Armstrong, Liza Minelli und Woody Allen auf. Autorentheater bieten das Teatro dell'Orologio, das Teatro Vascello und das Teatro Palladium der Universität Roma Tre.

Besondere Events im Sommer

Bei den von Juni bis Anfang Oktober stattfindenden **Sommerfestivals und Open-Air-Veranstaltungen** wird ein deutlich geringerer Eintritt verlangt. Sobald die Sonne untergegangen ist, hebt sich feierlich der imaginäre Theatervorhang und die ewige Stadt verwandelt sich in eine glanzvolle Bühne. Stimmungsvoll beleuchtete antike Tempel, traumhaft schöne Villengärten und antike Palastfassaden bilden die Kulisse für Theateraufführungen, Konzerte und Kinoveranstaltungen. Die Villen Giulia und Doria Pamphilj, das Kloster Santa Maria della Pace, die Pincio-Gärten, das Anfiteatro Querica del Tasso im Gianicolo-Park und das Theater von Ostia Antica mit römisch-griechischen Klassikern sind beliebte Spielstätten von Theateraufführungen und Open-Air-Konzerten. Überragend ist das Programm des **Estate Romana** (Römischer Sommer) mit dem Sommerjazzfest.
www.estateromana.com

Jazz, Tango und Salsa

Das Zentrum der römischen Jazzszene ist **La Casa del Jazz.** Die Villa gehörte in den 1920er-Jahren einem Mafia-Boss. Die alteingesessene Kellerkneipe Big Mama in Trastevere, in der nationale und internationale Jazzgrößen auftreten, ist ebenso eine Institution in der römischen Szene wie der älteste Jazzclub der Stadt, der Alexanderplatz. Tango und Salsarhythmen sind besonders bei den jüngeren Ragazze

und Ragazzi sehr beliebt. In mehr als 15 Tangotanzlokalen oder Salsaclubs wie dem Caffè Latino wird zu Liverhythmen getanzt.
https://casadeljazz.com
www.alexanderplatzjazz.com

Kino

Unter den vielen Kinos sind das **Nuovo Sacher** (www.sacherfilm.eu) und die **Casa del Cinema** (www.casadelcinema.it) am Largo M. Mastroianni (im Park Villa Borghese) zu empfehlen. Kino unterm Sternenhimmel lockt von Ende Juni bis August viele auf die Tiberinsel zum Festival L'Isola del Cinema (www.isoladelcinema.com), und in den Ausgehvierteln herrscht stets »Kino live« und »Catwalk für alle«: auf der Piazza Navona, am Campo de' Fiori, an der Piazza del Fico, in der Via della Pace, im Pigneto-Viertel, in Trastevere oder Testaccio.

Clubs

Für den begehrten Einlass in eine der angesagten Edel-Adressen ist folgende goldene Regel zu beachten: Nur dem Menschen, der mit schickem, gepflegtem Outfit vor den kritischen Augen der strengen Türhüter erscheint, bietet sich die Chance, eintreten zu dürfen. Bei Herren ist manchmal Krawatte obligatorisch, bei den Damen Rock oder Kleid. Nachtschwärmer können sich mit dem Start zum »Abtanzen« Zeit lassen, denn das Nightlife beginnt meist erst ab Mitternacht.
Viele Clubs liegen nicht im Zentrum und sind oft ohne Auto schwer zu erreichen. Aber viele Rom-Besucher genießen ohnehin lieber das nächtliche Streetlife und das Leben auf den Plätzen.

Ein guter Start in einen lauen römischen Sommerabend

VON DISCO BIS OPER

❶ etc. ▶ Karte S. 330/331

VERANSTALTUNGSINFOS

www.turismoroma.it; https://060608.comune.roma.it/eventit; www.oggiroma.it

RAUCHVERBOT

Rauchen in öffentlichen Gebäuden, Bars, Restaurants, Hotels und vor Schulen wird mit Bußgeldern geahndet (25 – 275 €, in Gegenwart von Kindern oder Schwangeren bis 550 €).

»APERITIVO«

Die Römer lieben es, den Feier- oder Ausgeh-Abend mit einem Aperitif einzuläuten. Man trifft sich auf einen Aperol Spritz oder ein Glas Wein und bedient sich an einem Buffet mit kalten und warmen Leckereien. Viele Lokale bieten diese »Zwischenmahlzeit« mit Getränk nach Wahl in der Regel zwischen 19 und 20 Uhr zu einem Pauschalpreis (ca. 10 – 12 €) an.

❶ BAR DEL FICO

In der Altstadt, nahe der Piazza Navona, ist die Bar del Fico mit improvisiertem Gammel-Look-Charme ein beliebter Treff, die Auswahl am Tresen-Buffet nicht ganz so groß – meist gibt es Frittata und unterschiedlich belegte Pizzaecken – die sind zwar ganz lecker, aber das Essen ist natürlich nicht die Hauptsache: Schließlich kommt man ja zum Leute-Gucken her.

Piazza del Fico 26
www.bardelfico.com
tgl. 7.30 – 2 Uhr

❷ FRENI E FRIZIONI

Aus einer Werkstatt in der Nähe des Tiberufers ist vor einigen Jahren eine coole Bar geworden, die vor allem das jüngere Publikum anspricht. Das Buffet zum Aperitivo hat einen leicht orientalischen Einschlag und macht auch alle, die auf Vegetarisch und Healthy Food stehen, glücklich.

Via del Politeama 4/6 (Trastevere)
www.freniefrizioni.com
tgl. 18.30 – 2 Uhr

❸ TERRA SATIS

Ebenfalls im Stadtteil Trastevere bietet sich an der hübschen kleinen Piazza dei Ponziani eine weitere Gelegenheit, sich mit einer bunten Auswahl an kleinen Leckereien auf einen langen Abend einzustimmen – wovon Nachbarn und Touristen unterschiedlicher Altersgruppen gern Gebrauch machen.

Piazza dei Ponziani 1
Mo. – Sa. 7 – 1 Uhr

❹ ZERO ZERO CENTO

Im Universitätsviertel San Lorenzo spricht dieses durchgestylte Lokal Professoren mindestens genauso an wie das studentische Publikum. Die Jungs an der Bar verstehen ihr Handwerk und mixen tolle Cocktails, das Buffet ist mit edlem Fingerfood bestückt, der Preis für das kulinarische Vergnügen hier auch etwas höher als üblich (16,50 €). Aber auch für ein schickes Abendessen oder zum Brunch ist das Zero Zero Cento eine gute Adresse.

Via del Verano 27
www.00100.biz
tgl. 12.30 – 1, Fr., Sa. bis 2 Uhr

BARS/DISKOTHEKEN

❺ BAR MONTI

Die elegante Café-Bar, geführt von den Zwillingsschwestern Giulia und Marta, ist von morgens (man kann hier auch gut frühstücken und der Kaffee ist hervorragend) bis abends eine gute Adresse. Am frühen Abend

Gegen später geht es dann heißer her.

wird ein reichhaltiges Aperitif-Buffet angeboten, an den Wochenenden gibt's öfter mal Livemusik (unterschiedliche Stilrichtungen).
Via Urbana 93
Mo. - Do. 8 - 23, Fr./Sa. bis 24 Uhr

6 CH 1887

Gegenüber dem alten Schlachthof gelegen und als Gebäude auch aus der Gründerzeit stammend, ist das »da Checchino dal 1887« hauptsächlich ein Restaurant, das sich dem »fünften Viertel« widmet, also den für die römische Küche typischen Innereien. Gefälliger sind auf jeden Fall die Rum-Cocktails in der dazugehörigen, beliebten Bar.
Via di Monte Testaccio 30
https://ch1887.business.site
Mi. - So. 12.30 - 15 und 19.30 - 23 Uhr

7 STRAVINSKIJ BAR IM HOTEL DE RUSSIE

Eine der besten Cocktailbars der Stadt. Achtung Dresscode: Hier sollte es schon das »kleine Schwarze« oder ein ähnlich elegantes Outfit sein, und für dieses 5-Sterne-Ambiente lohnt es sich auch, in die schicksten High Heels zu steigen.
Via del Babuino 9
www.roccofortehotels.com/de/hotels-and-resorts/hotel-de-russie/dinner/stravinskij-bar/
tgl. 9 - 1 Uhr

8 JACKIE O'

Seit über 40 Jahren lockt diese Location – eine Mischung aus Restaurant, Pianobar und Diskothek – die Nachtschwärmer Roms an seine Bar, an der die besten Barmänner der Stadt Cocktails mixen. Getanzt wird zu Musik der 70er-, 80er- und 90er-Jahre zwischen

Ledersofas und Spiegeln mit dicken Silberrahmen.
Via Boncompagni 11
www.jackieoroma.com/discoteca-piano-bar-roma-centro/
Mo – Sa 19 – 4.30 Uhr

9 THE COURT

Lage, Lage, Lage! Die Bar im Hotel Manfredi liegt neben dem Kolosseum, man sieht von der Dachterrasse über das Gemäuer hinweg. Zu den Klassikern gehört der Roman Martini mit Lorbeer, Kamille und Absinth. Wer sich nicht entscheiden kann, fragt am besten den freundlichen Bar-Manager Matteo Zed. Zum Cocktail bekommt man Häppchen, die fast ein elegantes Abendessen sind, etwa Mini-Burger oder auch Sushi und Grissini. Die Preise sind gehoben – aber es lohnt.
Via Labicana 125
www.manfredihotels.com/palazzo-manfredi/
tgl. 18 – 2, So. auch 13 – 17 Uhr

ÖNOTHEKEN (ENOTECHE)

Für alle, die Wein lieben, bietet sich reichlich Gelegenheit, sich mit der Vielfalt italienischer Weine vertraut zu machen. Die richtige Adresse sind Önotheken, wo fachkundige Gastronomen bei der Auswahl beraten und ihren Gästen zum Wein kulinarische Kleinigkeiten wie Salami, Käse, Brot, Oliven oder pikante Bruschetta reichen.

10 ENOTECA COSTANTINI

Eines der berühmtesten Weinlokale der Stadt, das Einheimische ebenso wie Zugereiste begeistert. Seine Auswahl ist riesengroß.
Piazza Cavour 16
https://enotecacostantinipiero.it
Mo. – Sa. 9 – 13, 16.30 – 20 Uhr

11 ENOTECA FERRARA

Auch so ein Hotspot, der Roms Weingenießer magisch anzieht – Restaurant, Osteria, Weinbar, das Lokal in Trastevere bietet über 600 Weine.
Piazza Trilussa 41 (Trastevere)
https://enotecaferrara.com
tgl. 18 – 2 Uhr

12 ENOTECA IL GOCCETTO

In diesem Weinlokal hat man sich auf die Produkte kleiner italienischer Weingüter spezialisiert, die Beratung ist ausgezeichnet und das Ambiente rustikal behaglich.
Via dei Banchi Vecchi 14 (nahe Campo de' Fiori)
Mo. ab 18, Di. – Sa ab 12 – 24 Uhr

13 AI TRE SCALINI

Unfassbar: Schon seit 1895 gibt es diese nette, kleine Önothek im Herzen von Monti. Die Bedienung ist aufmerksam, kennt sich wirklich gut aus und gibt gerne verlockende Empfehlungen. Leckere Snacks werden zum Aperitivo gereicht, beispielsweise Salsicce di Cinghiale und eine noch ofenwarme Pizza Bianca. Ein absoluter Favorit.
Via Panisperna 251, tgl. 12 – 1 Uhr
www.aitrescalini.org

14 ENOTECA CAVOUR 313

In der mit edlen Hölzern ausgestatteten Enoteca stehen mehr als 1000 Weine unterschiedlichster nationaler und internationaler Lagen und Rebsorten zur Auswahl. Manche davon können in der eleganten Atmosphäre genossen werden. Ebenso beeindruckend ist die reiche Auswahl an Grappas. Wer möchte, kann zur Weinprobe auch eine Kleinigkeit essen.
Via Cavour 313
www.cavour313.it
Restaurant Mo. – Sa. mittags und abends, Laden ab 10 Uhr

CLUBS/LIVEMUSIK

Jazz, Blues- und Latino-Klänge, gut gecoverte Titel und eigene Kompositionen – in vielen römischen Bars werden Gäste mehrmals die Wochemit Livemusik unterhalten. Manchmal sind die Musiker nur dezentes Begleitprogramm, im besten Fall aber »kocht« der Laden.

15 LA CASA DEL JAZZ

Eine der besten Adressen für Livemusik in Rom. In dem Club in der herrschaftlichen Villa geben sich die Großen der italienischen und internationalen Jazzszene ein Stelldichein. Ehemaliger Besitzer der Villa war ein Mafia-Boss, das Anwesen wurde konfisziert und zu einem Club umgebaut. Im Sommer finden Konzerte auch öfter mal im Park der Villa statt.
Viale di Porta Adreatina 55
https://casadeljazz.com

16 ALEXANDERPLATZ

Das Lokal mit dem Berliner Namen zählt zu den besten Jazzclubs Italiens. Es lohnt sich immer, einen Blick aufs Programm zu werfen und bei Interesse mindestens einen Tag im Voraus Karten zu reservieren. Im Sommer finden die Konzerte gelegentlich auch im Park der Villa Celimontana (Via della Navicella) statt, wo sich Musikgenuss und ein Picknick bei frischer Abendbrise gut miteinander vereinbaren lassen.
Via Ostia 9
www.alexanderplatzjazz.com

17 BIG MAMA

Seit den 1980er-Jahren empfiehlt sich das Big Mama in einer der quirligsten Straßen von Trastevere mit Blues und Soulkonzerten. Die Atmosphäre ist eher intim, was Musikern und dem altersmäßig bunt gemischten Publikum gleichermaßen gefällt.
Vicolo San Francesco di Ripa 18
www.bigmama.it

KONZERTSÄLE

ACCADEMIA FILARMONICA ROMANA

Roms älteste Musikakademie von 1821 tritt im Teatro Olimpico und im Teatro Argentina auf. Mitglieder waren bereits Rossini, Donizetti, Paganini und Verdi.
Tickets für die jeweiligen Konzerten über die Website:
www.filarmonicaromana.org

AUDITORIUM CONCILIAZIONE

In dem sehr schönen Konzertsaal für ca. 1700 Besucher finden hauptsächlich klassische Konzerte statt, gelegentlich stehen aber auch Pop- und Tanzveranstaltungen auf dem Programm.
Via della Conciliazione 4
Tickets bei allen großen Vorverkaufsstellen
https://auditoriumconciliazione.it

AUDITORIUM PARCO DELLA MUSICA ENNIO MORRICONE

Schon architektonisch ist das Konzerthaus von Renzo Piano ein Meisterwerk, drei Säle bieten Raum für Konzerte, Theater, Tanz, Lesungen, Ausstellungen, auch das jährliche Festival Internazionale del Film di Roma findet hier statt.
Viale de Coubertin 30
Karten: www.ticketone.it
www.auditorium.com

ORATORIO DEL GONFALONE

In dem hübschen Konzerthaus aus dem 16. Jh., das auch wegen seiner Architektur eine Besichtigung lohnt, stehen Kammermusik- und Liederabende mit Pianobegleitung auf dem Programm. Die meisten der hier aufgeführten Stücke stammen aus der Feder römischer Barockkomponisten. Bachs und Beethovens Werke bereichern das Konzertspektrum ebenso wie etwa die Lieder von Kurt Weill.
Via del Gonfalone 32 A
www.oratoriogonfalone.eu

OPER UND BALLETT

An Tanz, Ballett und Oper kann man sich auch ohne Italienischkenntnisse erfreuen, Roms Bühnen haben allerlei zu bieten. Zu den ganz besonderen Erlebnissen gehören zahlreiche Inszenierungen im Sommer. Dann nämlich verlassen die Ensembles ihre angestammten Häuser und spielen unter freiem Himmel vor antiker Kulisse – was römische Sommerabende unvergesslich macht!

TEATRO DELL'OPERA

So berühmt wie die Mailänder Scala ist Roms Oper zwar nicht, aber auch hier treten hochkarätige Stars der Szene auf, locken klassische und zeitgenössische Inszenierungen. Ein besonderes Erlebnis erwartet Opernfans im Sommer – dann finden Vorstellungen vor der eindrucksvollen Kulisse der Caracalla-Thermen unter freiem Himmel statt.
Piazza Beniamino Gigli 1
Kartenvorbestellung unter: ufficio.biglietteria@operaroma.it
Theaterkasse: Mo. – Sa. 10 – 18 Uhr, Preise: 22 – 160 €
www.operaroma.it

TEATRO NAZIONALE

Das Teatro dell'Opera hat mit dem Nationaltheater eine weitere Spielstätte, wo ebenfalls Oper und Ballett aufgeführt werden. Karten bekommt man an der Theaterkasse an der Piazza Beniamino Gigli 1 (s. o.).
Via del Viminale 51
www.operaroma.it

SCHAUSPIEL

Wenn Sie über ausreichende Sprachkenntnisse verfügen, ist auch das Programm anderer Bühnen interessant.

TEATRO ARGENTINO

Erste Adresse für Schauspiel in Rom ist das Teatro Argentino. Hier werden abwechselnd italienische Klassiker und Stücke moderner oder zeitgenössischer Autorinnen aus Italien oder dem Ausland gegeben. In dem schön restaurierten Bühnenhaus am Largo Argentino bereichern auch italienische und internationale Tanztheaterproduktionen das Repertoire. Eine weitere Spielstätte hat das Haus mit dem Teatro India (Lungotevere Vittoria Gassman).
Largo Argentino 52
Tickets: https://teatrodiroma.vivaticket.it
www.teatrodiroma.net

TEATRO SISTINA

Im Sistina sind alle richtig, die Spaß an internationalen Musicalproduktionen haben.
Via Sistina 129, www.ilsistina.it

VASCELLO

Dieses Theater deckt ein breitgefächertes Spektrum ab, der Schwerpunkt aber liegt auf zeitgenössischem Tanztheater.
Via Giacinto Carini 78
www.teatrovascello.it

ESSEN UND TRINKEN

Die römische Küche legt keinen gesteigerten Wert auf Extravaganz und Verfeinerung, sondern hat eher den Charakter von Hausmannskost bewahrt. Sie zeichnet sich durch Reinheit und Güte der Zutaten sowie durch sorgfältige Zubereitung nach einfachen, althergebrachten Rezepten aus.

Kaffee ist nicht gleich Kaffee

In Rom gibt es über **5000 Bars,** deren Mittelpunkt die Espressomaschine ist. Man steht an der Theke, die Ausstattung ist spärlich – dafür ist die Wahl des richtigen Kaffees für den Römer und die Römerin eine Wissenschaft für sich. Den Espresso, in Rom schlicht **»caffè«**, gibt es doppelt (»doppio«), »korrekt« (»corretto«) mit Grappa, Cognac oder Bitter, oder »verkürzt« (»ristretto«), d. h. mit der halben Menge Wasser zubereitet. Variantenreich ist auch der Cappuccino, der nur vormittags getrunken wird: Man kann ihn in verschiedenen Temperaturen und mit mehr oder weniger Schaum und Milch zu sich nehmen. Ein einfacher Milchkaffee ist ein »caffelatte« oder »latte macchiato« (gefleckt). »Caffé macchiato« hingegen ist ein Espresso mit einer Winzigkeit an Milchschaum.

Frühstück: am besten in der Bar

Italiener frühstücken nicht. Außer man bezeichnet »un caffè e un brioche« als Frühstück: Ein Espresso und ein Croissant, und das kurz im Stehen in der Bar verdrückt, so startet der Morgen.
Die meisten Hotels bieten mittlerweile zwar ein Frühstück (prima colazione) an, das mit Brötchen, Butter und Konfitüre nordeuropäischen Gepflogenheiten entspricht. Am besten verzichtet man aber auf das Hotelfrühstück, das meist relativ teuer ist; stattdessen kann man sich in einer Bar in wesentlich interessanterer Umgebung z. B. mit einem mit Schinken oder Salami belegten Brötchen die notwendige Grundlage verschaffen.

Vor dem Essen erst mal einen Aperitif in einer Bar

TYPISCH RÖMISCHE GERICHTE

In der traditionellen Küche dominieren bis heute zwei miteinander verflochtene Einflüsse: die jüdische Kochkunst mit ihren nach koscheren Regeln zubereiteten Speisen und die »Arme-Leute-Küche«. Hier ein kleiner Einblick in die leckere und sehr abwechslungsreiche römische Küche.

Gnocchi alla romana: Die »Nocken römische Art« werden von Hand zubereitet und in einer gebutterten Gratinform aufgeschichtet. Man lässt sie, belegt mit Tomatenwürfeln und bestreut mit frisch geriebenem Parmesankäse oder Pecorino sowie Butterflocken, goldgelb im Ofen gratinieren.

Carciofi alla romana: Diese Vorspeise gilt als eine der beliebtesten der römischen Küche. Artischocken der Sorte Romanesco werden mit Minze, Petersilie und Knoblauch gefüllt und leicht gekocht. Wer Artischocken auf jüdische Art (»carciofi alla giudia«) servieren möchte, frittiert sie in heißem Öl, sodass sie wie eine schöne Blüte aufgehen. Das so zubereitete Gemüse dient oft als Beilage zum Hauptgang.

Fiori di zucca fritti: Besonders im Sommer dürfen die Fiori auf keiner traditionellen römischen Speisekarte fehlen! Die herrlich gelben Zucchiniblüten werden mit Mozzarellascheiben und kleinen Sardellen gefüllt und kurz in heißem Olivenöl ausgebacken.

Bucatini all'amatriciana: Die Römer lieben Pastagerichte, besonders dieses: Eine große, weiße Zwiebel und 150 g geräucherter Speck werden in feine Würfel geschnitten und zusammen in einer Pfanne bei mittlerer Hitze mit etwas Olivenöl angedünstet. 6 EL trockener Weißwein, 400 g gestückelte Tomaten und 3 bis 4 zerkleinerte getrocknete Peperoncini kommen hinzu. Alles bei schwacher Hitze ca. 15 Min. köcheln lassen. Mit Salz und Pfeffer pikant abschmecken. 500 g Bucatini in reichlich Salzwasser al dente kochen lassen. Abgießen und in die Pfanne geben; alles gut vermengen und sofort servieren.

Abbacchio alla romana: Zugegeben, die Kombination aus zartem Milchlamm und Sardellenfilets erscheint etwas gewöhnungsbedürftig! Doch der klein gehackte Fisch unterstreicht den feinen Geschmack des Lamms lediglich und dient als Salzersatz. Es wird hauptsächlich im Frühjahr, besonders gerne an Ostern gegessen.

Saltimbocca alla romana: »Spring in den Mund« heißt dieser Klassiker der römischen Küche. Zu den dünnen, mit einer Scheibe Parmaschinken sowie einem frischen Salbeiblatt belegten und zusammengerollten, in Butter angebratenen Kalbsschnitzeln werden Kartoffelbrei und gedünstetes Gemüse gereicht.

Mittag- und Abendessen Mittags wird nicht mehr unbedingt warm gegessen, ein »panino«, ein belegtes Brötchen, oder ein »tramezzino«, ein Toast, reichen auch. Wer doch mehr möchte, geht in der Regel gegen 13 Uhr zum Mittagessen (»pranzo«). Abendessen (»cena«) hingegen erhält man fast nirgends vor 20 Uhr.

In Italien besteht das Abendessen aus einem ersten Gang (»primo«) in Form von Teigwaren oder Suppe und einem zweiten Gang (»secondo«), einem Fleisch- oder Fischgericht. Vor dem Essen kann man sich noch eine kalte oder warme Vorspeise (»antipasto«) am Buffet aussuchen und nach dem secondo gibt es als »dolce« ein Stück Kuchen (»torta«), Eis (»gelato«) oder frisches Obst (»frutta«).

Wein Selbstredend werden in Rom Weine aus ganz Italien kredenzt. Die bekanntesten Weine aus der näheren Umgebung sind die der Castelli Romani in den Albaner Bergen, oft nach dem Hauptweinort Frascati benannt. Von dort kommen meist trockene, spritzige Weißweine der Traubensorte Malvasia und Trebbiano. Serviert wird der Tischwein (»vino da tavola«) offen in Liter-, Halbliter- und Viertelliterkaraffen (un litro, mezzo litro, un quarto) und im Glas (un bicchiere). Wein hoher Qualität wird in der verschlossenen Flasche aufgetragen. Wer zum Essen keinen Wein trinken möchte, kann sich auch ein Bier bestellen oder Mineralwasser (mit Kohlensäure: acqua gassata). Nicht wundern: Italiener trinken auch gerne Cola, vor allem zur Pizza.

Caffè und Grappa Zum Abschluss einer Mahlzeit trinkt man wie überall in Italien den »caffè«, also einen Espresso, niemals aber einen Cappuccino. Den gibt es – wie in Bayern die Weißwürste – genaugenommen nur bis mittags. Ein Grappa setzt einem reichen Mahl schließlich den angemessenen Schlusspunkt. Der Hochprozentige ist trocken und riecht angenehm fruchtig. Die besten Sorten kommen aus Südtirol, dem Trentino, Friaul, Veneto oder Piemont.

AUSGESUCHTE RESTAURANTS UND EISDIELEN

❶ etc. ▸ Karte S. 330/331
Preiskategorien für ein Hauptgericht
€€€€ ab 40 €
€€€ ab 28 €
€€ ab 20 €
€ ab 12 €

EDLE RESTAURANTS €€€€

❶ GLASS HOSTARIA

Szenelokal und zugleich Kochkunst – das finden Sie nicht so oft. Das Glass im Trastevereviertel ist trendiger Treffpunkt der jüngeren betuchten Kundschaft. Holz-, Glas- und Steinelemente schmücken puristisch den Speiseraum. Gegessen wird an mo-

dernen Holztischen. Hinzu kommt die interessante Karriere der italienischen Köchin Cristina Bowerman. Nach dem Universitätsabschluss in Jura in den USA stieg sie um auf Kochkunst und erkochte 2010 – als einzige Frau in Rom – einen Michelinstern. Auch 2025 bekam sie wieder eine Auszeichnung.
Vicolo del Cinque 58
Tel. 06 583 35 903
www.glasshostaria.it
Di. – So. 19 – 22.30 Uhr, Sa./So. auch mittags

2 LA PERGOLA

Wenn Sie sehr lange im Voraus wissen, wann Sie nach Rom kommen, und wenn Sie über die entsprechende Reisekasse verfügen, dann reservieren Sie hier. Seit Jahren schon ist das Pergola das einzige Restaurant Roms mit drei Michelinsternen. Hinzu kommen der sensationelle Blick auf den Petersdom und die Stadt, ein beeindruckend gut sortierter Weinkeller mit 60 000 Flaschen (3500 Marken) von 1888 bis heute, dazu 29 verschiedene Mineralwässer. Und: Der Koch ist ein Deutscher, Heinz Beck. Die Tische sind mit vergoldeten Tellern und Besteck gedeckt, ein reales Märchen.
Via A. Cadlolo 101
Tel. 06 35 091
https://romecavalieri.com/la-pergola
Di. – Sa. 19.30 – 23.30 Uhr, Jan. und im August 2 Wochen geschl.

GUTE RESTAURANTS €€€

3 SORA LELLA

Lage, Lage, Lage! Das Sora Lella hat sich einen Spitzenplatz ausgesucht auf der Tiberinsel. Da verteilen sich drei fein ausgestattete Speiseräume auf zwei Etagen, serviert wird modern interpretierte traditionelle römische Küche. Das hat alles seinen Preis, aber es lohnt sich! Besonders zu empfehlen sind die »paccheri al ragù di pesce« (breite Nudeln mit Fischragout) und die Lammkoteletts.
Via di Ponte Quattro Capi 16
Tel. 06 686 16 01
www.trattoriasoralella.it
Mo. – Sa. 12.30 – 15 und 19.30 – 23 Uhr

4 PECORINO

Über drei Stockwerke flitzen die Kellner dieses Familienbetriebs, vor dem sich samstags durchaus eine Schlange bildet. Die Wartenden wissen, warum: Das Pecorino ist eine Trattoria wie früher, es gibt einfache, deftige Küche streng nach Saison. Im Winter natürlich Artischocken, im Sommer Bohnen aller Art, im August Fisch frisch und frittiert und im Herbst warten Pilze aus den Hügeln um Rom.
Via Galvani 64 (Testaccio)
Tel. 06 572 50 539
www.ristorantepecorino.it
Mo. geschl.

5 DA ENZO

Einer der Klassiker hier ist Pasta Cacio e Pepe. Das absolut schlichte Rezept – Nudeln, Pfeffer, Käse – gelingt dann gut, wenn die besten Zutaten zusammengerührt werden. Hier sind es Tonnarelli, hausgemachte Pasta aus ökologischem Hartweizengries, Pecorino DOP dell'Agro Romano und schwarzer Pfeffer aus Sarawak. Und da Gäste nach dem Essen immer wieder danach gefragt haben: Sie können nun einige Produkte auch kaufen.
Via Vascellari 29 (Trastevere)
Tel. 06 581 22 60
www.daenzoal29.com
So. geschl., Mo. – Sa. mittags ab 12.30 und abends ab 18.30 Uhr

6 SANTA LUCIA

Gleich hinter der Piazza Navona verbirgt sich in einer ruhigen Seitenstraße eines jener Lokale, die noch den Charme einer vergangenen Epoche versprühen – im Santa Lucia haben sich schon immer Künstlerinnen und Intellektuelle wohlgefühlt, wie

1 Glass Hostaria
2 La Pergola
3 Sora Lella
4 Pecorino
5 da Enzo
6 Santa Lucia
7 Trattoria Perilli
8 Consolini
9 Tre Scalini
10 Ba'Ghetto Milky
11 404: Name not Found
12 Centro
13 Da Oio a Casa Mia
14 Il Mozzicone
15 La Canonica
16 Da Alfredo e Ada
17 Bono Bottega Nostrana
18 Salotto Trieste
19 Osteria delle Coppelle
20 SMAXS il Chiosco
21 Gruè
22 Mami
23 L'Antico Forno
24 Il Gelato di San Crispino
25 Kappa Due
26 Gelateria Giolitti
27 Gelateria Artigianale Cremì
28 Palazzo del Freddo Giovanni Fassi
29 Fatamorgana
30 Grattachecca della Sora Lella
31 Del Teatro

1. Hotel Dei Mellini
2. Raphaël
3. Residenza Paolo VI
4. Hotel de Russie
5. Hotel Accademia di S. Luca
6. Hotel Gregoriana
7. Hotel Santa Maria
8. Hotel Mancino 12
9. Mercure Roma Corso Trieste
10. Best Pantheon
11. Hotel Celio
12. Hotel Romano
13. Hotel Golden Rome
14. Meininger Roma Termini
15. Albergo del Sole al Biscione
16. Locanda Carmel Rome
17. Kloster Suore Nostra Signora di Lourdes
18. Mama Roma Shelter

1. Bar del Fico
2. Freni e Frizioni
3. Terra Satis
4. Zero Zero Cento
5. Bar Monti
6. CH 1887
7. Stravinskij Bar im Hotel de Russie
8. Jackie O'
9. The Court
10. Enoteca Costantini
11. Enoteca Ferrara
12. Enoteca Il Goccetto
13. Ai tre scalini
14. Enoteca Cavour 313
15. La Casa del Jazz
16. AlexanderPlatz
17. Big Mama

die vielen Bilder an den Wänden beweisen: Woody Allen war mal hier und auch Sophia Loren. Das Beste ist die lauschige Terrasse – ein Ort zum Verlieben. Mittags isst man etwas günstiger.
Largo Febo 12
Tel. 06 688 02 427
www.ristorantesantaluciaroma.it
tgl. 12 – 15 und 19 – 23 Uhr

7 TRATTORIA PERILLI

Das Perilli ist der Carbonara-Tempel Roms schlechthin – nicht wirklich gemütlich, aber hier wird die Carbonara mit Bäckchen-Speck aus Amatrice zubereitet, Römer lassen keine andere Zubereitungsart gelten. Gerühmt werden auch die Ravioli und natürlich die Amatriciana, ein Klassiker der römischen Küche. Im Perilli bekommen Sie auch noch Animelle, also Kalbsbries. Kommen Sie hungrig – die Portionen sind riesig.
Via Marmorata 39
www.perilliatestaccio.com
Tel. 06 575 51 00
Di.–Sa. 12.15–15, 19.15–22.30 Uhr

8 CONSOLINI

Ein edles Lokal, in dem die Stars des AS Roma und andere Promis mit Handschlag begrüßt werden. Aber natürlich punktet vor allem die Küche – der Fisch wird stadtweit gerühmt. Nebenbei ist auch noch die Lage toll, zu Füßen des Aventin sitzen Sie hier im Sommer auf zwei Terrassen – oder drinnen bei Kerzenlicht.
Via Marmorata 28
Tel. 06 572 84 428
www.ristoranteconsolini.it
nur abends, Mo. geschl.

9 TRE SCALINI

Ganz klar: Hier spielen der Blick und die Lage die erste Rolle. Denn Sie sitzen wirklich in der ersten Reihe, nämlich direkt an der Piazza Navona – und das Lokal gibt es bereits seit 1946. Gekocht wird ordentlich, die Pizzen sind kross, der Wein in Ordnung – und das römische Straßentheater gibt es umsonst dazu.
Piazza Navona 28
Tel. 06 687 91 48
www.ristorante-3scalini.com
tgl. 9.30 – 24 Uhr

11 404 NAME NOT FOUND

Wie der Name schon vermuten lässt, eine neuere Bar und Osteria in Trastevere. Für 12 Euro bekommt man die Klassiker wie Cacio e Pepe oder eine Carbonara. In einer gemütlichen Ecke, nahe der Kirche Cecilia. Tagsüber auch eine Bar mit Plätzen im Freien.
Via dei Genovesi 1
Tel. 327 09 48 005
tgl. außer Mo. 6.30–23, Fr./Sa. bis 1 Uhr

EINFACHE RESTAURANTS €€

10 BA'GHETTO MILKY

Die römische Küche ist eher fleischlastig – da kann ein wenig fleischlose Abwechslung nicht schaden, schon gar nicht, wenn sie so vielseitig daherkommt wie im Ba'Ghetto. Der Name deutet es schon an: Das Lokal liegt im Herzen des ehemaligen Ghettos, serviert werden vor allem Gemüsegerichte wie ein Risotto mit Zucchiniblüten und Safran und orientalisch inspirierte Couscous-Variationen. Wer koschere Küche mit Fleisch probieren möchte, ist im Ba'Ghetto Carne in der gleichen Straße (Nr. 57) richtig.
Via del Portico d'Ottavia 2/A
Tel. 06 68 89 28 68
www.baghetto.com
tgl. 11 – 15, 19 – 23 Uhr, Fr.abends und Sa.mittags geschl.

12 CENTRO

Ein altes Kaffeehaus mit Restaurant. Wunderbar entspannt und nicht durchgestylt. Eignet sich perfekt für einen entspannenden Stopp nach

BAEDEKER ✦ MAGISCHE MOMENTE

KNACK!

Kennen Sie das Geräusch, wenn der Dessertlöffel die Kruste der Crème brûlée zerteilt? Himmlisch! Die römische Variante lautet: reinbeißen in »Carciofi alla giudia«. Die Artischocken »jüdische Art« werden frittiert. Sie knacken herrlich im Mund – und schmecken noch besser als die französische Nachspeise, sicuro!

dem Besuch der Kirche Santa Maria Maggiore.
Via Cavour 61
Tel. 06 48 91 39 35
tgl. 8–24 Uhr
https://www.ristorantecentro.it

⓭ DA OIO A CASA MIA

Das hier ist eine Empfehlung und zugleich eine Warnung. Urtümlichere römische Küche bekommen Sie kaum sonst irgendwo in Rom. Doch man muss Innereien wirklich mögen, um hier satt und glücklich zu werden. Kutteln, Zunge, Hirn, all die typischen Gerichte stehen auf der Karte-. Ein Klassiker sind die Rigatoni alla pajata, also Pasta mit Milchkalbdarm. Touristen sieht man hier kaum.
Via Galvani 43 (Testaccio)
Tel. 06 578 26 80
mittags und abends, So.abends geschlossen

⓮ IL MOZZICONE

Nach einem Vatikanbesuch bieten sich die Lokale entlang der nahen Fußgängerstraße Borgo Pio für eine kulinarische Pause an. Im Mozzicone, einem in angesagtem Shabby Chic gestylten Restaurant, ist man auch willkommen, wenn man nur eine Kleinigkeit wie gemischte Antipasti essen will. Schön sind die sonnigen Plätze auf der kleinen Piazza vor dem Lokal.
Borgo Pio 180, Tel. 06 68 61 500
mittags und abends, So. geschl.

⓯ LA CANONICA

Nur ein paar Schritte von der pittoresken Pizza Santa Maria di Trastevere entfernt kann man sich im La Canonica typisch römische Gerichte munden lassen. Das allein wäre ja nicht wirklich etwas Besonderes – hier aber setzt man sich in einer winzigen ehemaligen Kirche zu Tisch, im Erdgeschoss oder urgemütlich auf der eingezogenen Ebene unter dem Tonnengewölbe. Bestellen Sie nicht zu viel – schon die »primi«, z. B. die hausgemachten Spinat-Ravioli, sind üppig bemessen.
Vicolo del Piede 13/A
Tel. 06 580 38 45
www.lacanonicaristorante.it
mittags und abends, Di. geschl.

⓲ SALOTTO TRIESTE

In der nördlichen Innenstadt bei der Kirche Sant'Agnese bietet sich dieses gemütliche, kleine Restaurant an. Serviert werden Klassiker der italienischen Küche, immer mit einem modernen Touch versehen. Gut bestückte Bar.
Corso Trieste 146b
Tel. 377 08 27 631
tgl. mittags und abends

IL CIAK RISTORANTE
TERRAZZA INTERNA
LOCALE CLIMATIZZATO
IL CIAK
IL CIAK
AGNELLO
CUCINA ROMANA
IL CIAK
CARNE ALLA BRACE
TERRAZZA INTERNA

TRATTORIA, OSTERIA, PIZZERIA, GÜNSTIGE RESTAURANTS €

16 DA ALFREDO E ADA

Beim Klassiker Da Alfredo e Ada bekommt man einfache römische Gerichte in einem winzigen Lokal. Vorspeisen wie Kichererbsensuppe und üppige Hauptspeisen überzeugen, der Hauswein kommt in der Karaffe auf den Tisch getreu dem Motto an der Wand, eine Mahlzeit ohne Wein sei wie ein Tag ohne Sonne: »Un pasto senza vino è come una giornata senza sole.«

Via Banchi Nuovi 14
Tel. 06 39 73 77 41
So. und Mo. geschl.

17 BONO BOTTEGA NOSTRANA

Der Besuch des Petersdoms macht hungrig. Nicht weit davon findet sich dieses kleine Lokal, bekannt für seine leckeren Sandwiches. Das Besondere: Man bekommt keine lapprigen Toasts, sondern lecker belegte Brote aus Sauerteig.

Via di Porta Cavalleggeri 109/111
Tel. 06 892 368 30
tgl. 7 - 24 Uhr

19 OSTERIA DELLE COPPELLE

Vom Pantheon ist es nur ein Katzensprung bis zur ruhigen Piazza delle Copelle, wo man abseits des Touristenrummels in nettem Ambiente ausgezeichnet bodenständig essen kann. Das Lokal ist auch bei Einheimischen äußerst beliebt. Der Service ist sehr freundlich, die kleinen Tische stehen allerdings etwas wackelig auf dem Pflaster – aber das unterstreicht nur den Charme dieser altrömischen Osteria. Ausgesprochen originell ist die separate Bar, in die Gäste durch einen als Schrank getarnten Eingang gelangen.

Piazza delle Copelle 54–56
Tel. 06 455 02 826
www.osteriadellecoppelle.com
mittags und abends

SNACKS

20 SMAXS IL CHIOSCO

Ein sympathischer kleiner Kiosk in den Gassen nördlich des Petersdoms. Man kann an einem der kleinen Tische davor schnell eine Portion schmackhafter Lasagne genießen oder sich ein leckeresSandwich für unterwegs mitnehmen.

Viale Giulio Cesare 140
Tel. 340 185 78 59
nur tagsüber

21 GRUÈ

Die Gegend an der Viale Regina Margherita gehört so gar nicht zu den touristischen Hotspots der Stadt, denn in der feinen Nachbarschaft wohnen viele Diplomaten und andere gutbetuchte Römer. Morgens, nachmittags oder zum Afterwork-Drink trifft man sich gerne in der edel gestylten Pasticceria auf einen Cappuccino, einen Prosecco oder Apérol Spritz und versüßt sich den Tag mit Petits Fours oder anderen süßen Herrlichkeiten.

Viale Regina Margherita 95–99
www.gruepasticceria.it
tgl. außer Sa. 7 - 21 Uhr

22 MAMI

Hier bekommt man ein Stück Pizza auf die Hand – aber auch frittierte Zucchini-Blüten und süditalienische Spezialitäten. Und das ganz in der Nähe der Piazza Navona, nahe der touristischen Hotspots.

Via della Pace 27/A
www.pizzamami.it
tgl. ab 10.30, Mo. bis 16, Di. - Do. bis 22, Fr./Sa. bis 2 Uhr

23 L'ANTICO FORNO

Für den kleinen Hunger, wenn es gut

Das Versprechen wird hoffentlich eingelöst: »Cucina Romana« in Trastevere.

sein soll. Überraschenderweise findet sich direkt an der hochtouristischen Fontana di Trevi dieser kleine, ausgesprochen gut sortierte Supermarkt mit Bäckerei. Hier können Sie sich auch ein Panino belegen lassen. Teurer als die Pizza auf die Hand, aber um Klassen besser.
Via delle Muratte 8
tgl. 7 – 20 Uhr

EISDIELEN/GELATERIE

PRODUZIONE ARTIGIANALE

Dieser an einer Gelateria angebrachte Hinweis stellt sicher, dass hier in Eigenproduktion hergestelltes Eis unter Verwendung natürlicher Zutaten verkauft wird. Die Portionen werden entweder in einem Becher (»coppa«) oder in einer Waffel (»cono«) serviert. Wer großzügig mit Kalorien hantieren kann oder möchte, verlangt Sahne (»panna«) dazu.

24 IL GELATO DI SAN CRISPINO

Hier bekommen Sie ungewöhliche Eissorten vermischt mit Baisers. Letztere backen sehr langsam bei niedriger Temperatur und werden dann mit Bitterschokolade (fondente) und den besonderen runden Haselnüssen aus dem Piemont vermischt. Oder mit Karamell. Oder mit Walnüssen.
Piazza della Maddalena 3 (beim Pantheon), tgl. ab 11 Uhr

25 KAPPA DUE

Im Stadtteil San Giovanni gelegen bietet diese kleine Eisdiele auch süßes Gebäck an. Gründer war der Sizilianer Franco aus Palermo, der in den 1970er-Jahren nach Rom kam, geführt wird die Gelateria heute vom Sohn Walter. Wer sich wundert, warum viele Eisdielen in Italien »Kappa due« (K2) heißen: Die Erstbesteiger des zweithöchsten Bergs der Welt, des K2, waren Italiener.
Via Britannia 49
tgl. ab 11 Uhr

26 GELATERIA GIOLITTI

In einer engen Gasse hat sich seit 1900 Roms sicherlich berühmteste Eisdiele wirklich gut versteckt. Allerdings ohne Erfolg! Nicht verwunderlich bei den leckeren Eissorten und der großen Auswahl. Die Fruchteissorten, das Champagner- und das Tiramisù-Eis sind Sünden wert! Darüber hinaus werden auch »gesunde« Eisvariationen auf Sojabasis oder ohne Zucker angeboten.
Via degli Uffici del Vicario 40
www.giolitti.it
tgl. ab 7 Uhr bis nach Mitternacht

27 GELATERIA ARTIGIANALE CREMÌ

In dieser Eisdiele in Trastevere gibt's alles, was Süßmäulchen begehren: Eis in klassischen und neueren Geschmacksrichtungen (z. B. After Eight), eine Kugel auf die Waffel oder hübsch arrangierte Kreationen im Becher. Alles hausgemacht in Topqualität. Crêpes und Waffeln backen sie übrigens auch.
Vicolo de' Cinque 17
tgl. ab 13 Uhr bis nach Mitternacht

28 PALAZZO DEL FREDDO GIOVANNI FASSI

Schon der Name verheißt Abkühlung: Palast der Kälte. Vor 130 Jahren gründete die Familie Fassi diese römische Eisfabrik im Esquilinoviertel. Der Palazzo del Freddo ist keine schnuckelige Eismanufaktur, sondern eine kühle Bahnhofshalle für Gelato-Abhängige. An der Theke stehen Trauben von Menschen, eine 17-köpfige Belegschaft füllt Waffeln und Becher und packt Eis zum Mitnehmen in kleine Pakete. Fassis Spezialität sind die Sanpietrini, das nach Roms Kopfsteinpflaster benannte Eiskonfekt.
Via Principe Eugenio 65
www.gelateriafassi.com
tgl. ab 12 Uhr

Stopp! Nicht vorbeigehen – Sie würden etwas verpassen bei Giolitti.

29 FATAMORGANA

Hier darf man auf Überraschungen gefasst sein. Mal gibt es Schoko-Tabak-Eis, mal Gorgonzola, und die Farben lassen einen tatsächlich an eine Fata Morgana denken. Für Allergiker: Das Eis ist glutenfrei.
Piazza degli Zingari 5 und sechs weitere Verkaufsstellen
www.gelateriafatamorgana.com

30 GRATTACHECCA DELLA SORA LELLA

Eine Grattachecca ist eine speziell römische Variante der Eisbude. Ein historisches Exemplar aus den 1930er-Jahren ist die Grattachecca Sora Lella. In dem Kiosk an der Außenmauer des Vatikans wird der große Eisblock noch von Hand in die Gläser gekratzt (ital. »grattare«). Darüber kommt Fruchtsirup, etwas Obst. Fertig. Wer nun denkt: Aha, Granita!, liegt ganz falsch. In der Grattachecca werden die Sirups und Säfte erst nach der Eiszubereitung hinzugefügt. Bei der Granita hingegen werden Wasser, Säfte und Zucker gemischt, gefroren und erst dann zerkleinert.
Via di Porta Cavalleggeri

31 DEL TEATRO

Charmante kleine Eisdiele, die etwas versteckt liegt und doch so bekannt ist, dass man am Eingang eine Wartenummer ziehen muss. So hat man Zeit, das ausführliche Angebot zu studieren. Soll es diesmal Himbeer-Salbei sein oder Weiße Schokolade-Basilikum?
Via dei Coronari 65
www.gelateriadelteatro.it
tgl. ab 12 Uhr

FEIERN

Römer feiern gerne und ausgelassen! Glücklicherweise bieten sich bei der Vielzahl religiöser und weltlicher Feste in der italienischen Metropole hierfür reichlich Gelegenheiten.

Kirchliche Feste

Höhepunkte der religiösen Feste sind die **Osterfeierlichkeiten** mit Prozessionen und Papstmessen. Besonders beeindruckend wirkt die Kreuzwegandacht am Karfreitag am Kolosseum. Der Papst beschreitet den Kreuzweg, den Tausende Pilger mit Kerzen erhellen. Am Ostersonntag zelebriert der Papst eine Messe am Petersplatz mit anschließendem Segen für die Stadt und den Erdkreis (»urbi et orbi«). Diese Messe ist der feierliche Abschluss der Karwoche und des Osterfests. Am Pfingstmontag regnet es im Pantheon nach altem Brauch Rosenblätter auf die Gläubigen. Ein weiteres religiöses Highlight ist **Weihnachten** mit der Mitternachtsmette, die der Papst am 24.12. im Petersdom zelebriert. Am ersten Weihnachtstag verkündet das Oberhaupt der katholischen Christen dann von der Mittelloggia des Petersdoms aus seine Weihnachtsbotschaft, deren Abschluss wiederum der Festsegen »urbi et orbi« bildet. Im Heiligen Jahr 2025 gibt es zusätzlich viele religiöse Veranstaltungen.
www.iubilaeum2025.va

Weitere Feste und Events

Das Fest der Heiligen Drei Könige heißt in Italien **Befana,** so genannt nach einer Hexe, die laut Volksglauben in der Nacht auf den 6. Januar auf der Suche nach dem Jesuskind auf einem Besen von Haus zu Haus fliegt und Geschenke bringt oder straft. Weltlich-heidnisch – und lebhaft – geht es beim über 500 Jahre alten römischen **Karneval**

BAEDEKER MAGISCHE MOMENTE

LICHTER ÜBER DEM TIBER

Wundervoll, wenn sich die bunten Lichter im Tiber spiegeln! Am 29. Juni feiert Rom die »Festa dei Santi Pietro e Paolo« und zum Fest der Stadtpatrone Roms gibt es traditionell – und das schon seit 1481 – das gigantische Feuerwerk »La Girandola« an der Engelsburg. Wenn Sie zu diesem Termin in der Stadt sind: hingehen!

zu: Er lockt mit Kostümfesten und Faschingsumzügen, z. B. auf der Via Nazionale. Trotz aller Kommerzialisierung, abzulesen in den Parfümerien der Stadt, ist der internationale Tag der Frau (»Festa della Donna«, 8. März) weiterhin beliebt und überall werden gelbe Mimosen verschenkt. Der Rom-**Marathon** an einem Sonntag im März lockt internationale Sportler an. Wenn die leuchtend roten Azaleen an der Spanischen Treppe erblühen, feiert die Stadt am 21. April an vielen Plätzen ihren Geburtstag (»Natale di Roma«) und gleichzeitig das Frühlingsfest **Festa della Primavera.**

Mitte Mai ist Roms lange Nacht der Museen (»Notte dei Musei«) mit 200 000 Besuchern eine Attraktion. Frühjahrsklassiker sind auch das Reit- und das Tennisturnier.

Höhepunkte im Sommer sind die oft kostenlosen Veranstaltungen des **Estate Romana** mit Tanz, Musik, Kino und Theater – die 2024 bereits zum 47. Mal stattfanden. Populär ist auch das Stadtteilfest Festa de'Noantri in Trastevere in den letzten beiden Juliwochen. Schon seit 1535 feiern dort »wir anderen«, also diejenigen, die jenseits des Tibers wohnen.

Im Oktober sorgt die von der italienischen Vogue organisierte **Forces of Fashion Night** für Enthusiasmus. Rund um die Spanische Treppe beteiligen sich 400 Geschäfte an dem Spektakel. Mit Beginn der Opern- und Konzertsaison startet auch das **Romaeuropa Festival** (Sept./Okt./Nov.). 52 Veranstaltungen an 14 Orten mit knapp 400 Künstlerinnen und Künstlern präsentieren modernen Tanz, Theater, Performances und Installationen, auch burleske Operetten. Im November setzt Roms **Internationales Festival des Films** (Festival Internazionale del Film di Roma) im Auditorium Parco della Musica Akzente. Im Auditorium begeistert ebenfalls im November das **Roma Jazz Festival** die Besucher. Roms Weihnachtsmärkte, z. B. an der Piazza Navona und in Cinecittà World, öffnen bis zum 6. Januar.

KALENDER

FEIERTAGE

1. Januar: Neujahr (Capodanno)
6. Januar: Hl. Drei Könige (Epifania)
März/April: Ostermontag (Lunedì di Pasqua, Pasquetta)
25. April: Tag der Befreiung Italiens 1945 (Festa della liberazione)
1. Mai: Tag der Arbeit (Festa del lavoro)
2. Juni: Fest der italienischen Republik (Festa della Repubblica Italiana)
15. August: Mariä Himmelfahrt (Assunzione/Ferragosto)
1. November: Allerheiligen (Ognissanti)
8. Dezember: Mariä Empfängnis (Immacolata Concezione)
25./26. Dezember: Weihnachten (Natale)

FESTE UND EVENTS

EVENT-INFOS

Über Veranstaltungen informieren Roms Tageszeitungen (Il Messagero, La Repubblica), englischsprachige

OBEN: Rosenblätter fallen am Ende des Pfingstgottesdienstes im Pantheon herab.

UNTEN: Kein Leichtgewicht: die Madonna bei der Prozession zur Festa de'Noantri in Trastevere

Stadtmagazine und das Internet (z. B. www.oggiroma.it). Aktuelles findet man mindestens 72 Std. im Voraus auch auf https://060608.comune.roma.it/eventi Telefonische Auskunft unter Tel. 06 06 08 (tgl. 9 – 21 Uhr).

JANUAR

EPIFANIA (DREIKÖNIGSFEST)
Kinderfest auf der Piazza Navona am 6. Januar, bei dem die Hexe Befana auf ihrem Besen geritten kommt und Süßigkeiten an »brave« Kinder verteilt. Für »böse« Kinder gibt's Kohlestücke.

FEBRUAR/MÄRZ

RÖMISCHER KARNEVAL
Über 500 Jahre alt, aber beinahe vergessen, haben ihn Groß und Klein jetzt wiederentdeckt. Es geht hoch her.

SAN GIUSEPPE
Am 19. März, dem Tag des hl. Josef, werden überall Fritelle (kleine Pfannkuchen) verteilt.

MARATHON
Ende März findet der Internationale Rom-Marathon statt. Im Oktober hingegen laufen die Sportlichen beim Halbmarathon durch die Innenstadt
www.runromethemarathon.com

APRIL

FESTA DELLA PRIMAVERA
Beim Frühlingsfest leuchtet die Spanische Treppe in einem Meer von Azaleen, Veranstaltungen locken in den Botanischen Garten.

KARWOCHE
Der Papst feiert Gottesdienste am Palmsonntag, Gründonnerstag (hl. Fußwaschung in der Lateransbasilika), Karfreitag (Kreuzweg entlang den 1749 von Papst Benedikt XV. errichteten 14 Stationen im Kolosseum) und Karsamstag.

OSTERSONNTAG
Der Segen des Papstes für die Stadt und den Erdkreis (urbi et orbi) vom Balkon der Peterskirche

GEBURTSTAG ROMS
Am 21. April feiern die Römer den Geburtstag ihrer Stadt mit Theater- und Musikveranstaltungen und Feuerwerk auf der Piazza del Campidoglio.
2025 wird Rom an diesem Tag 2778 Jahre alt …

MAI

NOTTE DEI MUSEI
Mitte Mai ist die europäische Nacht der Museen ein Publikumsrenner.
www.museiincomuneroma.it

JUNI

FESTA DI SAN GIOVANNI
Johannisnachtfeier beim Lateran mit Spanferkelessen, Tanz, Musik, Korbwaren- und Süßigkeitenverkauf sowie abschließendem Feuerwerk am 24. Juni.

ESTATE ROMANA
Im Römischen Sommer finden Konzerte, Opern, Theater- und Filmaufführungen und Ausstellungen – meist im Freien – bis in den Oktober statt.

JULI/AUGUST

FESTA DE'NOANTRI
Ab 15. Juli zwei Wochen Spektakel in Trastevere, bei Einheimischen und Gästen gleichermaßen beliebt.
www.festadenoantri.it

FESTA DELLA MADONNA DELLA NEVE
Mariä Schneefest (5. August) in der Basilika Santa Maria Maggiore, das an einen Schneefall im August erinnert,

auf den hin die Marienkirche gebaut wurde. Für das äußerst seltene Phänomen gibt es allerdings eine einleuchtende meteorologische Erklärung.

FERRAGOSTO

Um den 15. August ist Rom wie leergefegt. Dieser italienische Feiertag par excellence ist älter als Weihnachten und wurde im Jahr 18 v. Chr. von Kaiser Augustus als »Feriae Augusti« ins Leben gerufen. Seit dem 8. Jahrhundert wird an diesem Tag auch Mariä Himmelfahrt begangen (Assunzione).

OKTOBER/NOVEMBER

FESTIVAL DI MUSICA E ARTE SACRA

Ende Okt./Anf. Nov. öffnen Roms Basiliken zu beliebten Konzerten mit international berühmten Musikern und Interpreten.
https://fondazionepromusicaeartesacra.org

FESTIVAL INTERNAZIONALE DEL FILM DI ROMA
ROMA JAZZ FESTIVAL

Im November wird das Auditorium Parco della Musica zu Roms kulturellem Zentrum.
www.romacinemafest.it
www.romajazzfestival.it

DEZEMBER

WEIHNACHTEN (NATALE)

In der Peterskirche finden Christ- (24.12.) und Weihnachtsmesse (25.12.) statt. Die Weihnachtsbotschaft des Papstes erreicht Gläubige rund um den Globus.

SILVESTER

Am 31. Dezember unter anderem auf der Piazza del Popolo und auf der Spanischen Treppe: großes Fest mit Musik und Riesenfeuerwerk.

MUSEEN

Rom ist das Museum der westlichen Welt: Denn zu rund 180 registrierten Museen gesellen sich weitere 78 Ausstellungsräume und 252 Privatgalerien, dazu 236 archäologische Stätten, die auch gigantische Freilichtmuseen sind. Dann sind da noch mindestens 526 Architekturstätten und Monumente mit kunsthistorischem Wert und schließlich als museale Räume begreifbare 307 katholische, 7 protestantische, 6 orthodoxe und je 2 Waldenser- und Anglikanerkirchen, je 3 buddhistische Tempel und jüdische Synagogen und die zu Berühmtheit gelangte Moschee.

Immer neue Besucherrekorde

Die Vatikanischen Museen präsentieren eine der bedeutendsten Sammlungen weltweit und ziehen rund 6 Mio. Besucher jährlich an. Roms Altstadt (»centro storico«) bietet **Attraktionen im Weltmaßstab.** So zählt das von der Stadt als Museum gelistete Pantheon etwa 8 Mio. Besucher. Auch die riesige archäologische Freifläche aus Kolosseum, Forum Romanum und Palatin stellt mit jährlich über 8 Mio. Besuchern immer neue Rekorde auf. Anziehungspunkte sind

FREI NACH MICHELANGELO

Spazieren Sie am Tiber entlang. Kurz vor dem Petersdom dürfen Sie sich über ein seltsames Graffiti wundern: Der Südafrikaner William Kentridge hat, ohne sich dessen vielleicht bewusst zu sein, nach Michelangelos Motto gehandelt. Der soll gesagt haben, eine Skulptur sei schon im Marmorblock enthalten, man müsse nur das Überflüssige entfernen. So hat Kentridge mit dem Dampfstrahler schwarzes Moos, die Stadt-Patina aus Smog und Schmutz, an den Hochwasser-Mauern teilweise entfernt, übrig geblieben ist eine Prozession von Schatten und fantastischen Figuren, die Roms Siege und Niederlagen erzählen. Gehen Sie einen halben Kilometer weit zwischen den Brücken Ponte Sisto und Ponte Mazzini durch dieses Schwarz-Weiß-Bilderbuch. Ein ruhiger Moment im quirligen Rom.

auch das Museum der Engelsburg (1,1 Mio. Besucher pro Jahr) und die Galleria Borghese (600 000 Besucher). Immerhin 300 000 finden den Weg ins immer attraktiver werdende Ostia Antica, und auch das Museo Nazionale Romano interessiert noch 235 000 Menschen.

Eintrittspreise Hohe Eintrittspreise machen die Museumsbesuche zum echten Kostenfaktor. Da lohnen sich **Vergünstigungen:** Schweizer und EU-Bürger unter 18 Jahren sowie EU-Rentner genießen oft freien Eintritt. Alle anderen erhalten online oder an den Tourismusinformationsstellen von Roma Capitale den Roma Pass (►S. 376). Hilfreich sind auch die Archaeologia Card oder Kombitickets wie für das Museo Nazionale Romano, mit dem in drei Tagen Diokletiansthermen, Crypta Balbi und die Palazzi Altemps und Massimo zu besichtigen sind. Für Sonderausstellungen zahlt man einen Aufschlag (meist 3 €).
Am jeweils **ersten Sonntag im Monat ist freier Eintritt** in staatlichen Museen und Galerien, Monumenten, archäologischen Ausgrabungen, Parks und Gärten. Allerdings: Der Besuch des Kolosseums ist auf max. 3000 Besucher gleichzeitig beschränkt; die Besichtigung des Domus Aurea verlangt trotzdem Voranmeldung. Weitere nicht staatliche Museen wie etwa die Vatikanische Kunstsammlung gewähren **freien Eintritt am letzten Sonntag jedes Monats**.
Informationen: www.turismoroma.it, www.museiincomuneroma.it, **Ticketbestellungen und Führungen**: www.coopculture.it (und bei den jeweiligen Museen)

AUSGEWÄHLTE MUSEEN

GESCHICHTE/ KULTURGESCHICHTE

DOMUS ROMANE DI PALAZZO VALENTINI

Die Multimediaschau führt am Originalschauplatz die Alltagskultur in Adelshäusern der Kaiserzeit vor.
Via Quattro Novembre 119a
www.palazzovalentini.it
Mi. – Mo. 9.30 – 18.30 Uhr
Eintritt: 13,50€

MUSEO CENTRALE DEL RISORGIMENTO

Complesso del Vittoriano, Piazza Venezia
https://vive.beniculturali.it/it/museo-centrale-del-risorgimento
tgl. 9.30 – 18.30 Uhr
Eintritt: 12 €

MUSEO CRIMINOLOGICO

Eine neue Ausstellung zur Geschichte von Strafvollzug, Folter und Todesstrafe.
Via del Gonfalone 29
https://cultura.gov.it/luogo/museo-criminologico-di-roma
Di. – Sa. 9 – 13, Di., Do. auch 14.30 – 18.30 Uhr
Eintritt: 2 €

MUSEO DELLE CERE

Wachsfigurenkabinett
Piazza SS. Apostoli 68/A
www.museodellecere.com
tgl. 9 – 21 Uhr
Eintritt: 9,50 €

MUSEO DI ROMA

im Palazzo Braschi
Piazza San Pantaleo 10
Zweiteingang: Piazza Navona 2
www.museodiroma.it
Di. – So. 10 – 19 Uhr
Eintritt: 9,50 €, bei Sonderausstellungen 13 €

MUSEO DI ROMA IN TRASTEVERE

Das »verschwundene Rom« des Malers und Fotografen Ettore Roesler Franz und des römischen Volksdichters Trilussa.
Piazza S. Egidio 1b
www.museodiromaintrastevere.it
Di. – So. 10 – 20 Uhr, Eintritt: 12 €

MUSEO NAPOLEONICO

Erinnerungsstücke an Napoleon (der allerdings nie in Rom war!): Zeichnungen, Gemälde, Landkarten u. v. m., wobei auch die interessante Beziehung der Familie Bonaparte zu Rom anhand von Exponaten erläutert wird.
Piazza di Ponte Umberto 1
www.museonapoleonico.it
Di. – So.10 – 18 Uhr
Eintritt: frei, Audioguide 4 €

MUSEO NAZIONALE DELLE ARTI E TRADIZIONE POPOLARI

Italienische Volkskunst; veranschaulicht die Bräuche in den einzelnen Regionen Italiens. Teil des neuen Museo delle Civiltà im E.U.R.-Viertel.
Piazza Gulielmo Marconi 8
http://www.idea.mat.beniculturali.it/museo-civilta-mnatp
Di. – So. 8 – 19 Uhr, Eintritt: 10 €

MUSEO NUMISMATICO DELLA ZECCA ITALIANA

Umfangreiche Münzsammlung ab dem 15. Jh. und Schatzkammer.
Via Salaria 712
www.museozecca.ipzs.it
Nach Voranmeldung (mindestens 2 Tage im Voraus)
Eintritt: frei

KUNST/ARCHÄOLOGIE

FONDAZIONE PASTIFICIO CERERE

Zeitgenössische Kunst des 21. Jh.s im Ambiente einer ehemaligen Pasta-Fabrik von 1905.
Via degli Ausoni 7
www.pastificiocerere.com
Mo. – Fr. 15 – 19 Uhr
Eintritt: frei

MAAM – MUSEO DELL'ALTRO E DELL'ALTROVE

Das 2012 von Giorgio de Finis im Space Metropoliz (einer alten Fabrik) eröffnete Kunstmuseum MAAM wird von den Kunstschaffenden selbst geführt.
Via Prenestrina 913
www.facebook.com/@museo-MAAM
Sa. 11 – 17 Uhr, Eintritt: frei

MACRO – MUSEO D'ARTE CONTEMPORANEA ROMA

Ausstellungen, Liveveranstaltungen und Macro Lab zur zeitgenössischen Kunst des 20. und 21. Jh.s
Via Nizza 138 bzw.
Via Reggio Emilia 54
www.museomacro.org
Di. – Fr. 12 – 19, Sa./So ab 10 Uhr,
Eintritt: frei

MUSEO BARRACO

Berühmte Skulpturensammlung aus allen Kulturen, die Rang und Namen haben(u. a. ägyptisch, assyrisch, etruskisch, griechisch, römisch...).
Corso Vittorio Emanuelle II 166a
www.museobarracco.it
Di. – So. 10 – 16 Uhr
Eintritt: frei, Audioguide 4 €

MUSEO BONCOMPAGNI LUDOVISI

Von der Galleria Nazionale d'Arte Moderna (GNAM) verwaltetes Museum mit 800 Objekten zur italienischen Modegeschichte.
Via Boncompagni 18
https://direzionemuseiroma.cultura.gov.it/museo-boncompagni-ludovisi, Di. – So. 9.30 – 19 Uhr
Eintritt: 6 €

MUSEO DELL'ALTO MEDIOEVO (MAME)

Kunst und Kultur von der Spätantike

bis zum Hochmittelalter. Teil des Museo delle Civiltà im E.U.R.-Viertel.
Viale Lincoln 3
www.museodellecivilta.it/altomedioevo
Di. - So. 8 - 19 Uhr, Eintritt: 10 €

MUSEO NAZIONALE D'ARTE ORIENTALE (MNAO)

Hier locken kostbares Porzellan und herrliche Seiden aus China, Japan und Korea, Gold, Bronzen und Gemälde aus Afghanistan, Pakistan, dem Irak, Indien, Nepal und Tibet.
Piazza G. Marconi 14 (E.U.R)
www.prolocoroma.it/museo-nazionale-darte-orientale-giuseppe-tucci, Di. - So. 8 - 19 Uhr
Eintritt: 10 € (Kombiticket, auch gültig für die anderen Museum des E.U.R.)

MUSEO NAZIONALE PREISTORICO ETNOGRAFICO LUIGI PIGORINI

Prähistorisches und ethnologisches Museum mit Sonderausstellungen. Teil des Museo delle Civiltà im E.U.R.-Viertel.
Piazzale G. Marconi 14 (E.U.R)
www.museodellecivilta.it/preistoria-etnografia, Di. - So. 8 - 19 Uhr
Eintritt: 10 € (Kombiticket für die Museum des E.U.R.)

LITERATUR/THEATER/MUSIK

CASA MUSEO ALBERTO MORAVIA

Leben, Werk und Reisen des großen römischen Schriftstellers (1907 - 1990), der eigentlich Alberto Pincherle hieß (► S. 311).
Lungotevere della Vittoria 1
www.casaalbertomoravia.it
nur n. V.; Führung 2. Sa. im Monat 10 Uhr (Anmeldung 4 Wochen im Voraus), Führung 4 €

CASA DI PIRANDELLO

Istituto di Studi Pirandelliani
Studio, Bücher und Memorabilia des sizilianischen Dramatikers und Literaturnobelpreisträgers Luigi Pirandello.
Via Antonio Bosio 13b
www.studiodiluigipirandello.it
Besichtigung nur nach Voranmeldung unter posta@studiodiluigipirandello.it, Eintritt: frei

MUSEO NAZIONALE DEGLI STRUMENTI MUSICALI

Museum mit 3000 Instrumenten, u. a. prächtige Lauten, ein Cembalo von Hans Müller (1537), das erste Pianoforte des Italieners Bartolomeo Cristofori (1722) und eine barocke Barberini-Harfe. Konzerte: Fr., Sa. 18, So. 17 Uhr.
Piazza S. Croce in Gerusalemme 9
https://museostrumentimusicali.beniculturali.it
Di. - So. 9.30 - 19 Uhr
Eintritt: 5 €, Führung auf Anfrage (1 €)

RACCOLTA TEATRALE DEL BURCARDO

40 Kostüme, Masken der Commedia dell'Arte, Theaterpuppen, 3000 Zeichnungen und Drucke sowie 120 Gemälde zu 500 Jahren italienischer Theatergeschichte.
Viale della Letteratura 24 (EUR)
www.siae.it
Mo. - Fr. 9.15 - 13.15 Uhr (nach Voranmeldung), Eintritt: frei

SONSTIGE

CHIOSTRO DEL BRAMANTE – KULTURZENTRUM

Donato Bramante (1444 - 1514) wurde ab 1503 dank dieses 1500 bis 1504 erbauten Kreuzgangs (Chiostro) an der Basilika Santa Maria della Pace der Lieblingsarchitekt von Papst Julius II. Im Kulturzentrum »Sibille« finden Ausstellungen zu M. C. Escher oder Marc Chagall statt. Vom Loggiato des Kreuzgangs kann man von der Stanza delle Sibille einen Blick auf

BAEDEKER ÜBERRASCHENDES

6X

EINFACH UNBEZAHLBAR

Erlebnisse, die für Geld nicht zu bekommen sind

1. IMMER WIEDERKOMMEN

Erschöpft vom Rummel beim Pantheon? Nur ein paar Schritte weiter können Sie sich in der **Chiesa di Sant'Ignazio di Loyola** in Ruhe in eine Kirchenbank setzen und sich in den Details des immens üppigen Deckengemäldes verlieren. (▶ **S. 157**)

2. LITERATUR UND MEHR

Geben Sie **www.oggiroma.it/eventi/gratis** ein – hier finden Sie Tag für Tag Hinweise auf Kulturveranstaltungen, z. B. Lesungen, Konzerte und Theatervorstellungen, die man kostenlos besuchen kann.

3. KAISERLICH

Das Trajansforum lässt sich bequem von der **Via dei Fori Imperiali** bewundern. Ganz entspannt können Sie einmal rundherum spazieren und auch die Trajanssäule in aller Ruhe betrachten. (▶ **S. 83**)

4. GROSSE KUNST

Meisterwerke werden gewöhnlich in Museen aufbewahrt, in Rom können die Caravaggios und Michelangelos aber auch in etlichen Kirchen bewundert werden, etwa in **San Pietro in Vincoli.** (▶ **S. 189**)

5. JEDEN MONAT

Der Besuch aller staatlichen Museen, Galerien, Ausgrabungen, Parks und Gärten ist **jeden ersten Sonntag** im Monat gratis. Allerdings ist dann immer sehr viel los. Am besten also früh hingehen!

6. STREET ART

Manche Künstler brauchen keine Leinwand, sie bringen ihre Werke auf Mauern und Fassaden auf und »schenken« sie den Passanten. Die **App »Street Art a Roma«** führt Sie zu über 300 Street-Art-Kunstwerken in der ganzen Stadt.

Raffaels um 1515 gemaltes Fresko der weissagenden »Sibyllen und Engel« in Santa Maria della Pace werfen.
Via Arco della Pace 5
www.chiostrodelbramante.it
Mo. - Fr. 10 - 20, Sa./So. bis 21 Uhr, Eintritt variabel (je nach Ausstellung)

MUSEUM FÜR GERETTETE KUNST

Das 2022 eingeweihte Museum in den Diokletianthermen ist Teil des Nationalen Römischen Museums. Hier soll Kunst eine vorübergehende Heimat finden, und zwar gestohlene, verkaufte oder illegal exportierte Kunstwerke. Sie werden für einen begrenzten Zeitraum ausgestellt, bevor sie in ihr Herkunftsgebiet zurückkehren.
Aula Ottagona im Museo Nazionale Romano
Via Giuseppe Romita 8
Di. - So. 9.30 - 19 Uhr
Freier Eintritt für Inhaber von Eintrittskarte zu den Diokletianthermen.

MUSEO CIVICO DI ZOOLOGIA

Zoologisches Museum mit Schwerpunkt Biodiversität.
Viale Ulisse Aldrovandi 18
www.museocivicodizoologia.it
Di. - So. 9 - 19 Uhr
Eintritt: 12 €, Audioguide 3,50 €

PALAZZO DELLE ESPOSIZIONI

Wechselausstellungen, Kino, Auditorium, Forum, Cafeteria, Restaurant und Buchladen.
Via Nazionale 194
www.palazzoesposizioni.it
Di. - So. 10 - 20 Uhr
Eintritt: 10 €

GALERIEN

GALLERIA D'ARTE MODERNA DI ROMA CAPITALE

im Jugendstilkomplex der Ex-Brauerei Peroni: Skulpturen von Rodin und Galletti, Gemälde von Sartorio, Scipione, de Chirico, Carrà und Severini.
Via F. Crispi 24
www.galleriaartemodernaroma.it
Di. - So. 10 - 19 Uhr
Eintritt: 7,50 €

MUSEO UMBERTO MASTROIANNI

Das Museum im Komplex der Kirche San Salvatore in Lauro ist Italiens größtem Bildhauer des 20. Jh.s, Umberto Mastroianni (1910 bis 1998), gewidmet.
Piazza San Salvatore in Lauro 15
www.umbertomastroianni.it/il-museo/
Kirche: tgl. 10 - 13 u. 16 - 19 Uhr, Museum: Mo. - Fr. 10.30 - 13 Uhr
Eintritt: frei

GALLERIA DELL'ACADEMIA NAZIONALE DI SAN LUCA

Die Galerie (3. Etage im renovierten Carpegna-Palast aus dem 16. Jh.) zeigt eine Auswahl der Akademiebestände, u. a. Werke von Raffael, Rubens, van Dyck, Reni und Klimt.
Piazza dell'Accademia di San Luca 77
https://accademiasanluca.it
Di. - Sa. 10 - 17 Uhr, nur nach Voranmeldung unter prenotazioni@accademiasanluca.it
Eintritt: frei

MUSEO DI URBAN ART DI ROMA (MURO)

Das vom Künstler David «Diavù« Vecchiato gegründete, seit 2012 von der Stadt unterstützte Open-Air-Museum widmet sich Urban und Street Art. Die 21 Werke sind im Quartiere Quadraro, in den Ville Alessandrine und in Torpignattara zu sehen.
Circonvallazione Casilina 62/64
Anfahrt: Metro A bis Station Porta Furba Quadraro
http://muromuseum.blogspot.com

SHOPPEN

Rom ist ein traumhaftes Einkaufsziel für Shoppingfans! Besonders das Zentrum glänzt mit Luxusläden berühmter Marken. Die wunderbar dekorierten Schaufenster ziehen Besucher wie ein Magnet an – eines ist schöner und fantasiereicher als das andere! Schon deshalb lohnt sich hier ein ausgiebiger Bummel! Typische römische Verkaufsschlager sind Keramik- und Glasprodukte, Designermode, Lederwaren und edle Stoffe.

Mode und Accessoires

Roms Ruf als Modestadt ist legendär. Als Highlight der eleganten Modewelt in der Ewigen Stadt gelten die Gegend **um die Piazza di Spagna,** die Via Frattina, die Via Borgognona und die etwa 600 m lange Via Condotti mit ihren sage und schreibe über **50** Luxusgeschäften. Auf diesen römischen Laufstegen der Eitelkeiten finden sich zahlreiche Boutiquen berühmter Designer und Modeschöpfer wie z. B. Missoni, Giorgio Armani, Prada, Gucci oder Valentino. Rund um die Piazza Navona hingegen, z. B. in der Via del Governo und der Via dei Baullari, lockt ein Dorado für **Secondhand-Mode.** Anhänger styli-

Bei Handtaschen kann man natürlich schon mal schwach werden ...

scher Modetrends sind begeistert von entsprechenden Angeboten z. B. in der Via dei Giubbonari. Römer und Römerinnen lieben seit jeher Schuhe, Taschen, Gürtel und andere Accessoires. Beste Einkaufsadressen hierfür sind in der eleganten Via Condotti zu finden, z. B. das berühmte Schuhgeschäft von Salvatore Ferragamo. Wer preisgünstigere Angebote in Sachen Schuhe sucht, wird in den entsprechenden Geschäften entlang der Via del Corso fündig.

Schmuck, Antiquitäten, Design

Wer Wert auf Schmuck legt, ist in Rom goldrichtig, denn die Dichte an Juwelieren und Modeschmuckläden ist hier beeindruckend hoch. Als feine Adressen für glitzerndes Beiwerk und edle Accessoires der **Juwelierkunst** gelten die Geschäfte von Bulgari, Federico Buccellati und Cartier, die allesamt rund um die Via Condotti liegen (und entsprechende Preise haben). Für Liebhaber ausgesuchten Designschmucks ist Pomellato an der **Piazza San Lorenzo** ein sehr guter Tipp! Traditionelle und bezahlbare Uhren- und Schmuckgeschäfte liegen u. a. im Ghetto, beim Ponte Sisto und am Campo de' Fiori. Die zur Spanischen Treppe führende Via del Babuino ist bekannt für ihre Geschäfte mit schicken zeitgenössischen Designermöbeln und ausgefallenen **Glasobjekten.** Ein wahres Mekka für Antiquitätenliebhaber und -innen bietet sich hinter der Piazza Navona oder in der Gegend rund um die Via del Babuino.

Gemütlich bummeln

In den hübschen Gassen rund **um den Campo de' Fiori** findet sich etwas für jeden Geldbeutel, z. B. hübsche Buchläden in der Via del Pellegrino. Nette Geschäfte mit u. a. Küchenaccessoires, Lampen, Dessous, Strickwaren und Delikatessen, kleine Buchhandlungen und ausgefallene Galerien lassen sich bei einem Rundgang durch das Stadtviertel **Trastevere** entdecken.

Ganz »legal« einkaufen

Eleganz und Chic vermittelt die 1914 als Galleria Colonna erbaute heutige Galleria Alberto Sordi mit 20 Boutiquen (bis 22 Uhr) im Herzen der Stadt an der Via del Corso. In der Bottega dei Sapori e dei Saperi della legalità »Pio la Torre«, dem »Laden des Geschmacks und des Wissens um die Legalität« werden **»Mafia-freie Biolebensmittel«** von konfiszierten Mafiosi-Gütern verkauft, die nun von Kooperativen bewirtschaftet werden.
Via Dei Prefetti 23 | Mo. – Sa. 10 – 19.30 Uhr

Schnäppchen und religiöse Souvenirs

Zweimal im Jahr, zwischen Januar und März sowie zwischen Juli und September, heißt es nicht nur auf den Luxusmeilen »Saldi« (Schlussverkauf); dann beginnt die Zeit für Schnäppchen. Rings **um den Vatikan,** z. B. in der Via Cola di Rienzo, haben sich ausgewählte Geschäfte mit einem reichen Angebot an religiösen Souvenirs und sakralen Kunstobjekten angesiedelt.

Seit der Freigabe der Öffnungszeiten bleiben kleine Läden wochentags in der Zeit zwischen 13 und 16.30 Uhr oft geschlossen, während größere Geschäfte durchgehend geöffnet sind. In den Sommermonaten haben zahlreiche größere Läden sogar bis 21 oder 22 Uhr auf.

Öffnungszeiten

AUSGESUCHTE SHOPPING-ADRESSEN

ANTIQUITÄTEN

Haben Sie ein Faible für Dekoratives aus vergangenen Epochen? Für edle Leuchter? Schmuck? Dann bummeln Sie durch die Via del Babuino, Via Margutta, Via Giulia, Via dei Coronari und Via dei Capellari – hier ist die Dichte der Edel-Antiquitätengeschäfte hoch.

APOLLONI

Das 1926 gegründete Antiquitätengeschäft hat sich auf alte Meister, Prunkmöbel und Arbeiten auf Papier spezialisiert. Die angesehene Kunsthandlung ist in Rom eine feste Instanz für Sammler.
Via Margutta 53B
https://galleriawapolloni.it

LARGO FONTANELLA DI BORGHESE

Kupferstiche und Radierungen aus dem 18. Jh. von Piranesi, wunderschöne Kunstdrucke und alte Bücher zu erschwinglichen Preisen – wer gern nach solchen Dingen stöbert, sollte unter der Woche vormittags auf den Markt am Largo Fontanella di Borghese kommen.

BÜCHER

LIBRERIA INTERNAZIONALE »IL MARE«

Buchladen zum Spezialthema »Meer«: Auch die originelle Dekoration im Geschäft, z. B. ein lebensgroßer Taucher oder Modellboote, vermittelt maritime Atmosphäre. Über 20 000 Titel, hauptsächlich italienische, warten auf große und kleine Leseratten.
Via del Vantaggio 19
www.ilmare.com
Mo. 15.30 – 19.30, Di. – Sa. 11 – 14, 15.30 – 19.30 Uhr

LIBRERIA FAHRENHEIT 451

Der Name ist natürlich kein Zufall – so heißt ein dystopischer Roman von Ray Bradbury, der Titel bezeichnet die Temperatur, bei der Papier brennt. In dem Buch – und im gleichnamigen berühmten Film von Truffaut geht es um Bücherverbrennungen. Die kleine, unabhängige Buchhandlung gleicht einem Wunder, sie trotzt an der berühmten Adresse dem Kommerz und der drängenden Gastronomie.
Piazza Campo de' Fiori 44

DELIKATESSEN, WEIN, KRÄUTER

ANTICA ERBORISTERIA ROMANA

Wie eine Reise in die Vergangenheit erscheint ein Besuch in dieser alten Apotheke (1752). Neben Biokosmetik und Bioprodukten werden Heilkräuter verkauft, Salben und Tinkturen selbst hergestellt.
Via di Torre Argentina 15
www.anticaerboristeriaromana.it
Mo. – Sa. 9 – 20 Uhr

ANTICA SALUMERIA ANSUINI

Römische Köstlichkeiten: u. a. feine Schafs- und Ziegenkäse, Oliven und Spitzenweine aus dem Latium.
Piazza della Rotonda 4
tgl. 9 – 20 Uhr

Diamonds … müssen es ja nicht unbedingt sein.

EATALY

»Gute, saubere, gerechte« Lebensmittel – so lautet die Philosophie dieses Marktes der Superlative, mit 17 000 m² weltweit der größte seiner Art. Vor Ort werden Nudeln gemacht, wird Brot aus Sauerteig gebacken, Bier gebraut und Büffel-Mozzarella hergestellt! Slow-Food-Fans schwören auf die sieben Führungen mit Degustationen (30 Min. bis 7 Std.; 33 – 242 €). 16 Restaurants und Cafés locken zum Naschen. »In« sind Kochkurse mit Abendessen (35 – 165 €).

Piazzale XII Ottobre 1492
(Air Terminal Ostiense)
Tel. 06 902 79 201
www.eataly.net
tgl. 9 – 24 Uhr

SALUMERIA ROSCIOLI

Der Anblick appetitlich dekorierter Schinken-, Salami- und Käsespezialitäten lässt das Wasser im Mund zusammenlaufen. Bei Anna und Marco Roscioli kann man alles probieren. Die Bäckerei (Antico Forno Roscioli; Via dei Chiavari 34; seit 1824) führen die

Söhne Alessandro und Pierluigi. Neu ist der Wine and Food Tasting Club (Via di San Salvatore in Campo 54).
Via dei Giubbonari 21
www.salumeriaroscioli.com

ANTICA ENOTECA L'ANGOLO DIVINO

Seit 1946 bietet der Familienbetrieb im Palazzetto Giangiacomo Weine, Käse, Salami, Schinken und Räucherfisch.
Via dei Balestrari 12
www.angolodivino.it
tgl. 17 - 0.30, Di. - Sa. auch 11 - 15 Uhr

VENCHI

Seit 1879 macht Venchi Schokolade – die beste Italiens. Es gibt unendliche Variationen, Tafeln und Täfelchen, hübsch verpackt. Im Gegensatz zum begrenzten Online-Angebot ist die Auswahl in den Geschäften riesengroß, die pralinenförmig verpackten Minis können ganz nach Geschmack in einer Tüte zur Lieblingsmischung zusammengestellt werden.
Via della Croce 25 (weitere Filialen u. a. im Bahnhof Roma Termini, am Flughafen Fiumicino und in der Via del Corso)
www.venchi.com

GESCHENKE

POLVERE DI TEMPO

Wie kann am schönsten die Zeit angezeigt werden? Im wunderbaren Laden von Adrian Rodriguez gibt's viele Beispiele wie Sonnen- und Sanduhren in unterschiedlichsten Größen. Im Angebot sind auch edle Bücher, in Leder gebunden, und Kompasse.
Via del Moro 59 (Trastevere)
www.polvereditempo.com

MANUFACTUS

Schöne Lederprodukte wie Bucheinbände, Kalender, Geldbeutel und Ähnliches. Ein Laden gleich beim Pantheon, schöne Mitbringsel, oder wenn man sich selbst beschenken möchte.
Via del Pantheon 50
www.Manufactus.it

DESIGN, SCHMUCK

I »LE ARTIGIANE«

Ein Mekka für Arts-and-Crafts-Fans. In diesem Laden lassen sich handgemachte, von kreativen Römerinnen designte Dinge erwerben: Taschen, Schmuck, Kleidung und Wohnaccessoires. Hier kann man dem Indoor-Individualismus frönen.
Via di Torre Argentina 72

KLK

Schmuck, aber nicht der Ramsch, den es überall für ein paar Euro gibt. Schöner Modeschmuck, vieles aus Silber. Seit 25 Jahren in Rom.
Via della Minerva 6

KLEIDUNG, HÜTE, SCHUHE, TASCHEN

LOL MODA ARTE DESIGN

Ausgewählte Damenmode, Accessoires und Schuhe von italienischen Insider-Labels, der hübsche kleine Laden liegt im Herzen des angesagten Stadtviertels Monti.
Via Urbana 89–92
tgl. 10 - 20 Uhr, https://lolroma.com

DOPPELGÄNGER

Trotz des deutschen Namens mit Umlaut eine römische Bekleidungskette. Gediegene Kostüme und Anzüge, eher der klassische Stil – aber erstaunlich günstig. Es gibt mehrere Filialen in Rom, so etwa:
Via del Corso 378/379
www.doppelganger.it

L'AUTRE CHOSE

Mal was anderes, ist – wie der französische Name schon sagt – das Motto dieses Geschäfts. Hier gibt es auf-

ALTA MODA – HÖCHSTE SCHNEIDERKUNST

BAEDEKER WISSEN

Statt Prêt-à-porter, schicke Mode von der Stange wie in Mailand, wird in Rom die »Alta Moda«, die höchste Schneiderkunst, zelebriert. Viele bis heute berühmte Marken begannen hier als kleine Betriebe, teilweise schon vor 100 Jahren. Doch mittlerweile ist ganz Rom, so scheint es, eine einzige Shoppingmall geworden. Die internationalen Ketten von H&M bis Zara sind an der Via del Corso eingezogen, kleine, junge Designer-Läden findet man in Monti. Und was einmal schick war, findet heute wieder Interessierte auf den Flohmärkten und in den Vintage-Läden in der Via del Governo Vecchio.

Inbegriff von Eleganz und Extravaganz

Keinen anderen Namen verbindet man mit römischer Mode so wie den des Modelabels **Valentino.** Valentino Clemente Ludovico Garavani (geb. 1932) der Gründer des Unternehmens, wurde in den 1960er-Jahren als Couturier der Prominenten und Reichen bekannt. Der seinerzeit berühmteste Modeschöpfer der Welt liebte Schwarz und Weiß, machte aber auch mit einem besonderen Orangerot, dem sogenannten »Valentino-Rot«, von sich reden. Im Sommer 2015 eröffnete das Modehaus Valentino an der Spanischen Treppe einen neuen Flagship Store, gestaltet von dem Stararchitekten David Chipperfield. Auf der nahegelegenen Piazza Mignelli wurde eine Show inszeniert, die an die Zeiten erinnerte, in denen die italienische Haute Couture, die Alta Moda, noch eine italienische Angelegenheit war. Heute gehört das Valentino-Modeimperium der Herrscherfamilie des Emirats Katar – der Modezar selbst hat sich 2007 aus dem aktiven Berufsleben zurückgezogen.

Pioniere und Trendsetter

Pionier der Haute Couture in Rom war aber nicht Valentino, sondern der Sattlermeister Guccio **Gucci.** Dieser hatte sein Unternehmen – eine kleine Werkstatt für Lederwaren und Gepäck – 1921 an den Start gebracht, zunächst in Florenz. 1938 eröffnete er dann ein Geschäft unweit der Spanischen Treppe – und in seinem Gefolge zog es auch andere Modemacher nach Rom. Große Erfolge feierte Gucci jedoch erst in den 1950er-Jahren, die weltweite Expansion seines Unternehmens erlebte der 1953 verstorbene Gründer gar nicht mehr. Bis Anfang der 1990er-Jahre produzierte Gucci ausschließlich exklusive Lederwaren und Accessoires, eingefasst mit grün-rot-grünen Gurten, dem Markenzeichen. Im ausgehenden 20. Jh. galt das allerdings als altbacken, die Verkaufszahlen brachen ein. Die Rettung kam mit dem amerikanischen Designer Tom Ford (geb. 1961), ab 1994 Kreativdirektor. Das Unternehmen erholte sich und übernahm 1999 sogar das französische Label Yves Saint Laurent, seit 2004 gehört Gucci jedoch vollständig zum französischen Luxusgüterkonzern Kering.
Auch das Label **Fendi** wurde mit Taschen berühmt. Die Wurzeln der Luxusmarke liegen in einem Geschäft für

Daran kommt frau kaum vorbei.

Lederwaren und Accessoires, vom Ehepaar Fendi in den 1920ern eröffnet. Die fünf Töchter kreierten die Marke und machten daraus einen Weltkonzern. Aber auch die Fendi-Macher müssen mit dem Zeitgeist gehen. So werden die teuren Taschen von Ilaria Fendi auch mal aus recycelten Materialien gemacht. Re(f)use heißt ihr schicker Laden – ein Wortspiel aus »verweigern« und »wiederverwenden« – ein bisschen Konsumverweigerung kommt eben auch bei den Fashionistas unserer Tage gut an.
Frischen Wind in die internationale Modelandschaft hatte einst auch Miuccia **Prada** gebracht. Als die promovierte Politikwissenschaftlerin 1978 das Familienunternehmen übernahm, knöpfte sie sich zunächst die berühmte Prada-Tasche vor, ließ sie aus Nylon statt wie bis dahin aus Leder nähen – die Modeszene hatte ein neues Kultobjekt. Den internationalen Durchbruch erlebte die Marke 1995 mit einer Kollektion aus Polyesterteilen in den schrillsten Farben. Auch für ihre (preisgünstigere) Zweitlinie »Miu Miu« holte sich die italienische Trendsetterin Inspirationen aus New Yorker Secondhand-Shops. Die aktuelle Kollektion findet man natürlich nur in den Edel-Boutiquen, etwa in der römischen Via Condotti. Hier gibt es so ziemlich alles, was in der Modewelt als teuer und begehrenswert gilt.

sehenerregende Kreationen für Frauenfüße. Ein bisschen Mut gehört allerdings dazu.
Piazza in Campo Marzio
(nahe der Spanischen Treppe)

ALVIERO MARTINI
Die edlen Taschen mit aufgedruckten Weltkarten sind wirklich außergewöhnlich! Wem das zu bunt ist, der findet natürlich auch andere Modelle.
Via Frattina 16
www.alvieromartini.it
tgl. 10 – 19 Uhr

MÄRKTE
Die Römerinnen kaufen gerne und viel auf klassischen Wochenmärkten ein, denn hier finden sie beinahe täglich ein hervorragendes Angebot an frischem Obst und Gemüse, Wurst und Käse, Fleisch und Fisch, Haushaltsutensilien und Textilien aller Art. Beim Einkaufen lässt man sich viel Zeit, überprüft genau die Frische und Qualität der Waren und lässt sich ausführlich beraten.
Informationen zu verschiedenen Märkten auch unter:
www.mercatidiroma.com

MERCATO DEI FIORI
Die Farbenpracht und der Duft in der überdachten Markthalle sind genauso beeindruckend wie die Auswahl an Schnittblumen und Topfpflanzen.
Via Trionfale 45
allg. Publikum nur Di. 10 – 13 Uhr

MERCATI DI CAMPO DE' FIORI
Der berühmteste Wochenmarkt der Stadt hat leider eine Menge Touristisches (überteuerte bunte Nudeln etc.) ins Sortiment aufgenommen, lohnt aber schon wegen der pittoresken Kulisse einen Besuch.
Campo de' Fiori
Mo. – Sa. 7 – 14 Uhr

MERCATO DI PORTA PORTESE (ALTES UND NEUES)
Kleidung, Schuhe, Kitsch, Möbel, Bilder, Pflanzen, CDs, Taschen – es gibt (fast) nichts, was es auf diesem turbulenten Markt nicht gibt. Aber nur der frühe Vogel fängt das wahre Schnäppchen!
Porta Portese, Via Porta Portuense und Via Ippolito Nievo
So. 7 – 14 Uhr

MERCATO DELL'UNITÀ
Authentischer als der Markt auf dem Campo de' Fiori sind die Wochenmärkte und die Markthallen außerhalb der historischen Altstadt allemal. Zum Beispiel der Mercato dell'Unità, eine Markthalle aus den 1920ern, die bis heute nichts von ihrem Charme eingebüßt hat. Hier findet man alles, was in römischen Haushalten in die Töpfe und auf die Teller kommt: Gemüse, Fleisch und Meeresgetier und eine unüberschaubare Fülle von Wurst- und Käsesorten. Unter dem Dach des Mercato dell'Unità hat sich die kleine Buchhandlung Racconti di Gusto (Box 33, Mo. – Sa. 9 – 14.30 Uhr) eingerichtet. Hier können Sie in tollen Kochbüchern schmökern.
Via Cola di Rienzo 245/Piazza dell'Unità 53
Mo – Sa. 6.30 – 19.30 Uhr

MERCATO DI TESTACCIO
In dem einstigen Schlachthofviertel bietet die neu gebaute Markthalle alles, was man von einem italienischen Wochenmarkt erwarten kann: Lebensmittel, Haushaltsutensilien, Schuhe, Socken, Oberbekleidung, preiswerte Dessous – und eine deftige Stärkung auf die Hand.
Via Beniamino Franklin 12E
Mo. – Sa. 7 – 14.30 Uhr
http://www.mercatoditestaccio.it

STADTBESICHTIGUNG

Es gibt unzählige Möglichkeiten und viele verschiedene Arten, Rom zu erkunden und kennenzulernen: auf eigene Faust oder bei geführten Touren zu allen erdenklichen Themen. Ob Sie zu Fuß gehen, sich ein Fahrrad oder ein Segway mieten oder die öffentlichen Verkehrsmittel nutzen, an Eindrücken wird es nicht mangeln.

Per Bus

Einen ersten Überblick bieten Busfahrten durch Rom. Neben der beliebtesten Buslinie, der **»64«** (Bhf. Termini – St. Peter) fährt nun der »40 Express« dieselbe Strecke, hält aber nur an fünf statt an achtzehn Stationen. Mit den Linien 116 bis 119 kann man eine Rundfahrt durchs Centro storico unternehmen.
Auch viele Veranstalter bieten Touren an, z. B. Big Bustours (www.big-bustours.com) oder »Gray line« (www.grayline.com), »I Love Rom« (www.viator.com, rosa Busse) – die Busse fahren den ganzen Tag in kurzen Takten die Hauptsehenswürdigkeiten an, zusteigen kann man an jeder Station, z. B. am Kolosseum; Tickets gibt's online, an Kiosken oder im Bus (ab 12 € p. P., online etwas günstiger).

In der Tram

Sehr bequem – außer am frühen Morgen und am späten Nachmittag, wenn sich viele Schülerinnen und Berufstätige in den Wagen drängeln – kann man mit den **Tramlinien 3 und 8** ein Stück Rom erkunden. Die 8 startet am Largo Argentina (nahe Piazza Venezia, im Herzen der Altstadt) und fährt über den Tiber durch das quirlige Viertel Trastevere. Die 3 fährt auf einem weiten Bogen vom Bahnhof Trastevere am Circo Massimo und am Kolosseum vorbei durch das Universitätsviertel bis zum Museo Villa Giulia.

Tickets

Tickets (»un biglietto«, sprich: billjetto) für den öffentlichen Nahverkehr bekommt man an Kiosken und in den mit einem T gezeichneten Bars (wo auch Briefmarken und Tabakwaren verkauft werden): Ein Ticket mit 100 Minuten Gültigkeit kostet 1,50 €. Damit kann man im Prinzip umsteigen, mit einem in Bus oder Tram entwerteten Billet kann man allerdings nicht mehr in die U-Bahn einchecken. Tickets für 24 Std. kosten 7 € (und für eine Woche nur 24 €). Eine Übersicht über die **Linienführung** der Busse, Nachtbusse und Trams findet sich unter http://de.romemap360.com.
Roms Verkehrsunternehmen **ATAC** nimmt auf neun Bus- und sechs Tramlinien auch Fahrräder mit. Das **Roma »Bike friendly«** genannte Programm ist aber noch meist auf Sonn- und Feiertage beschränkt. Auch in der Metro und auf der Bahnstrecke Rom – Lido di Ostia werden Räder transportiert (www.atac.roma.it).

AUSGESUCHTE ANGEBOTE

Ganz intensiv kann man sich die großen Sehenswürdigkeiten und kleinen »Geheimnisse« der Ewigen Stadt auf geführten Touren in kleinen Gruppen erklären lassen. Dutzende Thementouren vom »Rom der Antike« über »Bautechnik der Römer«, »Das unterirdische Rom« bis zu Entdeckungstouren auf den Spuren Michelangelos oder einem Bummel durch das Szeneviertel Testaccio stehen zur Wahl. Favorit der Baedeker-Autorinnen ist der deutschsprachige Anbieter **Roma Culta:** Tel. (mobil) 33 876 07 470, www.romaculta.com, Preise für eine 3-stündige Führung ab 30 € pro Person, je nach Teilnehmerzahl. Informative Stadtrundgänge ohne langes Anstehen etwa am Kolosseum oder in den Vatikanischen Museen bietet **»Tourist in Rom«** (www.tourist-in-rom.com/de/). Die Veranstalter sind auch behilflich bei Einrittskarten. Klassische Sightseeing-Touren und spezielle Thementouren (z. B. Caravaggio in Rom) in kleinen Gruppen (Ital., Engl., Span.) findet man bei **www.amicidiroma.it.** Zahlreiche Sightseeing-Angebote finden sich auch auf dem Internetportal **www.getyourguide.com**

MIT DEM SEGWAY

Die zweirädrigen Fahrzeuge, auf denen man zunächst etwas verkrampft und wackelig steht, sind nicht jedermanns Sache. Wenn man die hohe Kunst der lockeren Gewichtsverlagerung aber erst einmal beherrscht, hat diese Art der flinken Fortbewegung beim Sightseeing durchaus ihre Vorteile.

ITALY SEGWAY TOURS

Für 50 € (Rabatt bei Online-Buchung) kann man in der Gruppe mit einem Guide mit dem Segway auf eine zweistündige Rom-Tour gehen. Man kann auch ohne Guide einen Segway mieten, Preise nach Absprache.

https://www.segwayroma.net

TOUREN AUF DEM TIBER

Von Mitte April bis Ende Oktober bieten diverse Veranstalter Sightseeing- und auch Hop-on-hop-off-Touren auf dem Tiber an – von der einstündigen Bootsfahrt mit mehrsprachigem Kommentar bis zum »Dinner Cruise« oder »Wine Bar Cruise« (Anleger z. B. an der Engelsburg).

Rome Boat
Hop-on-hop-off 24 Std. 21 €,
Wine Bar/Aperitif Cruise 35 €
Tel. 347 54 15 439
https://www.romeboat.com

AUF DER VESPA DURCH ROM

Schon Audrey Hepburn ließ sich auf der Vespa durch die Ewige Stadt chauffieren. Sich auf dem typisch italienischen Gefährt durch die Straßen der Ewigen Stadt zu schlängeln, das ist ein absolut authentisches Vergnügen – aber für Ungeübte auch nicht ganz ungefährlich. Mehr Sicherheit bieten da geführte Vespa-Touren. Mit Bici & Baci beispielsweise geht es auf der Vespa bis nach Ostia, der 5-stündige Ausflug kostet mit sämtlichem Zubehör, Snack und dem Eintritt zu den Ausgrabungen Ostia Antica 185 € p. P. (Führungen in mehreren Sprachen, auch Deutsch). Eine nicht minder italienische Alternative sind Vintage-Touren in einem Oldtimer-Fiat 500.

Verleihstationen u. a. am Kolosseum und an der Spanischen Treppe
Tel. 06 482 84 43
www.bicibaci.com

BAEDEKER MAGISCHE MOMENTE

AUCH ICH IN ARKADIEN!

Rom ist schön. Aber anstrengend. Machen Sie es den alten Römern nach und fliehen Sie aufs Land. Das liegt heute glücklicherweise noch in der Stadt, entlang der Via Appia Antica. Das reine Idyll ist der Park der Villa di Massenzio mit Ausgrabungen, Bäumen, Bänken. Vögel zwitschern, vom Verkehr ist nichts zu hören. Jetzt verstehen Sie auch, wieso Goethe auf Tischbeins berühmtem Gemälde so entspannt wirkt, hingegossen auf Mauerreste an der Via Appia Antica. (▶ S. 253)

Orientierung

Bei den Infostellen bekommt man **Stadtpläne**, auch in vielen Hotels. Doch mittlerweile sieht man die allermeisten Besucher mit dem Smartphone in der Hand. Vor allem für die Suche nach dem passenden Bus oder der U-Bahn sind die üblichen Apps wie Google-Maps sehr praktisch.

ÜBERNACHTEN

Ein Bett in Rom ist meist nicht ganz günstig zu bekommen. Rom ist einfach zu beliebt bei Reisenden. Früh zu reservieren spart etwas Geld, außerhalb der Hauptsaison zahlt man auch weniger. Wer nicht unbedingt sparen muss, kann allerdings königlich residieren, denn außer teuer sind manche Hotels der Stadt auch umwerfend schön. Ganz plüschig-historisch oder auch modern-klar, je nach Belieben.

Hotelkategorien

Die italienischen Hotels sind in Kategorien von einem bis zu fünf Sternen eingeteilt. Die Zahl der Sterne bewertet die **Ausstattung** und ist nicht unbedingt ein Anhaltspunkt für den Preis. Die nachstehend angegebenen Preise sind Durchschnittspreise für ein Doppelzimmer und können beträchtlich (in der Luxusklasse vor allem nach oben) abweichen. In der Regel ist ein kontinentales Frühstück enthalten. In Rom gilt eine **Kurtaxe,** pro Nacht im Hotel wird ein Zuschlag berechnet: für 2-Sterne-Hotels sind es 5 € pro Person

(3 Sterne: 4 €, 4 Sterne: 7,50 €, 5 Sterne: 7 €) zusätzlich zum Übernachtungspreis.

Bed & Breakfast

Eine preisgünstige Alternative zum Hotelaufenthalt ist Bed & Breakfast. Das Angebot reicht von Zimmern mit Badmitbenutzung (2 Sterne bzw. Corone) bis zu Unterkünften in namhaften historischen Gebäuden mit eigenem Bad etc. (4 Corone). **Private Wohnungsvermittler** empfehlen sich, wenn man einen längeren Aufenthalt plant und sich wie eine Einheimische fühlen möchte.

AUSGESUCHTE HOTELS UND UNTERKÜNFTE

1 etc. ▸ Karte S. 330/331

Preiskategorien für ein Doppelzimmer inkl. Frühstück
€€€€ über 300 €
€€€ 200 – 300 €
€€ 120 – 200 €
€ unter 120 €

HOTEL-WEBSITES

Empfehlenswerte Hotel-Webseiten:
www.hotels.com
www.booking.com

1 HOTEL DEI MELLINI €€€

Ein 4-Sterne-Hotel, bei dem alles stimmt: Lage (nah am Tiberufer, nur ca. 10 Fußminuten zur Spanischen Treppe), angenehm gestaltete, geräumige Zimmer und ein freundlicher Service, alles zu angemessenen Preisen. Auch nett: Für Alleinreisende gibt es günstige »Petits Chambres«.
Via Muzio Clementi 1
Tel. 06 32 47 71
www.hotelmellini.com

2 RAPHAËL €€€€

Im Herzen der Altstadt, unweit der Piazza Navona, versteckt sich das familiär geführte Vier-Sterne-Hotel Raphaël hinter grünen Efeuranken. So märchenhaft das Äußere des alten Adelspalasts wirkt, so gepflegt ist das mit Antiquitäten eingerichtete Innere. Von der Panoramaterrasse genießt man einen wunderschönen Blick auf Bramantes Kuppel von Santa Maria della Pace.
Largo Febo 2
Tel. 06 68 28 31
www.biohotelraphael.com
50 Zimmer

3 RESIDENZA PAOLO VI €€€€

In den altehrwürdigen Mauern eines Augustinerklosters auf vatikanischem Hoheitsgebiet wurde zum Heiligen Jahr 2000 die elegante Residenza Paolo VI eröffnet. Auf der Aussichtsterrasse über der Piazza San Pietro wähnt man sich »an der Pforte des Himmels«. Hier können Sie bei einem Drink relaxen und das Gefühl auskosten, dass Ihnen Rom zu Füßen liegt.
Via Paolo VI 29
Tel. 06 68 48 70
www.residenzapaolovi.com
25 Zimmer

4 HOTEL DE RUSSIE €€€€

Wo im 19. Jh. russische Würdenträger logierten, wo einst Picasso, Cocteau und Strawinskij flanierten, bestimmen heute Designermöbel und Pastelltöne das Innere des Hauses, das der Schweizer Architekt Tommaso Ziffer im Auftrag des Hoteltycoons Rocco Forte rundum restaurierte.

Highlights der Fünf-Sterne-Unterkunft sind der herrliche terrassierte Garten, auf den man von vielen Zimmern aus blicken kann, das elegante Restaurant »Le Jardin de Russie« mit seiner exquisiten mediterranen Küche, die Strawinskijbar und das großzügige Fitnesszentrum.

Via del Babuino 9, Tel. 06 32 88 839
www.roccofortehotels.com/hotels-and-resorts/hotel-de-russie/
89 Zimmer, 33 Suiten

6 HOTEL GREGORIANA €€€

Ein liebevoll saniertes kleines Kloster aus dem 16. Jh. bietet den edlen Rahmen für dieses hübsche Hotel. Die Designereinrichtung steht im interessanten Kontrast zu den alten Klostermauern. Zur Piazza di Spagna und zur Einkaufsmeile Via Condotti ist es nur ein Katzensprung.

Via Gregoriana 18
Tel. 06 679 42 69
www.hotelgregoriana.it
19 Zimmer und 3 Suiten

Hinter dieser grünen Wand tut sich eine Welt des Wohlbefindens auf: das Hotel Raphaël.

7 HOTEL SANTA MARIA €€€

Namensgeberin dieses netten Hotels ist die berühmte Kirche Santa Maria. Sie liegt im Stadtviertel Trastevere und befindet sich quasi um die Ecke. Für die Gäste stehen neben Ein- und Zweibett- auch Drei- und Vierbettzimmer zur Verfügung. Bei schönem Wetter lädt der romantische Innenhof zum Frühstücken ein. Weinbar, Gratis-Internet, hauseigene Fahrräder.
Vicolo del Piede 2
Tel. 06 589 46 26
www.hotelsantamariatrastevere.it
17 Zimmer

8 HOTEL MANCINO 12 €€€

Klein, aber fein: Das Mancino 12 wurde 2014 eröffnet, die Zimmer sind elegant und modern – plüschfreie Zone. Das Boutique-Hotel liegt fast direkt an der Piazza Venezia, die Zimmer sind dennoch ruhig. Sie kommen zu Fuß zu allen Sehenswürdigkeiten und logieren in einem Innenstadtpalast.
Via del Mancino 12
Tel. 06 67 49 71
www.hotelmancino12.com
24 Zimmer

9 MERCURE ROMA CORSO TRIESTE €€€

Das Hotel liegt ruhig, weg vom Trubel der Innenstadt, ist aber mit der U-Bahn (Haltestelle Agnese/Annibaliano) gut angebunden. Es liegt im für Villen aus den 1930er-Jahren und dekorative Architektur berühmten Coppedè-Viertel. Und zwei Parks, Villa Ada und Villa Torlonia, sind nur wenige Gehminuten entfernt.
Via Gradisca 31
Tel. 06 85 20 21
https://all.accor.com/hotel/3320/index.de.shtml
101 Zimmer

11 HOTEL CELIO €€€

Charmant, kuschelig und ruhig – dieses gemütliche Hotel mit nur 20 Zimmern ist ein Geheimtipp und im Herzen von Rom, nahe dem Kolosseum und Forum Romanum, gelegen. Es stammt aus dem Jahr 1870 und die Zimmer sind üppig mit herrlichen Mosaiken und Trompe-l'œil-Malereien ausgestattet.
Via dei SS. Quattro Coronati 35
Tel. 06 704 95 333
www.hotelcelio.com

18 MAMA ROMA SHELTER €€€

Super durchgestylt, alles neu, alles schick und angesagt – und das ganz in der Nähe des Vatikans. Im Mama Roma Shelter logiern junge Menschen gern, es gibt eine Dachterrasse mit Bar, einen Indoor-Pool und ein großes Gym.
Via Luigi Rizzo 20
Tel. 06 94 53 89 00
217 Zimmer

5 HOTEL ACCADEMIA DI S. LUCA €€

Hinter der schön restaurierten historischen Hausfassade verbergen sich elegante, modern möblierte Zimmer, verteilt auf fünf Etagen. Die Lage ist top: Auch die Nähe zu den wichtigsten Sehenswürdigkeiten wie z. B. zur Fontana di Trevi macht das Hotel sehr sympathisch!
Piazza dell'Accademia di San Luca 74
Tel. 06 699 22 607
www.accademiahotel.com
75 Zimmer

10 BEST PANTHEON €€

Klare Linien in der Ausstattung, modernes Ambiente, interessante Kunst an den Wänden und die Lage direkt im historischen Zentrum am Largo Argentina zeichnen dieses kleine Hotel aus. Seine Zimmer sind zwar zur stark befahrenen Straßenseite hin gelegen, verfügen aber alle über Schallschutzfenster.
Corso Vittorio Emanuele II 21
Tel. 335 871 48 40
www.bestbb.it
4 Zimmer

12 HOTEL ROMANO €€

Unschlagbar: morgens auf den Balkon treten und mit dem sensationellem Ausblick auf die Fori Imperiali (Kaiserforen) den Tag begrüßen. Das Hotel liegt zwischen Kolosseum und Piazza Venezia und ist so idealer Ausgangspunkt, um das antike Rom zu Fuß zu entdecken. Auch der Hauptbahnhof befindet sich nur 10 Minuten entfernt. Für das Balkonzimmer rechtzeitig buchen!
Largo Corrado Ricci 32
Tel. 06 678 68 40
www.hotelromano.it
16 Zimmer

13 HOTEL GOLDEN ROME €€

Der liebevoll renovierte kleinere Familienbetrieb besitzt eine angenehme und heitere Atmosphäre. Hinzu kommt die günstige Lage nahe des Parks Villa Borghese. Das Frühstück mit den leckeren hausgemachten Süßspeisen ist ein besonderer Genuss!
Via Marche 84
Tel. 06 482 16 59
www.hotelgoldenrome.com
14 Zimmer

14 MEININGER ROMA TERMINI €€

Dieses moderne Hotel der deutschen Kette wird gerne auch von jungen Leuten besucht. Alles wirkt frisch, das junge Team ist sehr hilfsbereit. Das Frühstück im Hostel-Style ist üppig, die Zimmer sind ohne Schnickschnack eingerichtet. Sehr zentral gelegen beim Bahnhof Termini (und mit der deutschen Botschaft gleich um die Ecke).
Via San Martino della Battaglia 16
www.meininger-hotels.com/de/hotels/rom/hotel-rom-zentrum-termini

15 ALBERGO DEL SOLE AL BISCIONE €€

Das Hotel ist das älteste im historischen Stadtkern. Ein absolutes Highlight ist die Dachterrasse mit sensationellem Panoramablick. Das Haus von 1403 wurde vor wenigen Jahren renoviert.
Via del Biscione 76
Tel. 06 688 06 873
www.gruppoloan.it/hs
59 Zimmer

16 LOCANDA CARMEL ROME €

In Trastevere gelegen, sodass man über die Tiberbrücke von dem einfachen, geschmackvoll eingerichteten Hotel unmittelbar in das geschichtsträchtige jüdische Stadtviertel gelangt. Von der Dachterrasse bietet sich (besonders abends) ein herrlicher Ausblick auf die Stadt auf der anderen Tiberseite
Via Goffredo Mameli 11
Tel. 06 580 99 21
www.hotelcarmel.it
10 Zimmer

KLOSTERHERBERGEN

PILGERZENTRUM (CENTRO PASTORALE PELLEGRINI DI LINGUA TEDESCA) €–€€

Hier erhalten Sie eine Liste der Klosterherbergen, ebenso Karten für Papstaudienzen bzw. Hl. Messen mit dem Papst.
Via del Banco di S. Spirito 56
Tel. 06 689 71 97
www.pilgerzentrum.net

17 KLOSTER SUORE NOSTRA SIGNORA DI LOURDES €

Die zentrale Lage zwischen Piazza Barberini und Spanischer Treppe ist optimal! Es gibt einfache, saubere Zimmer bei sehr freundlichen und hilfsbereiten Schwestern, Schließzeit um 23 Uhr. Frühstück auf Wunsch möglich.
Via Sistina 113
Tel. 06 474 53 24
sr.sistina@gmail.com

P

PRAKTISCHE INFOS

Wichtig, hilfreich präzise

Unsere Praktischen Infos helfen in allen Situationen in Rom weiter.

Eine Schweizergarde weiß meistens Bescheid. ►

KURZ & BÜNDIG

ELEKTRIZITÄT
220 Volt; im Allgemeinen ist ein Adapter (spina di addatamento) nötig.

GELD
Italien gehört zur **Eurozone.** Für Schweizer gilt: 1 EUR = 0,93 CHF, 1 CHF = 1,04 EUR (Dez. 2024).

SPERRNOTRUF
für Kredit- und Bankkarte (auch Handy- oder Krankenversicherungskarte, Nummern bereithalten!):
Tel. +49 116 116

ÖFFNUNGSZEITEN DER BANKEN
Mo. – Fr. 8.30 – 13, teilweise 14.30 – 15.30 Uhr

NOTRUFE
Tel. 112, 113 (landesweit)

FEUERWEHR (VIGILI FUOCO)
Tel. 115 (landesweit)

NOTARZT/ROTES KREUZ (CROCE ROSSA)
Tel. 118 (landesweit)
»Pronto soccorso« bietet kostenlose Behandlung. Bei einem Arzt ist die Behandlung zu bezahlen, später wird mit der Krankenkasse abgerechnet.

PANNENHILFE DES ACI (SOCCORSO STRADALE)
Ganzjährig und 24 Stunden am Tag gebührenfrei unter Tel. 80 31 16 von italienischen Festnetz- und Mobilfunkanbietern sowie gebührenfrei unter der Nummer 800 116 800 mit ausländischen Mobilfunkanbietern zu erreichen.

ADAC NOTRUFZENTRALE MÜNCHEN
Tel. +49 89 22 22 22

ACE-EURO-NOTRUF
Tel. +49 711 530 34 35 36

DRK-FLUGDIENST DÜSSELDORF
(Kostenübernahme bei rechtzeitigem Abschluss einer Reisekrankenversicherung)
Tel. +49 211 91 74 99 39
www.drk.de

ZEIT
Mitteleuropäische Zeit (MEZ)
Sommerzeit (Ende März – Ende Oktober)

ANREISE · REISEPLANUNG

Mit der Bahn

Roma Termini und Roma Tiburtina

Reisende erreichen Rom von München aus in ca. elf Stunden. Internationale Züge halten im Hauptbahnhof Roma Termini, manche auch im Bhf. Roma Tiburtina. Eine besonders entspannte Anreise ermöglichen auch die ÖBB-Nachtzüge von München, Salzburg und Wien aus. (www.nightjet.com/de/reiseziele/italien/rom) Vor dem Hbf. sind Taxistände und der Busbahnhof (Piazza dei Cinquecento). Am Termini ist der Zustieg in die **Metrolinien A und B** (Tickets am Automaten) möglich.

Mit dem Bus

Busbahnhof Tiburtina

Die Anreise mit dem Bus ist kostengünstig. Dafür sind Sie etwas länger unterwegs. Beispielsweise benötigt ein Reisebus von München aus ca. 13 Stunden, kostet dafür aber einfach nur ca. 40 € (Flixbus). Ankunftsort in Rom ist der **Busbahnhof Stazione Tiburtina**. Von dort führt die Metro Linea B in die Innenstadt.

Mit dem Auto

Maut-gebühren und Parkplatznot

Hohe Maut- und Autobahngebühren, dazu österreichische Vignettengebühren, lassen die von München nach Rom ca. 950 km lange Anfahrt teuer werden. Entscheidend sind zudem Roms Parkplatznot und **rigorose Zufahrtsbeschränkungen** in die Innenstadt.
Für Tagesbesucher ist es sinnvoll, die 57 Parkplatz- bzw. Park-&-Ride-Angebote wahrzunehmen (Info: https://060608.comune.roma.it/muoversi-in-citta/parcheggi). Alle Fahrer gelangen irgendwann auf Roms noch mautfreie Ringautobahn A 90, die besser als **Autostrada del Grande Raccordo Anulare (GRA)** bekannt ist. 36 nummerierte Ausfahrten führen in die Ewige Stadt: Nr. 1 (Aurelia) zum Vatikan und nach Trastevere, Nr. 6 (Flaminia) und Nr. 8 (Salaria) ins historische Zentrum, Nr. 27 (Viale C. Colombo) von Süden her zu Aventin und Lateran.

Mit dem Flugzeug

Direktflüge

Austrian Airlines, Easyjet, Eurowings, Lufthansa, Ryanair und Swiss bieten Direktflüge von deutschen Großstädten, aus Österreich und der Schweiz an. Rom hat **zwei internationale Flughäfen:** Der Flughafen »Leonardo da Vinci«, kurz Fiumicino genannt, ist mit vier Terminals der größte Italiens und liegt 26 km südwestlich von Rom nahe dem Dorf Fiumicino. Der Aeroporto »Giovan Battista Pastine«, kurz Ciampino, liegt 15 km südöstlich vom Zentrum.

BAHNREISEN

DEUTSCHLAND
www.bahn.de

ÖSTERREICH
www.oebb.at

SCHWEIZ
www.sbb.ch

ITALIEN
www.trenitalia.com

NACHTZÜGE
www.nightjet.com/de/reiseziele/italien/rom

Bahnhof Stazione Termini
In Termini gibt es keine Schließfächer, aber die Gepäckaufbewahrung. »Stow your bags« bietet in der Nähe Schließfächer, für 22 €/Tag.
www.stowyourbags.com

BUSREISEN

FLIXBUS
www.flixbus.de

FLUGHÄFEN

»LEONARDO DA VINCI«, FIUMICINO
26 km südwestlich von Rom
Bahn: Leonardo-Express bis Stazione Termini (https://leonardo-express.com, Hin- und Rückfahrt 36 €): alle 30 Min., Fahrtzeit 32 Min.; Stadtbahn (Treno Metropolitano) zum Bhf. Tiburtina (8 €): alle 15 bzw. 30 Min., Fahrtzeit 48 Min.; Fahrkarten erhält man online (www.trenitalia.it) und im Airport. Zugtickets vor Fahrtantritt entwerten!
Bus: Shuttle (s. u.) bis Termini. Wer ein umfassendes Sightseeingprogramm plant, bestellt sich idealerweise einen City Pass mit Nahverkehrsoption (▶ S. 376), der gilt auch für den Flughafenshuttlebus.
Taxi: Fixpreis in die City (55 €, max. 4 Personen mit Gepäck)
Auskunft/Fluginfo: Tel. 06 659 51 (24 h); www.adr.it;
WhatsApp: +39 345 56 38 979

»GIOVAN BATTISTA PASTINE«, CIAMPINO
Via Appia Nuova 1651 (15 km östl. von Rom)
Bus: Shuttle (s. u.) nach Termini oder zur Metrostation Anagnina; Bus bis Bhf. Ciampino, dann Zug bis Termini
Taxi: Fixpreis in die City (40 €)
Auskunft: Tel. 06 659 51
www.adr.it/ciampino

SHUTTLEBUS
www.cotralspa.it
www.sitbusshuttle.com
www.terravision.eu

FLUGGESELLSCHAFTEN

LUFTHANSA
www.lufthansa.com

AUSTRIAN AIRLINES
In **Österreich**:
Tel. +43 (0)517 66 10 01

In **Italien**: +39 06 97 15 05 32 33
www.austrian.com

SWISS INTERNATIONAL AIR LINES
www.swiss.com

Ein- und Ausreisebestimmungen

Reisedokumente

Im Schengenraum werden **EU-Ausweispapiere** nicht mehr überprüft. Ausweispflicht besteht aber in Italien und bei der Anreise via Schweiz. Reisen Eltern mit Kindern, deren Nachname vom eigenen abweicht, sollten sie eine Geburtsurkunde der Kinder dabei haben. Bei Anreise mit dem eigenen PKW sind außerdem der **Führerschein und der Kraftfahrzeugschein** mitzuführen. Kraftfahrzeuge müssen das ovale Nationalitätenkennzeichen tragen, sofern sie kein Euro-Kennzeichen haben. Wer Haustiere (Hund, Katze) nach Italien mitnehmen will, benötigt für sie einen **EU-Heimtierausweis.** Er enthält u. a. ein amtstierärztliches Gesundheitszeugnis (höchstens 30 Tage alt), ein mindestens 20 Tage und höchstens elf Monate vor der Einreise ausgestelltes Tollwut-Impfzeugnis sowie ein Passbild. Außerdem muss dem Tier ein Mikrochip implantiert sein.

Zollbestimmungen

Die Mitgliedstaaten der **Europäischen Union** (EU; darunter Italien, Deutschland und Österreich) bilden einen gemeinsamen Wirtschaftsraum, den EU-Binnenmarkt. Darin ist der Warenverkehr für private Zwecke weitgehend zollfrei. Es gelten lediglich noch gewisse Höchstmengen (z. B. pro Person 800 Zigaretten oder 400 Zigarillos oder 1 kg Rauchtabak, 10 l Spirituosen, 60 l Schaumwein, 10 kg Kaffee). Grundsätzlich müssen alle Waren für den Privatverbrauch bestimmt sein. Souvenirs sind für Flugreisende bis 430 €, sonst sind sie bis 300 € zollfrei (www.zoll.de, www.bmf.gv.at/zoll/zoll.html).
Für **Reisende aus Nicht-EU-Ländern** (u. a. Schweizer Staatsangehörige) gelten folgende Freimengengrenzen: 250 Zigaretten oder 250 Zigarillos oder 250 Zigarren oder 250 g Rauchtabak; 2 l Wein oder 2 l Schaumwein oder 1 l Spirituosen mit mehr als 18 Vol.-% Alkoholgehalt. Zollfrei sind ferner Geschenke bis 150 CHF. Nicht-EU-Bürger können sich bei der Ausreise die Mehrwertsteuer auf bestimmte Waren rückerstatten lassen (Info: www.ezv.admin.ch).

Reiseversicherungen

Krankenversicherung

Versicherte der deutschen Krankenkassen haben im Krankheitsfall in Italien Anspruch auf eine Behandlung nach den in Italien gültigen Vorschriften. Der Auslandskrankenschein ist abgeschafft, dafür gibt es die **europäische Krankenversicherungskarte (EHIC, EKVK).** Auch mit dieser Karte muss in den meisten Fällen ein Teil der Kosten für die ärztliche Behandlung und verordnete Arzneimittel selbst bezahlt werden. Gegen die Vorlage der Quittungen übernimmt die Krankenkasse zu Hause dann die Kosten – allerdings nicht für jede Behandlung. Schweizer Staatsangehörige müssen die ärztliche Behandlung und Medikamente selbst bezahlen.

Private Reiseversicherung Da die Kosten für eine ärztliche Behandlung und Medikamente in der Regel teilweise vom Patienten zu tragen sind und die Kosten eines evtl. notwendigen Rücktransports von den Krankenkassen nicht übernommen werden, empfiehlt sich der Abschluss einer zusätzlichen Reisekrankenversicherung.

AUSKUNFT

DEUTSCHLAND/SCHWEIZ

STAATLICHES ITALIENISCHES FREMDENVERKEHRSAMT ENIT
Schaumainkai 87
60596 Frankfurt am Main
www.enit.de

ÖSTERREICH

ENIT
Mariahilfer Str. 1b, 1060 Wien
Tel. +43 (0)1 505 16 30 12
E-Mail: vienna@enit.it

IN ROM

TURISMO ROMA
Betreibt die zwei offiziellen Webseiten www.turismoroma.it und www.060608.it, das Call Center, Tel. 06 06 08, und diverse Informationspavillons (PIT), wo Roma Pass, Infomaterial, Stadtplan etc. erhältlich sind.
Via di San Basileo 51

INFOPAVILLONS
Ciampino, Airport »G. B. Pastine« (Ankunftshalle), tgl. 8.30 – 18 Uhr
Fiumicino, Airport, L. da Vinci (Ankunftshalle Terminal 3), tgl. 8 – 19.45 Uhr
Übersicht aller Pavillons: https://pstop.it; viele haben auch öffentliche Toiletten

DEUTSCHES PILGERZENTRUM
Via del Banco di S. Spirito 56
Tel. 06 689 71 97
www.pilgerzentrum.net
Mo. - Fr. 10 – 16 Uhr

BOTSCHAFTEN IN ROM

DEUTSCHE BOTSCHAFT
Via San Martino della Battaglia 4
00185 Roma
Tel. 06 49 21 31
www.rom.diplo.de

ÖSTERREICHISCHE BOTSCHAFT
Via Giovanni Battista Pergolesi 3
00198 Roma
Tel. 06 84 40 14-1
www.bmaa.gv.at

SCHWEIZER BOTSCHAFT
Via Barnaba Oriani 61
00197 Roma
Tel. 06 80 95 71
www.eda.admin.ch

INTERNETADRESSEN

WWW.COMUNE.ROMA.IT
Offizielle Seite Roms mit Veranstaltungen und Unterkunftsmöglichkeiten.

WWW.ENIT.IT
Das italienische Fremdenverkehrsamt.

WWW.SOPRINTENDENZA SPECIALEROMA.IT
Alles Wissenswerte zu Roms archäologischen Schätzen, und davon gibt es ja genug.

WWW.TURISMOROMA.IT
Die Website von Roma Capitale führt auch auf Deutsch verlässlich durch das touristische Rom. Hier findet man alles, was man als Touristin benötigt.

WWW.METEO.IT
Wie ist das aktuelle Wetter in Rom, was zieh ich an?

WWW.COOPCULTURE.IT
Aktuelle Informationen, Vorbestellung von Führungen und Eintrittskarten, damit man sich an der Warteschlange vorbeischlängeln kann.

WWW.ROMASOTTERRANEA.IT; WWW.SOTTERRANEIDIROMA.IT
Webseiten mit spektakulären Untergrundtouren zu den unter der Erde gelegenen Geheimnissen Roms.

ETIKETTE

Was kommt an in Italien und was nicht?

Bella Figura, der schöne Schein, das Gut-Dastehen, ist für die meisten Italiener und Italienerinnen ein inneres Bedürfnis. Auch wenn es sich bloß um den Gang zum Postamt oder einen Markteinkauf handelt, wer auf die Straße tritt, macht sich für die Öffentlichkeit fein.
Im Zweifelsfall gibt man sein Geld eher für Mode (und gutes Essen) als für Möbel oder Fassadenanstriche aus. Umso verständnisloser oder amüsierter schaut man auf Touristen herab, die mit Badeschlappen in die Kathedralen tappen, in Shorts Gemäldegalerien besichtigen, mit Sandalen in Restaurants sitzen oder sogar mit nacktem Oberkörper durch die Altstadt wandern – das würde selbst den Tifosi, den Fußballfans von Juventus Turin, Lazio Rom oder Sampdoria Genua, im größten Fußballfieber kaum je einfallen.
Bella Figura machen auch die wahren Hauptdarsteller in den Hunderttausenden von Bars von Bozen bis Palermo: Die den Espresso bereitenden **Baristi** tragen meist korrekte Kellnerjacken und regieren souverän das vor ihnen stehende Publikum, an das sie mit unnachahmlicher Eleganz aufgeschäumte Cappuccini, frisch gebackene Cornetti und natürlich Gläser mit frischem Wasser verteilen. Lassen Sie ruhig ein paar Münzen Trinkgeld auf dem

Tresen liegen – Serviceberufe werden (nicht nur) in Italien oft schlecht bezahlt.

Fotografieren

Bella Figura, das macht es auch den Fotografierenden leicht. Viele Italiener freuen sich, wenn sie vor die Linse kommen. Nutzen Sie die Chance zu einem Schwätzchen, das sich möglicherweise zu einem spontanen Casting entwickeln kann. Aber wenn jemand nicht fotografiert werden möchte – lassen Sie es bleiben.

Umgangsformen

Glücklich wird in Italien vor allem, wer auf die einzelnen Menschen zugeht und ihnen durch ein Lächeln oder eine Geste zu verstehen gibt, dass man es schätzt und genießt, es gerade mit diesem besonders kompetenten und gewinnenden Gegenüber zu tun zu haben. Fragen Sie ruhig nach dem Vornamen des Kellners, rufen Sie lieber ein »bravo«, »grande« oder »bello« zu viel als zu wenig. Und wenn einmal etwas nicht klappen sollte, dann schmeicheln Sie ganz macchiavellistisch gemäß der uralten italienischen Kunst des »arriangiarsi«. Ein verständnisvolles **Kompliment** führt bei Römern und Römerinnen meist schneller zum Ziel als herrische Drohgebärden, die – Sie ahnen es schon – die Bella Figura beschädigen. Denn diese Nation lässt sich lieber bewundern als etwas sagen, was sie letztlich kaum von anderen Nationen unterscheidet.

GELD

Bargeld, Bank- und Kreditkarten

Geldautomaten heißen in Italien **Bancomat.** Banken, größere Hotels, Restaurants, Autovermieter, zahlreiche Einzelhandelsgeschäfte sowie etliche Dienstleistungs- und Verkehrsbetriebe akzeptieren die international gängigen Kreditkarten. Bei Autovermietern muss man meist sogar eine Kreditkarte vorlegen, andernfalls muss eine Kaution hinterlegt werden.

Quittungen

In Italien sind Käufer verpflichtet, Kassenbelege (ricevuta fiscale oder scontrino) zu verlangen und aufzubewahren. Es kann durchaus vorkommen, dass man nach dem Verlassen eines Geschäfts von einem Beamten der Finanzpolizei aufgefordert wird, die Quittung vorzuzeigen. Der Kauf imitierter Markenwaren, meist auf der Straße angeboten, ist nicht nur Betrug, sondern auch untersagt; auch deshalb ist eine reguläre Quittung wichtig.

GESUNDHEIT

LISTE DEUTSCHSPRACHIGER ÄRZTE IN ROM:
https://italien.diplo.de/it-de/service/07-konsularinfoa-z/2584036-2584036

ZAHNKLINIK

OSPEDALE ODONTOIATRICO GEORGE EASTMAN
Viale Regina Elena 287b
Tel. 06 49 97 57 11
www.policlinicoumberto1.it

KINDERKLINIK

OSPEDALE PEDIATRICO DEL BAMBINO GESÙ
Piazza Sant'Onofrio 4
Tel. 06 68 591
www.ospedalebambinogesu.it

APOTHEKE

FARMACIA INTERNAZIONALE
Piazza Barberini 49
www.farmaciainternazionaleroma.it
Tel. 06 487 11 95 (Tag und Nacht geöffnet)

Notdienst

Ärztlichen Bereitschaftsdienst in der Nacht (20 – 8 Uhr) und am Feiertag stellt die »Guardia medica notturna e festiva« bereit. Ärztlichen Notdienst bzw. erste Hilfe (Pronto Soccorso) leisten außer Krankenhäusern u. a. das Rote Kreuz (Croce Rossa) und das Weiße Kreuz (Croce Bianca). Wer einen Zahnarzt braucht, fragt nach einem Dentista. Der **medizinische Notdienst** ist unter **Tel. 118** zu erreichen.

Apotheken (farmacie)

Die Apotheken haben in der Regel Mo. – Fr. 9 – 12.30 Uhr und 16 bis 19.30 Uhr geöffnet. Der Aushang »Farmacie di Turno« informiert über die nächstgelegenen Apotheken, die Nacht- bzw. Feiertagsdienst haben.

LESE- UND FILMTIPPS

Reiseberichte

Johann Wolfgang von Goethe: Italienische Reise. Fischer, Frankfurt am Main 2009.
Ders.: Römische Elegien. Insel, Frankfurt am Main 2007. Gedichte zu Rom als Schauplatz erotischer Begegnungen.

Romane und Erzählungen

Klaus Brill: Beim Papst im Zimmer brennt noch Licht. Recherchen im Vatikan. Picus Verlag, Wien 1999. Recherchen des langjährigen Korrespondenten der »Süddeutschen Zeitung« in Rom, die noch sehr aktuelle Einblicke geben in die Welt des Kirchenstaats.

Dan Brown: Illuminati. Bastei Lübbe, Köln 2009. Ein alter Geheimbund, geheime Pfade quer durch Rom, der Vatikan mit seinen Geheimgängen und Katakomben und ein Ultimatum, das jede Stunde ein neues Opfer fordert. Kunst- und geisteswissenschaftlich geschickt verpackte Rätsel bilden hier den Ariadnefaden.

Donna W. Cross: Die Päpstin. Aufbau-Verlag, Berlin 2009. Historischer Roman aus dem Amerikanischen, der das Gerücht über Johanna von Ingelheim aufgreift, die sich angeblich als Mönch verkleidet im 9. Jh. vom Kloster Fulda nach Rom aufmacht und dort als Johannes Anglicus den päpstlichen Thron besteigt.

Christina Höfferer: Lesereise Rom: Vom süßen Leben und der großen Schönheit. Picus Verlag, Wien 2015. Kaleidoskop von Rom-Eindrücken.

Franca Magnani: Rom zwischen Chaos und Wunder. KIWI, Köln 1998. Posthume Liebeserklärung an die Tiberstadt: sehr persönliche Texte der ARD-Korrespondentin, die als »Stimme Italiens« 23 Jahre lang aus Rom berichtete.

Elsa Morante: La Storia. Piper, München 2010. Ein Klassiker der italienischen Literatur. Die Lehrerin Ida, eine Halbjüdin, versucht, mit ihren zwei Söhnen die faschistische Diktatur in Rom zu überleben.

Feridun Zaimoglu: Rom Intensiv. Mein Jahr in der ewigen Stadt. KiWi, Köln 2007. Zaimoglu war Stipendiat in der Villa Massimo. Anschaulich und unterhaltsam.

Kultur und Geschichte

Andreas Englisch: Mein Rom. C. Bertelsmann, München 2018. Die Geheimnisse der Ewigen Stadt. Der Vatikan-Experte erzählt Spannendes und Kurioses aus der 2000-jährigen Stadtgeschichte.

Michaela Namuth: Mein Italien mit Berlusconi. Und was daraus geworden ist. Hirzel Verlag, Stuttgart 2024. Essays, Gespräche, Reportagen. Politik, Skandale und das alltägliche Leben: Italien seit den 1990er-Jahren bis heute.

Birgit Schönau: Gebrauchsanweisung für Rom. Piper, München 2016. Rom ist nicht nur ein Museum. In diesem Buch geht es um den Alltag, den haarsträubenden Verkehr, die Untiefen des römischen

Dialekts, die Leidenschaft fürs Essen und die unerbittlich langsamen Mühlen der Bürokratie.

DUMONT Bildatlas Nr. 14: Rom. MAIRDUMONT, Ostfildern 2021. Stimmungsvolles Porträt der Ewigen Stadt mit ihren Highlights, von der Baedeker-Autorin Barbara Schaefer. Bildatlas

Carla Bardi/Marco Lanza: Das Rom-Kochbuch: Über 60 landestypische Rezepte aus Rom und Latium. Ein Klassiker, nur noch antiquarisch. Kochbücher

Katie und Giancarlo Caldesi: Rom – Die besten Rezepte aus der Ewigen Stadt. DK, München 2016. Wunderschön aufgemachtes Kochbuch, gut zum Schmökern wie zum Nachkochen.

Eleonora Galasso: La dolce vita – Alte und neue Klassiker der römischen Küche. Knesebeck, München 2017. Wie der Untertitel schon sagt ...

Katie Parla: Rom – Das Kochbuch. Südwest, München 2016. Traditionelle Rezepte und authentische Geschichten.

Quo vadis? Für Sir Peter Ustinov begann mit diesem Monumentalfilm dank seiner brillanten Darstellung als Kaiser Nero eine große internationale Karriere. Filme

Roma: Der große Regisseur Federico Fellini porträtiert Rom aus seiner ganz persönlichen Sicht. »Roma« stellt eine gelungene Mischung aus Realität und Fantasie dar.

La Dolce Vita: Weltberühmt wurde die Szene mit der verführerischen Anita Ekberg im Trevi-Brunnen bei Nacht. Klatschreporter Marcello (Mastroianni) ist auf der Suche nach den Geheimnissen des süßen Lebens der Reichen und Schönen im Rom der 1950er-Jahre.

La Grande Bellezza: Von Paolo Sorrentino. Großartige moderne Variante von La Dolce Vita (2013). Oscarprämiert.

Konklave: Von Edward Berger. Der Thriller basiert auf dem gleichnamigen Roman von Robert Harris. In dem Film spielen unter anderem Ralph Fiennes und John Lithgow Kardinäle aus verschiedenen Ländern, die bei einem Konklave einen neuen Papst wählen. Der Film wurde Ende August 2024 beim Telluride Film Festival uraufgeführt. Hochinteressant!

PREISE · VERGÜNSTIGUNGEN

Freier Eintritt am 1. So. im Monat

Der Eintritt in Italiens staatliche Museen ist am ersten Sonntag im Monat frei. Weitere Museen gewähren freien Eintritt am letzten Sonntag im Monat. Ideal ist der **Roma Pass.** Variante 1 (58,50 €, 3 Tage gültig) ermöglicht freien Eintritt in zwei Museen oder archäologische Stätten (ohne Vatikanische Museen) sowie die kostenlose Nutzung des öffentlichen Nahverkehrs (Bus, Tram, Metro). In weiteren Museen bezahlt man reduzierte Preise. Zudem winken zahlreiche Ermäßigungen, siehe www.romapass.it. Der Roma Pass kann online auf der Webseite, an PIT-Kiosken oder über Tel. 06 06 08 (www.060608.it) erworben werden. Zum Pass gehört das Roma Pass Kit (Stadtplan, Infobroschüre, App für das Smartphone). Die Variante 2 (36,50 €), der Roma Pass 48 hours, ist zwei Tage gültig, ermöglicht freien Eintritt in ein Museum oder eine Ausgrabungsstätte und kostenlosen Transport mit dem öffentlichen Nahverkehr.

Die Touristenzahlen steigen ständig, deshalb gibt es nun den **City Pass Rom.** Er gewährt freien Eintritt zu allen Top-Sehenswürdigkeiten, außerdem dürfen Inhaber spezielle Eingänge nutzen, das erspart enorm viel Wartezeit. Gültig für einen oder mehrere Tage (max. 7), ab 109,90 €. Damit auch Busse, Metro, Tram und Flughafenshuttle kostenfrei genutzt werden können, die Option »mit Nahverkehr« buchen (1 Tag 117,60 €, 7 Tage 154,90 €). Am besten bestellt man den Pass vorab online (www.turbopass.de) und druckt ihn aus.

Wer nur das Kolosseum, das Forum Romanum und den Palatinhügel besuchen möchte, kauft am besten das Kombiticket (18 €, 24 Stunden gültig: https://colosseo.it/orari-e-biglietti) **Pilger** können mit der drei Tage gültigen Omnia Vatican & Rome Card (149 €, Kinder 6 – 12 J. 82 €, unter 6 Jahren frei) das christliche Rom erkunden. Information: www.romevaticancard.com

SPRACHE

Das Italienische hat sich aus dem Lateinischen entwickelt und steht diesem von allen romanischen Sprachen am nächsten. Die Betonung liegt bei den meisten mehrsilbigen Wörtern auf der vorletzten Silbe: ristor**a**nte, ven**i**re.

KLEINER SPRACHFÜHRER ITALIENISCH

ZAHLEN

zero	0
uno	1
due	2
tre	3
quattro	4
cinque	5
sei	6
sette	7
otto	8
nove	9
dieci	10
undici	11
dodici	12
tredici	13
quattordici	14
quindici	15
sedici	16
diciassette	17
diciotto	18
diciannove	19
venti	20
ventuno	21
trenta	30
quaranta	40
cinquanta	50
sessanta	60
settanta	70
ottanta	80
novanta	90
cento	100
centouno	101
mille	1000
duemille	2000
diecimila	10000
un quarto	1/4
un mezzo	1/2

AUF EINEN BLICK

Sì/No	**Ja/Nein**
Per favore/Grazie	**Bitte/Danke**
Non c'è di che	**Gern geschehen**
Scusi!/Scusa!	**Entschuldigen Sie!**
Come dice?	**Wie bitte?**
Non La/ti capisco	**Ich verstehe Sie/dich nicht**
Parlo solo un po' di ...	**Ich spreche nur wenig ...**
Mi può aiutare, per favore?	**Können Sie mir bitte helfen?**
Vorrei ...	**Ich möchte ...**
(Non) mi piace	**Das gefällt mir (nicht)**
Ha ...?	**Haben Sie ...?**
Quanto costa?	**Wie viel kostet?**
Che ore sono?/Che ora è?	**Wie viel Uhr ist es?**
Come sta?/Come stai?	**Wie geht es Ihnen/dir?**
Bene, grazie. E Lei/tu?	**Danke. Und Ihnen/dir?**

INTERNET HANDY

la chiavetta USB/la chiave USM	**USB-Stick/Memory Stick**
il caricabatterie	**Ladekabel**
il caricabatterie smartphone	**Handy-Ladekabel**
La batteria non funziona più.	**Die Batterie funktioniert nicht mehr.**
Ho rotto il display del mio cellulare.	**Das Display meines Handys ist kaputt.**
Riparazione/sostituzione	**Reparatur/Austausch**
Cambio	**Tausch**
tutti i modelli	**alle Modelle**

Dovè si trova l'internet point?	**Wo gibt es ein(en) Internet-Shop/Café?**
Vorrei comprare un SIM card.	**Ich möchte eine SIM-Karte kaufen.**
Casella di posta elettronica	**E-Mail-Posteingang**
Qui c'è il collegamento internet/wifi?	**Gibt es hier Internet/WLAN-Zugang?**
La Connessione ad internet non funziona.	**Der Internetzugang funktioniert nicht.**

UNTERWEGS

a sinistra/a destra/diritto	**nach links/nach rechts/geradeaus**
vicino/lontano	**nah/fern**
Quanti chilometri sono?	**Wie weit (in Kilometern) ist das?**
Vorrei noleggiare ...	**Ich möchte ... mieten**
... una macchina	**... ein Auto**
... una bicicletta	**... ein Fahrrad**
... una motocicletta	**... ein Motorrad**
... una barca	**... ein Boot**
Scusi, dov'è ...?	**Bitte, wo ist ...?**
... la stazione centrale	**... der Hauptbahnhof**
... la metro(politana)	**... die U-Bahn**
... l'aeroporto	**... der Flughafen**
all'albergo	**zum Hotel**
Ho un guasto.	**Ich habe eine Panne.**
Mi potrebbe mandare un carro-attrezzi?	**Würden Sie mir einen Abschleppwagen schicken?**
Scusi, c'è un'officina qui?	**Gibt es hier eine Werkstatt?**
Dov'è la prossima stazione di servizio?	**Wo ist die nächste Tankstelle?**
benzina normale	**Normalbenzin**
super/gasolio	**Super/Diesel**
deviazione	**Umleitung**
senso unico	**Einbahnstraße**
sbarrato	**gesperrt**
rallentare	**langsam fahren**
tutti direzioni	**alle Richtungen**
tenere la destra	**rechts fahren**
zona di silenzio	**Hupverbot**
zona tutelata inizio	**Beginn der Parkverbotszone**
Aiuto!/Attenzione	**Hilfe!/Achtung**
Chiami subito ...	**Rufen Sie schnell ...**
... un'autoambulanza/la polizia	**... einen Krankenwagen/die Polizei**

AUSGEHEN

Scusi, mi potrebbe indicare ...?	**Wo gibt es ...?**
... un buon ristorante?	**... ein gutes Restaurant?**
... un locale tipico?	**... ein typisches Restaurant?**
... night(-club)	**... eine Bar?**
C'è una gelateria qui vicino?	**Gibt es hier eine Eisdiele?**
Può riservarci per stasera un tavolo per quattro persone?	**Kann ich für heute Abend einen Tisch für vier Personen reservieren?**

Alla Sua salute!	**Auf Ihr Wohl!**
Il conto, per favore.	**Bezahlen, bitte.**
Andava bene?	**Hat es geschmeckt?**
Il mangiare era eccellente.	**Das Essen war ausgezeichnet.**
Ha un programma delle manifestazioni?	**Haben Sie einen Veranstaltungskalender?**

EINKAUFEN

Dov'è si può trovare ...?	**Wo finde ich ...?**
... una farmacia	**... eine Apotheke**
... un panificio	**... eine Bäckerei**
... un negozio di articoli fotografici	**... ein Fotogeschäft**
... un grande magazzino	**... ein Kaufhaus**
... un negozio di generi alimentari	**... ein Lebensmittelgeschäft**
... il mercato/il supermercato	**... den Markt/den Supermarkt**
... il tabaccaio/il giornalaio	**... den Tabakladen/den Zeitungshändler**

ÜBERNACHTEN

Scusi, potrebbe consigliarmi ...?	**Können Sie mir ... empfehlen?**
... un albergo / una pensione	**... ein Hotel / eine Pension**
Ho prenotato una camera.	**Ich habe ein Zimmer reserviert.**
È libera ...?	**Haben Sie noch ...?**
... una singola / una doppia	**... ein Einzel- / ein Zweibettzimmer**
... con doccia/bagno	**... mit Dusche/Bad**
... per una notte/sttimana	**... für eine Nacht/Woche**
... con vista sul mare	**... mit Blick aufs Meer**
Quanto costa la camera ...?	**Was kostet das Zimmer ...?**
... con la prima colazione?	**... mit Frühstück?**
... a mezza pensione?	**... mit Halbpension?**

ARZT UND APOTHEKE

Mi può consigliare un buon medico?	**Können Sie mir einen guten Arzt empfehlen?**
Mi può dare una medicina per ...	**Geben Sie mir bitte ein Medikament gegen ...**
Soffro di diarrea.	**Ich habe Durchfall.**
Ho mal di pancia.	**Ich habe Bauchschmerzen.**
... mal di testa/gola/denti	**... Kopf-/ Hals-/Zahnschmerzen**
... influenza/tosse/la febbre	**... Grippe/Husten/Fieber**
... scottatura solare	**... Sonnenbrand**
... costipazione	**... Verstopfung**

SPEISEKARTE

prima colazione	**Frühstück**
caffè, espresso	**kleiner Kaffee ohne Milch**
caffè macchiato	**kleiner Kaffee mit wenig Milch**
caffè latte	**Kaffee mit Milch**
cappuccino	**Kaffee mit aufgeschäumter Milch**

tè al latte/al limone	**Tee mit Milch/Zitrone**
cioccolata	**Schokolade**
frittata	**Omelett/Pfannkuchen**
pane/panino/pane tostato	**Brot/Brötchen/Toast**
burro	**Butter**
salame/prosciutto	**Wurst/Schinken**
miele/marmellata	**Honig/Marmelade**
ANTIPASTI	VORSPEISEN
affettato misto	**gemischter Aufschnitt**
anguilla affumicata	**Räucheraal**
melone e prosciutto	**Melone mit Schinken**
vitello tonnato	**kalter Kalbsbraten mit Thunfischsauce**

PRIMI PIATTI	NUDELN, REISGERICHTE, SUPPEN
pasta/fettuccine, tagliatelle	**Nudeln/Bandnudeln**
gnocchi	**kleine Kartoffelklößchen**
polenta (alla valdostana)	**Maisbrei (mit Käse)**
vermicelli	**Fadennudeln**
minestrone	**dicke Gemüsesuppe**
pastina in brodo	**Fleischbrühe mit feinen Nudeln**
zuppa di pesce	**Fischsuppe**

CARNI E PESCE	FLEISCH UND FISCH
pollo	**Huhn**
coniglio	**Kaninchen**
agnello	**Lamm**
maiale	**Schweinefleisch**
manzo/bue	**Rind-/Ochsenfleisch**
vitello	**Kalbfleisch**
ai ferri/alla griglia	**vom Grill**
brasato	**Braten**
fegato	**Leber**
rognoni	**Nieren**
trippa	**Kutteln**
animella	**Bries**
cozze/vongole	**Miesmuscheln/Venusmuscheln**
scampi fritti	**gebackene Langustinen**
gambero, granchio	**Garnelen**
aragosta	**Languste**
salmone	**Lachs**
pesce spada	**Schwertfisch**
platessa	**Scholle**
sogliola	**Seezunge**
tonno	**Thunfisch**
trota	**Forelle**

VERDURA	GEMÜSE
asparagi	**Spargel**
carciofi	**Artischocken**
carote	**Karotten**
cavolfiore	**Blumenkohl**
cavolo	**Kohl**
cicoria belga	**Chicorée**
cipolle	**Zwiebeln**
fagioli/fagiolini	**weiße Bohnen/grüne Bohnen**
finocchi	**Fenchel**
funghi	**Pilze**
insalata mista/verde	**gemischter/grüner Salat**
lenticchie	**Linsen**
melanzane	**Auberginen**
patate	**Kartoffeln**
patatine fritte	**Pommes frites**
peperoni	**Paprika**
pomodori	**Tomaten**
spinaci	**Spinat**
zucca	**Kürbis**

FORMAGGI	KÄSE
parmigiano	**Parmesan**
pecorino	**Schafskäse**
ricotta	**quarkähnlicher Frischkäse**

DOLCI E FRUTTA	NACHSPEISEN UND OBST
cassata	**Eisschnitte mit kandierten Früchten**
coppa assortita	**gemischter Eisbecher**
coppa con panna	**Eisbecher mit Sahne**
tirami su	**Löffelbiskuit mit Mascarponecreme**
zabaione	**Eierschaumcreme**
zuppa inglese	**likörgetränktes Biskuit mit Vanillecreme**
ciliegia	**Kirsche**
albicocca	**Aprikose**
pesca	**Pfirsich**
fragola	**Erdbeere**
lampone	**Himbeere**
mirtillo nero	**Heidelbeere**
mora	**Brombeere**
mela	**Apfel**
pera	**Birne**

BEVANDE	GETRÄNKE
acqua minerale	**Mineralwasser**
aranciata	**Orangeade**
bibita	**Erfrischungsgetränk**
bicchiere	**Glas**

birra scura/chiara	**dunkles/helles Bier**
birra alla spina	**Bier vom Fass**
birra senza alcool	**alkoholfreies Bier**
bottiglia	**Flasche**
con ghiaccio	**mit Eis**
digestivo	**Digestif**
gassata, con gas/ liscia, senza gas	**mit Kohlensäure/ohne Kohlensäure**
secco	**trocken**
spumante	**Sekt**
succo	**Fruchtsaft**
vino bianco/rosato/rosso	**Weiß-/Rosé-/Rotwein**
vino della casa	**Hauswein**

TELEKOMMNIKATION · POST

LÄNDERVORWAHLEN

VON ITALIEN

nach Deutschland: 0049
nach Österreich: 0043
in die Schweiz: 0041

NACH ITALIEN

0039

ORTSVORWAHLEN

Die Stadtvorwahl Roms ist 06, wobei man aus dem In- und Ausland die Null der Vorwahl mitwählen muss, da wie überall in Italien die Ortsvorwahlen fester Bestandteil der Rufnummern sind. Davon ausgenommen sind Notfall-, Service- und Handynummern (sie beginnen nicht mit einer Null).

Mobiltelefone Nutzer eines Mobiltelefons (»cellulare«, »telefonino«) haben keine Probleme mit dem Empfang, die Telefone wählen sich in das entsprechende italienische Partnernetz ein. Die beiden dichtesten Mobilfunknetze unterhalten die Telefongesellschaften Telecom Italia Mobile (TIM und Omnitel Pronto Italia).
Roaming-Gebühren fallen bis zu einer bestimmten Obergrenze nicht mehr an.

Post An den Schaltern der italienischen Post PosteItaliane (www.poste.it) gibt es Post- und Paketdienst und den Service der italienischen Postbank. Sie sind Mo. – Fr. 9 – 14, manche auch noch 16 – 19, und Sa. 8 – 12 Uhr geöffnet. Am Monatsletzten schließen alle Postämter um 12 Uhr. **Briefmarken** (»francobolli«) kauft man in Postfilialen oder, weil es schneller geht, in den Tabakwarengeschäften, die ein T-Schild (Tabacchi) haben. Der Vatikan hat ein eigenes. Postkarten und Briefe bis 20 g kosten innerhalb von Italien 1,20 €, ins europäische Ausland 1,30 €.

VERKEHR

Straßenverkehr

Nicht mit dem Auto

Das **Centro storico ist nur noch mit Sondergenehmigung** für den privaten Autoverkehr zugelassen. Lassen Sie das Auto also am besten stehen und nehmen Sie die öffentlichen Verkehrsmittel oder ein Taxi.

Tempolimits, Parkplätze

Für Unerschrockene einige Regeln: Tempolimits: innerorts 50 km/h, außerorts 90 km/h, auf Schnellstraßen 110 km/h, auf Autobahnen 130 km/h; das Abblendlicht muss auch tagsüber außerhalb von Ortschaften eingeschaltet sein; Promillegrenze: 0,5. Parkplätze: Öffentli-

NÜTZLICHE ADRESSEN

PANNENHILFE
IN- UND AUSLAND
Tel. 0180 22 22 22, www.adac.de

ITALIENISCHE PANNENHILFE
Tel. 80 31 16, www.aci.it

MAUTGEBÜHREN
www.autostrade.it

MITFAHRZENTRALE
www.blablacar.de
www.mifaz.de

MIETWAGEN
Die folgenden Internetseiten vergleichen die Tarife für Mietwagen in Rom und helfen, Geld zu sparen!
www.mietwagen-auskunft.de
www.billiger-mietwagen.de

METRO, BUS UND TRAM
www.atac.roma.it

TAXI

ZENTRALER TAXIRUF
Tel. 06 06 09 oder heranwinken

TAXISTÄNDE
Die größten Taxistände finden Sie vor dem Hauptbahnhof, an der Piazza San Silvestro, der Piazza Venezia, der Piazza di Spagna und der Piazza Sonnino in Trastevere.

FAHRRADVERLEIH

BICI & BACI
Via del Viminale 5
Tel. 06 482 84 43 (tgl. 8 – 19 Uhr)
Filialen: Via Cavour 302
(Tel. 06 945 39 240),
Vicolo del Bottino 8 an der Piazza di Spagna (Tel. 06 678 67 88)
www.bicibaci.com

ROMA RENT SCOOTER
Via Del Paradiso 42
Tel. 06 683 22 22
www.romarentscooter.it
Vespa 65 €/Tag

che Parkplätze haben weiße und blaue Markierungen, die blauen sind gebührenpflichtig.

Taxi

Alle offiziellen Taxis sind in Rom weiß. Zusätzlich erkennt man sie am blauen Schild mit weißer Aufschrift »Taxi« und an der Identifikationsnummer auf den Türen, am Heck und im Wageninneren. Sowohl für Fahrten an Sonn- und Feiertagen als auch für Fahrten zwischen 22 und 7 Uhr und den Transport von größeren Gepäckstücken wird ein Aufschlag berechnet. Die Grundgebühr pro Fahrt: 3,50 €, So. und feiertags 5 €, nachts 7 €.

Öffentlicher Nahverkehr

Busse, Tram und Metro

Durch ein dichtes Bus- und Tramnetz ist Rom verkehrsmäßig sehr gut erschlossen. Acht **Tramlinien** queren Rom. Die Metropolitana, deren Stationen mit einem großen M auf rotem Grund gekennzeichnet sind, fährt auf **drei Linien** (A, B und C). Die U-Bahn verkehrt So. – Fr. 5.30 – 23.30, Sa. bis 0.30 Uhr. Das Ticket **BIT** (Bus, Tram, Metro; 100 Min. gültig) kostet 1,50 €. Günstig sind die Tageskarte **ROMA24h** (7 €), die Zweitagekarte **ROMA48h** (12,50 €) und die Dreitagekarte **ROMA72h** (18 €). Das Wochenticket **CIS** kostet 24 €.
ATAC: www.atac.roma.it.

Fahrkarten

Fahrkarten (Biglietti) kauft man vor der Fahrt an den Automaten im Eingangsbereich der Metro, in Tabakläden, Bars und Zeitungskiosken mit dem schwarz-rot-gelben ATAC-Schild oder bei den ATAC-Büros vor der Stazione Termini oder an der Piazza San Silvestro. Die Fahrkarten müssen im Verkehrsmittel entwertet werden.

Ferrovia (S-Bahn)

Roma – Lido (Station Ostiense/Metro Piramide bis nach Lido di Ostia);
Roma – Nord (von Metro Linie A, Station Flaminio, nach Prima Porta).

REGISTER

A

B

C

D

E

Q

R

S

T

VERZEICHNIS DER KARTEN UND GRAFIKEN

BILDNACHWEIS

Titelbild: Kolosseum (getty images/piola666)

akg: S. 273
akg-images/Andrea Jemolo: S. 21
Anna Serrano/hemis.fr/laif: S. 112
Baedeker Archiv: S. 246 u.
Celentano/laif: S. 74
Dorothea Schmid/laif: S. 305
Dumont Bildarchiv/Frank Heuer: S. 2, 3 (2x), 5, 9, 17 (2x), 26/27, 28, 31, 36, 45, 47, 51 u., 54, 57, 70, 78, 83, 84, 88/89, 99, 110, 114, 119, 122, 125, 128, 138, 144/145, 156 u., 160, 165, 167, 176 u., 181, 184, 195, 201, 206, 217, 223, 228, 234, 241, 246 o., 248, 251, 260, 263, 265, 274, 278, 283, 291 (2x), 294 u., 317, 319, 321, 325, 340 u., 347, 352, 355, 361, U 7
Dumont Bildarchiv/C. Kilimann: S. 337
Dumont Bildarchiv/Zoltan Nagy: S. 126, 294 o., 365
fotolia/Comugnero Silvana: S. 326 li.
fotolia/foodlovers: S. 327 u.
fotolia/ikorka: S. 326 u.
fotolia/M. Gallo: S. 327 o.
fotolia/marcovarro: S. 191
fotolia/Monkey business: S. 326 o.
fotolia/Neonyn: S. 203
Frank Heuer/laif: S. 107
Geiss: S. 334
getty images/Keystone-France: S. 309
getty images/NurPhoto: S. 238
getty images/piola666: S. 13
glowImages/AGF: S. 22/23
glowImages/Deposit Photos: S. 64
glowImages/ImageBROKER RM: S. 24 o.
glowImages/ImageBROKER: S. 51 o.
glowImages/Prisma RM: S. 18/19
laif/TANIA/A3/CONTRASTO/laif: S. 104, 133
laif: S. 149
Markus Hintzen/laif: S. 10/11
mauritius images/age fotostock/Adam Eastland: S. 134
mauritius images/Classic Cinema Archive/Alamy/Alamy Stock Photos: S. 301
mauritius images/Danita Delimont/Merrill Images: S. 156 o.
mauritius images/Ingo Boelter: S. 211
mauritius images/Lucas Vallecillos: S. 349
mauritius images/Superstock/Peter Barritt: S. 153
mauritius images/Universal Images Group North America LLC/Alamy/Alamy Stock Photos: S. 312
NADIA SHIRA COHEN/NYT/Redux/laif: S. 343
Nordic Photos/Lookphotos: S. 24 u.
picture-alliance/akg-images: S. 101
picture alliance/ dpa/D. Giagnori/Eidon: S. 4, 340 o.
picture-alliance/Leemag/Costa: S. 171
picture alliance/ZUMAPRESS.com/A. Pizzoli: S. 287
Shutterstock/A. Medvedkov: S. 176 o.
Shutterstock/A. Pakutina: S. 198
Sorges, Jürgen: S. 297
Stefano Dal Pozzolo/contrasto/laif: S. 14/15
stockfood/Eising Studio: S. 327 li.
Sylvain Sonnet/hemis.fr/laif: S. 168

3D-Illustrationen:
jangled nerves, Stuttgart

Infografiken:
Golden Section Graphics GmbH, Berlin

IMPRESSUM

Baedeker Rom
22., aktualisierte Auflage 2025
ISBN 978-3-575-00307-2

Text: Susanne Kilimann, Reinhhard Strüber, Barabara Schaefer

Redaktion: Birgit Ulmer

Kartografie:
© KOMPASS-Karten GmbH, A-6020 Innsbruck; MAIRDUMONT, D-73760 Ostfildern (Reisekarte)
Franz Huber, München
Christoph Gallus, Hohberg

Gestaltung: RUPA GbR, München

Printed in China

Lob oder Kritik? Wir freuen uns auf eine Nachricht! Trotz gründlicher Recherche schleichen sich manchmal Fehler ein. Wir bitten um Verständnis, dass der Verlag dafür keine Haftung übernehmen kann.

Baedeker-Redaktion · MAIRDUMONT
baedeker@mairdumont.com

MIX
Papier | Fördert gute Waldnutzung
FSC® C124385

BAEDEKER VERLAGSPROGRAMM

Viele Baedeker-Titel sind auch als E-Book erhältlich.

A
Ägypten
Algarve
Allgäu
Amsterdam
Andalusien
Australien

B
Bali
Baltikum
Barcelona
Belgien
Berlin · Potsdam
Bodensee
Böhmen
Bretagne
Brüssel
Budapest
Burgund

D
Dänemark
Deutschland
Deutsche Nordseeküste
Dresden
Dubai · VAE

E
Elba
Elsass · Vogesen
England

F
Finnland
Florenz
Florida
Frankreich
Fuerteventura

G
Gardasee
Golf von Neapel
Gomera
Gran Canaria
Griechenland

H
Hamburg
Harz
Hongkong · Macao

I
Irland
Island
Israel · Palästina
Istanbul
Istrien · Kvarner Bucht
Italien

BAEDEKER
B
BRETAGNE

BAEDEKER
J
JAPAN

J
Japan

K
Kalifornien
Kanada · Osten
Kanada · Westen
Kanalinseln
Kapstadt · Garden Route
Kopenhagen
Korfu · Ionische Inseln
Korsika
Kreta
Kroatische Adriaküste · Dalmatien
Kuba

L
La Palma
Lanzarote
Lissabon
London

M
Madeira
Madrid
Mallorca
Malta · Gozo · Comino
Marrokko
Mecklenburg-Vorpommern
Menorca
Mexiko
München

N
Namibia
Neuseeland
New York
Niederlande
Norwegen

O
Oberbayern
Österreich

P
Paris
Polen
Polnische Ostseeküste · Danzing · Masuren
Portugal
Prag
Provence · Côte d'Azur

R
Rhodos
Rom
Rügen · Hiddensee
Rumänien

S
Sachsen
Salzburger Land
Sankt Petersburg

Sardinien
Schottland
Schwarzwald
Schweden
Schweiz
Sizilien
Skandinavien
Slowenien
Spanien
Sri Lanka
Südafrika
Südengland
Südschweden · Stockholm
Südtirol
Sylt

T
Teneriffa
Thailand
Thüringen
Toskana

U
USA · Nordosten
USA · Südwesten
USA · Westküste
Usedom

V
Venedig
Vietnam

W
Wien

Z
Zypern

Meine persönlichen Notizen

Meine persönlichen Notizen

Metro, ferrovie metropolitane e tram

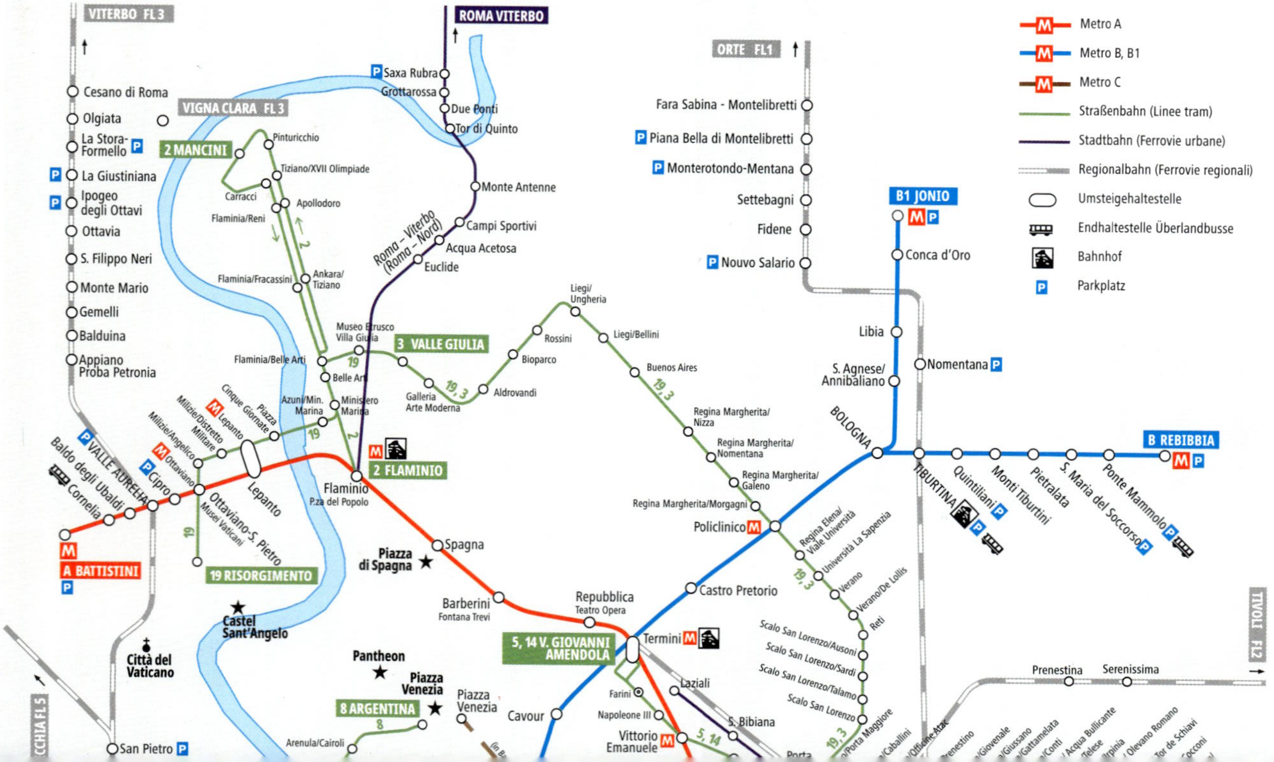